知识产权文集

治学卷

管育鹰　编

知识产权出版社

全国百佳图书出版单位

图书在版编目（CIP）数据

郑成思知识产权文集. 治学卷 / 管育鹰编. — 北京：知识产权出版社，2017.1
ISBN 978-7-5130-4672-5

Ⅰ. ①郑… Ⅱ. ①管… Ⅲ. ①知识产权法—中国—文集 Ⅳ. ① D923.404-53

中国版本图书馆 CIP 数据核字（2016）第 299737 号

内容提要

本卷收录了郑成思教授的论著序言、前言、书评、讲座发言稿、报刊短文、学术传记、作品目录和术语编撰，反映了其对知识产权相关问题的看法，体现了其珍贵品德和宝贵治学经验，即"有自信、不自满"，笃志前行。

责任编辑：龚 卫 龙 文　　　**责任校对**：谷 洋
装帧设计：品 序　　　　　　**责任出版**：刘译文

郑成思知识产权文集
《郑成思知识产权文集》编委会

治学卷
Zhixue Juan
管育鹰 编

出版发行：**知识产权出版社**有限责任公司	网　址：http://www.ipph.cn	
社　址：北京市海淀区西外太平庄 55 号	邮　编：100081	
责编电话：010-82000860 转 8120/8123	责编邮箱：gongwei@cnipr.com	
发行电话：010-82000860 转 8101/8102	发行传真：010-82000893/82005070/82000270	
印　刷：三河市国英印务有限公司	经　销：各大网上书店、新华书店及相关专业书店	
开　本：880mm×1230mm　1/32	印　张：18.75	
版　次：2017 年 1 月第 1 版	印　次：2017 年 1 月第 1 次印刷	
字　数：550 千字	定　价：160.00 元	

ISBN 978-7-5130-4672-5

编辑体例

《郑成思知识产权文集》共分《基本理论卷》（一册）、《版权及邻接权卷》（两册）、《专利和技术转让卷》（一册）、《商标和反不正当竞争卷》（一册）、《国际公约与外国法卷》（两册）以及《治学卷》（一册），总计六卷八册，基本涵盖郑成思教授各个时期的全部重要著作和文章。

为了便于读者阅读，《郑成思知识产权文集》每卷都是在照顾学科划分的基础上，将之前的各部专著和论文适当集中、重新编排而成；除对个别文字错误有校改以及由编者对因时代发展带来的变化加注外，文集全部保持作品原貌（包括原作注释），按照先著作、后论文的顺序并按发表时间排列。

《郑成思知识产权文集》各卷之间除个别文章具有多元性而有同时收录的情况外，尽量避免内容重复；一卷之中，为了体现郑成思教授学术思想的演进，个别内容会有适当重叠；每一部分著作和论文均由编者注明出处。

为方便读者阅读，《郑成思知识产权文集》每卷均由执行编委撰写本卷导读，介绍汇编的思路，并较为详细地梳理郑成思教授在该领域的学术脉络、特点和贡献。

为便于检索，各卷附有各个主题的关键词索引，可以快速查阅郑成思教授的相关论述。

序

　　郑成思教授逝世于 2006 年 9 月 10 日。那天是中国的教师节。在纪念他逝世一周年的时候，中国社会科学院知识产权中心委托周林教授汇编出版《不偷懒　不灰心——郑成思纪念文集》，该书收录了诸多友人和学生纪念他的文章。在纪念他逝世三周年的时候，中国社会科学院知识产权中心组织召开学术会议，出版了郑成思教授逝世三周年的纪念文集《〈商标法〉修订中的若干问题》，收录论文 25 篇。在纪念他逝世五周年的时候，中国社会科学院知识产权中心再次组织召开学术会议，出版郑成思教授逝世五周年的纪念文集《实施国家知识产权战略若干问题研究》，收录论文 30 篇。

　　当郑成思教授逝世 10 周年的纪念日来临的时候，他的家人与几位学生商定，汇编出版《郑成思知识产权文集》，以志纪念。顾名思义，称"知识产权"者，应当是只收录知识产权方面的文字，而不收录其他方面的文字。至于称"文集"而非"全集"者，则是因为很难将先生所有的有关知识产权的文字收集齐全。经过几位汇编者的辛勤劳动，终于有了这部六卷八册的《郑成思知识产权文集》。其中《基本理论卷》一册，《版权及邻接权卷》两册，《专利和技术转让卷》一册,《商标和反不正当竞争卷》一册,《国际公约与外国法卷》两册,《治学卷》一册,约 500 万字。再次翻阅那些熟悉的文字,与浮现在字里行间的逝者对话,令人感慨良多。

郑成思教授的文字,反映了他广阔的国际视野。他早年酷爱英文,曾经为相关单位翻译了大量的外文资料,包括有关知识产权的资料。正是在翻译、学习和领悟这些资料的过程中,他逐渐走上了知识产权法学的研究之路。知识产权法学是一门国际性的学问。由于从外文资料入手,他一进入知识产权法学的研究领域,就站在了国际化的制高点上。1982 年,他前往英伦三岛,在伦敦经济学院师从著名知识产权法学家柯尼什教授,系统研习了英美和欧洲大陆的知识产权法学。在随后的学术生涯中,他不仅着力向中国的学术界介绍了一系列知识产权保护的国际条约,而且始终站在国际条约和欧美知识产权法学的高度,积极推进中国知识产权制度的建设。

从某种意义上说,中国的知识产权学术界是幸运的。自 1979 年开始,郑成思教授发表和出版了一系列有关《巴黎公约》《伯尔尼公约》及 TRIPS 协议等国际公约的论著以及有关欧美各国知识产权法律的论著。正是这一系列论著,不仅使得与他同时代的一些学人,而且也使得在他之后的几代学人,很快就站在了全球知识产权法学的高度上,从而免去了许多探索和弯路,有幸不会成为只见树木不见森林的"井底之蛙"。从某种意义上说,中国的知识产权制度建设也是幸运的。当中国的《商标法》《专利法》《著作权法》和《反不正当竞争法》制定之时,包括这些法律修订之时,以郑成思教授为代表的一批学人,参考国际公约和欧美各国的法律制度,为中国相关法律的制定和修改提出了一系列具有建设性的建议。这样,中国的知识产权立法,从一开始就站在了国际化的高度上,并且在短短三十多年的时间里,完成了与国际知识产权制度的接轨。

　　郑成思教授的文字，体现了他深深的民族情怀。与中国历代的优秀知识产权分子一样，他始终胸怀天下，以自己的学术研究服务于国家和民族的利益。自 1979 年以来，他在着力研究和介绍国外知识产权法学的同时，积极参与了我国《商标法》《专利法》《著作权法》《反不正当竞争法》的制定和修订，参与了上述法律的实施条例和单行条例的制定和修订。在从事学术研究的同时，他还依据国际知识产权制度的最新动向，依据科学技术的最新发展和商业模式的变迁，向国家决策高层提出了一系列调整政策和法律的建议。例如，适时保护植物新品种，积极发展电子商务，重视互联网络安全，编纂中国的知识产权法典，等等。随着研究视角的深入，他并不满足于跟随国外的知识产权法学，而是结合中国和广大发展中国家的需要，积极推动民间文艺、传统知识和遗传资源的保护。他甚至以"源和流"来比喻民间文艺、传统知识和遗传资源与专利、版权的关系，认为在保护"流"的同时，更要注重对于"源"的保护。

　　或许，最能体现他深深的民族情怀的事情，是他在生命的最后时期，满腔热情地参与了国家知识产权战略的制定。一方面，他是国家知识产权战略制定领导小组的学术顾问，参与了总体方案的设计和每一个重要阶段的工作。另一方面，他又参与了中国社会科学院承担的"改善国家知识产权执法体制"的研究工作，为课题组提出了一系列重要的建议。2006 年 8 月底，在国家知识产权战略制定领导小组向国务院汇报的前夕，他还拖着沉重的病体，逐字审阅了中国社会科学院的汇报提纲。这个提纲所提出的一系列建议，例如知识产权的民事、行政和刑事案件的三审合一，专利复审委员会和商标评审委员会转变为准司法机构，设立知识产权上诉法院等等，最终纳入了 2008 年国务院发布的《国家知识产权战略纲要》之中。仍然是在生命的最后时期，他在 2006 年 5 月 26 日为中共中央政治局的集体学习讲授"国际知识产权保护",针对国际知识产权保护和科学技术发展的新动向,提出了我国制定知识产权战略应当注意的一系列问题。党的十七大提出的建设创新型国家的战略,党的十八大提出的创新驱动发展战略,都显示了他所提出的建议的印迹。

郑成思教授的学术研究成果,属于中华民族伟大复兴的时代。中国自 1978 年推行改革开放的国策,开启了新的历史进程。其中的对外开放,一个很重要的内容就是与国际规则(包括知识产权规则)接轨,对于当时的中国而言,知识产权法学是一个全然陌生的领域。然而,就是在这样一个蛮荒的领域中,郑成思教授辛勤耕耘,一方面将国际上最新的知识产权理论、学说和制度引进中国,另一方面又结合中国知识产权立法、司法的现实需要,撰写了一篇又一篇、一部又一部的学术论著。这些论著的发表和出版,不仅推动了中国知识产权法律制度的建立及其与国际规则的接轨,而且推动了中国知识产权学术研究与国外知识产权学术研究的对话和接轨。特别值得一提的是,郑成思教授不仅将国际上的知识产权理论、学说和制度引入中国,而且还在中国现实需要的沃土之上,创造性地提出了一系列新的理论和学说,例如工业版权和信息产权,反过来贡献给了国际知识产权学术界。

中国的经济社会正处在由传统向现代的转型过程中。随着产业升级和发展模式的转变,"知识产权"四个字已经深入人心,走进了社会的各个层面。人们不再质疑,人的智力活动成果对于社会经济发展发挥着巨大的作用。当我们谈论知识经济的时候,当我们谈论创新型国家建设的时候,当我们谈论创新驱动发展的时候,我们不得不庆幸的是,在以郑成思教授为代表的专家学者的努力之下,我们已经对"知识产权"的许多方面进行了深入而细致的研究,我们已经在 2001 年加入世界贸易组织之前，建立了符合国际规则的现代知识产权制度。加入世界贸易组织之后，面对一系列我国知识产权保护水平过高、保护知识产权就是保护外国人利益的喧嚣，郑成思教授明确指出，在当今的时代，知识产权保护的水平不是一个孤立的问题，而是与国际贸易密切结合的。如果降低知识产权保护的水平，就意味着中国应当退出世界贸易体系，就意味着中国在国际竞争中的自我淘汰。郑成思教授还特别指出，一个高水平的知识产权保护体系，在短期之内可能对我们有所不利，但是从长远来看，一定会有利于我们自身的发展。这真的是具有穿透时空力量的论断。

郑成思教授的文字，充满了智慧和情感。初读他的文字，深为其中的渊博学识所折服。对于那些深奥的理论和抽象的原则，他总是以形象的案例、事例或者比喻加以阐发，不仅深入浅出，而且令人难以忘怀。阅读他的文字，那充满了智慧的珍珠洒落在字里行间，我们不仅可以随时拾取，而且忘却了什么是空洞的说教和枯燥的理论。初读他的文字，也为那处处流淌的真情实感所吸引。在为国家和民族建言的时候，他大声疾呼，充满了赤子之情。在批评那些似是而非的论调时，他疾言厉色，直指要害并阐明正确的观点。在提携同事和后进的时候，他总是鼓励有加，充满了殷切的期望。毫无疑问，那位中气十足的学者，不仅在演讲时让人感受到人格的魅力和学识的冲击力，而且已经将他的人格魅力和学术生命力倾注在了我们眼前的文字之中。阅读他的文字，我们是在与他进行智慧和情感的对话。

郑成思教授离开我们已经 10 年了。遥想当年，那位身形瘦弱的青年伏案疾书，将一份份有关知识产权的外文资料翻译成中文，并最终走上了知识产权法学的研究之路。遥想当年，那位即将走进中年的"老学生"，专心致志地坐在伦敦经济学院的课堂上，汲取国际知识产权学术的丰富营养，以备将来报效祖国之用。遥想当年，那位意气风发的中年学者，出入我国知识产权立法、行政和司法部门，以自己扎实的学术研究成果推动了中国知识产权制度的建设和发展。遥想当年，那位刚刚步入花甲之年的学术泰斗，拖着久病的躯体，参与国家知识产权战略的制定，为中共中央政治局的集体学习讲授知识产权的国际保护，并为此而付出了最后的体力。遥想当年，遥想当年，有太多、太多值得我们回顾的场景。

秋日的夜晚，仰望那浩瀚的星空，我们应当以怎样的情怀，来纪念这位平凡而伟大的学者？

李明德

2016 年 8 月

导　读

——有自信　不自满

Don't think you are nothing, don't think you are everything

管育鹰[*]

郑老师作为"中国知识产权第一人"，为我国的知识产权事业作出了杰出贡献。今天，我们在全面梳理老师留下的丰硕学术成果时，面对其等身的著述和平实无华的训导，我们不仅由衷地为老师斐然的学术成就和远见卓识所折服，也为老师的爱国、笃志、勤学、正直和谦和的珍贵品德所感动。

本卷收录了郑成思老师为自己和他人著述所写的前言、序言、书评和一些讲座上的发言稿。通过这些简短的文章，我们可以提纲挈领地了解老师对相关主题的观点、思想发展脉络和研究心得。比如，在

*　法学博士，2003 年师从郑成思教授，中国社会科学院法学研究所知识产权室主任，研究员，博士生导师。

1997年《版权法》修订时，郑老师自述："的确，今天如果把1990年的这部《版权法》原封不动地再推向市场，据出版社估计，征订数仍不会少，但作者就未免对读者太不负责任了。在这六年里，有我的研究生、同事及热心的读者向我提出的应改正及应完善的论述；有我国的立法、司法实践提供的新素材；有外国法的修改及新国际条约的产生而提出的新问题；更有因实用技术的发展而扩大的新领域。同时，因为有机会在文学艺术创作源之一的'民间文学'中作进一步探索，特别是亲临'集体修改、集体流传'却又始终无书面曲谱的民间音乐的演奏会（如丽江纳西古乐），得到更多的感性认识；有机会在国际知识产权诸学会的学术讨论中，对文学艺术创作的后继成果有更多的理性认识。这些，也使我感到自己原有的《版权法》一书，确有修订的必要了。"在1998年《知识产权论》出版时，针对国际互联网的发展与知识产权制度的关系，郑老师即预言："网络环境下出现的新问题，将促进知识产权地域性的趋弱和国际化的加强"；确实，我们今天看到，各国关于网络环境下和电子商务中的知识产权保护规则的趋同现象，无不印证了老师的远见。2005年，郑老师在他最后主编的著作《知识产权：应用法学与基本理论》中指出："如果再有更多企业能像'海尔'那样，借助知识产权制度开拓市场，而不是总被别人以'知识产权'为棍子追打，那么中国对世界的贡献，可能会不亚于她作出四大发明的当年。在批判中注重对策研究，在构建基本理论时注重应用研究，对民商法学、经济法学均很重要，对知识产权法学来说，尤其重要"。郑成思老师生前为笔者关于民间文艺的著作作序时，念念不忘呼吁"我们以现有的由发达国家早已决定好框架的'国际知识产权'为基础制定知识产权战略时，切切不可忽视了一大部分尚未列入国际知识产权保护框架内的信息财产，因为这一部分恰恰是我国的长项"；老师希望有更多的人参加到关于民间文艺保护的研究中来，摈弃保护就是保守，就是不许公众使用的那种误解或曲解，甚至将真心维护与光大中华瑰宝者比为禹舜。

　　作为我国知识产权法学研究领域卓有建树的学者，郑成思老师在治学与做人方面也堪称学人典范。在老师为他人撰写的序言、书评中，除了对专业问题画龙点睛的评述，我们还可以看到老师的端正学风、高尚德行和对同行、后辈努力的肯定与激励。比如，在为李明德教授的著作写序言时，郑老师写道："无论作为提供部分'思想'者，还是作为提供极少基础创作的依据者，从版权的角度，都不足以使我成为'共同作者'或'共同版权人'而在书上署名。这就是为什么项目上署二人之名、书上只署一人之名。事实上，这是李教授按我的坚决要求去署的。至于其他作了同样程度工作的项目负责人，是不是也只应如此署名，我不过问。我只坚持自己的原则，因为我毕竟是研究版权法的。"在学术风气浮躁的今天，多少"学者"急功近利、随波逐流，重读郑成思老师的这段坚守学术的朴实无华的话，我们能不肃然起敬？在为薛虹博士的论著作序时，我们可以看到郑老师不遗余力提携后辈的殷殷之情："这次作序，作者虽是我的学生，但在数字技术与网络领域的知识产权保护方面，其研究水平显然在我之上。不过我却感到欣慰。原因是我看到中国年轻一代学者，在法学领域，已经大有希望"。郑老师对优秀学子的优秀研究成果从来不吝赞赏，他称黄晖博士的著作"读它不像是嚼苦果，却很像是饮清泉。读完之后，确有'秋寒扫云留碧空'的感觉"；对朱谢群博士将知识产权法哲学与知识产权法经济学相结合的论著，老师则用"十二门前融冷光，二十三丝动紫皇"来形容读后感。

　　本卷也收入了郑成思老师撰写的版权法的和国际技术转让相关名词、术语的西文中译及简要释义。悉心编纂知识产权领域的名词术语，同样反映了老师治学严谨的态度；其中一些名词术语的翻译和释义，更反映出老师对相关内容理解的准确和透彻。比如，与我国现行《著作权法》的"录像"等概念给人带来的疑惑不同，郑老师在 1990 年出版的《版权法》中即已经在术语部分将"Audiovisual Works"翻译为"视听作品",走在时代前面近 30 年。

郑成思老师在不同场合多次指出,学习是苦的,但同时学习中又是充满乐趣的,"我只是把读书当成一种乐趣"。老师将他的治学经验简要地总结为"不偷懒、不灰心;有自信、不自满"。笔者迄今仍记得 2003 年入学时老师的教诲:"在博士生学习期间,在可能的情况下,还须进一步拓宽知识面,以免成为'井蛙博士'。列宁曾要求年轻人'以人类全部知识丰富自己的头脑';英国法官丹宁对法学者也提出过类似的要求;历代武林高手中,'博采众长'者,方才成'家'。这些,其实都是一个意思。即使在自己专门钻研的窄领域,也只有将有关中外名篇尽量多看,方能避免重复劳动,避免走弯路。同时,要非常注意尊重他人的知识产权。切不可图省事抄袭别人,在自己历史上留下不良记录。这些又都要以'不偷懒'为前提。"勤奋、扎实、求真、创新是郑老师留给我们的宝贵治学经验,这些经验连同老师对知识产权制度的学术洞见,将一代代地传给后来的知识产权学人。

2016年7月

目录

前言、书序、书评

讲座、发言、报刊文章

治学经验、杂文、学术论著及术语编纂

前言、书序、书评

著作前言

文丛前言

书　　序

书　　评

一、著作前言

1.《工业产权国际公约概论·前言》[*]

当前，世界上开展的新技术革命（或称"第四次工业革命"）在法学领域比较突出地反映在工业产权的国际保护上，这已越来越被人们所认识到。我国颁布专利法之后，在工业产权方面的立法已基本完备。随后要考虑的问题就是参加工业产权国际保护的公约以及参加哪些公约。从这个角度讲，工业产权的国际保护也越来越被我国有关部门及人员所重视。

工业产权是专利权（包括发明专利、实用新型专利、外观设计专利等）与商标权（包括商品商标、服务商标、厂商名称、产地名称等附有的权利）的统称。它们都是一些无形的专有财产权。有的法学家还认为技术秘密也是工业产权的内容，但多数国家在立法中尚未正式把它算在工业产权之列。

以"工业产权"来统称专利、商标等专有权，最初始于法国，即法语中的 Propriété Industrielle。"工业"一词实际上包括工、商、

---

　*　编者注：郑成思著《工业产权国际公约概论》，北京大学出版社 1985 年版。

农、林等各业，但显然不包括文学艺术领域。如果工业产权加上这后
一领域的无形专有权，即版权，就构成了"知识产权"。"新技术革命"
又叫作"信息革命"或"知识革命"，它自然也很突出地反映在版权
领域。

不过，由于我国目前尚未正式颁布版权法，在近期内也还不会参
加国际版权保护的有关公约，因此，本书主要不涉及这一领域的内容。

工业产权的主要特点之一是"地域性"——它们仅仅在自己依
法产生的那个国家才有效。在专利、商标等专有权产生的初期，与
其相应的法律主要以保护本国国民的权利为目的。地域性特点恰好
可以保证这种作用。但随着国际市场的日益扩大，国际经济与技术
交往的发展，工业产权的国际保护问题就越来越突出了。从 19 世纪
出现第一个保护工业产权的国际公约以后，各种专门的世界性或区
域性公约也相继产生，最后出现了一些具有"跨国工业产权法"性
质的国际公约。

本书对于到 1984 年 1 月为止缔结的全部世界性工业产权公约
及一些主要的地区性公约作了介绍和评述 ①，其中对于较有影响的公
约讲得详细些，对于刚刚生效或尚未生效的一些公约讲得简略些。

本书中引用的公约条文，基本系作者本人译自世界知识产权组
织出版的《工业产权法律与条约》8 卷本英文版（Industrial Property
Laws and Treaties by WIPO, up to June, 1983）。此外，参考了该组
织出版的《工业产权》月刊 1973~1984 年诸期刊载的一些公约条文
及专论，英国牛津出版的《欧洲知识产权》月刊和联邦德国马克斯
—普兰克学会出版的《国际工业产权与版权》双月刊中的有关专论，
并收入了作者自己近年来发表的一些专论中的某些评介（但除"第

———————

① 1985 年 6 月，作者在一校时又增加了某些新的统计数字。

一部跨国版权法"一节外,均不系全文收入)。

最后要说明:如果按照《维也纳条约法公约》的规定,本书中应以"条约"包括"公约",但由于在工业产权领域较有影响的(无论世界性还是区域性的),都是一些"公约"(英文原文Convention),所以我在本书中以"公约"包括"条约",而不是相反。仅此一点似乎没有(也不必要)遵行"国际惯例"。

2.《知识产权法若干问题·前言》*

知识产权法(专利法、商标法、版权法等)在世界上已有二三百年的历史,在我国则是近几年才发展起来的一个新的法学领域。随着我国对外开放和对内搞活经济政策的实行,以及我国对世界上的"新技术革命"的应战,知识产权法将在我国经济、技术和文化领域起着越来越重要的作用。目前,从事商标管理的部门已遍及全国;专利管理机关也将从上到下相应成立起来;版权问题也日益引起人们的关注。此外,技术(尤其是专利技术)的引进将逐步取代过去大规模成套设备的引进,外经外贸工作人员也必须把更多的注意力放到知识产权转让方面(而不能仅仅着眼于实物的进出口),多数法律院校及大专院校的法律系已开始增设知识产权课程。总之,这个新的法学领域中的问题正成为越来越多的人所关注、所研究的内容。

本书收入的我的 23 篇专论及 7 篇译文,多数曾在有关的学术杂志上发表。我希望这本文集,对关注和研究知识产权法的人们了解某些基本问题和一些特殊问题,能够有所帮助。同时,我也愿意

---

* 编者注:郑成思著《知识产权法若干问题》,甘肃人民出版社 1985 年版。

与读者就一些问题继续进行讨论。

3. 《知识产权法通论·前言》*

专利权、商标权以及版权等无形财产的专有权,统称为知识产权,前面两项又常统称为工业产权。它们依法律而存在(即不是依君主的敕令而存在)的历史,已经有300年了。

在几年之前,知识产权对我国多数人来讲,还是一个陌生的领域;党的十一届三中全会后,对内搞活经济,对外实行经济开放的政策,使人们开始逐渐地认识了它们。1979年的《中外合资经营企业法》中,第一次正式提出了在我国对工业产权给予保护的问题;1980年颁布的《中外合资经营企业所得税法施行细则》,已经开始初步全面确立了包括版权在内的知识产权的法律地位。1982年,我国颁布了《商标法》,1984年又颁布了《专利法》。我国的版权法也正在起草之中。

这样,把知识产权法作为一个统一的、专门的领域来研究,就成为摆在人们面前的课题了。本书正是作为这种研究的一个尝试而撰写的。我感到,在知识产权的法律领域,读者首先需要了解的是发明专利、商标、版权这三种最常见的专有权,然后再进一步了解外观设计、实用新型、计算机软件以及技术秘密(Know-How)等一些发展历史较短、但在当代国际交往中却十分重要的专有权。在这个基础上,我们就可以进一步考察知识产权的国际保护问题以及它们在国际贸易中的作用。这也就是本书在内容及其先后顺序上的

---

* 编者注:郑成思著《知识产权法通论》,法律出版社1986年版。

总安排。当然，各部分内容在篇幅上不是一样的。例如，比商标问题复杂的专利问题，篇幅自然会长一些；对各国国内法影响很大的《保护工业产权巴黎公约》，在书中占的篇幅就比别的公约要多；英国的立法在英联邦四十多个国家中较有代表性，故在分国介绍中对它的介绍也就更详细些，等等。

本书是 1980 年开始写的。由于 1981 年前后，一些国家与区域性组织的知识产权保护制度发生了重要变化，又由于我后来有机会到英国，对知识产权领域的问题进行了两年集中研究，并到联合国世界知识产权组织及联邦德国"马克斯·普朗克学会"作了些考察，进一步开阔了思路，全面修改了原稿，所以直至 1983 年底才完成了书稿的写作。

鉴于知识产权领域法律问题的研究在我国刚开始不久，书中肯定会有一些不足之处，我很希望能够听到读者的批评意见。

撰写这本书的过程中，得到我国的专利局朱晋卿同志及文化部出版局版权处、贸促会专利代理处、中国船舶公司新技术引进处等单位的同志们的帮助，此外还得到世界知识产权组织对发展中国家联络处、联合国教科文组织版权司提供研究资料上的帮助，得到伦敦经济学院柯尼施教授（W. R. Cornish）、联邦德国"马克斯·普朗克学会"迪茨博士（A. Dietz）在知识产权的国际保护学术问题上的具体帮助。没有上述帮助，这本即使作为"尝试"的著作，想要写成也是不可能的。我谨借此向上述单位和个人表示谢意。

1984年6月于北京[1]

---

[1] 1984 年 1 月后颁布的重要法律中的内容作者在校对中作了个别增添。

4.《版权国际公约概论·前言》*

　　传统的财产法从形式上把财产分为三类：不动产、动产、无形财产。房、地产属于不动产；人们通常接触到的商品，一般属于动产，如自行车、电视机等等皆是；无形财产则指人们享有的某种经济权利，这种权利可以向他人转让，如债权、股份权、知识产权等等。

　　这第三类财产往往使人感到比较抽象，因为它们是无形的。拿股票来讲，它不能被当作价值尺度，不能像货币一样充当一般等价物。因此，作为一张票据，它并不直接体现出财产的性质。但它包含着持有人能凭它取得某公司、某企业的一部分利润的那种权利。持有人转让股票，实际上是转让了这种权利。

　　知识产权使人感到更抽象。有人曾说："股票是财产权的象征，而信息、知识的产权，则是象征的象征。"这是有一定道理的。好在近年来人们已经有越来越多的机会认识它。1982年，我国颁布了《商标法》；1984年又颁布了《专利法》；我国的版权法也在积极准备中。这三种法律所保护的对象——专利、商标、版权，就是知识产权。知识产权除了"无形"这个特点外，还具有专有性及地域性两个特点。专有性指的是唯有知识产权的所有人有权利用或许可他人利用自己的专有权。例如，带"永久"商标的自行车是畅销货，但这个商标属于上海自行车厂所有；其他自行车厂的产品再滞销，也不可以不经许可而使用"永久"商标。一旦上海自行车厂允许某家工厂使用了这个商标，后者的产品就会畅销，该厂就会取得经济收益，就会切实地领会到商标这种财产权的存在。

---

* 编者注：郑成思著《版权国际公约概论》，中国展望出版社1986年版。

地域性指的是任何一项知识产权都仅仅在自己依法产生的那个地域内才有效。例如，在美国申请到的专利，拿到中国就不再受到保护；其中包含的技术也就可以人人得而用之，因为它已越出自己之所以成为"专利"的那个地域。

版权的情况也是一样。上面之所以只用专利与商标举例子，是因为到目前为止，我国还没有颁布版权法，因此不易举出相应的例子。不过，人们实际上对版权并不陌生。我国的出版单位一直把一本书中注明作者、出版者、印数等等的那一页称为"版权页"。新中国成立前也常有在这一页（或书的封底）注明："版权所有　翻印必究"之类的声明。确实，版权这个概念正是从"出版之权"或"翻印之权"开始的。不过，发展到今天，它已大大超出字面上的含义，包括了以一切传播方式利用一部作品的权利，这主要是指：复制（即出版或翻印）权、演绎（如翻译、改编等）权、广播权、表演权、录制权等等。一个作者如果就一部作品享有了版权，他就可以许可别人复制它、广播它或作别的使用，从中收取使用费亦即版税；他也可以禁止别人不经许可而使用这部作品。这就体现了版权的专有性。

我国曾在很长时间里使用"著作权"这个词来表示"版权"，至今也还有人这样用。我认为"著作权"一词使用得并不合理，还是称为"版权"为宜。世界上对版权的称法有两种：一种出自英美法系国家，即 Copyright，直译为"版权"；另一种出自大陆法系国家，即 droit d'auteur 直译为"作者权"。后一词由法国首创，原意在于强调作者本人所享有的权利。欧洲大陆国家大都沿袭了这一用法。在德文中，使用 Urheberrecht，也是"作者权"的意思。日本建立版权制度时，从德国引进了这个词，但却译成了日文的"著作權"。清朝末年，我国着手建立版权制度，当时的立法者现成地从日本搬来了"著作权"一词。这个词并没能反映出大陆法系国家强调只有作者才是权利主体的原意。而我国人民对"作者权"一词又过于陌生，所以采用能反映这种知识产权制度之来源的"版权"一词者较多。

因此,本书自始至终,使用"版权"而不使用"著作权"。

我想,即使主张使用"著作权"的人,他自己在论及有关的国际保护公约时,也可能随多数文件的用法称国际上于 50 年代缔结的那个基本公约为《世界版权公约》,不一定称之为"世界著作权公约"。我国各出版社,至今也没有将"版权页"改称为"著作权页"。所以,统一使用"版权"一词,不仅使不同使用人之间有统一语言,而且也使同一个人在论述不同版权问题时的用词统一。

由于版权也具有地域性特点,任何作者只能在本国法律的效力所及的范围内享有利用自己作品的专有权。在国与国之间的文化交流活动、图书进出口活动广泛开展起来后,地域性特点妨碍了作者保障自己在国外应享有的权利。这就必须在一国与他国之间订立版权保护的双边协定。但订立一个个的双边协定毕竟过于费事。如果能有一个或一些国际公约,把希望在国外保护本国作者权利的许多国家都包括进去,岂不是既有效、又省事吗? 这样的公约确实产生了。这就是本书要论及的版权国际公约。

在所有版权国际公约中有两个是基本公约,也被人称为"母公约",其他版权公约或是受其制约,或是遵循其规定的原则。这两个公约是参加国最多的,因此也最有广泛性的公约。它们就是《伯尔尼公约》与《世界版权公约》。

本书自然要把主要篇幅用在介绍和分析这两个基本公约上。从分析其他版权公约与这两个基本公约之间的关系的角度,也将对其他有关公约作一些介绍及评述。

我国现在还没有建立起全面的版权保护制度。不过,一旦这种制度建立起来,就会有参加版权国际公约的问题。选择参加哪个基本公约将对我国比较有利,是目前就可以开始探讨的问题。本书在对两个基本版权公约进行对比时,对此谈了一些自己的看法;在介绍其他公约之后，也略谈了一些看法。

最后，新技术革命对版权国际保护的影响是广泛而深刻的。本书虽不可能专门对此作全面论述，但也以近年出现的两个新的国际合作的文件为例，作了一个概述。

鉴于法律术语的原因，我重译了两个基本版权公约，附于书后，供读者参阅。

5. 《信息、新型技术与知识产权·前言》[*]

许多人把当前世界上开展着的新技术革命称为"第三次浪潮"。从财产及财产法的角度看，这次"浪潮"有什么特点呢？"在第一次浪潮的社会中，土地是最重要的财产；在第二次浪潮的社会中，机器取代了土地，成了最重要的财产；在第三次浪潮的社会中，我们仍然需要土地、机器这些有形财产，但主要财产已经变成了信息。这是一次革命的转折。这种前所未有的财产是无形的。如果说股票是象征的符号，那么信息财产则是象征的象征。这样一来，财产的概念面目全非了……"这是美国社会学家 A. 托夫勒（Alvin Toffler）在《预测与前提》一书中的论述。

当前，新型技术的广泛采用，在许多领域已引起了重大的变革，也使第三次浪潮显现出与以往的两次完全不同的特色。人们之所以把它称为"浪潮"，是因为新型技术确有席卷全球之势；而所谓"第三次浪潮社会"，就是人们常说的"信息社会"了。在新技术革命中，有形财产所有权的原有地位，正越来越被某些无形财产权所代替。

---

[*] 编者注：郑成思著《信息、新型技术与知识产权》，中国人民大学出版社 1986 年版。

托夫勒指出了新技术革命产生出的这一重大后果，但他并没有详细分析信息财产权的主要构成（或是一些重要构成）的成分。这后一个任务，是由法学家去做的。1984年，英国布特沃斯出版社出版了律师彭道敦（Michael D. Pendleton）的《香港的知识产权与工业产权》一书。书中把专利解释为"反映发明、创造深度的技术信息"；把商标解释为"贸易活动中使人认明产品标志的信息"；把版权解释为"信息的固定的、长久存在的形式"。

借助于上述两位社会学家与法学家的论述，我想读者已经能够看到信息、新型技术与知识产权的总的联系。上面两部著作并不是我的研究工作的出发点（我只是在本书手稿已基本完成时才读到它们的），但其中的有关论述毕竟能使读者在读这本《信息、新型技术与知识产权》之前，先有个简明的概念。

本书以近年来各国知识产权法及知识产权国际保护的一些实际变化为基础，对于在新技术革命中，信息与新型技术怎样使某些变化发生，某些变化又怎样影响着新技术革命，作了一些论述。对有些问题没有作最后结论，还要看新技术革命在特定领域中进一步发展的结果。新技术革命引起的一些知识产权的法律问题，有的正在解决，有的则很难解决，有的在某些国家甚至不可能解决。在人类发展史上，这种现象不是没有产生过的。如果把新技术理解为当前占重要地位的生产力的一部分，把知识产权法看作当前在财产法中占重要地位的一部分，那么马克思在《政治经济学批判·序言》中的一段论述，就实实在在地可以指导我们对有关的社会学及法学问题进一步研究了。这段论述是："社会的物质生产力发展到一定阶段，便同它们一直在其中活动的现存生产关系或财产关系（这只是生产关系的法律用语）发生矛盾。于是这些关系便由生产力的发展形式变成生产力的桎梏。那时社会革命的时代就到来了。"

不过，对社会革命的进一步的研究，已不是本书的任务。

本书从专利这个看来与技术发展的联系最直接的领域开始，谈到工业产权与版权接壤的边缘领域，在新技术革命中变革最突出的版权领域以及知识产权国际保护的新动向。在论述中所涉及的、迄今已经生效的那些知识产权国际公约以及国际组织对各国立法提出的建议，均放在前面对知识产权各个领域的讨论中去谈；而对于现有公约的拟议中的修订，以及缔结新公约的设想则放在知识产权国际保护的新动向中去谈。

本书写作过程中，得到联合国世界知识产权组织发展中国家处主任阿列克罕（S. Alikhan）先生提供的极有帮助的文件资料，并得到航天工业部边於中同志、北京航空学院毛剑琴同志在计算机知识方面给予的指导，特此表示感谢。

6. 《国际技术转让法通论·前言》[*]

20世纪六七十年代后迅速发展着的新技术革命，使人们逐步重视了专有领域中的技术在国际贸易中的作用。国际货物买卖法多年来已经被作为一门相对独立的法学去总结和研究；目前，国际技术转让法也日渐显示出它同等重要（有时是更加重要）的地位。在国际私法专著中，要讲到国际技术转让；在国际经济法专著中，也要讲到它；在国际贸易法专著中，更是不能不讲到它；甚至在国际公法教科书中，也把它作为一个部分列入了。这些，并不能说明国际技术转让法没有相对的独立性，而是说明它越来越受到重视。

保护各种知识产权的国际合作不断发展着；国际许可证贸易的实践正被一些国际组织积极总结和综合；在各国的涉外法方面，调节涉外技术转让的立法活动近年来更频繁。以我国为例，仅仅在

---

[*] 编者注：郑成思编著《国际技术转让法通论》，中国展望出版社1987年版。

1985 年 3~5 月，就出现了多次使国际、国内瞩目的、与国际技术转让有关的大事：3 月，《中华人民共和国涉外经济合同法》颁布；4 月，《中华人民共和国专利法》实施；5 月，《中华人民共和国技术引进合同管理条例》颁布。

把国际技术转让法作为一个法的部门去研究，从法学角度和对外贸易实践角度看，都已是十分必要的了。

本书从技术转让理论的探索出发，逐渐向讨论技术贸易中的具体合同延伸；从介绍我国的有关法律开始，进而介绍其他国家的法律和有关的国际公约与惯例，以期使读者对国际技术转让法有个较全面的了解。书中有些内容（如"限制性贸易条款"），在介绍我国、发达国家、其他发展中国家时，都有所涉及。这并不是无意义的简单重复，而是为使读者明了哪些原则是多数国家在国际技术转让中都遵循的，以便在涉外谈判中参考。另有一些内容（如知识产权的各种基本问题，大多数工业产权公约的具体内容），作者在自己的其他专著（《知识产权法通论》《工业产权国际公约概论》等）中，已作过详细介绍，故在本书中不复赘述。

作者参加的技术转让实践活动非常有限，书中可能有"管窥蠡测"或不正确之处，欢迎读者批评。

7. 《计算机、软件与数据的法律保护·前言》*

如果说在今天的世界上有什么对科技、经济与法律都产生了无与伦比的重大影响，并引起了深刻的变革的话，那就是电子计算机了。

把电子计算机与法律联系起来，已经可以追溯到 20 多年之前。

---

* 编者注：郑成思著《计算机、软件与数据的法律保护》，法律出版社 1987 年版。

但随着电子计算机的出现而出现的新的法律问题，大部分始终没有最后解决。尤其是计算机、软件及数据的法律保护问题，在有些国家刚刚开始着手去解决，在另一些国家则没有提到日程上。这类法律保护问题，对于计算机的进一步发展又十分重要，因此引起国际法学界越来越多的人讨论和关注。

我国目前还没有直接涉及计算机软件及数据保护的专门法律。在迎接世界新一代计算机的挑战中，人们又较多地注意了技术保证、投资保证等问题，而较少注意或忽视了法律保护的作用。写作本书的目的之一，就是希望能引起更多的人对后者的重视。为此，书中介绍了国际上计算机、软件及数据保护法的过去和现在，分析了各种保护途径的利弊，以期找出这一领域立法的发展趋势，进而为我国的有关立法提出建议。至于这一目的能否达到，那就得看读者的评价了。

在这里应说明：本书各章中的评论及最后一章的论述，仅仅应当看作"设想"，而不是"结论"。在计算机这种发展极其迅速的技术领域，过早地下任何结论都会使结论本身很快过时或显露出严重的缺陷。在与计算机相联系的法律领域，情况也是一样。

8.《知识产权法·绪论》（节录）*

第一节　知识产权与知识产权法

一、知识产权

"知识产权"是个外来语。有人认为，把它译作"精神产权"或"精神财产"还更确切些。不过，今天"知识产权"这一术语已经在我

---

* 编者注：郑成思著《知识产权法》，四川人民出版社 1988 年版。

国广泛使用，而且为越来越多的人了解，其实际含义，就没有必要再作更改了。

我国在历史上，虽然曾有过把知识成果作为某种财产权看待的实例，也有过一些保护知识成果财产权的实践。但真正着手建立全面的知识产权保护制度，还是在党的十一届三中全会实行开放改革的政策之后。在许多西方国家，对知识产权的法律保护，已有二三百年的历史了。这些国家很久以来就把财产权分为不动产权、动产权、无形产权等几种类型。在无形产权中，又分为知识产权、债权、股权、合同权等小类。① 可见，知识产权过去在财产权中的地位并不十分重要。只是在 20 世纪中后期以来，科学技术的迅速发展，才很快地提高了知识产权的地位。

知识产权主要包括专利权、商标权与版权，前二者往往又被统称为工业产权，以示与文化领域的版权相区别。不过，目前版权问题也已大量进入工业领域，"工业产权"与"版权"已很难被截然分开，而且出现了"特别工业版权"，例如半导体芯片掩膜设计所享有的专有权即是如此。

知识产权首先是一种无形的财产权，从这点出发或与这点相联系，才产生它的其他特点。

作为知识成果，它们都将体现在某种有形物上。例如，采用某项专利发明所生产的专利产品，商标设计图案及商标得以附着的具体商品，作者写成的书、画家画出的画，等等。但知识产权并不直接体现在这些有形物上。例如，我国首批批准的专利中，有湖南大学发明的"多功能冰箱"。湖南大学并不因此对生产出的每一台多能冰箱都享有财产权。而且，按照我国专利法的规定，如果经湖南

---

① 参看劳森（H. F. Lawson）：《财产法》，牛津大学出版社，1982 年版。

大学同意而把冰箱投放市场了，对冰箱的进一步销售和使用，都不能再享有专有权了。冰箱作为有形物被用户买去后，它的财产权显然就是用户的了。而"多能冰箱专利"，毫无疑问仍是湖南大学的。任何厂家想要使用这项专利技术去制造冰箱，就必须取得湖南大学的同意，并向湖南大学支付使用费；如果未经许可而使用了这项专利，湖南大学就有权诉诸法院（或专利管理机关）要求制止使用和取得赔偿。正是从这些方面，反映出湖南大学享有的财产权。再如，小说《战争风云》的作者沃克，并不对美国各书店中或读者手中的《战争风云》这本书享有财产权；他仅仅在是否允许翻印、翻译、改编以及允许谁来从事这些活动方面享有控制的权利。一旦他把控制翻译的权利交给美国某个出版公司，他就将从这个公司取得使用费；如果美国某个出版公司未经他许可而把《战争风云》译成法文出售，他就有权要求赔偿。

由于知识产权是无形的，它就可能被"卖"给两个以上的买主。有形财产的转让则一般难以做到这点。同一座建筑物同时卖给甲、乙两方，立刻会被两方发现。而将同一项知识产权同时转让给甲、乙两方，则该两方只要不在市场上发生冲突，就可能长期（或永远）发现不了自己花了买专有权的钱，却只得到了非独占的许可证。

知识产权除了"无形"这一特点外，至少还具有下面5个特点：专有性、地域性、法定时间性、公开性、可复制（可固定）性。

1. 专有性

专有性把知识产权与公有领域的财产权（无论是有形的还是无形的）区分开。知识产权是有关权利人所专有的；仅有他能够行使、能够使用有关权利。例如，莎士比亚的剧本的改编权、翻译权、演出权等等，都是公有的，它们都不归任何人所专有；而萧伯纳的剧本的改编权、翻译权或演出权，则仍旧由他的版权继承人专有，不经其许可，其他人不得随意改编、翻译或上演。当然，这种专有性是相对的，它至少要受地域性和时间性的限制。

2. 地域性

地域性使知识产权与一切其他财产权相区别。地域性指的是：任何一项知识产权，只在它所依法产生的那个地域内才有效；也只有依一定地域内的法律才得以产生。萧伯纳的版权，目前在我国还得不到承认，因为它是依英国版权法产生，在英国和与英国同属某版权国际公约的国家中才受保护。

3. 法定时间性

知识产权作为无形财产权，不是永远有效的，法律都规定了它们的有效期，这点也与有形财产不同。一项专利发明享有 15 年有效期。15 年之后，该专利的实际技术内容可能仍旧很有用，可能还有不少厂家愿意实施它，但原专利权人再不可能对它掌握控制权，不可能要求别人支付使用费了。有形财产的价值则一般看它的自然消耗。坚固的房屋可能上百年还能卖出好价钱；不坚固的则可能 10 年就倒塌了，不能再作为财产转让（房屋下的地皮不在内）。它们一般不受法定时间的影响。有形的机器有时也受无形损耗：先进的生产线可能使原有的、仍旧完好的生产线失去使用价值而报废。但这种时间不是"法定"的。

4. 公开性

知识产权是否应当同商业秘密、技术秘密等严格区分开，在今天还有争论。就传统意义的知识产权来讲，它们都是公开的。专利发明要由它的说明书去公开，否则不能批准专利；而且，侵权行为发生后，也要从已公开的说明书中去确认；第三方为要避免侵权，也主要以公开的专利说明书为据。同样，没有在贸易活动中被公开（并已取得一定信誉）的商标，不会有人去假冒。版权的公开性稍微复杂些。版权保护从已出版的作品开始，已在多数国家延及未出版的作品。但真正未出版的作品所享有的仅仅是它的"首次发表权"，只有在它发表之后，才可能有完全的版权（如翻译权、改编权、上演权、广播权等等）。

5. 可复制性

知识产权之所以能成为某种财产权，是因为这些权利被利用后，能够体现在一定产品、作品或其他物品的复制活动上。也就是说，这种权利要靠一定的有形物去固定，去体现。作者的思想如果不体现在可复制的手稿上、录音上，就不成为一种财产权了。别人不可能因直接利用了他的"思想"而发生侵权。对专利权人也是一样，他的专利必须能体现在可复制的产品上，或是制造某种产品的新方法，或是新产品本身。没有这些有形物，专利权人也无从判断何为"侵权"。可复制性把知识产权与一般的科学、理论相区别。科学理论的创始人不能像专有知识产权那样，对自己的理论"专有"，不能要求其他人经其同意后方借助他的理论去思考和处理问题。虽然世界知识产权组织把"科学发现"作为知识产权内容之一，但人们一般理解这仅包括作为第一个发现者享有的精神权利，而不是如专利权人或版权所有人享有的那种控制权或独占权。而且，至今不少人仍旧认为：把"科学发现"作为一种产权、特别是作为知识产权，就使知识产权的原有含义根本改变了，也使知识产权的上述大多数特点不复存在。例如，很难说科学发现具有什么地域性或时间性。少数国家积极倡导的《科学发现国际承认公约》，至今只有二三个国家批准，因而一直未生效。

二、知识产权法

知识产权法究竟应当包括哪些法律，在不同国家的理论和实践中不尽相同。

绝大多数国家把专利法、商标法、版权法作为知识产权法的主要组成部分。也有一些国家把反垄断法、不公平竞争法、商业秘密法、技术进出口管理法等等，也列入知识产权法之中。

在 20 世纪 60 年代之前，仅仅西方发达国家制定了反垄断法；目前，印度等发展中国家，波兰等社会主义国家也制定了这种法律。20 世纪 70 年代之前，除日本之外，仅仅一些发展中国家制定了技术进口管理法；近些年，法国、西班牙等发达国家也制定了这种法律。至于技术出口管理法，则是美国等"巴黎统筹委员会"成员国为政治原因而制定的。这些法律，与知识产权在国内的转让活动及在国际上的转让活动都有很密切的联系。至于不公平竞争法，加拿大等国是把它与商标法合在一部单行法中的。

还有一些国家，把一切科学管理方面的法规（如技术进步奖励法规、科学发现奖励法规等等）或一切文化领域里的法规（如文物保护法规）都列入知识产权法一类。

第二节　知识产权法与国际法

任何国家的知识产权法都既是国内法，也是涉外法。知识产权的国际保护，既是国际公法问题，也是国际私法问题。国际私法有广义的和狭义的。广义的国际私法以苏联隆茨的学说为典型，它包括冲突法及国际商法中的大部分内容；狭义的国际私法则是传统的学说，它认为国际私法是各国国内法的组成部分，只包括冲突法的内容。这里仅在后一种意义上谈国际私法。

国际公法是真正能称为"国际法"的，它仅仅建立在国际条约及国际惯例的基础上。不存在什么法国国际法、波兰国际法或中国国际法。但国际私法并不是真正的"国际法"，它实际是各国国内的涉外法；国际条约构成参加国国内法的，一部分时，它们也可作为国际私法的渊源之一，但与建立在国际条约基础上的公法就不一样了。在法国有法国的国际私法（具体体现在《法国民法典》等法规中）、在中国有中国的国际私法（具体体现在《民法通则》《民事诉讼法》等法规的涉外章节中）。① 还有许多国家把本国国际私法规定集中在一部法律中，如捷克斯洛伐克的《国际私法与国际民诉法》、波兰的《波兰国际私法》、匈牙利的《匈牙利国际私法》等等。

知识产权领域的多边国际公约及众多的双边国际条约，都是国际公法的组成部分。这些公约中的关于外国人待遇的一般原则，诸如互惠原则、国民待遇原则、差别待遇原则等等，都是国际公法中的原则。但适用这些原则的条件，会因国家的不同而有所不同，这就是国际私法或冲突法的问题了。

从 19 世纪末开始，或者还可以从更早一些的 19 世纪初某些西方国家之间订立知识产权保护的双边条约开始，知识产权法就与国际法密切联系在一起了。讲知识产权法而仅仅从国内法的角度讲，是不可能给人以完整概念的。当今世界上任何国家的知识产权法都是涉外法。我国建立知识产权保护制度也只是在实行开放政策后才重新提到日程上来的。例如，讲专利法，就必须使听讲的人知道：地域性特点，从国际私法角度看这是专利法的最主要特点。在中国购买的手表，戴着到美国去，它仍旧是买主的财物，不会因为跨出了国境而变成了"公有"的。在中国获得专利的发明，在美国就可能成为公有财产（如果该中国专利权人没有在美国就同一发明也申请专利）。再以前面讲过的"国民待遇"原则为例。中美两国都是巴黎公约的成员国，因此都受公约中"国民待遇"原则的约束，都必须为对方的专利申请人及专利权人，提供相当于给予本国国民的待遇。这就是遵守国际公法的问题。但是同样遵守国民待遇原则的中美两国，所提供的国民待遇却依自己的专利法的差别而非常不

---

① 欧美多数国际法学者认为：国际私法包含法律适用、司法机关（及准司法机关）的管辖权、司法协助（对外国法院及仲裁院判决及裁决的承认与执行）三方面问题。我国《民法通则》第八章主要涉及第一方面问题，《民事诉讼法》第五编则涉及后两方面的问题。

同。在中国能享受到的国民待遇是疾病诊疗法、食品、药品均不能获得专利；而在美国享受到的国民待遇却是这些发明都可以获得专利。在中国如果专利权人连续三年不实施专利，专利局就会强制实施；在美国则无论多久不实施，也不发生强制问题。这些，就属于国际私法方面的问题了。

知识产权在国际保护中经常遇到法律冲突问题，或法律选择问题。例如，专利的地域性可能使一份国际技术转让合同中选择两个适用法：作为整个合同，可以适用第三国法，作为其中被转让的专利，只可适用批准该专利的国家的法律，亦即合同当事人之一所在国法律。这样一来，在涉外知识产权转让的合同，尤其是涉外技术转让的合同中，就可能出现一个"法律适用条款"中选择了两个或两个以上的国家的法律的情况。

在判断侵权与否的案例中，也时常遇到与知识产权相关的法律冲突问题。例如，参加了《保护文学艺术作品伯尔尼公约》或《世界版权公约》的发展中国家，可以颁发"复制权"的强制许可证。如果一部英国作者的书在印度市场上已销售完，印度读者仍旧需要，但英国作者未许可印度任何出版商再次印刷出版，则在一定时期后印度版权主管部门就可以强制性地许可印度某出版公司再度复制并出售该书。购买了该书的人，在印度是书的合法持有者，该书如果携入英国，他在英国则是侵权物品的持有者了。因为英国版权法仅仅认为按英国法律印制的享有版权的读物才合法，而该书是未经版权所有人许可而印制的。作为有形物（一本书），它的取得是否合法，是适用财产获得地法；而作为该书中体现的无形产权（版权中的复制权），则适用权利要求地法。这种情况在不体现知识产权的有形物上就不会发生。例如一支钢笔，只要它是买来的或通过其他合法方式获得的（而不是偷来的），则不论带到任何国家，也不会被视为侵权物品。

在我国已经颁布的知识产权领域的有关单行法中，也有许多条文反映出国际公法与国际私法的问题。

例如，我国《专利法》第6条把中国专利权人分成了三类：中国专利持有人；身为中国公民或法人的专利所有人；涉外专利所有人。第6条在第二段中，把"在中国境内的"一切外资、中外合资企业，视为涉外专利所有人。这里专门强调了"在中国境内的"，并不意味着在中国境外的外资企业如果到中国来申请专利，反而会被视为"持有人"。强调这一点的原因在于：从国际私法的角度看，一个国家的专利法只可能规定在其国内的法人主体，不可能笼统地对国内外的法人主体都行使管辖。中国专利法不可能适用于在美国境内的外资企业。按照中国专利法，在中国境内的外资企业的工作人员完成的职务发明创造，申请专利的权利属于该企业。而按照美国专利法，在美国申请美国专利的人只能是搞出发明的工作人员本人，不能是某个企业（当然，该工作人员可以通过雇佣合同把日后取得的专利权转让给他所在的企业）。

再如，我国的专利法实行了"国家计划许可制"，即国家或地方政府可以根据国家计划推广某些专利。但是，这一条如果适用于外国的或涉外的专利权人，就会违反《巴黎公约》的最低要求。于是，我国把国家计划许可制仅限于中国专利权人的范围之内。这就是从承认和遵守国际公法的基点考虑的。

第三节　知识产权法学

20世纪70年代之前，虽然"知识产权"这个概念已产生了近百年（19世纪末之前，人们分别使用"工业产权"与"版权"的概念），但还没有人谈到"知识产权法学"。专利法、商标法及版权法以及与这些法直接关联的社会现象，都是被放在其他法学学科中去研究的。

从 1889 年开始出版，每十几年到几十年即要修订的英国《克拉克—林塞尔论侵权法》一书，一直把知识产权作为其中的一个部分。这部书曾是英国侵权法的主要教科书之一。同一时期中，英国各种"财产法"专著，也往往把知识产权法作为其中的一部分。在欧洲大陆（西欧）以及英国，绝大多数论"竞争法"的著作，也把知识产权法作为其中一部分。与此相似，美国则把知识产权法列入"反垄断法"中，作为反垄断的例外来研究（知识产权本身都是某种垄断权；但行使这种权利却并不违反"反垄断法"）。

新中国成立后（自 20 世纪 50 年代起）翻译过来的各种版本的苏联国际私法教科书，则无一例外地把知识产权作为国际私法的研究对象之一，这与西方的研究方法是大相径庭的（英、美国际私法或冲突法教科书，至今极少涉及知识产权问题，更不要说把它作为教科书的一部分了）。这种研究方法对我国有较大的影响。

不过，随着知识产权地位的上升，知识产权法也越来越受到重视。至少在 1973 年，美国斯坦福大学哥德斯坦教授编辑了《知识产权判例集》；1981 年，英国伦敦经济学院柯尼什教授出版了《知识产权及有关权利》一书，1983 年，联邦德国慕尼黑大学教授贝尔出版了《西德知识产权法与反垄断法》一书。知识产权法逐渐被作为一个相对独立的法学学科去研究了。至于以"知识产权"为主要研究对象的学术杂志，目前就更多了。英国牛津的《欧洲知识产权》月刊，联邦德国的《国际工业产权与版权》双月刊，在东南亚出版的《亚太地区知识产权杂志》，都是实例。在今天，讲起"知识产权法学"，已经并不使人感到陌生了。

知识产权法学，首先要研究有关的知识产权法的法律条文；但绝不能仅限于此。以专利法为例，法律条文中主要对专利权的申请与批准作出了规定。于是有些专利法学专著也主要讲申请与批准。

殊不知对于专利来讲，更重要的是权利的维护与转让；特别是转让，没有这一步，专利的获得便失去了大部分意义。因此，不讲专利诉讼、不讲技术转让的专利法学专著，就仅仅是研究了问题的一小部分，显得过于狭窄，因而并不能被认为是"法学"专著。

知识产权法学又应进一步研究对各种知识产权的保护的发展趋向，新的受保护对象产生的可能性，不同知识产权法规之间的交叉和知识产权法作为一个整体在范围上的扩大。

我国曾出版过一本关于知识产权的著作。因该书初稿完成于1983年前，当时我国《商标法》刚刚实施不久，《专利法》尚待颁布，版权法则仅仅在酝酿之中。因此，该书以论述国际上已有的知识产权制度为主，只较少地涉及一些我国的情况。现在，以我国知识产权法为主要研究对象的条件已经基本具备了。当然，以国内法律为主要研究对象的法学丛书，就知识产权领域讲，也不能只涉及中国专利的取得程序，中国注册商标的登记程序等等。它应当包括中国知识产权的取得、维护和在贸易活动中的依法行使与转移。除此之外，还应回溯这一法律领域在中国的历史，并与当今世界上不同国家的这一领域的法律作些比较。这样，才有可能构成一部"知识产权法学"作品。

今天，无论是英美法系国家，还是大陆法系国家，在法学著作中都越来越注重对案例的分析。在知识产权法领域更是如此。因为，知识产权涉及面广、问题很复杂，任何一个国家的有关成文法，都不可能对每一个案例作出具体答案。这样，法院（或具有部分司法职能的行政管理机关）对某些案件的判决或裁决，就可以被其他司法机关在处理同类案件时沿用，而且可能成为某一单行法的具体条款在日后被修改或增补时的依据。在我国，到1987年年初为止，虽然尚未颁布版权法，但版权纠纷案例已有许多在报刊上报道；而商标纠纷案例见报的并不多，由法院作出判决的专利纠纷案例见报的居然一起也没有（上海《文汇报》在 1987 年 2 月 20 日报道了上海中级法院"首次审理一起专利纠纷案"。但细看其内容，则不过是一起合同纠纷案）。在这种情况下，列举和分析一些法院的版权纠纷案件及行政机关调处的一些专利、商标纠纷案件本来应当是本书内容的一部分。不过，分析案件时如果仅以见报的内容为基础，则很难达到分析的目的。因为无论法院判决还是行政机关的处理决定，在报上大都只刊登结论，极少详谈原被告的辩论或证据。如果拿出未见报的内容来分析，则可能遇到来自当事人或受理机关的歧义。而且，行政机关的"调处"究竟属于一种什么性质的程序，目前在法学研究中还存在分歧较大的看法。所以，对具体案例的分析，在本书中仅仅以正面论述的形式出现，同时比它原应占的篇幅小得多。这对于本书的"法学"著作性质，也许不会有太大的影响。①

---

① 为便于读者查找，现将部分发生在我国的知识产权纠纷（已见报的）在报刊上的出处列举如下：电影《十六号病房》版权纠纷案，见《文汇报》1985 年 4 月 22 日第 2 版；数学书《弃九速算法》侵权纠纷案，见《人民日报》1986 年 3 月 6 日第 3 版，《光明日报》1986 年 3 月 6 日第 1 版；《干部法律常识读本》及《法律常识一百条》侵权案，见《光明日报》1986 年 6 月 15 日第 2 版；电影《都市里的村庄》版权纠纷案，见《中国法制报》1986 年 10 月 17 日第 2 版；译著《意大利童话》版权纠纷案，见《文汇报》1986 年 11 月 9 日第 2 版；电影《海瑞骂皇帝》版权纠纷案，见《文汇报》1987 年 2 月 23 日第 3 版；《红楼梦》歌曲磁带侵权案，见《北京日报》1987 年 2 月 6 日第 1 版，《人民日报》1987 年 5 月 2 日第 5 版；电影《金陵之夜》版权纠纷案，见《人民日报》1987 年 4 月 28 日第 4 版；历史通俗小说《南明演义》版权纠纷案，见《文汇报》1987 年 6 月 8 日第 3 版。"新蜂窝煤机"专利侵权案，见《人民日报》1987 年 4 月 27 日第 3 版；"米珠"电冰箱冒牌案，见《北京晚报》1986 年 1 月 15 日第 1 版；"郎酒"商标纠纷案，见《人民日报》1986 年 9 月 30 日第 4 版；《醉三秋》商标标识盗窃案，见《文汇报》1987 年 4 月 27 日第 3 版；"古井酒"厂商标纠纷案，见《人民日报》1987 年 5 月 4 日第 2 版；"泸文牌"复写纸商标侵权案，见《人民日报》1987 年 5 月 3 日第 2 版；山西凤翔县名酒商标假冒案，见《人民日报》1987 年 6 月 10 日第 2 版；湖北安徽部分外贸企业假冒商标案，见《人民日报》1987 年 6 月 18 日第 5 版；泸产"船"牌、"麻雀"牌床单商标侵权案，见《文汇报》1987 年 6 月 18 日第 1 版；"西凤"酒冒牌案，见《北京晚报》1987 年 6 月 24 日第 1 版；"金杯"牌载重车商标侵权案，见《人民日报》1987 年 7 月 4 日第 4 版。

9. 《著名版权案例评析·前言》*

法学家们普遍认为，版权（著作权）是最复杂的一种民事权利。西方有些法学家甚至把版权学称为"鬼学"。我们当然不能同意把版权问题看得深奥到不可知地步的观点，但至少应当承认它的复杂性。

由于版权问题的复杂性，至今还没有（也不可能有）任何一个国家的版权法及有关辅助法规（例如施行细则等）能完全回答实际生活中产生的形形色色版权纠纷所提出的问题。这就要靠较成功、较有影响的判例来补充了。自 1709 年有了版权保护的成文法后，在大多数建立了版权制度的国家里，法院判决都是依版权法（有时附加其他法）而作出的，都是就实际中出现的新问题、新纠纷对已有法律条文作进一步解释。当然，也有一些判决是立法或对已有版权法作重大修改的基础。判例在版权司法、版权立法及版权法学的研究方面，都有不可忽视的地位。

在我国尚未颁布版权法（著作权法）但已承认版权为一种受保护的民事权利时，外国多年来的一些较有影响的判例可以作为我国司法机关及行政机关解决版权纠纷时的重要参考。即使在我国颁布版权法之后，这些判例中有一部分仍不失其参考价值，因为在我国看来是新出现的纠纷，在国外可能已有了较合理的处理意见。无论在我国版权法颁布前还是颁布后，外国的那些成功的判例对我国从事版权业务的律师及研究工作者的工作都会有所帮助。对广大作者、作品的使用

---

* 编者注：郑成思编著《著名版权案例评析》，专利文献出版社 1997 年版。

者来讲，外国已有版权判例的介绍和评析，则可以起到以较生动的形式普及版权知识的作用。这些，就是撰写本书的主要目的。

由于采用传统的普通法的国家在判例（包括版权纠纷判例）的编纂和发表方面比较系统和规范，判例在这些国家的作用也较重要，故本书中所举出的，大部分是这些国家（如英、美、澳大利亚等）的判例。欧洲大陆法系国家中，那些对法律修订起了巨大作用，或在国际上有较大影响的判例，在本书中也注意收集了一些。

外国判例集内收入的判例原文，一般是把各法官（甚至当事各方律师）的意见都兼收并蓄，判决往往很长。一个判例有时长达几十页或上百页。本书在列举判例时，有所取舍，以期使读者能抓住每个案子要说明的重点问题。例如在重点说明是抄袭还是偶合问题而介绍某一案子时，就不再把判决中关于赔偿数额或其他补偿方式的记载翻译重述了。

在全书的布局上，涉及章节如何划分的问题。这里也反映出写版权类专著的难处。版权纠纷中的主体问题是复杂的，例如，对作者、合作作者、职务（雇佣）作者等如何认定。客体问题也是复杂的，例如，属于文字作品纠纷、音乐作品纠纷还是美术作品纠纷等等。权利内容本身的问题更复杂，例如，确认为侵犯了他人的出版权、表演权、广播权还是展示权，等等。就是说，章节布局至少可以从版权主体、客体或权利内容三个角度来划分。本书在第一编采用了以客体分章节的方式，目的是使那些遇到版权纠纷而希望在本书中找到参考答案的读者能较快地找到。以客体分类是许多版权法专著所采用的，《保护文学艺术作品伯尔尼公约》也首先把客体的类别展示在条文中。在版权纠纷发生时，人们往往也首先注意到它们是发生在什么作品上的纠纷。

不过，版权纠纷有些是在特殊情况下发生的，这时无论主体、客体还是权利内容所占的位置，都不那么显著了，其中有些特殊情况在我国也已出现过。于是本书向读者提供了第二编案例。跨国版权贸易中的纠纷主要反映版权地域性与版权公约的关系以及与国际私法之间的关系问题。我国目前的跨国版权贸易虽然尚未开展起来，但随着我国颁布版权法和参加某个或某些公约，也会很快开展起来的。所以本书在第三编中举了一些这方面的案例。这一部分虽不是重点，却也是不可少的。

在所举的判例中，有个别的在处理意见（判决）上可能不一致，即案情相同而处理相反。这在版权司法，尤其是不同国家的版权司法中是正常的。这就要由读者去鉴定孰是孰非了。

判例，正如法律条文、政府文件一样，在有些国家是不受版权法保护的（我国的版权法也可能不保护这些"作品"），它们的正式译本（官方译本）也会随之不受保护。不过，读者应当注意到：本书中所举任何判例的译文都不是"官方译本"，而是作者自己从外文判例中译出的；同时，对每个原有判例都作了选、编、重新排列与陈述。这些，都已成为带创作性劳动的成果。就是说，本书各节中的"案情""处理"部分，也都是享有版权的文字表述，如果有人不适当地直接使用，就可能发生类似于本书第一编第一节第二个案例中的版权纠纷。至于"评析"部分，则是当然享有版权的。

10. 《版权公约、版权保护与版权贸易·前言》*

早在 80 年代初，我国即表示过：一旦建立起全面的版权保护制度，我国将积极考虑参加版权国际公约的问题。但真正在著作权

---

* 编者注：郑成思著《版权公约、版权保护与版权贸易》，中国人民大学出版社 1992 年版。

法实施后如此短的时间里，我国就参加了《伯尔尼公约》、《世界版权公约》，则是国内许多人不曾预料到的。

参加了版权公约，就必须承担义务保护外国作品，这就要求在同样短的时间里，改变过去大多数人"自由使用"外国作品的习惯。也就是说，往后再使用时，一般就要首先取得外国作品版权人的许可，使用后则要支付报酬。这就是涉外的版权贸易，同时也是本书的两部分主要内容"版权公约"与"版权贸易"之间的内在联系。

本书所称"版权公约"，仅限于国际性版权公约，只在谈案例时偶尔涉及地区性版权公约。本书所称"版权贸易"则主要指涉外版权贸易。

在我国《著作权法》颁布 2 年后的今天，国内不少人已经对它有了比较多的了解。但著作权法与版权公约之间（尤其是与《伯尔尼公约》之间）还有些差距。而参加公约之后，公约即构成我国国内法的一部分。那么，著作权法与公约有哪些共同与不同之处？将来在使用外国作品时，亦即在开展涉外版权贸易时，我们主要应注意些什么问题，才能避免侵权？回答这些问题，对于衔接版权公约与版权贸易两部分内容，是必不可少的，在本书中也就逻辑地把它放在中间了。

有关版权（著作权）、版权法的基本知识与基本理论问题，大都在作者的《版权法》（中国人民大学出版社 1990 年 3 月出版）一书中阐述过。而本书的要点，则放在"什么是我国的涉外版权保护""开始全面保护外国作品后我们应怎么做"等具体务实性问题上。无论第一编对公约的阐述还是第二编将公约与著作权法的对比，均紧扣住"是什么"和"怎么做"。当然，也仍旧要讨论一些重要的理论问题。至于第三编，则基本是务实的了。

不同类型的知识产权，都存在权利的取得、维护和利用三个主要问题。就版权而言，权利的利用（亦即版权贸易）占突出的地位。因为获得版权不是目的；通过转让、许可等贸易活动取得经济上的收入，才是目的，才是版权制度最初产生的原因，也才是需要维护版权的主要理由。参加版权公约后，国际保护是双向的，版权贸易也将是双向的。我们要保护外国作品，外国也要保护我们的作品。对我们来讲有一个如何取得外国版权人的许可和付酬的问题，外国使用人也有一个取得我国版权人的许可和付酬的问题。

愿读者在这两方面都能从本书中读到自己所需要的内容。

在本书撰写过程中，尤其是在重译几个版权公约的过程中，曾就国际法问题及外文译法问题，多次请教过姚壮、周叶谦两位教授，特此表示感谢。

11.《版权国际惯例·绪论》[*]

"版权国际惯例"是个比较难写的题目。主要原因是：版权国际保护的多数原则，都已经形成了国际公约。而"公约"是成文的，对自愿签署的成员国具有法律约束力；"惯例"则一般不成文（即未形成条约），有些有约束力，有些还不具有约束力。但这并不是说，版权公约已经把版权国际保护的内容穷尽了。国际的文化交往、版权贸易是非常复杂的。不同法系、相同法系的不同国家，在版权立法、版权司法、版权贸易方面，都有许多自己的特点。版权公约允许在不与公约原则冲突的基础上，各国实施自己的版权法及施行自己的保护方式。

---

* 编者注：郑成思著《版权国际惯例》，贵州人民出版社 1994 年版。

被称为版权国际惯例或习惯做法的，均不与版权公约相冲突。这是必须清楚的。下面紧接着要讲到的有些对版权国际保护的误解，正是出于不了解版权公约的原则，才把明显与公约冲突的所谓"新理论"，说成是版权国际惯例。

所以，本书必须在一开始，先从版权国际公约讲起，才能进而讲及在拉美国家有惯例作用的西班牙法，在日本、中国台湾地区等大陆法系国家及地区有影响的德国法，以及英美国家在国际上有影响的案例，等等。

多边版权公约有区域性的及世界性的。区域性公约（如欧洲地区的广播、电视协定），与我国关系不大，本书不准备过多涉及。

世界性的多边版权公约，目前已有下列 8 个：

（1）《保护文学艺术作品伯尔尼公约》（简称《伯尔尼公约》）；

（2）《世界版权公约》（也有人译为《万国著作权公约》或《世界著作权公约》）；

（3）《保护表演者、录音制品制作者与广播组织罗马公约》（简称《罗马公约》）；

（4）《保护录音制品制作者防止未经授权复制其制品日内瓦公约》（简称《日内瓦公约》或《录音制品公约》，也有人译为《唱片公约》）；

（5）《印刷字体的保护及其国际保存协定》；

（6）《关于播送由人造卫星传播的载有节目信号公约》（简称《卫星公约》或《布鲁塞尔卫星公约》）；

（7）《避免对版权使用费收入重复征税多边公约》；

（8）《视听作品国际登记条约》（简称《视听作品条约》）。

我们说上述公约属于"版权公约"，其中的"版权"是在广义上使用的，包括作者权与传播者权（邻接权）二者在内。

此外，世界知识产权组织在开列广义的版权国际公约时，还列入了《保护奥林匹克会徽条约》与《集成电路知识产权条约》。其中《会徽条约》更接近工业产权领域。

在这些公约中，第（1）（2）两个，是基本的版权公约，又是我国已经参加的公约。在谈及版权国际惯例时，先应对这两个公约有所了解。

我国人大常委会已于 1992 年 7 月 1 日批准我国加入《保护文学艺术作品伯尔尼公约》与《世界版权公约》。这两个公约在 1992 年 10 月之后均已在我国生效，从那以后对大多数外国作品，均不能再"自由使用"（包括翻译、改编等）。

但这并不等于说，届时对一切外国作品，都不能再自由使用；也不是说，对一切应受保护的外国作品，都将只按《伯尔尼公约》的高水平给予保护。这一点，也是我国各杂志社、出版社及研究部门的译、编者们应了解的。

到目前为止，世界上尚有下列国家并未参加任何版权国际公约，也未与我国定有版权保护双边条约。故翻译、改编或以其他方式（不含"抄袭""剽窃"等方式）使用这些国家的作品，仍旧无需取得许可，也无需向任何人支付报酬。这些国家和地区是：阿富汗、阿尔巴尼亚、安哥拉、安提瓜与巴布达、巴林、不丹、博茨瓦纳、文莱、缅甸、布隆迪、冈比亚、科摩罗、吉布提、印度尼西亚、赤道几内亚、埃塞俄比亚、佛得角、格林纳达、圭亚那、牙买加、伊朗、伊拉克、朝鲜、约旦、基里巴斯、马尔代夫、科威特、立陶宛、瑙鲁、蒙古、莫桑比克、巴布亚新几内亚、尼泊尔、安曼、圣卢西亚、卡塔尔、圣克里斯托夫与尼维斯、沙特阿拉伯、圣马利诺、新加坡、塞舌尔、苏丹、所罗门岛、圣多美与普林西比、坦桑尼亚、斯威士兰、乌干达、汤加、越南、阿联酋、塞拉利昂、索马里、西萨摩亚、叙利亚、图瓦卢、瓦努阿图、也门、贝劳。

在已参加版权国际公约的国家中，有一些仅仅参加了保护水平较低的《世界版权公约》，其中有些国家只保护 25 年版权。所以，它们的许多作品，在我们打算使用时，可能已经超过了版权期，故无需再向作者或其他原版权人那里取得许可和支付报酬了。同时，这些国家的已出版的作品版权页上如没有注明："版权保留"或类似标记，也可以认为该作品不享有版权，可以自由使用。这些国家是：阿尔及利亚、安道尔、孟加拉国、伯利茨、玻利维亚、古巴、柬埔寨、多米尼加、萨尔瓦多、危地马拉、海地、肯尼亚、老挝、尼加拉瓜、尼日利亚、圣文森特与格林纳丁斯、韩国、巴拿马、1991 年年底解体前的苏联（不含波罗的海沿岸三国及乌克兰等）。

在我国决定参加版权公约后，国内有少数人从一个极端走到了另一个极端。过去他们不主张对任何作品给予版权保护，至少不主张给予严格的版权保护。对于明显抄袭"挪用"其他当代作者作品的行为，他们也认为不应视为侵犯版权。而现在，他们又开始主张没有边际的"无国界版权"，认为版权不是依法产生的，而是仅仅依"创作"这一事实就必然产生。因此，无论是根本还没有版权法的国家（上述未参加任何公约的国家多数属这一类），还是虽有版权法但未与我国同受相同公约约束的国家，哪里产生的作品，我们都必须承认其享有版权，如果自由使用，必然构成侵权。这种说法是错误的。

目前世界上还没有任何一个国家单方面承认其他国家的版权。这是从维护本国经济利益出发的。所有经济发达的国家尚且如此，我国也毫无必要"突破"这一惯例。何况我国经济还并不发达。

即使对于已经参加两个版权公约的发达国家，我们也不应像上述同志主张的，凡是在该国享有版权的作品，我们就都必须承认其享有版权。例如，德国版权有效期为作者有生之年加死后 70 年，如果我国的译者想翻译一部德国的作品，其作者已死 50 年，则尽可以自由去译，不必再费心去找那位在德国仍享有 20 年版权的版权人取得许可。因为，我国所承认的版权，不是依创作事实而产生的，而是依我国著作权法及（在我国生效后）构成我国国内法的版权公约而产生的。在其他国家，也均是如此。仅仅凭"创作"就产生的"版权"及"无国界版权"，在事实上是不存在的。这是版权国际惯例及版权国际公约的常识。

有人问："不承认某作品享有版权，难道可以随便抄袭、剽窃它吗？"这就是另一个问题了。上文我讲"自由使用"时，排除抄袭等方式，原因正在于我们所说的"使用"，仅指《著作权法》第 10 条（5）项讲到"使用权"时所涉及的"使用"。"抄袭"行为不仅对现有作品是非法的，而且对尚无版权制度的古代作品，也是非法的。抄袭无版权作品，至少违反《民法通则》等 7 条规定的"民事活动应当尊重社会公德"等。抄袭依我国著作权法（及我国参加的公约）而享有版权的作品，除违反《民法通则》外，又属于《著作权法》第 46 条（1）项所指的侵权，首先是侵犯了作者的署名权（或"身份权"），同时也侵犯了复制权。在创作中少量引用他人作品说明自己的问题，但未指明原作者姓名，也将被判为抄袭，却往往不会被同时判为侵犯了原作者享有的复制权。

今天，以"抄袭"的非法来论证我国之外的一切"版权"都应得到我们承认，正如几年前有人以"司马迁"并不享有版权这一事实，为今人抄袭他人有版权作品辩护一样，是违反历史唯物主义与辩证唯物主义的。"版权"并非自古就有的，它只是技术与经济发展到一定历史阶段才产生的一种民事权利。"版权"又不是不受任何空间限制的绝对权利，它只能依一定国家的法律（包括构成这种法律的国际公约）才会产生，又只有在它依法产生的地域内才有效。版权的这种历史性与空间性（或"地域性"）是几乎所有当代的版权学者们都承认的，包括西方版权法学者。

总之，在我国决定参加版权公约前，一些人对版权的不承认主义（不仅对外国作品，也对中国作品），是不对的；参加版权公约后，又认为"版权"无所不在，也是不对的。这两种认识都违反版权法常识，违反版权国际惯例。

此外，还有一个与上述问题密切的问题，也有必要说一说。

在1992年3月17日后，亦即中国国家版权局宣布中国开始依照《中美知识产权谅解备忘录》中达成的协议保护美国作品后，许多人急于了解美国版权法是什么样子，以避免日后在使用美国作品时发生侵权。但是，这些中国使用者应当知道：在中国使用外国作品而希望避免侵权，只要了解中国著作权法及中国参加的版权公约就够了，并不需要了解美国或其他外国的版权法。因为，从国际私法的"法律适用"上看，版权在国际保护中，适用"权利主张地法"，也就是说，版权人在哪个国家起诉（或通过行政机关），指责使用人侵犯其版权（或"主张权利"），就适用哪个国家的法律。美国人（或其他外国人）在中国所享有的，是该权利人的"中国版权"。这种权利是依中国法（包括中国参加的公约）而产生的。无论中国法院还是行政机关，都绝对不可能按照美国（或其他外国）版权法去确认中国使用人的某项活动是不是构成侵权。这也正是版权这种权利的空间性（或称"地域性"）所决定的。如果按前面讲的那种"无国界版权"的理论，则一部作品是否享有版权及怎样才算构成侵权，就必须依各作品来源国（诸如美国或其他外国）的法律去确认了。这就等于要求中国法官通晓所有外国的版权法。实际上这种要求做不到。外国也没有任何法官能做到。因此至今,世界各国（包括美国），都承认版权保护上适用"权利主张地法"，而不是"作品来源国法"。

应当提醒人们（尤其是主张"无国界版权"理论的人们）注意的是：美国政府确曾在许多法律领域（包括版权法领域）鼓吹美国法律的"域外效力"。但那也不是一般地都不再受地域限制；而仅仅主张美国版权不受地域限例，主张外国必须依美国法去承认美国作品的版权。美国学术界乃至司法界则始终不同意这种违背版权基本理论及版权国际公约的主张。在1991年，美国两个联邦法院在两个不同的案例中，得出相同的结论：一部作品在美国享有的版权，不能作为判断发生在国外的使用该作品的行为在该外国是否构成侵权的依据。

当然，如果中国出版社翻译出版的美国作品，又想返销到美国的华人居住区，那就真有必要了解美国版权法，以期避免侵权了。因为在这种情况下，美国版权人如发现侵权，必将在美国主张权利，这时的"权利主张地法"自然就是美国法了。不过，这种将外文作品译成中文出版后又返销外国的事，在实际生活中很少发生。在专利领域，拿了别人的专利技术在本国生产出产品，却又返销到专利权人所在国的事，是屡见不鲜的；因此而被专利权人抓住不放的事，也并不罕见。

可见，在国外签订某些版权合同（如出版合同、计算机软件合同等）时，我们有必要在了解国际公约及我国国内法之外，大概地了解一下几个有代表性的外国的法律、版权贸易中的习惯及有关案例。本书也对此做了必要的介绍。

12.《关贸总协定与世界贸易组织中的知识产权协议·译者的话》*

1994年4月15日，关贸总协定乌拉圭回合部长级会议在马拉喀什通过了《马拉喀什宣言》，我国政府代表于当日下午在乌拉圭回

---

* 编者注：郑成思译《关贸总协定与世界贸易组织中的知识产权协议》，学习出版社 1994 年出版。

合最后文件上签了字。

这份最后文件中的"知识产权协议"是人们较关注的。它的翻译难度较大，特别是从 1991 年初步形成后，几经修改，甚至在 1993 年 12 月 15 日（乌拉圭回合谈判结束）之后，仍作了多次修改。翻译它，既要求懂英文，又要求具备知识产权中各专门法的知识及国际公法与私法的知识以及协议框架制定及修改成最后文件的背景过程。否则，翻出来不是让读者看不懂讲的是什么，就是译者自己弄错了原意。

由于这个协议对国内知识产权行政管理部门、外贸部门、司法部门、立法部门及广大教学、研究工作者及实际工作者（如律师）都很有阅读和参考价值，故我勉为其难译出，以飨读者，并求得行家们的指正。同时，我将把自己对协议中较难懂的或有疑问的条款，作一些详解及评论，另形成专著，在不久的将来再次献给读者们。

13. 《关贸总协定与世界贸易组织中的知识产权——关贸总协定乌拉圭回合最后文件〈与贸易有关的知识产权协议〉详解·绪论》*

一、关贸总协定——国际法中的特例

《关税与贸易总协定》（GATT），即人们一般称为"关贸总协定"的国际条约，是个在国际法领域较特殊的条约。

首先，该协定中从不出现"成员国""缔约国"等字样，而只称

---

* 编者注：郑成思著《关贸总协定与世界贸易组织中的知识产权——关贸总协定乌拉圭回合最后文件〈与贸易有关的知识产权协议〉详解》，北京出版社 1994 年 10 月出版。

"缔约方"（Contracting Party），这是与该协定产生时，还存在一些当时殖民地宗主国管辖的"独立关税区"这一历史相联系的。在今天，作为含义更广、但地域更窄的"独立关税区"，仍有香港、澳门（及不久后的台湾）地区。就是说，在条约参加者主体方面，关贸总协定有它的特殊性。在过去，除使用"缔约方"之外，"成员"（Member）也是关贸总协定中的常用词。1993 年年底结束乌拉圭回合谈判后的文件中，大都以"成员"取代了"缔约方"的称谓。在个别条文中，也时而出现"成员国家"（Member country）的字样了。但文件在统称"成员"的场合，则仍然不与"国家"连用。

其次，直到 1993 年年底前，关贸总协定居然一直没有一个"正式生效"日；1948 年 1 月生效的，仅仅是该协定的"临时适用议定书"。然而这一协定又一直在国际上起着如此重要的作用，以致它与国际货币基金组织及世界银行一道，被称为"世界金融与贸易体系的三大支柱"。这又与前一个特殊性一样，是历史的原因造成的。

第二次世界大战之后，在经济实力相对较强的美国推动下，原准备建立保持国家间的汇率平衡的制度，建立处理长期国际投资事宜的几个国际组织及国际贸易组织。20 世纪 40 年代末，国际货币基金组织与世界银行相继成立。而拟议中的"国际贸易组织"则因为它的"宪章"在美国国会未能通过，而迟迟不能生效。于是，建立国际贸易组织的计划就搁浅了。这样一来，原先在日内瓦签署的一项关税减让的"一般协定"，即关贸总协定，"暂时"取代了原有设想，起着世界贸易组织原打算起的作用。这一"暂时"，竟然"暂"了 40 多年。

随着 1993 年年底乌拉圭回合谈判的结束，这一奇特的协定的作用，也很快将成为历史。

再有，在乌拉圭回合结束之前，与这一协定相应的，并不存在一个联盟（Union）。诸如《巴黎公约》《伯尔尼公约》等，则均有相应的巴黎联盟、伯尔尼联盟等。从而，也当然不存在关贸总协定（联盟）大会（Assembly）。虽然全体缔约方每年通常要开会一次，决定一些事宜。但这种缔约方聚集在一起的东西，只被称为"缔约方全体"，英文中即把 Party 表述为复数。只是在乌拉圭回合多边贸易谈判中，才提出建立一个与总协定相应的"多边贸易组织"的问题。当然，在这种特殊情况下的"缔约方全体"（而不应加"大会"二字），也更谈不上无产阶级专政政体中常用的"最高权力机构"了。并非"缔约方"的国家，也曾在当年的多边谈判中起重大作用。例如，1991 年年底，形成知识产权分协议"邓克尔（当时的关贸总协定总干事）文本框架文件"的"10 加 10 谈判"，其中 10 个发展中国家之一，就有尚未"复关"的我国。这一点似乎也可以从反面否定全体"缔约方"的"最高权力机构"地位。

我国曾经是关贸总协定的 23 个创始国之一，由于历史原因，从 20 世纪 50 年代初开始，我国与该协定的关系一度中断。1986 年 7 月，我国正式提出了恢复我国的关贸总协定缔约国地位的要求。

二、知识产权——民事权利中的特例

关贸总协定之为国际法领域的一个极特殊的协定。在今天，它又与民事法律领域中的一项极特殊的权利联系在一起了。在开始对我们面临的主要国际法文件——关贸总协定中的知识产权协议——的详解之前，读者应当对知识产权的一些特殊之处有所了解。

知识产权（或称"智慧财产权"），作为民事权利中的一类极特殊的权利，不论在过去还是在今天，也不论在国际上还是在我们中国，均引起过并继续引起无穷的问题与争议。国际条约与国内法，一再尝试着侧重于在实践中解决有关问题，并从争议中解脱出来，以利国际经济与国内经济的发展。当然，条约及法律往往在确实解决了一部分问题的同时，在另一部分问题上仍旧在困境之中或重新陷入困境。各国的知识产权法学者或民法学者们，则一再尝试着侧重于从理论上解决有关问题，也往往更多地陷入更深的困境——尤其当有人只希望把知识产权与其他财产权放在同一个框架中去对待时，或只希望把知识产权贸易与有形货物买卖放在同一个框架中去对待时。

多年之前，有人读到《伯尔尼公约》中有关作者的精神权利作为一项"权利"，至少应保护到作者去世后 50 年时，曾认为这是起草《伯尔尼公约》后几个文本的专家们的"重大失误"。因为，从民法原理看，主体死亡了，精神权利（有些国家及《伯尔尼公约》的有些语种直称为"人身权"）仍存在，而且要保护至少 50 年，简直是荒谬的。1991 年，在中国版权研究会的学术讨论中，有人再度"批判"《伯尔尼公约》中有关"死后精神权利"的条文，提出：作者去世后，绝不可能仍有精神权利；那时的"保护"，只能是"国家的公行为"对署名、作品完整性等的保护。这种"有保护而无权利"的议论，至今不衰。后来又辅之以"无保护但有权利"的另一种议论。这些，都是议论者自己陷入更深的困境的实例。因为，"依法律保护的灭失了的权利"与"法律明文宣布不予保护的依法产生的权利"这两个命题，不仅不言而喻违背了民法原理，而且违背了形式逻辑。

几年前，一位研究生在看到国际条约及国内法以及知识产权学者论著中强调知识产权的"法定时间性"特点时，反驳说：有形财产权中的主要项目是所有权，而所有权具有"永恒性"（在许多年前中国台湾出版的史尚宽先生的《物权法论》、董世芳先生的《民法概要》等著作中，我们早已读到过这些论断——台湾民法论著对大陆一些学人影响是很大的）；至于"物权标的"时间性，则不应与知识产权中"权利"的时间性混为一谈。这位研究生忘记了：有形财产所有权的"永恒性"，是以有关财产"标的"的存在为前提的。

房屋作为"物"倒塌后，其原所有人此时只是一堆砖头的"所有权"人了。一张桌子如果被火烧成灰，其原所有权人就可能"无所有"了。而知识产权中的所有权，不以有关物的灭失为转移。这种所有权才真正本应具有"永恒性"，但法律却断然限定了它只在一定时间（如专利20年、版权50年）内有效。此外，作为产权"标的"，只能拿知识产权中的"权"，与有形财产权中的"物"相比。各国立法中对此都是明白的。例如，各国担保法中，均把知识产权作为"以权利为标的的质权"或称"权利质权"，绝没有称之为"作品质权"或"发明质权"的，更不会有称之为"图书（文字作品的载体）质权、建筑物（建筑艺术作品的载体）质权"的。在知识产权领域，"权利标的"、受保护"客体"及有关"载体"，都必须分得清清楚楚、不容混淆。而在有形财产权领域，标的、客体及载体，往往同是一个。在所有国际公约中，在大多数国家的立法中，知识产权与有形财产权的这种不同，一般也是清楚的。

当有人谈到《美国版权法》第203条时，曾吃惊地"发现"：多年来最不提倡作品"人身权"的美国，居然在这里如此强调作品中的人身（应称"精神"）因素。不论原签订的版权转让合同期为多久，也不谈签约时作者如何确认，均可在35年后"反弹"回作者手中。这岂不是连衡平法中极重要的Estoppel原则都不顾了？如果美国立法者简单地给予回答，那可能是："这正是知识产权的特殊性"。

当我们的立法机关希望制定一部无所不包的全面合同法时，我曾提议：请将知识产权转让合同视为例外。据我所知，仅以版权合同的规范为例，世界上只有极个别的国家把它们列入民法典（如巴西）或合同法（或债权法）典（如瑞士）；有一部分国家有单行的部分版权权项转让法（如德国的"出版合同法"、希腊的"图书出售合同法""戏剧作品合同法"等）；而大多数国家都把版权合同规范列入单行的版权法中。这理由，简单讲也就是：知识产权的特殊性。

知识产权的特殊性，在我国近年还在不同场合表现为对它的研究或管理可以被许多学科或部门所排斥，又几乎可以同样被这些学科或部门所吸收。在遇到棘手的需处理的知识产权事务时，民事部门可以推说它们（至少专利与商标）是经济部门的事，外贸部门可以推说它们（至少版权）是文化部门的事，乃至有"谁的孩子谁抱走"之说。遇到有经济效益或权力效益的知识产权事务时，则又往往以其他部门"技术上不通""业务上不熟"等为由，往自己部门揽。在建学科时，在有些场合，知识产权法被说成不属于民法（仅其中版权属于），不属于经济法（仅有专利、商标属于），不属于国际法（仅有关国际公约似属于），以使他人立不起研究项目，建不起学位授予点。在另一些场合，则被民法界说成属于民法，经济法界说成属于经济法。此外，国际法、科技法乃至行政法教科书中，也都把他们列入自己的教学及研究范围。与这两种"推"与"拉"的状况相比，真应说北京市中高两级法院比某些学人们更明白一些。他们率先成立起独立的（既不属民庭、又不属经济庭的）"知识产权庭"。应当说，这才是真正看到了知识产权的特殊性。

三、那么，是什么把国际法领域与民事法律领域这两个"怪物"结合在一起的呢？是"乌拉圭回合"

关贸总协定的缔结与发展是通过多次多边谈判实现的。习惯上把各次谈判称为"回合"（即 Round），也就是"一轮"谈判的意思。如果把缔结关贸总协定的 1947 年的第一轮谈判，算作第一个"回合"的话，到 1993 年年底已经经历了 8 个回合的谈判。在前几个回合的谈判中，仅以降低关税为谈判的主要目标，并不涉及知识产权。

1948 年，也就是关贸总协定的"临时适用议定书"刚刚生效时，即在法国安纳西举行了第二轮谈判（通称"安纳西回合"）；1950 年 9 月到 1951 年 4 月在英国的托奎举行了第三轮谈判（通称"托奎回合"）；1956 年 1~5 月在日内瓦举行了第四轮谈判（通称"日内瓦回合"）；1960~1961 年在日内瓦举行了第五轮谈判（通称"迪龙回合"）。这几个回合均只涉及关税减让问题。

1964 年 5 月到 1967 年 6 月在日内瓦举行的第六轮谈判（通称"肯尼迪回合"）第一次在关税减让之外，涉及了反倾销问题。1973 年 9 月到 1979 年 7 月在东京发起，在日内瓦结束的第七轮谈判（通称"东京回合"，又称"尼克松回合"）还涉及非关税壁垒（主要是技术壁垒）问题。读者可以看到：从那时开始，"关税"与贸易总协定已开始超出关税范围，向其他领域扩展。

几乎所有的"回合"，均是在美国提议和推动下开始的。所以，很多次"回合"都被人们以美国代表（例如"迪龙"）或当时的美国总统（例如"肯尼迪""尼克松"）的名字称谓。

实际于 1986 年 9 月 15 日在乌拉圭的埃斯特角城发起于 1993 年 12 月 15 日在日内瓦结束的第八轮谈判（通称"乌拉圭回合"），则把谈判的范围进一步扩大。在乌拉圭的部长级会议上，瑞士等二十个国家提出提案，要求把"服务贸易""投资保护"和"知识产权"，作为三个新的议题纳入谈判范围。美国代表甚至提出"如果不将知识产权等问题作为新议题纳入，美国代表将拒绝参加第八轮谈判"。一些发展中国家的代表则认为："知识产权等问题根本不属于关贸总协定规范和管理的内容，不应当纳入谈判。"巴西代表还曾认为，如果把知识产权等问题放到关贸总协定中去，就如同把病毒输入计算机一样，其结果只会进一步加剧国际贸易中已经存在的不平衡。

1988 年年底，在加拿大的蒙特利尔举行的又一次乌拉圭回合的部长级会议，也没有能够对于是否把知识产权保护问题纳入关贸总协定，取得基本一致的意见。在这一时期，学术界对这一问题实际上认识也不一致。联邦德国马克斯—普兰克学会的知识产权研究所在这一时期举办过关贸总协定与知识产权问题的学术讨论会，会后汇集的论文集书名叫作"要关贸总协定还是要世界知识产权组织？"。这说明，即使是发达国家的知识产权法学者，也未必从理论上赞成把知识产权等问题纳入关贸总协定。

但是，国际上的许多问题都远远不是纯理论问题。如果不打破乌拉圭回合的僵局，多数国家在对外贸易的实践中都会受到不利影响。在 1990 年年底乌拉圭回合的布鲁塞尔部长级会议上，把知识产权问题纳入关贸总协定基本成为定局。1991 年年底，关贸总协定总干事邓克尔提出了乌拉圭回合的最后文本草案的框架。其中的《与贸易（包括假冒商品贸易在内）有关的知识产权协议》基本获得通过。当时成为最后文本达成一致意见的主要障碍的，是欧共体与美国之间关于农产品出口的问题，而不再是知识产权问题。在 1993 年 12 月于日内瓦结束乌拉圭回合谈判之前，几乎使谈判功亏一篑的，也只是欧美之间关于视听制品的自由流通（属于"服务贸易"范围）的争论。在知识产权问题上，则绝大多数国家意见已基本一致了。

四、与贸易有关的知识产权

与"贸易"有关，这里的"贸易"主要指有形货物的买卖。服务贸易也是一种贸易，但是从乌拉圭回合最后文件的分类来看，"与贸易有关的知识产权协议"中，并不涉及服务贸易。而另外有一个"服务贸易总协议"，去规范服务贸易问题。

与"贸易"有关，这里的"贸易"，既包括活动本身可能是合法的贸易，也包括假冒商品贸易，即活动本身肯定是不合法的贸易。

在前一种贸易活动中，有时存在知识产权的保护问题。在后一种贸易活动中，则始终存在打击假冒、保护知识产权的问题。所以，过去有的中文译本，把关贸总协定中的知识产权分协议的标题翻译为："与贸易有关的知识产权协议，包括假冒商品贸易在内"，这虽然从外文的文字顺序上对照，让人感到是逐字翻译出来的、是无懈可击的。但这种译法可能使一部分人看不懂是什么意思；使另一部分人误认为"知识产权"中包括"假冒商品贸易"，而这又绝非原意。所以这种译法并不确切。我的译本则倒过来译为："与贸易（包括假冒商品贸易在内）有关的知识产权协议"。这主要是便于使中文读者看清楚：这个文件既要规范与一般贸易活动有关的知识产权，更要规范与假冒商品贸易有关的知识产权。这样，读者才可能对该文件的实际内容通过标题有较确切的理解。

"知识产权"，有广义、狭义之分。广义知识产权中的科学发现权、与民间文学有关的权利等，一般与贸易关系不大，所以这份文件中并不涉及。狭义知识产权中的实用技术专有权的一部分，该协议中也未加规范（如"实用新型"）。可见，这个协议中所涉及的知识产权既非人们通常理解的狭义知识产权，也非《建立世界知识产权组织公约》中所定义的广义知识产权。这一协议中的知识产权自有它特定的范围。这一范围，是由国际贸易实践中的需要（更确切些说，是由某个或某些经济大国在对外贸易中保护本国利益的实际需要）而决定的。这在下面逐一对该协议各部分进行详解时，会具体论及。

在本书的一般场合，将把关贸总协定下的"与贸易（包括假冒商品贸易在内）有关的知识产权协议"简称为"知识产权协议"或"知识产权分协议"，甚至用其英文缩写"Trips"，以期省些笔墨。

在体例上，基本按该协议条文的顺序作详细讲解——其中必然带有作者自己的论点及论据。但本书又不同于一般的"逐条释义"。它不是纯解说式的，也不是纯理论性的，而是与实际结合的论述式的。这样可能对更多的读者有益。有一些程序条文无需讲解，因为它们是不言自明的；而有一些条文则需把有关术语逐个讲解，否则会使读者莫名其妙。在必须讲解的条款中，属于带基本原理性质的，会占篇幅长一些，不属这类性质的，则可能占篇幅短一些；对实体条款的讲解会占篇幅长些，对程序条款的讲解，则相对短一些。

本书限于篇幅，在讲解与评论后，只附有 Trips 的中译本。希望将 Trips 协议的中文与英文原文进行对比的读者，可以去读学习出版社 1994 年 8 月出版的《GATT 与 WTO 中的知识产权协议》一书。该书中所附 Trips，是由 WIPO 官员王正发先生于 1994 年 4 月 18 日从日内瓦为我提供的最后文本。

14.《知识产权与国际贸易·前言》*

1990 年中，中国知识产权领域的立法基本完成；1992 年初，《中美知识产权谅解备忘录》的签署，曾避免了一场迫在眉睫的贸易制裁与反制裁的中美贸易战；1993 年底，关贸总协定乌拉圭回合谈判的结束，最终在世界范围把知识产权保护纳入了国际贸易领域，1995 年初，国内外再次经历了类似 1992 年初的情况。这几件发生在国内与国际上的大事，使"知识产权"这个过去对多数中国人很陌生的领域，逐渐被人们所关心，乃至成为"热点"之一。

本书主要汇集了我十多年来的论文，其中第一、二两章，既是

---

* 编者注：郑成思著《知识产权与国际贸易》，人民出版社 1995 年版。

基本问题，又包括有争议的问题。当然，其中有的争议仅仅在我国存在，原因是有些试图研究民法的人，对知识产权还知之太少。

第三章原收集了更多的内容。因为我的文章本来就有很大一部分是在参加立法时为论证自己的立法建议而写的。后来考虑到有些建议一经立法吸收，文章本身已显得过时，所以只保留下这几篇。例如，读者可在附件中看到题目的那篇1984年的计算机软件立法建议即被删去，1987年关于修订商标法的建议则保留着。

第四章中可以反映出我国对"版权""著作权"两个不同术语由来已久的选择上的争议。立法最后选用"著作权"，并认定它与"版权"系同义语，其中的极其偶然的原因，要在日后由立法机关的参与人去向读者述说了。作为学术研究，我并没有必要改变自己认为更适当的用语。

第五章中的几个问题，有些在我国讨论得比国际上更早，但却至今无结果。例如"精神权利""形式与内容"等问题，在北美是1991年才开始大规模讨论的，到1993年已基本有了结果。我国则从1987年论起，到现在仍有人认为"精神权利"是个说不清的问题，真可谓"缘太早、却成迟"。不过我感到有几篇文章早已大致把问题说清了，只是固执地用老框框去套知识产权新课题的人自己没有弄清，所以选入了这几篇文章。

第六章集中在谈抄袭的认定与否定上，因为这一问题无论在中外，至今仍是侵权认定中的首要问题。

第七章及第八章中有关专利的论点，有些是在1983年提出，9年后方被修订后的专利法接受；有些则到现在仍未被国内接受，但我认为继续讨论总还是有益的。此外，其中还有几篇文章，是因不同意当年他人专著中对中外一些基本概念的歧解而写的，我想对于今后进入知识产权研究或实践领域的读者，仍旧会有一定价值。至少，这几篇文章告诉人们在研究问题时，一不可望文生义，二不可以讹传讹。在 80 年代曾有一次贸促会资料中将"内罗毕条约"错印成"内罗华"，居然有几大部"专著"（甚至统编教材）均传抄为"内罗华"。

第九章第一节也是对立法中"许可"这一用语提出的不同意见。这是在 1988 年中国工业产权研究会许可证分会上宣读的，后载于 1989 年第 3 期《引进与咨询》。现在，国内有关的民间及官方组织，仍称"许可证协会"等等，有关贸易活动，仍称"许可证贸易"。正像"版权"一样，它并不因立法时的（偶然）选择而在人们用语中消失。这说明了它们的存在仍旧是合理的。第二节曾在 1984 年第 3 期《法学杂志》发表。一位香港的法学者竟曾批评"地域性"是"闭关自守"的遗弊。这说明重申专利这一特点仍旧是必要的。Know-How是至今无定论的争议问题之一。我早在 1981 年论过一次，已收入"若干问题"。这次再论，是于 1986 年第 3 期《中国法学》上。第四节本是我 1986 年的《国际技术转让法通论》一书的第一章。该书出书后三个月书告售罄。在我修改准备再版的过程中，该出版社被宣布停业，故未能果。

第十章中讲到的计算机软件保护途径，虽然目前已被美国引导的版权保护潮流所否定，但在理论上（乃至在美国司法界）一直以顽强的生命力存在着。有关反不正当竞争法，即第十章最后一节，是立法过程中争论的主要问题。现在法已出台，也许对人们理解法的内容有所帮助。反不正当竞争法的立法历史相对年轻。已经搞市场经济数百年的法国，到 1993 年底，反不正当竞争法仍是个"草案"；英国则至今还只靠普通法而不是成文法。我国 1993 年中已颁布这样一部法，应属不易。虽然它可能并不令人满意，但它会向着令人满意的方向发展。

　　知识产权领域的国际公约，应首推《保护文学艺术作品伯尔尼公约》《保护工业产权巴黎公约》等。但本书最后一编却未收入原因之一是这几个重要公约均正在修订讨论（或增议定书讨论）之中。我不可能预知修订结果，又不愿读者拿到本书后，不久这一部分即过时。此外，这些重要公约的现状（1994 年前），我主编的《知识产权法教程》中已够详尽，无需重选了。所以，第四编第十一及第十二章以关贸总协定与今天的世界贸易组织协定为主，附之以几个有影响的地区性国际公约。

15.《世界贸易组织与贸易有关的知识产权·前言》*

　　在 1994 年 4 月的马拉喀什国际会议上签署了关贸总协定的乌拉圭回合的最后文本之后，为有助于中国读者了解其中的《与贸易有关的知识产权协议》，我曾为该协议写过一部"详解"。

　　但在其后的一年多里，特别是 1995 年，世界贸易组织开始运转，并逐步全面取代关贸总协定之后，我越来越感到有必要尽快全面更新该"详解"。一方面是要从理论的深度上加强，不止步于一种对条约条款的解释；另一方面要增加该"详解"未涉及而应涉及的问题、更改原有叙述中不确切之处。之所以有这种感觉，是因为在这段时间里，参加了几项有关活动，使我对世界贸易组织中的知识产权保护有了一些新的认识，同时更加强烈地认为：无论我国是否参加了世界贸易组织，国内有关部门及企业均很有必要了解这一国际组织

---

　　* 编者注：郑成思著《世界贸易组织与贸易有关的知识产权》，中国人民大学出版社 1996 出版。

中的知识产权保护，否则会不利于对外的经济交往。

在我参加的 1995 年 2 月的中美知识产权谈判中，美方代表曾提出的一些有关商标权取得、驰名商标认定、行政机关"依职权"执法等等的观点，我认为不符合世界贸易组织中的保护要求，从而促使我进一步去研究该组织的知识产权协议。

我所参加的亚太经济合作组织的 1995 年 5 月悉尼大会，专门讨论世界贸易组织的知识产权保护问题。为准备赴会发言，我又一次研究了有关文件；在会上有幸与该组织知识产权部负责人当面讨论，又确认或否认了自己的一部分原有看法。

1995 年 7 月底，我参加了斯特拉斯堡国际知识产权学术会，同年 11 月，参加了联合国贸发会召开的专家会，这两个会原论题并非仅限于世界贸易组织中的知识产权，却因为不同国家代表均对这个议题很感兴趣而一再"集中"到该议题上。在与欧共体、美国、日本、瑞士、印度、加纳等国代表的讨论中，加深了我对一些问题的认识，并获得了许多有益的信息及资料。

除这几项活动之外，国外与国内在知识产权司法中的新判例，也为深入论述有关问题增加了活的素材。这些，都使得在更高的层次上写一部《世界贸易组织与贸易有关的知识产权》一书成为可能。

在修改原"详解"中的一部分不很确切的论述方面，李顺德同志提出不少好的意见。尤其是他读书极细，原"详解"一书第 83 页末将 Trips 协议第 15 条误印为第 14 条、第 73 页中将 Trips 协议第 14 条 6 款误印为第 16 条第 6 款，等等，均是由他发现的。

何育红同志对于个别我的原译文不确切之处，也提出了很好的修正意见。例如，Trips 协议第 7 条我原译为"生产者与技术知识的使用者"，她提出综合全文来看应译为"技术知识的生产者与使用者"。我与她在悉尼同 WTO 知识产权部负责人共同讨论时，该负责人证实了她的建议是对的，所以我再出书时加以改正。这里也特别予以说明。

至于有的同志虽然提出一些修改意见，但因其对 Trips 协议缔结过程，以及对国外、国内知识产权立法过程缺乏了解，有关意见未必正确，也应在这里向读者说明。例如，有的人认为 Trips 协议第 9 条中的"Procedures"不应译为"工艺"，而应译为"程序"或"过程"，这是一种望文生义。

"Procedures"在英汉辞典中，固然有"程序"或"过程"的含义，但 Trips 协议第 9 条要讲的是版权不保护什么。版权不保护"过程"，是与它不保护"运动""行走"等无关的行为或活动一样，这是不言而喻的，没有必要在这里强调。美国在制定其 1976 年版权法时，为专门指明美国专利法所保护的"工艺"（Procedures）是版权法所不保护的，于是明文把这一点写在了版权法中。Trips 协议的起草，又主要听取了美国的意见。而美国对《伯尔尼公约》中不去明文划清版权与专利的界线感到不足，希望把美国版权法的这一段论述移来。在 Trips 最后文本中也确实写上了。至于将美国专利法中的上述一词译为"工艺"，这是 1979 年为起草中国专利法作准备时，朱晋卿等老译者所译。我也完全同意译为"工艺"，于是沿用。由于该译法虽正确，却并非我的独创，故也借机在此说明。

在这里，我还要特别感谢为我提供外文材料的世界知识产权组织发展中国家司司长王正发先生、世界贸易组织知识产权部负责人奥登先生、国际商标协会执行委员罗尔芙女士。

这本经诸多行家关心并热心提出建议后，在新出现的国际动向及相关资料基础上的新著，可能对读者有更多帮助。本书的出版，得到中国知识产权教育发展基金管理委员会的资助，特在此表示感谢。

16. 《版权法（修订本）·前言》*

1990 年，我国的著作权法（亦称版权法）尚在起草之中，即已由中国人民大学出版社出版的《版权法》一书对版权法的基本理论进行了阐述，在《著作权法》颁布 3 年后仍旧能够重印，是读者对我的成果的承认与鼓励。同时，在其出版后的 6 年里，我的学生及我自己，发现了不下十起对该书的抄袭。有的抄袭者是无声无息的；也有的是一面对该书的个别枝节大加批判，另一方面却不加注脚地成篇"引用"该书。对这些来自反面的"承认"，我曾有过抗争，也有过"诉诸公堂"。但对多数抄袭者，我却一直保持着沉默。原因是确无精力与他们去论理。我还有太多的事情要做，只能以国家工商管理局对"知名商品"的解释，即如果某商品被人假冒，就可以证明它属于"知名商品"，以自我解嘲。总之，多数读者的欢迎及少数"学者"的抄袭，都说明了该书还是有实际价值的。

写《版权法》一书实实在在是费了力的。它不是数日内涌出的无数"新发现"的汇集，不是大量资料的堆积，更不是对任何他人已有成果的抄袭。从 1979 年（继我的老师姚壮之后）与版权研究组的创始人汪衡、李奇、沈仁干等学长与学兄们接触，因而开始了版权研究，到 1989 年交稿，出版社的编审称它是十年磨出的"一见"。即使它只是"一孔之见"，终不会是无知妄说。

直到 1996 年年底，仍旧有人找熊成乾编审索要该书。这真是

---

* 编者注：郑成思著《版权法（修订本）》，该书于 1997 年 8 月由中国人民大学出版社出版，第一版于 1990 年 3 月由中国人民大学出版社出版。

我没有想到的。而他对索要者的回答，却正同我想到一处了。他说：《版权法》必须修订之后再给你们。

的确，今天如果把 1990 年的这部《版权法》原封不动地再推向市场，据出版社估计，征订数仍不会少，但作者就未免对读者太不负责任了。在这 6 年里，有我的研究生、同事及热心的读者向我提出的应改正及应完善的论述；有我国的立法、司法实践提供的新素材；有外国法的修改及新国际条约的产生而提出的新问题；更有因实用技术的发展而扩大的新领域。同时，因为有机会在文学艺术创作源之一的"民间文学"中作进一步探索，特别是亲临"集体修改、集体流传"却又始终无书面曲谱的民间音乐的演奏会（如丽江纳西古乐），得到更多的感性认识；有机会在国际知识产权诸学会的学术讨论中，对文学艺术创作的后继成果有更多的理性认识。这些，也使我感到自己原有的《版权法》一书，确有修订的必要了。

而初版《版权法》绪论中关于"版权"起源于中国的看法，虽招来不少中外学者的不同意见，却更有支持这种看法的历史证据。[①]关于版权客体、权利内容、权利转让等等的基本论述，也与绪论一样，我自认为是仍旧站得住的，则基本保留了下来（只在论述上作一些充实）。

修订后的《版权法》与其初版一样，不打算把重点放在对现行法的"解释"上，而是放在对版权法这门应用法学的基本理论的论述上。当然，对这些基本理论的论述，又要尽量避免经院式的，以使读者感到它们不在天上，而在自己身边，对自己是有用的。我希望不使读者失望。

---

① 参见周士琦. 宋代严禁盗版书的官方文件. 光明日报，1996-04-14（3）.

17.《知识产权论·前言》*

多年之后的人们回顾历史，如果把 1996 年称为"知识产权年"，一点也不会使人奇怪。就国际关系而言，该年自年初到 6 月中旬的中美知识产权谈判，几乎令整个世界都来关注一场即将爆发的贸易战，却又以中美的达成协议而使几乎半个世界都松了一口气。不过关注这一事件的，除国家外，大都是商家。对于立法、司法及学术界，引人瞩目的事件则从年初一直持续到 12 月 20 日，几无间断。

1996 年 1 月，美国最高法院默认了复制计算机程序中的"菜单"不构成侵犯版权，这无疑给后起的程序开发者们一个令人鼓舞的信息。2 月，美国上诉法院判决了互联网络服务公司在版权侵权中不负直接侵权责任，这又使担心把自己与出版者置于同样"无过错责任"地位的"在线服务提供者"们稍微轻松了点。3 月，欧盟发出了保护无独创性之汇编作品的指令，这对各国知识产权研究都发生了不亚于里程碑的重大影响。认为知识产权又能按"创作成果权"与"商业标示权"划分而别无归属的理论，感到面临窘境。而世界知识产权组织却认为这是缔结一个新的国际条约、纳入一种受保护新客体的契机。几乎在同一时间，在中国法院，与汇编作品纠纷类似的"胡公石诉文化艺术出版社"一案起诉，与国外"在线服务提供者"权益纠纷相同的"阳光公司诉霸才公司"一案起诉。这说明互联网络环境下数字化技术的应用，已经给我国立法、司法及研究，提出了与国外相似的新问题，它们离我们并不"很远"。虽然国内知

---

* 编者注：郑成思著《知识产权论》，法律出版社 1998 年版。

识产权界一再有人主张对这些新问题不必理睬，认为它们离中国的实践还很远。

国内法学研究领域，确有人主张"前不见古人，后不见来者"。在民法领域，因中国古代重刑轻民，于是有人断言中国古代只有刑法、没有民法。[①] 而几乎是同一部分人，又拒绝研究、借鉴外国（当代）民法及民事法律领域新缔结的国际条约。在知识产权领域，虽有联合国教科文组织早已认为版权保护应是随印刷术的发展而产生，我国也早有宋代撰书人、编书人以及出版者从官方获得的禁盗版文件[②]，国内则有人极为支持外国人。断言这仅仅是帝王对思想的控制或仅属于出版商的特权，与作者无关。[③] 但国内又几乎是同一部分人，拒绝借鉴国外最新知识产权立法及新缔结的知识产权多边条约，认为它们离中国"太远"。

这种看上去自相矛盾的理论或主张，反映了确实充满矛盾的现实社会。正确的研究途径则是要从这种矛盾状况中解脱出来，一不能割断历史，二又要注重了解最新的发展。1996 年，国内外恰恰从这两个方面都提供了极有价值的信息。这里不必从年初到年底逐一列举，仅以国内年初及年底两次有关宋代活字印刷品的考古认定[④]，及年底两个知识产权条约的缔结为例，就可以预测 1996 年出现的有关信息，对我们目前及今后相当一段时期内的知识产权研究，有多么重要的意义。

---

① 参见张晋藩著：《中国法律的传统与近代转型》，法律出版社 1997 年版，第 311 页。张晋藩教授在该书中，较系统地批驳了这种不正确的理论。

② 参见《方舆胜览》，上海古籍出版社 1986 年版。转引自《光明日报》1996 年 4 月 14 日第 3 版。

③ 参见 William Alford 著 To Steal a Book is an Elegant Offense，第二部分。

④ 参见《光明日报》1997 年 5 月 6 日第 2 版 "我国发现现存最早活字印刷品"，《光明日报》1997 年 5 月 31 日第 7 版 "被炸古塔中的秘密"。

当国际上已将 Web site address 作为计算机程序给予保护时，当一国法院对域名注册不当的判决被另一国民间组织执行时，我国相当多的讨论却集中在专利、版权是不是专有权、作品是受保护客体还是受保护对象、未经知识产权人许可的使用是否使权利穷竭等在许多国家早已不成其为问题的问题上。难道外国人早已走过的弯路，我们也非要再走一遭不可？难道外国人经历了一二百年达到的今日的研究高度，我们也非要再走一二百年不可？

借鉴国际上已有的成例，其中包括了解和分析国外较有影响的司法判例。结合中国的实际，也包括要了解与分析我们自己的典型案例。案例分析，经常在英美法系国家教科书中占大部分篇幅，有时可能显得零乱无章，但对读者而言毕竟有其灵活而易记、易懂的优点。近年，欧陆法系一些学者的专著，也开始重视了案例分析。本书需要以案例说明的地方，也打算作相应的尝试。

本书所作"知识产权"之"论"，大体正是考虑到知识产权保护及研究起步均晚的我国，在研究中既缺少历史回顾又缺少对国际成例借鉴的弱点，并由这些弱点所致的一些偏差。

好在网络环境下数字技术的应用，可能将很快使一批既懂外语、又懂科技的新一代学者占据知识产权研究领域。基本不了解中外历史上的成例及定论、不了解国际知识产权保护新发展而泛出水面的陈章，那时不再会被人们误当成新论。届时，今天被视为"雕虫小技"的外语、计算机应用等等，当然不会一跃而成为高深的学问。它们仍旧会被看作是"初步的"。但多数人将会认识到：没有掌握这些初步的知识，而急于发出的第二步的议论，绝不可能是扎实的。

真的到了那时，摆在面前的这本书就可能完全失去了价值。我自然希望自己的著述能够拥有尽可能长久的读者群。但我更盼着它失去价值那一天的到来。

最后，涉及在国际互联网络环境下，版权保护与国际私法的冲突（诸如侵权行为地的认定困难等），商标注册与域名注册的冲突等，在国际上正成为热点的领域，在中国也已有大量纠纷产生。这类冲突最终的解决，更有待于有关国际协议的达成。事实上，这类冲突不过是计算机网络的全球性与传统知识产权的地域性之间总冲突的一些具体表现。如果国际社会难以拿出两全的解决方案，信息高速公路的继续发展及知识产权保护的继续存在就都会要求冲突的某一侧面退一步：限制网络的全球性（即从法律及技术上强使其服从地域管辖），抑或加速知识产权保护的国际一体化。我感到实践选择后一种途径的可能性更大。就是说：网络环境下出现的新问题，将促进知识产权地域性的趋弱和国际化的加强。

18.《知识产权价值评估中的法律问题·前言》*

"知识经济"已经成为国内外自然科学界及社会科学界谈论的一个热点。

正如 80 年代有关"信息社会"论的"热"是由计算机广泛应用带动起来的，目前"知识经济"论之热，则是由计算机网络及数字技术的广泛应用带起来的。当人们谈及传统的农业经济及工业经济的特点是有形资产起决定作用，而知识经济则是无形资产起决定作用时，均会想道：知识产权恰恰是无形资产的重要（或最重要）组成部分。

---

* 编者注：郑成思著《知识产权价值评估中的法律问题》，法律出版社 1999 年版。

已有不少议论认为：在知识经济中，商品生产"隐形化"。事实上，网络环境还使商品流通的一部分也"隐形化"。例如，通过网络出售软件、多媒体、数据库等等，均已与传统的市场上出售有形磁盘、光盘等销售活动大相径庭了。

知识经济并不仅仅是高技术经济。知识经济的形成固然是由于技术的广泛应用，但决不可忽视高技术之外的智力成果在知识经济中的重要地位。例如，受版权保护的文学艺术成果。

1998年，美国的国际知识产权协会在网上发布了《美国经济中的版权产业》年度报告，其中提到：在1996年，仅仅美国的核心版权产业（电影、录音制造、计算机软件等等），亦即并非整个知识产权产业、甚至并非整个版权产业，已创造了2784亿美元产值，占其国民生产总值3.65%。从1977年到1996年的20年中，美国核心版权业年增长率为5.5%（美国经济年增长率在此期间是2.6%）。1996年，美国核心版权业的出口额达601.8亿美元，在美国历史上首次超过了农业、汽车制造业及飞机制造业的出口额，成为美国出口额最高的产业。

知识经济必然而且已经带来知识产权保护上全新的问题。而这些新问题，又集中在网络的应用上。

知识产权的特点之一是"专有性"。而网络上的知识、信息则多是公开、公知、公用的，极难被权利人控制。

知识产权的特点之一是"地域性"。而网络上知识传输的特点则是"无国界性"。

上述第一对矛盾，引出了知识产权领域最新的实体法问题。在国际上，有的理论家提出以"淡化""弱化"知识产权的专有性，来缓解专有性与公开、公用的矛盾。具有代表性的是日本法学家中山信弘。① 而更多的学者，② 乃至国际公约，则主张以进一步强化知识产权保护强化专有性来解决这一矛盾。最典型的例子就是 1996 年 12 月世界知识产权组织主持缔结的两个新的版权条约。其中增加了一大批受保护的客体，增列了一大批过去不属于专有权的受保护权利。而美国、欧洲联盟国家均已准备在 1998 年到 1999 年，即进入 21 世纪之前，修订本国知识产权法，使之符合新条约的要求。此外，在商标保护方面，强化专有性的趋势则表现为将驰名商标脱离商品及服务而加以保护。

这种强化知识产权专有性的趋势，应当说对发展中国家未必有利。但目前尚没有发展中国家表示出"坚决抵制"。主要原因是：在知识经济中，强化知识产权保护的趋势是抵制不了的。发展中国家应及早研究对策。

上述第二对矛盾，引出了知识产权保护中最新的程序法问题，亦即在涉外知识产权纠纷中，如何选择诉讼地及适用法律的问题。过去，绝大多数知识产权侵权诉讼，均以被告所在地或侵权行为发生地为诉讼地，并适用诉讼地（法院所在地）法律。但网络上的侵权人，往往难以确认其在何处；在实践中，侵权复制品只要一上了网，全世界任何地点都可能成为侵权行为发生地。这种状况，主要是由网络的无国界性决定的。曾有人提议采取技术措施，限制网络传输的无国界性，以解决上述矛盾。但在实践中，困难极大，或根本做不到。于是更多的学者、更多的国家及地区，实际上正通过加速各国知识产权法律"一体化"的进程，即通过弱化知识产权的地域性，来解决这一矛盾。

---

① 参阅《电子知识产权》1998 年第 2 期第 25 页，中山信弘文章"多媒体与著作权"。

② 参阅郑成思主编：《知识产权研究》1998 年第 5 期，P. Geller 的文章。

国际知识产权法律"一体化",就要有个共同的标准。多少年来,已确认的专有权,一般不可能再被撤销。于是,保护面广、强度高的发达国家法律,在大多数国际谈判场合,实际被当成了"一体化"的标准。发展中国家虽然并不情愿,却又阻止不住。世界贸易组织成立时,订立的《与贸易有关的知识产权协议》,就是违背发展中国家意愿、强化知识产权保护、又不得不被广大发展中国家接受的典型一例。

看来在这一问题上,发展中国家也应及早研究对策。

而研究对策的前提,是我们应了解知识产权保护的历史、知识产权的特点、知识产权国际保护的含义,以及知识产权保护的热点及难点问题。

在目前,我国知识产权保护的热点及难点之一,正是知识产权的价值评估问题。对这一问题,近年来国内经济学界的论著多于法学界论著。在法学界较少的论著中,以评估公式、评估方法等为主的论著,又多于以法律问题为主的论著。

本书重点放在阐述知识产权评估中应注意的法律问题。而本书在选择所附的法律、法规、司法解释及行政规章方面,则同时考虑了评估方法(程序)及评估中的法律问题。其中,有关主管部门的行政规章(包括原国家科委的行政规章)中相当一部分,是在集中了大量实践经验,并对知识产权评估问题认真研究的基础上制定的,对读者从不同侧面了解我国知识产权评估理论与实践的发展及现状,也将大有益处。

本书的撰写分工依次为:郑成思(第一章、第二章第二、三、四、五节、第四章);李顺德(第二章第一节、第三章);张玉瑞(第五章);周林(第六章)。

19.《WTO 知识产权协议逐条讲解·前言》[*]

早在 1994 年 4 月，《建立世界贸易组织协定》在马拉加什缔结后，在联合国工作的王正发先生即给我邮来了世贸组织中《与贸易有关的知识产权协议》英文文本。当时急于使国内读者能见到中文并对该协议有所了解，我在当年 6 月通过学习出版社出版了我的不成熟的中译本。这个协议，在本书中有时称"Trips 协议"，这是国际上的统称；有时称世贸组织中的"知识产权协议"，目的是与世贸组织中的商品关贸协议与服务贸易协议相区别。同年 10 月，我通过北京出版社出版了该协议的《详解》。

但在其后的一年多里，特别是 1995 年，世界贸易组织开始运转，并逐步全面取代关贸总协定之后，我越来越感到有必要尽快全面更新该"详解"。一方面是要从理论的深度上加强，不止步于一种对条约条款的解释；另一方面要增加该"详解"未涉及而应涉及的问题、更改原有叙述中不确切之处。之所以有这种感觉，是因为在这段时间里，我参加了几项有关活动，对世界贸易组织中的知识产权保护有了一些新的认识，同时更加强烈地认为：无论我国是否参加了世界贸易组织，国内有关部门及企业均很有必要了解这一国际组织中的知识产权保护，否则会不利于对外经济交往。

在我参加的 1995 年 2 月的中美知识产权谈判中，美方代表曾提出的一些有关商标权取得、驰名商标认定、行政机关"依职权"执法等等的观点，我认为不符合世界贸易组织中的保护要求，从而

---

* 编者注：郑成思著《WTO 知识产权协议逐条讲解》，中国方正出版社 2001 年版。

促使我进一步去研究该组织的知识产权协议。

我所参加的亚太经济合作组织的 1995 年 5 月悉尼大会，专门讨论世界贸易组织的知识产权保护问题。为准备赴会发言，我又一次研究了有关文件；在会上有幸与该组织知识产权部负责人当面讨论，又确认或否认了自己的一部分原有看法。

1995 年 7 月底，我参加了斯特拉斯堡国际知识产权学术会，同年 11 月，参加了联合国贸发会召开的专家会，这两个会原论题并非仅限于世界贸易组织中的知识产权，却因为不同国家代表均对这个议题很感兴趣而一再"集中"到该议题上。在与欧共体、美国、日本、瑞士、印度、加纳等国代表的讨论中，我加深了对一些问题的认识，并获得了许多有益的信息及资料。

除这几项活动之外，国外与国内在知识产权司法中的新判例，也为深入论述有关问题增加了活的素材。在这些背景下 1996 年，我通过中国人民大学出版社出版了《世界贸易组织与贸易有关的知识产权》一书。

又是 4 年过去了。中国终于迈到了 WTO 的门前。这时，读者可能更需要一本能逐条讲解 Trips 协议的书，尽管它的学术性可能不及 1996 年的那部书，但应当更简明、更适用，也更贴近条文。这就是方正出版社提出的要求。

当然，在这 4 年中，我接受了一些对前两本书的批评指正；在进一步研究中自己也发现了前两部书中的一些失误——我从来没有认为我的论著是不出差错或无需更改的。在知识产权法学领域，甚至可以说不可能有无需更改的著述。不过，大的原则问题，有些仍在争论。我所坚持的一些基本观点，即使引起过较多的不同意见，我目前仍认为不应改变。本书解释 Trips 协议的实体条文部分较详，而程序条文部分从简，以不致使全书篇幅过长。

该协议的中译本，这次也有所改变，也吸取了一些批评意见。但因为时间匆忙，肯定还会有不足之处。

20.《知识产权论（修订本）·前言》*

在 20 世纪 80 年代之前的相当长时间里（大约两到三个世纪），即农业经济与工业经济时代，民事法律的立法重点是有形财产法或物权法。而在今天及今后相当长的时间里，即知识经济时代，这个重点自然地转到了知识产权法。发达国家如法国的《知识产权法典》，发展中国家如菲律宾等国的《知识产权法典》，都可以供我们参考。当然，主要还得根据中国自己的实际，加强研究与立法。

"知识经济"既然是与"工业经济"相对比而言的，那么它作为一种生产方式，主要是从生产力角度去定位的。如果它主要从生产关系角度定位，就不可能适用于世界各国的不同制度。事实上，当今世界上的社会主义国家、资本主义国家，都不加任何前置词地谈论着"知识经济"并发展或准备发展这种经济。我国理论界从未使用过"社会主义知识经济"的提法，证明我们实际上是从生产力角度去谈"知识经济"的。

要发展（或准备发展）"知识经济"，就须有与之相适应的生产关系。马克思认为：生产关系不过是法律上反映出的财产关系。与"工业经济"相适应的发达国家，一二百年来传统的民法体系中，物权法与合同法（其中主要是货物买卖合同）是重点。这是与"工业经济"中，机器、土地、房产等有形的物质资料的投入起关键作用密切联

---

　　*　编者注：郑成思：《知识产权论（修订本）》，法律出版社 2001 年版。

系着的。

为与"知识经济"相适应，20世纪末，一大批发达国家及一部分发展中国家（如新加坡、菲律宾等），已经以知识产权法取代物权法，以电子商务合同取代货物买卖合同，作为现代民法的重点。这并不是说，传统的物权法、合同法不再需要了，而是说重点转移了。这是与"知识经济"中，无形资产（如专利、技术秘密、驰名品牌）的投入起关键作用密切联系着的。中国并不是不需要补上原来是缺陷的物权法、合同法等等，以适应正在进行的"工业化"问题是重点应放在何处？这个问题，与经济理论界争论着的一个问题是有联系的：中国是否必须在全面完成"工业经济"之后，才可能向"知识经济"发展？其实，这个问题换一个问法就较明白了：中国是否必须永远跟在别人后面走？中国科研与企业结合的典型王选，作了否定的回答。他在印刷技术上越过了两代，走在了世界前沿。中科院开展以"知识创新"为重点的科研，也在事实上对上述问题作了否定的回答。他们认为在填补我国尚欠的"工业经济"之缺的同时，重点应转向发展"知识经济"或发展"知识经济"的准备。法学界尤其是民法学的研究也是如此。

中国诚然需要《合同法》，但全世界（包括中国）互联网与网上商务已迅速发展的今天，《合同法·总则》中不足200字的有关电子合同的规范，已显然跟不上实践的需求。在美、英、法、德、日、澳大利亚乃至新加坡等国早已把合同法研究重点转向电子商务时，我们的重点始终在有形物的买卖、保管等等方面。可能在几年内，就会在国内外的经济活动中，反映出《合同法》的立法意图并不错，但在20世纪末，其重点则错了。中国诚然需要《物权法》，但国外无形财产所有人（盖茨）已列首富、国内外被评估价值最高的已大多是无形财产（"可口可乐"商标数百亿美元、"海尔""红塔山"商标数百亿人民币）、"直接电子商务"通过网络买卖着大量无形文化产品的今天，可能在《物权法》出台不久后，也会反映出我们本应把重点放在无形财产的立法及研究上。《证券法》诚然属无形财产立法之一（"股权"是重要的无形产权），但"知识经济"中最重要的，是知识产权——专利权、商标权、版权、商业秘密等等。

有人可能说：我国不是已经有了各项知识产权专门法吗？确实我们有。但那只相当于发达国家"工业经济"中前期的立法，远远不能适应"知识经济"的需要，更不要说推动"知识经济"的发展了。我国的这种"有"，正像《合同法》中"有"的几条关于电子商务的规定。新加坡的一部《版权法》，比我国专利法、版权法（著作权法）、商标法加起来还要长5倍；菲律宾已随着法国把不同知识产权统一在一起而颁布了"知识产权法典"，我国的几部知识产权专门法则在"各行其是"；世界知识产权组织要求21世纪初，国际申请全部通过网络（即"无纸化"）时，我国专利、商标法则仍旧规定着如何填写纸张表格。我国知识产权的立法已远远跟不上国内经济发展与国际经济交往。立法的滞后与总体研究的滞后是相关联的。

在21世纪初，我们应当抓住电子商务与知识产权保护两个民商事立法重点；培养并吸引一批掌握一门以上外语、掌握计算机应用的法学人才；增加财力的投入。目的是使我国2010年前完成社会主义市场经济的法制体系时，不要使人们感到其中的民商法结构只与200年前的《法国民法典》、100年前的《德意志民法典》相当或有所进步，而应使人们感到它确实是能够适应电子商务时代（或"知识经济"时代）的法制体系。如果我们不从现在起就开展这种已不算太超前的研究，到2010年时我们肯定在民商法体系上就滞后了。本书只论及知识产权。电子商务则是另一部著作的任务了。

国内法学研究领域，确有人主张"前不见古人，后不见来者"。在民法领域，因中国古代重刑轻民，于是有人断言中国古代只有刑法、没有民法。而几乎是同一部分人，又拒绝研究、借鉴外国（当代）民法及民事法律领域新缔结的国际条约。在知识产权领域，虽有联合国教科文组织早已认为版权保护应是随印刷术的发展而产生，我国也早有宋代撰书人、编书人以及出版者从官方获得的禁盗版文件，国内则有人极为支持外国人，断言这仅仅是帝王对思想的控制或仅属于出版商的特权，与作者无关。但国内又几乎是同一部分人，拒绝借鉴国外最新知识产权立法及新缔结的知识产权多边条约，认为它们离中国"太远"。

这种看上去自相矛盾的理论或主张，反映了确实充满矛盾的现实社会。正确的研究途径则是要从这种矛盾状况中解脱出来，一不能割断历史，二又要注重了解最新的发展。1996年，国内外恰恰从这两个方面都提供了极有价值的信息。这里不必从年初到年底逐一列举，仅以国内年初及年底两次有关宋代活字印刷品的考古认定，及年底两个知识产权条约的缔结为例，就可以预测1996年出现的有关信息，对我们目前及今后相当一段时期内的知识产权研究，有多么重要的意义。

当国际上已将Websiteaddress作为计算机程序给予保护时，当一国法院对域名注册不当的判决被另一国民间组织执行时，我国相当多的讨论却集中在专利、版权是不是专有权、作品是受保护客体还是受保护对象、未经知识产权人许可的使用是否使权利穷竭等等在许多国家早已不成其为问题的问题上。难道外国人早已走过的弯路，我们也非要再走一遭不可？难道外国人经历了一二百年达到的今日的研究高度，我们也非要再走一二百年不可？

借鉴国际上已有的成例，其中包括了解和分析国外较有影响的司法判例。结合中国的实际，也包括要了解与分析我们自己的典型案例。案例分析，经常在英美法系国家教科书中占大部分篇幅，有时可能显得零乱无章，但对读者而言毕竟有其灵活而易记、易懂的优点。近年，欧陆法系一些学者的专著，也开始重视了案例分析。本书需要以案例说明的地方，也打算作相应的尝试。

　　本书所作"知识产权"之"论"，大体正是考虑到知识产权保护及研究起步均晚的我国，在研究中既缺少历史回顾、又缺少对国际成例借鉴的弱点，并由这些弱点所致的一些偏差。好在网络环境下数字技术的应用，可能将很快使一批既懂外语、又懂科技的新一代学者占据知识产权研究领域。基本不了解中、外历史上的成例及定论、不了解国际知识产权保护新发展而泛出水面的陈章，那时不再会被人们误当成新论。届时，今天被视为"雕虫小技"的外语、计算机应用等等，当然不会一跃而成为高深的学问。它们仍旧会被看作是"初步的"。但多数人将会认识到：没有掌握这些初步的知识，而急于发出的第二步的议论，绝不可能是扎实的。

21.《知识产权论（第三版）·续补前言》[*]

　　知识产权的专著，许多在 5 年左右均须修订再版，原因是相关国内外立法发展太快。而《知识产权论》第二版之后刚刚 2 年，即再度修订，主要出于几个考虑。第一，2001 年底，中国商标法再度修正、版权法再次修正，书中相应之处也须修改。第二，反不正当竞争对知识产权的附加保护，国际上近年越来越重视，而原书

---

　　*　编者注：郑成思《知识产权论（第三版）》，法律出版社 2003 年版。

论述较欠缺。第三,九届人大之末的民法草案虽然已经按照许多人(包括中国社会科学院知识产权中心)的意见,没有纳入"知识产权篇",但当初接受立法主管部门的任务起草该稿,对许多问题进一步研究的成果,还是可以拿出来与读者共同探讨的。第四,由于"与贸易有关的知识产权协议",我另有专著去写过,在本书中就删去了。这也就是第三版增删与改动的主要内容。

22.《知识产权法(第二版)·说明及前言》*

说明

21 世纪初,在知识产权法学领域有不少事发生。其中确有如同 20 世纪初马赫"发现""物质不见了"那种新论。好在多数潜心搞研究的人,均把目光集中在实实在在地影响了中国知识产权几部重要的单行法的"入世"这件事上。本书的修订再版,也正是因"入世"及"入世"前后几部法的修改而推动。

为与世贸组织的 Trips 协议相适应,过去为多数人推崇的"没有实际损失则构不成侵权",被"许诺销售"、"即发侵权"等代替了;过去在民事诉讼法中找不到的诉前禁令,首先在知识产权法中增补了;过去常说的"没有过错不负侵权责任"被纠正为"没有过错不负损害赔偿责任"了。这些在知识产权法单行法中的率先修改,将影响到我国整个民法制度(民法典)的有关内容。因此,原有的《知识产权法》教科书,不能不随之修订了。此外,诸如《商标法》中增加的"禁止反向假冒制度"、《著作权法》中增加的"转让合同规范",

---

* 编者注:郑成思著《知识产权法(第二版)》,法律出版社 2003 年版。

等等，也都是看上去似不显眼的"大手笔"。乃至有人在《商标法》修正案出台后把它称赞为"代表了我国民事立法的方向"。德国在其版权法（而不是像我国有人主张的在民法典合同篇）中进一步扩充合同的规范，倒发生在我国《著作权法》修正之后，像是对我国的正确选择的认同。这里已发生的事实，也使原有教材不修订不行了。

所以，要使这部初写于 1996 年的教材冠以"21 世纪"之名，并不在于向读者展现一些似新实旧的重大发现，而是要显示被国际条约及我国已修改的知识产权法推动着走的结果。就是说，修改这类教材，仅仅是因为不宜对 21 世纪已发生的影响知识产权法的大事视而不见。这虽不是"高标准"，但要真正做到，又似非易事，而且不是人人都愿做的。

前言

中国"入世"前后，立法、司法、行政机关乃至许多企业都忙了很一阵，有的还会再忙相当一段时期，以修改、废止与世贸组织的要求相冲突的法律、法规、规章乃至司法解释等，企业则不断研究着对策。不过"入世"的影响不能停留在了解和解释修改、废止与世贸组织的要求相冲突的法律、法规、规章及司法解释上，这仅仅是第一步。中国知识产权的几部主要法律都在"入世"前夕作了较大修改，目的正是解决这第一步的问题。

从世界正在向知识经济发展的方向看，知识产权保护的作用应当是居首位的。

发达国家在 20 世纪末之前的一二百年中，以其传统民事法律中物权法（即有形财产法）与货物买卖合同法为重点。原因是在工业经济中，机器、土地、房产等有形资产的投入起关键作用。20 世纪 80、90 年代以来，与知识经济的发展相适应，发达国家及一批发展中国家（如新加坡、菲律宾、印度等），在民事立法领域，逐步转变为以知识产权法、电子商务法为重点。这并不是说传统的物权法、合同法不再需要了，而是说重点转移了。原因是：在知识经济中，专利发明、商业秘密、不断更新的计算机程序等无形资产在起关键作用。随着生产方式的变动，上层建筑中的立法重点必然变更。一批尚未走完工业经济进程的发展中国家，已经意识到在当代，仍旧靠"出大力、流大汗"，仍旧把注意力盯在有形资产的积累上，其经济实力将永远赶不上发达国家。必须以无形资产的积累（其中主要指"自主知识产权"的开发）促进有形资产的积累，才有可能赶上发达国家。

美国从 1996 年开始，版权产业中的核心产业（即软件业、影视业等）的产品出口额，已经超过了农业、机器制造业（即飞机制造、汽车制造等）的产品出口额。美国知识产权协会把这当作美国已进入"知识经济"发展时期的重要标志。我国从 2000 年起，信息产业已经成为第一支柱产业。

经济的全球化以及知识产权法律制度的趋同化，已经使得英美法系和大陆法系中许多过去不相容的制度逐渐趋于一致。世界贸易组织的各个协议实际上就是这两个具有不同法律传统的法系相互融合而趋于一致的结果。在这种背景下，如果我们的研究仍旧盯在过去的大陆法系，特别是盯在也是从欧洲大陆法系国家舶来的中国台湾地区和日本法律，我们就会自己给自己造成一个误区，甚至停留在 20 世纪 80 年代之前。加入 WTO 可以说给我国带来了一种全新的法律体系，作为立法者和司法者，我们的思想也应该有所更新。

我认为，我们的思想在"入世"后必须要有所更新，不要认为英美法系和大陆法系仍旧是对立的，它们在某些方面融合了。世界贸易组织的规则就是这两个法系相互融合的成果，如果我们过去学的仅仅是英美法系的东西，该丢弃的就要丢弃。例如专利的先申请原则、商标及地理标记的不注册原则，等等。同样，如果我们过去学的仅仅是大陆法系的东西，该丢弃的也要丢弃，否则就适应不了世贸组织的法律框架。

仅以有形商品贸易为支柱的原"关贸总协定"演化成"世界贸易组织"为例，最明显的变化就是增加了服务贸易与知识产权保护两根支柱。这种变化的实质究竟是什么？如何在立法方面跟上这种变化？这些更重要的问题，却不是所有应当思考它们的人都在思考。

与中国争取"入世"的进程几乎同步的，是"知识经济""信息网络化"等越来越被人们提起和关注。这些，与上述国际贸易活动及规范的发展趋势又有什么内在联系，也不是所有应当思考它们的人们都在思考。

这样看来，我们与发展着的世界贸易法律规范之间的差距还有可能拉大。原因是我们对现象已有了足够的重视并采取了相应的措施，对实质却还缺乏思考，更不消说深入研究了。

我们如果认真分析一下，就不难看到：第一，世贸组织时代与"关贸总协定"时代相比，无体财产的重要性大大提高了；从而规范无体的服务、无形的知识产权的国际规则显得十分重要了。第二，如本文前面所述，知识经济与工业经济（及至农业经济）时代相比，知识成果的投入开始取代土地、厂房、机器等有形财产的投入，起到关键作用；从而规范知识成果的知识产权法，开始取代有形财产法，在市场规范中起关键作用。第三，信息网络化的时代与公路、铁路乃至航空网络时代相比，无形市场（网络市场）已经开始在促进有形市场的发展上起关键作用；从而电子商务法将取代货物买卖（保管、租赁等）合同法，起关键作用。这些，并不是说有形财产法、传统合同法等等不再需要了，只是说重点转移了；也不是说人类可以不再依赖有形财产去生存，只是说有形财产的积累和有形市场的发展，在当代要靠无形财产的积累和无形市场的发展去推动。

但是，围绕着社会主义市场经济的发展，我们的立法以及相应的法学研究至今依然几乎是把全力放在有形财产与有形市场的规范上，而这与生产力领域的"信息化促工业化"已经不相适应，当然也跟不上世贸组织出现后所展示的发展趋势了。

我感到，这的确是我国"入世"后，在"接轨"问题上应当认真思考的。

本书第一编由三章组成。

第一章从概念角度讲知识产权的基本理论。第二章则开始增加一些应用实例，以期从实践角度进一步论述知识产权的一些重要理论问题。因为知识产权法与法理、宪法等不尽相同，它毕竟是一门应用法学。自始至终若完全脱离实际应用去讲，一是不可能讲清楚有关理论，二是将失去这门学科的意义。第三章讲知识产权的国际保护，重点介绍最重要的国际公约。之所以把一部分知识产权国际公约放在知识产权国内法（分论）之前讲，是因为参加与缔结国际公约的谈判经常推动着我国的知识产权立法，我国现行知识产权法的重要实体规定，均来自几个重要公约——这也是我国立法较晚的益处之一。我国的知识产权法与刑法不同，它不是我国"古已有之"的。所以可以说，离开国际保护理论去讲我国知识产权法的原理，正如试图抛开已有公约去立法一样，在现代社会里是行不通的。

第二编为分论，具体论述知识产权各部门法的问题。

23.《知识产权法：新世纪初的若干研究重点·前言》[*]

作为"教材"，照例应从主体、客体讲起，最后完成一个对"自己理论体系"的阐述（抑或是对别人已经构成的某一理论体系的说

---

* 编者注：郑成思著《知识产权法：新世纪初的若干研究重点》，法律出版社 2004 年版。

明）。但我总觉得那是 20 世纪面对本科生的教材。作为新世纪面对研生的教材，似乎应当从自己的研究体会出发，与研究生共同讨论一些重点问题。这便是本书的来由与主要内容的构成。

在研究中，我是始终主张必须"循规蹈矩"的。例如，不要抄袭别人的东西或以其他方式侵犯他人的版权。但作为研究的内容及出来的成果，我又一贯不太"循规蹈矩"，即不愿对任何一位先哲（甚至其仍旧在世，甚至其谈不上是先哲）说过的，均一概复述，不越雷池一步。如果那样，有复印机或录放机就足够了，是不需从事研究的人存在的。

本书作为研究生教材，在内容上涉及许多新世纪知识产权研究的重点问题，但却限于篇幅不可能展开。因此，读者若要深入探究相应重点问题，尚需参阅有关的同样属于本课题的其他专著，诸如黄晖、张晓都、薛虹、唐广良等作者的有关驰名商标、生物技术与专利条件、电子商务与知识产权、传统知识保护的专论。

24.《知识产权：应用法学与基本理论·前言》[*]

记得好像是鲁迅说过，作者总认为自己的作品是好的。我认为我献给读者的这本书是一部好书。当然，到底好不好，最后要看社会的评价。它又是一本要引起争议的书，这一点可能用不着到"最后"就可以确定。

早在《著作权法》实施一周年的纪念会上，同贺周年之余，我引了贺诗两句，以表明中国完善知识产权制度还有很长的路要走：

---

[*] 编者注：郑成思主编《知识产权：应用法学与基本理论》，人民出版社 2005 年版。

"紫丝竹断聪马小，家住钱塘东复东。"今天，我们已经向前迈进得很远了。不过这两句诗似乎仍然适用。

在一个国家里，应当把继续完善知识产权制度当成矛盾的主要方面，还是把防止过度保护当成矛盾的主要方面，必须以受保护的商业标识、发明创造、各种作品遭仿、靠、冒、盗的实际状况而定，还要看知识产权的侵权人是不是总体上仍旧"理直气壮"，维权者是否总体仍旧举步维艰，要看国内外的关键技术领域、国内外的文化市场上、国内外的名牌之林中，是否已经有了与我们这样一个大国相应的"一席之地"，而绝不是看外国人怎么论、怎么说，不管是外国学者还是外国政府。

许多人在抱怨我国知识产权保护水平"太高"时，经常提到美国20世纪40年代、日本20世纪60、70年代与我国目前经济发展水平相似，而当时它们的知识产权保护水平则比我们现在低得多。这种对比，如果用以反诘日、美对我国知识产权保护的不合理的指责，是可以的；但如果用来支持他们要求降低我国目前知识产权保护立法的水平或批评我国不应依照世界贸易组织的要求提高知识产权保护水平，则属于没有历史地看问题。20世纪70年代之前，国际上"经济全球化"的进程基本没有开始。我们如果在今天坚持按照我们认为合理的水平保护知识产权，而不愿考虑经济一体化的要求以及相应国际条约的要求，那么在一国的小范围内看，这种坚持可能是合理的；而在国际竞争的大环境中看，其唯一的结果只可能是我们在竞争中被"自我淘汰"出局。我国达到现在这种备受许多国内学者指责的知识产权保护的法律水平，的确只有"不畏浮云遮望眼"者才能作出的决断。

在对策方面，国际组织（包括欧盟之类地区性国际组织）的立法及研究结果对我们的影响，外国（例如美国、日本、印度、俄罗斯等）

立法及国家学说对我们的影响，我们均应研究。几个外国如果联手，将对我们产生何种影响，我们更应当研究。例如，对于我们发明专利的短项"商业方法专利"，国家专利局固然可以通过把紧专利审批关，为国内企业赢得时间。但那终究不是长远之计。试想，美日欧国家在传统技术专利方面的"标准化"发展，曾给并正给我们的产品出口带来极大的不利。如果美日（或再加上几个其他发达国家）在商业方法专利上也向"标准化"发展，即如果实施"金融方法专利化、专利标准化、标准许可化"，那么会给我国银行进入国际金融市场带来何种影响以及会不会把我们挤出国际金融市场？这就不仅仅是国家专利局把紧专利审批关能够解决的问题了。在这些方面作出较深入的研究，有助于我们拿出实实在在的对策去"趋利避害"，而不是仅仅停留在对知识产权制度弊端（甚至非弊端）的批判上。改革开放二十多年来，知识产权制度对经济发展的促进作用越来越明显，虽然人们对这种作用的认识还有较大差异，而且总的讲，认识还落后于现实。袁隆平的高技术育种方案，改变了中国多少年来几亿人靠繁重劳动"搞饭吃"的状况。王选的"高分辨率汉字发生器"方案，使无数印刷工人告别了自毕昇、王帧以来在字盘上检字的劳动方式。这类实例在中国是越来越多了。这类实例明白无误地向人们显示了创造性劳动成果与模仿性（或复制性）劳动成果的巨大差别。

　　知识产权制度的本质是鼓励创新，不鼓励模仿与复制，反对仿、靠、冒、盗。这种制度利弊几何，还会长期争论下去。知识产权制度绝非无弊端。中国古语"有一利必有一弊"，不惟知识产权制度如此。但只要其利大于弊，或通过"趋利避害"可使最终结果利大于弊，就不应否定它。至少，现在如果再让科技、文化领域的创作者们回到过去的科技、文化成果"大锅饭"的时代，恐怕只有议论者，并无响应者。至于创作者与使用者权利义务的平衡上出现问题，可以通过不断完善"权利限制"去逐步解决。知识产权制度中对我们自己的长项（如传统知识与生物多样化）保护不够，也可以通过逐步增加相关的受保护客体去解决。有一些制止知识产权权利滥用的规范并不在单行知识产权法中，而在诸如《合同法·技术合同编》《最高人民法院关于技术合同纠纷适用法律的司法解释》等法律或文件中。如果我们没有找到，就批评知识产权保护的"缺失"或"弊病"，则属于学习、研究甚至普法的问题。的确，对知识产权及知识产权制度，只有在弄清楚"是什么""为什么"的前提下，才可能开始真正的批判研究或对策研究。

中国现在的状况是不到位的保护与尚有缺失的权利限制都有待完善。但重点应放在何处？解决这个问题，要认清我国知识产权保护所处的位置。我们可以与发达国家比，也可以与不发达国家乃至最不发达国家比，看看是高了还是低了。当然比较有可比性的，还是应与经济发展相当的发展中国家比。例如，与印度、韩国、新加坡一类国家比，我们的保护水平是过高了还是不够。"定位"是决定"加强知识产权保护"还是退出"已经超高保护的误区"之前必须做的事，否则，"不审势即宽严皆误"，这是古人早就告诫我们的。在中外学者都热衷于"平衡论"的今天，我们只要对比一下 2003 年出版的《裁判的方法》一书与 2004 年上海《法学》第 3 期上同样是对"电视节目表"保护的"平衡论"，其中定位的差距是多么惊人。在多数人对某个法律基本不了解时，该法本身或者该法实施的"过头"（至少是人们普遍认为的"过头"），往往是与该法本身或者该法实施的远不到位并存的。2004 年初，世界 100 个知名品牌中，终于能找到我们中国的一个了，它是"海尔"。这虽然一方面说明中国的驰名商标还太少，另一方面却也说明中国企业在国际市场上跻身驰名商标之林，已经迈出了可喜的一步。2004 年 8 月，国内终于有一批 DVD 企业能够像华为、中国碱性电池协会那样，直面外国大企业的"知识产权"打主动仗了，如果再有更多的企业能像"海尔"那样，借助知识产权制度开拓市场，而不是总被别人以"知识产权"为棍子追打，那么中国对世界的贡献，可能会不亚于她作出四大发明的当年。

在批判中注重对策研究，在构建基本理论时注重应用研究，对民商法学、经济法学均很重要，对知识产权法学来说，尤其重要。

二、文丛前言

1.《知识产权文丛（第一卷）·前言》[*]

虽然不应断言在改革开放的 70 年代末之前，我国完全没有知识产权的保护，但似乎可以认为，我国第一批人开始对知识产权认真研究，只是 70 年代末之后的事。90 年代之后，由于内外的推动，"知识产权"开始广泛地受到国人重视。90 年代中期之后，国外每年"推选"的首富由"物权"所有人让位给了知识产权权利人，国内高技术产业的兴起，"名牌"产品之走向国际市场，以及侵害知识产权的活动比保护它的制度先一步"与国际（侵权方式及手段）接轨"，等等，逐渐使"知识产权"热了起来。

无论在"热"的过程中还是在"热"过之后，都肯定有人会冷静地思考我们已经面临及将要面临的问题，研究解决这些问题的途径。这就可能为《知识产权文丛》保证它的读者群；这也是该系列书问世的目的之一。

该系列书并不是"旁观者"，故决不扮演一个指责他人"过热"的角色，不会板起一副"清高"不群、不凑"热闹"的面孔。正相反，

---

* 编者注：郑成思主编《知识产权文丛（第一卷）》，中国政法大学出版社 1999 年版。

它有时也"热"。不过这种"热",应如《春秋》所述赵衰那种热(即"如冬日之可爱"),不应如赵盾那种热(即"如夏日之可畏")。当然,更多的时候,它仍须是冷的,如伏天的冷饮之冷。

作为"应用法学"研究的知识产权研究,固然也有自己的基本理论,但与法理研究、法哲学研究等相比,毕竟有所不同。任何学科,决不会因它的"应用"性质就降低了档次。反倒是经院式地离开了应用去作文字游戏,会很快使这种"研究"失去了意义。

同时,在将要进入 21 世纪的今天,国内的实践,国内外立法的发展,国际合作与国际竞争的发展,乃至新技术的发展,又都给我国知识产权保护制度的进一步完善提出了新问题。而且,在今天,已决不像在一二百年前,乃至一二十年前那样,国际、国内的知识产权保护的实践与理论可以各不相干。不再可能不顾外国在那里研究的当代问题,而我们只在这里啃外国一二百年前已啃过的所谓"基础问题";不再可能不问外国已出现的新纠纷,只管我们这里较普遍的老纠纷。1995 年在国外出现的"将他人商标抢注为域名"的纠纷,1996 年到 1997 年,即大量摆在我国企业面前。仅此一例,就应当使我们明白今天中外知识产权保护的理论与实践的密切联系与相互影响。因此,既注重国内已有问题的研究,又顾及已在国外提出,且必然会在我国提出的新问题的研究,我们的"基础"研究才可能走上正轨,我们的无论应用研究还是基础研究才能少走或不走前人已经走过的弯路。

《知识产权文丛》将以来自国内、外的论文为主,辅之以来自国内、外的重要的或人们较关心的案例(司法判决、行政裁决、仲裁裁决等等)。同时,每册均会收入重要国际条约或典型国外立法及介绍。为便于读者收集、保存资料及对比研究,有的条约或法律条文在中译本之外,附上英文或较大语种的其他外文原文。

本文丛的第一卷,即以当前国际上讨论最热烈的国际互联网络环境下应用数字技术而产生的知识产权问题为主要内容。也许经过若干年讨论之后，会真如今天有人断言的那样："因特网就是因特网而已，并没带来任何新问题。"那也不要紧，因为我们总不能"躲进小楼成一统"，完全不顾今天国际、国内已经在立法、司法及行政执法等方面面临的必须回答的问题。结论（即使是"未带来任何新问题"的结论）只能下在认真、深入研究之后。至少，在网络环境下，如何解决"网络的无国界性与知识产权地域性的冲突"，美国学者 Geller 已提出了他的方案。不论该方案是否最佳，乃至是否可行，总比我们有人未经研究就断言"知识产权（主要指其中的版权），在国际公约产生后，不再具有地域性"更可取。在网络环境下，如何解决"信息公有、公用、公开与知识产权专有性的冲突"，日本学者中山信弘也已拿出了相关方案。无论我们如何评价他的方案，它总比我们有人轻易地断言"知识产权本来就不是专有权"更可取。我们的上述两种断言，虽然轻而易举地"回答"了目前国际上认为结论难下的两大问题，却也同时反映出我们的研究是如何地滞后与初始。

薛虹博士的论文"因特网上的版权及有关权保护"，其中一部分曾于 1998 年 4 月 13 日在"中法知识产权研讨会"上宣读并讲演。听众们后来惊奇地发现：同一个会上同一天，一位法国教授宣读的论文，竟与之"同工异曲"。她（他）们二人过去从未来往过、通信过。该法国教授不懂中文，薛虹博士亦不懂法文，二人原先也不可能"交流"。但二人论文中的主要案例，大都在国际上诸多的案例中，选择了范围几近的那一部分；对案例的评析，则各有千秋，很难分出高下。从我个人所知，薛虹博士论文中的那一部分，早在 1997 年 10 月在澳大利亚讲学时，已构成其讲课内容，并已受到澳大利亚墨道大学硕士生们的好评。可能薛虹博士的作品完成反倒是"在先"的。但这并不十分重要，重要的是：这一巧合反映出一部分并未哀叹过"中国知识产权研究滞后"的中国学者，其研究成果已决不滞后。同时也反映出因特网正在使国内外研究的问题及研究深度走向同步。如果不肯在外语及计算机等研究的必备手段上多少下点功夫，就可能在中外均被远远地甩后面了。

王德全硕士的论文，虽只有"国际私法"一部分直接与知识产权保护有关，但由于它较全面地论述了因特网给国际贸易中的"电子商务"带来的问题，有助于人们了解（在 WTO 出现后）与国际贸易密不可分的知识产权保护，故全文收入了。王德全论文中有许多论述是民商法学界不能不注意的。例如不了解今天电子商务特点的议论，曾误把 EDI 认作电子商务的全部，或电子商务的主要内容。王德全的论文对这类问题均作了辨析。

Geller 是美国一位学者型律师。WIPO 多次邀请他在（真正）"百忙"的律师事务中抽空给国际论坛讲演。1993 年 3 月，当网络与数字技术提出的新问题刚刚露头时，他就在 WIPO 的哈佛研讨会上宣讲过自己的有关论文。1997 年 7 月，在布鲁塞尔的国际研讨会上，我有幸听到并当面与他讨论继 1993 年之后，数字技术与知识产权带来的更多问题，并有幸获得其口头许可，以中文发表他在布鲁塞尔国际研讨会上的论文。1998 年初，经他本人用 Email 正式授权发表其经修改后的该文。这就是本文丛中献给读者们的这一篇。

烟台大学青年教师董炳和关于"数据库"保护的论文，虽然并非完全针对网络环境的研究成果，但所研究的对象，也属于引起全世界高度重视，并已被纳入发达国家立法步骤的新问题，且将随着网络的全面普及，尤其是网络资源的日益丰富而进一步受到各国的关注。

阳光公司诉霸才公司知识产权案，作为中国网络知识产权第一案，有必要让读者们了解处理它的法官们的理论上的见解。这就是本册收入的孙健等同志的论文及法院对该案的判决书（包括一审判决书和终审判决书）。

WIPO 于 1996 年 12 月对两个新条约的讨论，曾牵动着全世界知识产权界、科技界（即网络与"数据库"的主要使用人之一）及至司法界。故有必要让读者手中有缔结后的这两个条约的中、英文，以便研究与参考。我和李明德教授介绍该条约的短文，真正只能算是初步的，相信今后会有不少更深入研究这两个条约的成果问世。

最值得一提的是，本集收入的论文的作者在研究过程中都直接利用了 Internet 网络上提供的原始材料，从而使研究成果本身具备了前沿性，同时体现了了作者对待学术研究的积极、严谨、求实、创新的态度。这也是我们对从事知识产权研究者，尤其是志在这一领域有所贡献者提供的一个有力启示。

2.《知识产权文丛（第二卷）·前言》[*]

《知识产权文丛（第二卷）》置于首篇的专论，与该文丛首卷置于首篇的论题相近，作用之一是希望能提示读者关注互联网络与数字技术对知识产权保护的影响。应当看到这种影响是巨大的。尽管国内知识产权界有议论认为这种影响不过是某种短暂的"潮流"或"时髦"，因而把它归入"子不语"之列，国内外的司法及立法则一再向人们表明它是不容被忽视的。

1998 年，北京高级人民法院二审终审了国内第一个网络侵权案。几乎在同时，一批中国名作家的作品未经许可而被数字化并上网传输了，一批录音制品也遭到了同样命运。当盗版者发现这是个更快捷、更节省侵权成本的路子时，当司法工作者指出对此不会听之任之时，我们的相关法律（至少从明文去看）还没有及时地跟上去。

---

   * 编者注：郑成思主编《知识产权文丛（第二卷）》，中国政法大学出版社 1999 年版。

而大洋彼岸的最大发展中国家巴西，则已于 1998 年之初即修订了它的版权法，目的是赶上这个"潮流"。

这个"潮流"可能并不是短暂的。时间落后于巴西，而内容完善于巴西彼岸的另一个国家——美国，在同年 10 月通过的、解决这一重大影响问题的法案，称为《跨世纪版权法》，直译则是"千年法"。

愿袁泳博士这一篇专论，能够引起更多人对网络与数字技术的注意。

中国法官与海外学子合作的"专利的侵权抗辩"，通过对中、美司法实践中，专利侵权抗辩理由的对比，较全面地阐述了国内外学界与司法界在"权利用尽""先用权""诉讼时效"等问题上不同观点的交锋，并表明了作者自己的意见。该文对人们研究相关问题时，开阔眼界，更深入一步，无疑是有益的。

孙德生先生谈诉讼时效的文章最早曾发表在两年前的《专利法研究》上，即早于我国最高人民法院作出大致相同结论的 1998 年，而其为立论收集的支持材料之广，使人很难想象该文出自一位远离大都市的学者。身在北京，近年屡见这类文章，确使人有种紧迫感：一大批卓有成效的新人正在知识产权研究领域涌现，再不努力，我们自己就要落后了。

李明德教授的文章较全面地分析了美国版权法中侵权与救济的一些难点问题。尤其对有关该国侵害知识产权的严格责任的阐述，是继该教授前年在国际许可证贸易协会大会上"论专利侵权的无过错责任"之后的又一成果。本文内容曾作为讲稿在北京大学知识产权学院等处讲演，听众反映颇佳。故改定成文发表于此，以飨读者。

自 1900 年《保护工业产权巴黎公约》在布鲁塞尔外交会议上把反不正当竞争保护纳入第 10 条之二，世界各国不同的反不正当竞争法无论怎样向更宽的领域发展，对知识产权的保护一直是反不正当竞争法的一个重点。1996 年底，世界知识产权组织起草了《关于反不正当竞争保护的示范规定》，并提供了中译本与中文注释。在1998 年 8 月的 ATRIP 墨西哥年会上，我有幸获得了该组织副总干事科肖德先生的书面使用许可，分别在《知识产权研究》及《知识产权文丛》上使用该文件，以供中国的立法机关、司法机关、行政执法机关的读者及其他读者参考。

文丛自本卷开始，将陆续以中、英文刊登一些外国的知识产权法，以便国内同仁作比较研究。《意大利商标法》之所以被首选，是出于众多的原因。其英文译本本身出自意大利政府，被我国《著作权法》无版权作品所覆盖，无须费心取得许可，固然是原因之一。20 年前我接触知识产权之初翻译几十个国家商标法概要时，当年的意大利商标法是第一篇作业，也是译后经我当年的入门老师之一（现联合国世界知识产权组织官员）王正发先生全文校审的一篇。作为古罗马法的来源地，意大利的商标法对许多复杂问题（如权利的交叉与可能的冲突、权利的继承等）的解决，是非常恰当的。这在当年就给了译者以深刻印象。1998 年，新一批学者不再轻率地否认，而是较认真地讨论起商标反向假冒问题时，美国商标法中的反不正当竞争条款（第 43 条）成为"外国法主要把'反向假冒'纳入反不正当竞争法去规范"的依据。这时又使人记起《意大利商标法》（第12 条）。欧洲有一大批国家均在商标法（而不是反不正当竞争法）中有类似规定。

上海大学的寿步教授，多年来一直关注中国计算机与计算机软件保护（不限于知识产权保护）的问题。对于国内计算机软件知识产权纠纷的案例，他尤其注意了广泛收集、认真研究并加以分析、评论。寿步教授的许多评论均有独到见解，可以使知识产权界的读者感到虽然其中许多案子可能是早已知之的，但作者的评论则是别开生面的。

3.《知识产权文丛（第三卷）·代前言》[*]

对 21 世纪知识产权研究的展望

一个国家知识产权研究的水平与发展状况，经常可以从它的知识产权立法的发展中反映出来。

1997 年及在这之前的几年里，中国与巴西的知识产权立法（包括有关国际条约的加入或缔结）几乎是同步的。两国几乎同时开始了对外国专利的行政保护，几乎同时开始了给计算机软件似特殊又非特殊的保护，几乎同时开始了对现有版权法修订的考虑。1997 年 3 月，两国不约而同地各自颁布了在各自国家均属第一部的植物新品种保护法规。不过，到 1998 年，情况改变了。1998 年 2 月，巴西通过了修订后的版权法，并于 6 月实施。其中引人瞩目地包含进了世界知识产权组织 1996 年两个新条约的内容，即增加了网络环境下知识产权保护的内容。这比同年 10 月通过了《跨世纪数字化版权法案》的美国还先行了 8 个月。而同年 11 月 18 日中国新闻媒体通报已初步成形的中国著作权法修订案，则仍旧丝毫没有触及网络环境下知识产权保护的内容。

那么，是巴西立法过于超前了，还是中国落后了？我想可能是后者。因为，网络上"侵权"（依法有些尚不能称侵权）的纠纷，在中国当时已经实实在在地出现了。未经许可的"网络书屋"、未经许

---

* 编者注：郑成思主编《知识产权文丛（第三卷）》，中国政法大学出版社 1999 年出版。

可的"音乐节目上网"等，已使人感到大大高于书刊盗版、录像制品盗版的威胁摆在中国版权人面前。而我们修订中的法律则对此丝毫无反应。我国的"解密公司"已在报刊上公开刊登广告，收费破解国内从事软件创新开发的任何企业所专有软件的加密措施或其他技术措施，而我们却仍在讨论把"禁止解密"纳入版权是否太"超前"，是否会妨碍国内软件产业发展！当然，这类显然已滞后的问题，本来是应在进入 2000 年之前解决的。已经在立法中将互联网络上的知识产权保护纳入版权法的发展中国家已有一批，如菲律宾、新加坡等，绝不止一个巴西。

那么，从我国已滞后的实际出发，结合国际上的发展现状与趋势，在 21 世纪到来之后，我们在知识产权领域应研究哪些热点及难点问题呢？可能有三个方面的问题。

一、新技术，尤其是数字技术与网络给中外带来的共有的新问题

这类问题中的多数，对中外知识产权界都是新的，其中至少包括下面几个问题。

1. 网络特点与知识产权特点的冲突如何解决

正如 20 世纪 80 年代有关"信息社会"论的"热"是由计算机广泛应用带动起来的，目前"知识经济"论之热，则是由计算机网络及数字技术的广泛应用带起来的。当人们谈及，传统的农业经济及工业经济的特点是有形资产起决定作用，而知识经济则是无形资产起决定作用时，均会想到：知识产权恰恰是无形资产的重要（或最重要）组成部分。

有人认为在知识经济中，商品生产"隐形化"。事实上，网络环境还使商品流通的一部分也"隐形化"。这就是人们常说的"直

接电子商务"活动。例如，通过网络出售软件、多媒体、数据库等，均已与传统的市场上出售有形磁盘、光盘等销售活动大相径庭了。

知识经济必然，而且已经带来知识产权保护上全新的问题。而这些新问题，又集中在网络的应用上。

知识产权的特点之一是"专有性"。而网络上应受知识产权保护的信息则多是公开、公知、公用的，很难被权利人控制。

知识产权的特点之一是"地域性"。而网络上知识传输的特点则是"无国界性"。

上述第一对矛盾，引出了知识产权领域最新的实体法问题。在国际上，有的理论家提出以"淡化""弱化"知识产权的专有性，来缓解专有性与公开、公用的矛盾。具有代表性的是日本法学家中山信弘和美国法学家戈德斯坦。而更多学者乃至国际公约，则主张以进一步强化知识产权保护、强化专有性来解决这一矛盾。最典型的例子就是 1996 年 12 月世界知识产权组织主持缔结的两个新的版权条约。其中增加了一大批受保护的客体，增列了一大批过去不属于版权的受保护权利。而美国已经在 1998 年、欧盟国家已准备在1999 年，即进入 21 世纪之前，修订知识产权法，使之符合新条约的要求。此外，在商标保护方面，强化专有性的趋势则表现为将驰名商标脱离商品以及服务而加以保护。

这种强化知识产权专有性的趋势，应当说对发展中国家未必有利，但目前尚没有发展中国家表示出"坚决抵制"。主要原因是：在知识经济中，强化知识产权保护的趋势是抵制不了的。发展中国家应及早研究它们的对策。

上述第二对矛盾，引出了知识产权保护中最新的程序法问题，亦即在涉外知识产权纠纷中，如何选择诉讼地及适用法律的问题。

过去，绝大多数知识产权侵权诉讼，均以被告所在地或侵权行为发生地为诉讼地，并适用诉讼地（法院所在地）法律。但网络上的侵权人，往往难以确认其在何处；在实践中，侵权复制品只要一上了网，全世界任何地点，都可能成为侵权行为发生地。这种状况，主要是由网络的无国界决定的。曾有人提议采取技术措施，限制网络传输的无国界性，以解决上述矛盾。但在实践中困难极大，或根本做不到。于是更多的学者，更多的国家及地区，实际上正通过加速各国知识产权法律国际"一体化"的进程，即通过弱化知识产权的地域性，来解决这一矛盾。

国际知识产权法律"一体化"，就要有个共同的标准。多少年来，已确认的专有权，一般不可能再被撤销。于是，保护面广、强度高的发达国家法律，在大多数国际谈判场合，实际被当成了"一体化"的标准。发展中国家虽然并不情愿，却又阻止不住。世界贸易组织成立时订立的《与贸易有关的知识产权协议》，就是违背发展中国家意愿，统一知识产权保护，又不得不被广大发展中国家接受的典型一例。

看来在这一问题上，发展中国家也应研究对策。这种研究，可能成为21世纪初发展中国家的一个重点。

2. 电子商务中的知识产权保护问题

电子商务影响到的绝不仅仅是知识产权法。

它首先影响了各国的合同法及商法，1995年，美国最先考虑修改其《统一商法典》，随后提出了《统一电子贸易法》的议案，以适应电子商务的需要。1996年，联合国贸易法委员会发布了《电子商务示范法》、国际商会起草了《电子商务指南》，进一步解释该示范法。此后，不少国家及地区（如欧盟）纷纷开始了相关立法或修法。在发展中国家里，至少新加坡已于1998年颁布了它的《电子贸易法》我国立法机关在《合同法》草案中也加进了电子合同的原则性规定。

但正像 WIPO 的两个新条约只是解决问题的开始一样，电子商务中的合同法及商法问题的全面解决，仍要留给 21 世纪。

有人把电子商务分为"直接电子商务"与"间接电子商务"两类。"间接电子商务"即网络上谈判、签合同、订购商品，但商品本身仍需通过有形方式邮寄或送达。"直接电子商务"则是签合同及最终取得商品，均在网络上完成。可以想见，"直接电子商务"会涉及更多的知识产权问题。

网络传输中既已涉及版权产品的无形销售（如上一题所述），就必然产生版权保护的新问题。自不待言。而更值得重视的是，它还必将产生（而且已经产生）在网上的商标及其他商业标识保护、商誉保护、商品化形象保护，乃至商业秘密保护等方面诸多与传统保护有所不同或根本不同的问题。

例如，我国《商标法》将可受保护的标识界定为"文字、图案或其组合"，它只能是"静态"的。而目前已出现把某一动态过程（如小鸡从蛋中破壳而出）作为商标，而且在网上有发展为"时髦"的趋势。这就不仅在版权法领域对于"版权不保护过程"的结论有了明显的反证（说明至少一部分"过程"不应被排除在保护之外）而且改变了传统对商标的认识。可能只有在这种网络上的商业活动，才能使人们感到用"视觉可感知"去界定、比起用"文字、图形"去界定商标更能适合下一世纪商业活动的发展。当然这类纯属形式方面的问题可能还不是最重要的。

正当国内并不鲜见的议论在断言"域名绝不会被纳入知识产权保护范围"时，域名已实际上成为商誉乃至商号的一部分受到了保护，甚至已经作为无形财产被实际交易着。这是无需到下一世纪再去弄清的问题。但域名与在先商标权、在先商号权的冲突如何真正妥善解决，则可能要留给 21 世纪了。这一确实存在的（而不是如下文将讲的有意侵权者的辩护人臆想的）权利冲突。

在驰名商标范围内，有些问题 20 世纪已大致解决。一些国家的"反淡化法"及 WIPO 准备缔结的国际条约，均立下了这方面的示范。但对于非驰名商标及商号，其与域名冲突的问题，仍无令人满意的答案。这里矛盾的焦点之一倒是在权利产生的程序上。商标权多经官方行政批准注册产生；域名专用权则多经非官方组织登记产生；商号权（按《巴黎公约》的要求）却仅仅依实际使用产生。21 世纪如果在技术上仍找不到解决冲突的出路，那么法学者的研究成果在这方面仍旧将发挥作用。

3. 生物技术与知识产权保护问题

知识产权新问题并非全部与计算机互联网络有关。生物技术对知识产权保护的影响即是基本无关的一个。传统生物技术及其产品（如植物新品种）的保护即使到了 20 世纪末，仍不断在早已实施这种保护的发达国家争论着。例如 1996 年，当欧洲生物学家提出应取消农业生产者对植物新品种的"合理使用"亦即增强其专有权时，欧洲"绿色和平组织"则强烈要求根本取消对植物新品种的专有权。这类争论的余音，21 世纪在发达国家仍旧会听得到，而在中国这样的发展中国家，则争论可能会开始。

生物基因、新生物合成等发明中的知识产权问题，对中国这样的发展中国家可能就更重要了。在生物技术比较发达的澳大利亚，1998 年本国两个政府研究机构，在以"自己的"植物新品种申请"准专利"（即"植物品种专有权"）时，被指控为"生物盗版"（biopiracy）。该纠纷所产生出的这一知识产权新术语，是不应被轻视的。中国（至少在北京）已有过极类似的纠纷，但并未引起注意。原因是生物工程总体在中国的发展还较滞后。待到 21 世纪更多国内企业与机构发现这是一个经济效益可能很好的领域，并加快在其中的投入时，中国企业与机构之间、中外相关企业与机构之间的这类冲突，比起 20 世纪文化市场上因盗版引起的冲突，不会更少。"生物盗版"与"独立创作"的区分及认定，也会成为使司法界棘手的问题。而 20 世纪内，当国外知识产权界已在研究以血样及其他人体标本为基础的新发明中，血样及标本提供者享有什么权利时，中国在生物技术知识产权保护方面的研究还极为薄弱，从事研究的人员也屈指可数。这种状况如果在进入 21 世纪仍无改变，届时将很难应付发生的纠纷，很难保护创新者的权益及保护与促进我国生物工程的发展，也很难跟上国际上民事权利保护的新发展。

二、国际上已基本解决，但中国国内仍须加强研究的特有问题

由于我国在知识产权研究方面起步较晚，又有一部分研究是在封闭状态下（即在未接受国外信息的状态下）进行的，所以有些国际上已基本解决乃至我国参加的国际条约已有定论的老问题，在我们这里则还有进一步研究的必要。在 21 世纪到来之后，更多的国内司法实践及更多的人逐渐打破封闭式研究，都将有助于这些问题在更高的层次上开展讨论，并基本解决。其中至少会涉及下面几个问题。

1. 侵害知识产权的归责原则

中国在 20 世纪 80 年代制定的《民法通则》，从原则上已将包括侵害知识产权在内的绝大多数侵权行为，归入"过错责任"。如果只以解释《民法通则》为限，这个问题是无可讨论的。不过，如果把眼界放开一些，就可以看到：绝大多数已经保护知识产权的国家的立法，均要求侵害知识产权的直接侵权人，负"无过错责任"。凡在国际上被认可的知识产权学者们（无论美英还是法德这些不同

法系国家的学者），也无例外地认为对知识产权直接侵权的认定，只看客观结果，不看主观有无过错。这就需要我们在研究中，不能拘泥于《民法通则》的原则。同时，国内知识产权执法的实践，也要求我们重新认识这个问题。

其实，在法理上，侵害知识产权的归责原则，与侵害知识产权的诉讼时效，是非常近似的两个问题。由于知识产权保护的客体可以同时被相互独立的不同主体所利用（注意：这是有形财产权保护的客体所不具备的特点），侵权行为一旦延续超过二年（即我国《民法通则》规定的时效），这"二年"期限将只约束侵害赔偿之诉，不应约束知识产权的财产所有权之诉。而一般侵权诉讼中，这二诉是并存的。对此，我国最高人民法院已在 20 世纪内作了恰当的结论。因此时效问题即使在 21 世纪仍有争议，可能只是余音而已。

对直接侵权人的归责问题也是如此。只有支持被侵权人的权利归属及其范围之诉，亦即认定客观上的侵入他人产权范围（即"in" - "fringe"）的事实并加以禁止，才有助于避免侵权物进入流通领域或已进入流通领域后进一步扩散（而这正是《与贸易有关的知识产权协议》所要求的）。至于支持被侵权人的损害赔偿之诉，则确应视侵害者有无主观过错而定了。拿日本学者中岛敏先生的话说，即：侵害知识产权的物权之诉只以客观为据，而其债权之诉则应辅之以主观要件。当然，在这点上，国外也并非无例外。例如，依照美国法律，直接侵权人即使无过错，有时也须负侵权赔偿责任。美国的这种较少见的规定，经过其乌拉圭回合谈判的讨价还价，还居然反映在世界贸易组织的协议中。

到目前为止，我国不赞成像多数国家那样在知识产权保护中采用无过错责任原则的一个主要原因，在于不少人误以为知识产权的侵权诉讼中，被侵害人的"请求权"仅仅指对损害赔偿的请求，不包含诸如确认权利人的专有权之类的物上请求权，即认为侵权之诉中只有债权之诉而无物权之诉。于是，他们认为诸如《德国版权法》第99条的禁令、没收等等，不属于在确认侵权成立后的民事救济。针对这种误解，我国在20世纪90年代后期已有专著做过分析和论述。例如，王利明等所著《合同法新论——总则》，就是其中之一。此外，在《中国法学》1998年第一期魏振瀛的文章中，更进一步论述了"侵权责任"（liability）与"侵权之债"（obligation，亦即侵权的损害赔偿）的区别，也有助于我们认识这个问题。

在我国，对于侵害知识产权的无过错责任，只有较少的专著或论文论及它的合理性，而大多数理论界与实际部门的议论，则停留在解释《民法通则》有关条文的合理性，论证应不加更改地一般适用于一切知识产权侵害活动。网络环境下的"在线服务商"作为"特例"，其侵权行为在国外适用"过错责任"原则；我国包括"在线服务商"在内的一切侵害知识产权的行为，则作为"通例"在适用着"过错责任"。这一类理论及实践上的差距，这种立法上的差距，是否应予缩小，肯定在21世纪还需要继续讨论。互联网络上的侵权行为，在国内外事实上都已经发生了。而对于互联网络上的侵权责任，国外已经讨论了几年，中国则几乎没有开始。

这个问题，无论在21世纪修订几个现有知识产权法之前，还是在制定民法典之前，都应深入讨论，总结国际上的已有惯例，在我国把它弄清楚。

2. 知识产权的权利冲突问题

不应一般地否认知识产权的权利冲突的存在。无论中外，两个或两个以上分别享有相同或不同知识产权的权利人，在行使权利中发生冲突的事，并不罕见。许多已有的及拟议中的立法及国际条约，正是为了解决这类冲突。问题在于，在我国，在20世纪末叶，一批被炒得沸沸扬扬的"权利冲突"知识产权案例,实际上并非真正意义上的权利冲突,而是地地道道的权利人与侵权人的冲突。这些冲突,依照原有的我国知识产权法,本来是可以顺理成章地解决的。而且,有关法院的判决、行政机关的裁决,也大都合理合法,或基本合理合法地解决了。只是理论界反倒觉得昏昏然,觉得似乎有关的侵权人实际只是法律不健全、从而产生出的权利冲突的牺牲品。因此,在21世纪修改原有知识产权法时,就会面临这样的问题了:是把已有的原本合理的规定改掉,还是保留原本合理的规定,进而去解决真正的(包括尚未在我国出现的)权利冲突?

例如,"先用权"性质的并无排他性的"在先权",与具有排他性的在先权的根本区别。以未曾向社会扩散方式先发明、先使用某一他人专利保护客体之人,在"注册"制国家,未注册但已在先使用某一商标多年之人,等等,方享有相对应的、在其后获行政批准而握有专利权、商标权的"在后权"权利人。这在大多数国家均是明明白白的(确有部分国家不承认在先使用商标而未注册者有"先用权"——这里另当别论)。而发生在我国的许多议论,则是未经许可而使用了他人已经受知识产权(或其他民事权利,如姓名权、肖像权)保护的内容,是应当判仅仅为侵权,还是应当认为通过侵权便产生了"在后权"的问题。

这一类听起来很简单的问题,若不在理论上弄清楚(从现有的司法判决看,它们在实践中倒往往是清楚的),对我国21世纪实施有效的知识产权保护,肯定会有妨碍。

3. 知识产权法律中一些基本概念的含义

作为一门应用法学,知识产权法学并非没有"基础理论"。起步较晚的中国,在21世纪仍需补其基础理论的课,是毋庸置疑的。但应切记:离开了国际上知识产权理论的发展去闭门补课,则仍旧难免走弯路，乃至进入歧途。以往的事实表明：一些知识产权法律中的概念，正是由于闭门研究才越搞越不清的。

例如，版权法意义上的"委托"（commissioning）显然不同于民法代理意义上的"委托"（transfer of power 或更直接一些的 power of attorney），但也决不能等同于加工、定作合同意义上的"承揽"（contracting）。这从律师有权再次使用（并禁止其他律师使用）其代理词的实质性部分，从检测人可能再次使用其检测报告的实质性部分等实例，均可看到。版权意义上的委托合同在无明确规定时，权利归受托人；承揽合同在无明确规定时，成果归定作人。仅从一般法律的对无形知识产权与有形定作物归属作出的这种不同规定，我们就可以看到把委托等同于承揽在实践中会出多大的差错。只有在极少数场合（如广告制作的承揽合同），委托与承揽才发生部分重合。对这些早已发生在实际生活中的整体区别及有限的重合，国际上早已归纳到理论的著述中。我们则经常以"有限"取代了"整体"，以自己可能较熟悉的有形财产方面的概念，往无形财产上套用着。

4. 国有企业的改革与知识产权保护

这里讲"保护"，主要是指两方面。其一，企业的"自我保护"亦即 Geller 讲的三级保护中的第一级。其二，国家采取措施制止和制裁侵吞国有无形资产的腐败行为（"侵吞"，在这里包括某些国企管理者有意使无形资产流失以换取私利）。

这是为数不多的、确有中国特色的问题。既然在"知识经济"中，无形资产的投入已经起决定作用，不讲究通过怎样的体制改革方能增加这种投入和减少流失，国企就很难有出路。这可能是 21 世纪初，我国一个跨学科（知识产权法学、管理学、行政法学、政治学等等）的研究课题。

三、知识产权法与民法的关系问题

与传统民法若即若离的知识产权法，经常使人们遇到重重难题。在勉强以规范传统民事权利的准则去规范知识产权时，就往往本想解决难题结果却离了题。在 21 世纪初，若打算起草出中国自己的"民法典"，就不能不把知识产权与传统民事权利的异同搞清楚。研究二者之"同"，许多人已是感到轻车熟路；对二者之异，许多人则知之甚少，甚至视异为同。因此，研究二者关系的重点，似应放在二者之异上。

1. 知识产权法与民法分立问题

法国 19 世纪初的《民法典》，为近、现代普遍的民法法典化之始。法国 20 世纪末、自 1992 年起开始制定的《法国知识产权法典》是否会成为 21 世纪知识产权法与民法分立之始，是值得研究的。

《法国知识产权法典》之所以值得我们重视，首先在于它明确规定了知识产权保护在哪些具体问题上"不适用"现行民商法的条文，就是说，它明确了二者之异在何处（当然，其中也有规定哪些问题适用现行民商法的条文）。其次在于它在行文中，较清楚地反映出一些看上去似与传统民法相同的概念实质上有何不同。这后一方面最典型的，就是该法典第 1.121-1 条。它告诉人们：作者享有独立于其作品的"姓名权"，该权是作者精神权利的一部分而不属于民法中任何人均可享有的那种"姓名权"。

国际上已有的将民法法典化的国家不少，但以民法典包容知识产权的国家则较少；已有的各国民法典在不断修订时增加新内容者不少，但增加规范知识产权内容者则较少。这些现象并非偶然，也值得我们研究。对国际上的现状视而不见，我们就还会走弯路，恰如当年执意将知识产权合同纳入合同法、最终仍不得不拿出一样。

2.传统民事权利与知识产权似相重叠而实不重叠的问题

我国一些知识产权研究论述，往往把作者的人身权与传统民法中一般人的人身权相混淆。这固然在形式上与我国《著作权法》不适当地使用了"著作权人的人身权"这一来自日本及中国台湾地区表述有关，但更有深一层法理上的原因值得探索。

在市场经济已经很发达的现代地位才越来越高的知识产权中，有许多概念并非市场经济尚不发达时即能够形成的。在国际上，有不少后起的发达国家从先起的发达国家、从更加发达的外国引进知识产权保护的特有概念的先例在。我国在向市场经济转轨过程中，也可能发生类似的"引进"的必要。我们诚然可以拒绝引进，只要拒绝得有道理。如果认为传统民法中某些固有概念已经可以解决知识产权的特有问题而拒绝引进（或根本不知道国外存在这类可供引进的特有概念），就可能把传统民法中看上去与知识产权中相重叠、实则不重叠的概念，轻率地下了"等同"的结论。这会不利于解决我国市场中已有表现并即将大量出现的纠纷。

例如，如果认为知识产权项下的"商品化权"（或"形象权"）根本没有存在和加以研究的必要，认为它已经被传统民法中的"姓名权""肖像权"等所覆盖，那就很难解释 20 世纪 30 年代美国法院对"米老鼠"纠纷、70 年代日本法院对"螺江先生""阿童木"等纠纷，是如何解决的。当然也就难以处理中国 20 世纪 90 年代"小龙人"纠纷、"三毛"纠纷，也难处理日后还将大量发生的类似纠纷。很显然，上述这类应受保护的对象，有些不是真正存在的人或法人，因此谈不上享有"姓名权"或"肖像权"。联合国世界知识产权组织在 1996 年的示范法中，已经把国际上司法实践中承认多年的"商品化权"列为知识产权中的一项。被我们常常去借用民法概念的日本，也在更早就产生了全国范围的"商品化权保护协会"。而我们直到 1998 年却仍弄不清为什么"三毛"形象即使未合法作为商标使用，仍能够作为知识产权评估出上亿元的价值。

相信在 21 世纪初，这类问题随着我国市场经济的法治化，也随着更多的人意识到它们的重要性，会在我国也被认真研究并弄清。

3. 与知识产权法及传统民法均密切相关，但在 20 世纪的研究中未得到应有重视的问题

这类问题中相当大一部分，应推前文提过的新技术的应用引发的新问题，诸如电子商务、人体基因合成的发明及复制等引发的新问题，这里不再复述。还有一部分则与新技术的应用无关（至少无直接关系）。

例如，"信托财产"在法律中的地位。

既难归入"物权"、又难归入"债权"的"信托"，是在很长一段时间里，固守民法物权与债权泾渭分明的一些大陆法系国家所不愿接受的概念。但国际金融业务的发展，已经使这种"不愿接受"成为历史。

在我国，在《信托法》草案提出并暂时搁置之前，反倒是知识产权集体管理的实践毫无困难地接受了它，进而又被部分法院的司法实践所接受。不过，似乎应当承认，信托概念在知识产权领域的合理被接受，从我国的立法角度看，是缺乏支持的；从民法学界研究的进度上看，也缺乏法理的支持。法国在 1992 年即建议把"信托"作为一种合同列入《民法典》并已列出了具体的建议条文。我国在那之后开始起草的《合同法》，无论在较早的专家建议稿还是在接近尾声的立法机关公布的征求意见稿上，均未出现过"信托"。我国的"物权法"则刚刚在考虑起草。无形财产中知识产权的信托活动却已经在实际进行着。司法机关如果再遇到稍复杂一些的相关知识产权纠纷，必然将面对适用法律乃至寻求法理支持上的困难。在网络环境下，在版权的集体管理在市场经济中显得更加重要的 21 世纪，这种无法律依据的信托活动如何进一步开展，必然成为问题。

20 世纪 90 年代末，我国在信托法的研究上，确有优秀的成果问世。例如，沈达明教授的《衡平法初论》就是。衡平法的重点是信托法。沈教授的专著中，如果删去"禁止翻言"一章，称"信托法初论"也无不可。

但与知识产权相关联而研究信托，则在我国是极为薄弱的。乃至英美法系国家专利法中"依衡平法享有的权利"，总是被误译成"股权"。最近，在讨论间接侵害知识产权行为时，有人将"提供销售"（off or for sale）译成了"为销售而要约"！也属于较典型的缺乏对知识产权的了解。

在类似的一些问题的深入研究上，知识产权领域先行一步的实践及研究成果，极可能促进我国较完整、较完善的民法体系的形成（虽然我依然赞成法国式的知识产权法典与民法典的分立）。20 世纪 90 年代我国一些专利管理人员对质押问题的研究，我国一些出版管理人员对服务贸易的研究，已经证明了这一点。希望在 21 世纪，会有更多的知识产权领域的研究成果，继续证明这一点。

4.《知识产权文丛（第四卷）·前言》[*]

随着中国加入世界贸易组织之日的临近，"世贸组织热"（亦即自 1986 年后已几起几伏的"关贸总协定热"）再度出现。这次"热"

---

[*] 编者注：郑成思主编《知识产权文丛（第四卷）》，中国政法大学出版社 2000 年版。

与往次有所不同的是："热"中有"冷"，即冷静地进行更多的理论探讨的著述较多了。在世贸组织的"知识产权协议"及与之有关的问题上，尤其如此。这不仅仅因为 1999 年夏天，对世贸组织有关知识产权的最低要求不甚了解，曾成为《著作权法》修正案不能继续被审议的理由，而且因为在《商标法》等一些知识产权国内法中，实实在在地存在着与世贸组织较大的差距。这便是本卷第一篇文章的要点。

然而，世贸组织又并不是一切。在立法与司法实践中，成员方不能违背该组织的最低要求。但现有的世贸组织诸规定又并非都合理，正因为如此，才会有希图修正、增、删已有世贸协议的西雅图会议。西雅图会议的流产，并不说明世贸协议完美无缺、无可更改了。下一轮及其后的世贸谈判，仍担负着西雅图会议试图完成的任务，并会出现新的问题及新的解决它们的任务。因此，一谈"加入世贸"就只想到要一切向世贸看齐，至少从理论研究上讲是短视的。刘家瑞（律师）的文章，正是对世贸组织中 Trips 协议排除精神权利保护所做的挑战。其论述是清楚的，引用资料是广泛的（例如包括了一大批欧、美、日本知识产权领域支持精神权利保护强化的论述），值得一读。有关精神权利的文章近年较少，这与它在市场（或贸易）领域无重要作用有关。以至于有的大学教师把十多年前的论精神权利的文章几无修改地重新投到某知识产权杂志，仍旧能获发表。刘家瑞在写自己的论文时，曾提到：有关杂志及有关作者对精神权利的缺乏了解及不负责任的态度，正是促使他要认真研究一下这一问题的推动力之一。

网络时代给知识产权执法带来的国际私法问题，本丛书及《知识产权研究》曾发表过论及的文章。由于这一问题在司法实践中越来越频繁地遇到，其重要性也日见其彰。这一卷登载的冯文生（法官）的文章对这一问题又作了更系统的分析，并提出了一些自己的解决方案。随着中国的进一步对外开放，"国际私法典"可能最终会作为立法中的一项内容被提出。愿这篇文章对我国的国际私法的制定，有些参考价值，或有些启发。

在两篇直接论及网络知识产权保护的文章中，作者薛虹（博士）是读者较熟的了，她仍在这一领域继续跟踪国际国内的最新进展并发表自己的见解；作者徐洁玲（专利代理人）则对不少读者来说还是新面孔。本卷发表这两篇文章的目的，是便于人们从不同角度、不同深度及通过不同观点，继续了解在世界上发展很快（可能是最快）的这类知识产权保护的理论与实践。在有些国家，"网络法"已不仅仅是法的一个方面，而且是相当重要的方面。关于"网络法"方面的文章，今后还会继续发表，以使中国读者跟上这一国外已较发达的领域。"网络法"是 20 世纪 90 年代中后期，随着国际互联网络的广泛应用及电子商务的迅速发展而产生的一个新的法学概念。我国使用网络的人 1997 年末仅 30 万，1999 年上半年已发展到 400 万，即以每年 10 倍的速度发展。国外网络用户（包括企业）的发展速度，也同样是惊人的。国外从 1997 年起，已经出版了一批有关"网络法"的学术专著。多数发达国家及一部分发展中国家已经开始了"网络法"的制定与完善。它也已经成为国际法的一个重点。在这一领域，中国显然是滞后的。

"网络法"并不是、也不可能是一部像"刑法""民法"或"专利法""商标法"那样独立的单行法或基本法。也没有任何国家制定或准备制定这样的单行法，因为那样做必将打乱各国已有的民法、刑法、诉讼法等既有的体系，或与已有的法律重叠乃至冲突。"网络法"无论在学术上还是在立法实践中，都是"解决因互联网络而带来的新问题"的有关法律的总称。国际上目前制定（或完善）中的"网络法"，一般包含以下六个方面：

1. 在知识产权法中，新增受保护客体及专有权内容，并增加有关单行法，或实行知识产权法"法典化"，以便一揽子解决网络给知识产权保护带来的新问题。

知识产权法律领域中的"国际一体化"进程比其他任何法律领域都快。联合国世界知识产权组织对于新出现的"域名"知识产权及其与商标权的冲突，正在准备新的国际条约加以解决。该组织早已于 1996 年就主持缔结了解决网络上版权保护的两个新条约。几乎所有发达国家及新加坡、巴西、韩国等发展中国家已依照这两个条约着手修改本国知识产权法；法国、菲律宾等国则通过"法典化"，使本国法与这两个条约一致，以便参加这两个条约。

从中国的实际出发，我们同样有必要增加这两个条约中要求增加的新内容。例如，1998 年四川一私人公司宣称任何人只要向它付钱，它就可以将国家"863"计划的所有技术发明项目的数据库"解密"。而法院在处理这一案件时，在现有知识产权法中找不到禁止其解密的依据。两个新的国际条约恰恰把"禁止解密"增加为版权人的一项新的专有权。未经许可的解密，依条约将构成侵权。

从国际交往来看，21 世纪初中美知识产权谈判的焦点，可能会是美方要求中国参加这两个条约。对此我们应当有充分准备。如果届时多数国家参加了这两个条约，我国坚持不参加，可能孤立的是我们自己。

2. 修订原有商法典或制定单行法，以规范电子商务活动。"直接电子商务"（即通过网络直接买卖大多数文化产品）与"间接电子商务"（即通过网络做广告、签合同，而交货收货仍以传统的海、陆、空运方式进行）已经在许多国家（包括中国）迅速发展。北京京郊的菜农，自1998年已开展起了网络上的商务活动。而各国过去的商法，已远不能对这种活动加以规范。美国自1996年至今，一直在修订其《统一商法典》，其中规范电子商务（包括电子合同的效力、电子签字的效力、电子付款的方式及保险，等等）的条文与说明，已超过千页。德国、新加坡等国家，则制定了《电子商务法》等单行法。联合国贸易法委员会等政府间国际组织、国际商会等民间国际组织，都已颁布了"电子商务示范法""电子商务标准指南"等，供其成员国或成员组织选用。就连越南这样的国家，都意识到如果在电子商务立法上滞后，必将在国际经济活动中被动挨打。中国在1999年初颁布的《合同法·总则》中，原则上承认了电子合同的有效性。这是电子商务立法的第一步。但如果我们不接着走出第二步、第三步，这第一步很快会丧失实际意义。

此外，应注意到：在政府间国际组织中，知识产权与电子商务，均是由联合国世界知识产权组织与世界贸易组织共同管理的，这二者在国际贸易活动中是紧密联系在一起的。

3. 对网上信息的法律控制。这主要是指禁止在网上传播淫秽内容、有害青少年的内容、颠覆政府的内容及其他本国在"出版法"之类法中禁止的内容，以及禁止有损他人知识产权、隐私权等民事权利的内容。中国在1999年6月通过《防止未成年人犯罪法》等法规时，已注意增加这种禁止性规定，似有必要考虑在刑法中也增加相应内容。在这方面国际组织OECD等已有专门文件。瑞典等国已制定了单行法。英美法系国家则主要是通过判例去禁止（但英国对网络上个人隐私权的保护有成文法）。

4. 网上消费者权益保护。原有的各国消费者权益保护法的多数（不是所有）条文，很难直接适用到网络上，而"网上消费"正日渐成为商业"服务"中的一项重要内容。

5. 确定"在线服务商"的侵权责任。这是国外讨论最热烈、立法进程也最快的一个方面，在中国则完全处于空白状态。"在线服务商"，也称"网络服务提供者"。不在法律中明确其责任、在发生侵权时（以及在网络上出现法律禁止的内容时），是仅仅追究具体信息提供者的责任，还是同时追究网络服务提供者的责任，就会成为一个法律上的"模糊区"。美国、德国的新立法，在侵权问题上，规定如果服务商有过错，则究其责任；法国等国的法律，则规定即使其无过错，也追究其责任。我国民法的侵权法研究尚未涉及"在线服务"，立法就更未涉及了。而这方面的法律责任不清，是不利于中国的网络服务健康发展的。

6. 解决涉外民事诉讼中的新问题。也有人称这一问题为"国际私法的新问题"。网络传输的"无国界性"，使得大多数国家（包括中国）民法实体法中已有的有关侵权认定的原则、民事诉讼法中已有的有关法律选择、法院管辖权等原则，在电子商务纠纷或网络侵权纠纷中，往往发生难以直接适用的问题，也需要考虑结合新的网络环境加以完善。

上述六个方面中，第四、五两方面只涉及部分人，第六方面主要涉及程序法问题，似可从缓考虑。而前三方面的问题，如果不及时立法或改法加以规范，肯定会给国家利益、个人的民事权利及正在发展的社会主义市场经济造成损害。使有些花了大量人力财力的执法活动成果落空。例如，有形文化产品市场上的"扫黄打非"，可能因违法者向网上转移而部分失去了意义。网上的合同诈骗、金融诈骗，若得不到有效制止，足以使已经开展起电子商务活动的企业不得不退回到传统商务中去。而积极开展电子商务的发达国家及一部分发展中国家（包括比中国更发展的如新加坡、也包括不及中国发展的如越南）的企业，在国际市场上就会比中国企业获得信息更快、争夺商业机会的条件更好，最终使中国企业总体处于劣势地位。

"知识经济"虽然不限于网络经济，但如仔细回顾刚刚过去的几年的历史，就可看到："知识经济"实际上只是随着互联网络与数字技术的日渐广泛应用，才日渐出现在这个世界上的一种经济形态。如果不注意"网络法"这种与"知识经济"相适应的法律制度的研究与建立，或哪怕不把它当作重点，而仍旧把与农业经济、工业经济相适应的法律研究与制定作为重点，则今后的历史回顾可能会告诉我们：这是个失误。

在我国《证据法》正起草的时候，我们发表了北京高级人民法院知识产权庭有关知识产权诉讼证据方面的文章，供立法部门及其他有兴趣的读者参考。

同以往几卷一样，本卷还包括了有关国家的知识产权立法。

5.《知识产权文丛（第5卷）·前言》*

老读者们肯定已经意识到，《知识产权文丛》应算得上"久违"了，因为从第四卷的出版到今天已经近一年的时间。另外，《文丛》的外表也发生了变化，除了封面设计的结构、颜色已有质的不同外，出版者的名字也从"中国政法大学出版社"换成了"中国方正出版社"，但编辑单位依然是"中国社会科学院知识产权中心"；主编依然是"郑成思"。出版者的变化反映了市场经济条件下文化产品作为商品生产的多变性；编辑单位的不变则意味着《文丛》作为学术著作将始终保持其自身应有的特色与水平。

---

* 编者注：郑成思主编《知识产权文丛（第5卷）》，中国方正出版社2001年版。

对于首次选择《知识产权文丛》的新读者而言，如果其同时还在书店的书架上见到了《知识产权研究》及《知识产权办案参考》，可能会因其出版者与编辑单位的相同而感到某些困惑，甚至怀疑三者之间是否会有著述方面的重叠与冲突。其实，之所以选择将由我们负责编辑和参与编辑的三本系列出版物都由同一家出版社出版，重要原因之一就是要告诉读者，这三个系列是相互独立、各具特色、相辅相成、绝无重复的，因为我们不可能将任何一件作品或文件放进同一家出版社出版的三本书中。

《知识产权文丛（第5卷）》收入的稿件是在2000年底前定下来的，虽然其中有些材料可能已经在一定意义上有过时之嫌，但每一份稿件都凝聚了著作者的潜心研究及认真工作，因而其价值并不会因为短短的几个月而受到任何影响。我们曾经以为，当这本书出版时，中国已经成为世界贸易组织的成员国，因而其中有些话可能会成为"马后炮"，但当我在其交付印刷前夕重新撰写此"前言"时发现，"入世"的脚步再一次停了下来。这使得本书收入的文章的作者在其著述中所谈的每一种观点依然具有相当的警示作用。

本卷收入了两篇商标法领域的长篇论文，其中黄晖博士的论文《商标识别与表彰功能的法律保护》是其毕业论文的一部分，集中探讨了驰名商标认定与保护中的前沿理论问题，而文中涉及的法国侵权法上的一些概念则是我们在研究知识产权保护各领域的问题时都值得注意和参考的。例如，把"恢复原状"与"侵权"相联系可能是国内多数学者都能够接受的；而把"返还不当得利"与"侵权"相联系，则可能就很难为国内的一些学者所接受了。实际上，在这两个方面，过去的研究中都曾存在这样或那样的误区。正可谓"不审势，则宽、严皆误"，同仁治学应留心。金多才等撰写的《商标权、外观设计专利权、著作权冲突问题研究》是一项国家社科基金课题成果，就三种可能相互冲突的知识产权的保护问题进行了专门研究，解决了许多人长期以来理不清楚的一些问题，也值得读者注意。

互联网上的知识产权问题虽已成为社会关注的热点，而且各方人士都为此领域问题的解决而发表了数不清的著述，但不能否认的是，薛虹博士在这一领域的研究较为深入，而且其所掌握并引用的资料总是具有代表性的。本卷收入的《互联网上的知识产权侵权纠纷及其法律救济》是薛虹博士的又一部篇幅较长的论文，更加具体地探讨了发生在互联网上的几种活动可能存在的侵权及其法律救济问题，对日益增多的互联网知识产权侵权纠纷的解决具有重要的参考价值。

"电子商务"将成为世界贸易组织下一轮多边贸易谈判的主题之一。李顺德教授的文章《电子商务立法与知识产权保护》介绍了国际社会近年来关于电子商务立法的多种努力，更深入地分析了发展电子商务与知识产权保护的关系，为中国的电子商务立法提供了许多有益的信息。

世界贸易组织的 TRIPS 协议首次以国际条约的形式将商业秘密提高到"财产权"的高度加以保护。而长期以来仅仅在"侵权法（law of tort）中保护商业秘密的美国"，现在的保护制度又是怎样的？其对中国的相关立法及司法又有何启示？这是李明德教授的文章所要回答的问题。

在 21 世纪，生物技术的知识产权保护将成为知识产权研究领域的核心问题之一。上海法院法官须建楚等撰写的文章《基因专利法律问题》无疑将起到一定的先导作用。我们企盼中国法学界、司法界有更多的学者与操作者关注这方面的问题，写出更多、更好的文章。

6.《知识产权文丛（第 7 卷）·前言》[*]

　　2001 年 10 月底在中国即将"入世"之时，"中国法学会知识产权法研究会"成立。中央政治局委员李铁映同志、全国政协副主席任建新同志及诸多知识产权界的学长们均表示了祝贺及鼓励。本期文丛将利用一定的空间把研究会介绍给大家。

　　"中国法学会知识产权法研究会"是中国法学会的二级学会之一，是在法学会领导的关心与关注下，为适应新时期知识产权法学研究的需要而成立的。该研究会的成立，将为从事知识产权法研究的学人们提供一块高层次、高起点的研究领地。从此开始，知识产权法学研究真正获得了其应有的地位。这的确是我国知识产权界的一件大事。

　　与其他法学领域不同的是，知识产权法是一门面向实践的学科。她要求所有对知识产权问题感兴趣者必须对社会实践的需要有充分的了解，并具备一定的关于社会发展前景预期的能力。只有这样，才能使每一个研究者的研究成果不至于成为脱离实际的空谈，并进而有益于社会。可喜的是，知识产权界的相当一部分法院与法官不失时机地加入到了知识产权研究的行列，而且在近几年时间里拿出了一大批很有水平的作品与文献。本期文丛将首先为法院及法官们提供一个专栏，向读者们展示一下法院与法官们在知识产权审判工作中所关注问题的一个侧面，希望借此在知识产权司法审判者与学术研究者之间建立起一座相互沟通的桥梁，为中国知识产权法学研

---

　　[*] 编者注：郑成思主编《知识产权文丛（第 7 卷）》，中国方正出版社 2002 年版。

究水平与价值的提高创造更加理想的环境。

在接下去的论文部分，有两篇十分值得读者注意。一篇是有关专利的论文，另一篇是有关电子签名的论文。

获得专利的实质条件，本来是个老问题，是专利制度产生后200多年（亦即距今一个半世纪之前）已出现在许多国家专利立法及司法与管理实践中的问题。不过到了临近21世纪时，又增加了新的内容。例如，关于商业服务的方法的"可获专利保护性"，正是在20世纪末随着"State Street Bank"与"Amazon.com"等几个举世瞩目的商业服务方法的发明而"炒"热到全球的。随着欧盟及日本专利主管机关于2000年末对这种可专利性的认定，随着澳大利亚法院于2001年5月对"Welcome Realtime"的一项类似中国民航"知音卡"的服务方式发明专利的认定，被传统知识产权理论绝对排除在"可专利"之外的"服务方法"，几乎是不可阻挡地进入了专利领域。中国虽谨慎地仍旧在"考虑""研究"，但其最后的决定不可能不受上述国家及判例的影响。

另一个关于可专利新议题的讨论热点，则集中在生物技术领域。这个问题可能与中国关系更紧密，也更有必要尽早以深入研究的成果去促进我们立法、司法及行政管理，而不能无休止地"考虑"和谨慎下去了，否则必不利于我国部分高新技术的发展。

张晓都的这篇论文，正是把授予专利的实质条件这个既老又新的问题，与作为21世纪初热点的生物技术发明的可专利性问题，结合在一起了。这部专著中的一部分（接近一半）是张晓都在日本通产省的知识产权研究所首先以日文发表的；还有一部分则是以英文在伦敦的《生物科学法律评论》（*Bio-Science Law Review*）2000~2001期（即第4卷第2期）上发表的。这些，都已在国际学术界产生了很大的反响。至少，国外知识产权界知道了这一领域在

中国有人研究，而且研究水平并不滞后。这比起有些论著常自诩为
"在国内处于领先地位"，而在国际学术界看，则仅仅讲及了 ABC，
甚至在 ABC 中尚有硬伤，应当说是前进了许多。

网络上信息传播有公开与兼容的特点，各国网络的发展目标都
是使越来越多的人能够利用它，这些都是与印刷出版等传统的信息
传播方式完全不同的。在网上，每一个人都可能是出版者。

用法律规范网络上每个人的行为，从理论上说是必要的，从执
法实践上看则是相当困难的。要以法律手段保障信息网络的安全，
按中国人常用的一个比喻，就是只能牵牛鼻子，而不能抬牛腿。

那么，这个"牛鼻子"在何处呢？其一是对网络服务提供者的
规范与管理。其二则是对认证机构的规范。本期的又一篇论文，正
涉及这些"关键"。

"数字签名的认证机构"是法律须加规范的一个关键点。数字
签名认证机构的重要作用，远远不限于电子商务。在电子证据的采
用方面，在电子政务、电子邮件及其他网上传输活动中，它都起着
重要作用。就是说，凡是需要参与方提供法定身份证明的情况，都
需要"数字签名认证机构"。因为数字签名是最有效的身份证明，是
保障信息安全的基本技术手段之一。

由于世界知识产权组织近年来更多地介入网络立法，人们也逐
渐看到了"虚拟世界"与"无形财产"之间的密切关系。

《版权保护中的技术措施对公众利益的妨碍及其对策》一文出
自一个在校研究生之手。尽管文中表露出的一些情绪性的东西并不
是我们所提倡的，但能有一些青年人关注知识产权保护领域的具体
制度的细节，肯定是值得鼓励的。能在这些问题上多花费点时间与
精力，真正吃透每一项具体制度的利与弊，从而为中国相关制度的
建设出谋划策，比在某些概念、名词及术语上咬文嚼字更有价值；

而且也只有真正了解了每一项制度及相应的概念、名词及术语的原始含义，才能获得咬文嚼字的发言权。

我们相信，随着中国"入世"，随着中国关心与研究知识产权制度的人越来越多，还会不断有更优秀的论著呈现在读者面前。

7.《知识产权文丛（第 8 卷）·代前言》*

关于传统知识与两类知识产权的保护

21 世纪将是中国逐步完成工业化、进而从工业经济向知识经济转变的时期。党的十五届五中全会提出的"以信息化促工业化"，是促进这一转变尽早完成的正确途径。

美国从 1996 年开始，版权产业中的核心产业（即软件业、影视业等等）的产品出口额，已经超过了农业、机器制造业（即飞机制造、汽车制造等等）的产品出口额。美国知识产权协会把这当作美国已进入"知识经济"发展时期的重要标志。我国从 2000 年起，信息产业已经成为第一支柱产业。这一方面说明我国确实在向知识经济迈进，另一方面也说明我们的差距还相当大。

在中国"入世"前后，关于如何转变政府职能、关于如何修改与世贸组织的要求有差距的国内法、如何使行政裁决均能受到司法审查等，立法机构与行政机关围绕这些问题采取的相应措施较多。但现实需要我们思考更深一步的问题。例如，以有形商品贸易为支柱的原《关贸总协定》已经演化成"世界贸易组织"，最明显的变

---

* 编者注：郑成思主编《知识产权文丛（第 8 卷）》，中国方正出版社 2002 年版。

化就是增加了"服务贸易"与"知识产权保护"两个支柱。这种变化的实质是什么？如何在立法方面跟上这种变化？"知识经济""信息网络化"与国际贸易活动及规范的发展趋势有何内在联系？这些都是我们应当思考的问题。

通过分析，我们看到：第一，"世界贸易组织"时代与《关贸总协定》时代相比，无形财产的重要性大大提高；规范无形的服务、无形的知识产权的国际规则显得十分重要。第二，知识经济与工业经济及至农业经济时代相比，知识成果的投入开始取代土地、厂房、机器等有形财产的投入起到关键作用，规范知识成果的知识产权法开始取代有形财产法，在市场规范中起关键作用。第三，信息网络化的时代与公路、铁路乃至航空网络时代相比，无形市场网络市场开始在促进有形市场的发展上起关键作用，电子商务法将取代货物买卖保管、租赁等合同法起关键作用。这并不是说有形财产法、传统合同法等不再需要，也不是说人类不再依赖有形财产去生存，只是说重点转移了，有形财产的积累和有形市场的发展，在当代要靠无形财产的积累和无形市场的发展去推动。

目前，中国在知识产权、特别是"自主知识产权"的拥有及利用上，总体看不占优势。这主要是因为发明专利、驰名商标、软件与视听作品的版权的等知识产权，主要掌握在少数发达国家手中。要增强我们的地位有两条路可走：一是力争在国际上降低现有专利、商标、版权的知识产权保护水平，二是力争把中国占优势而国际上还不保护或者多数国家尚不保护的有关客体纳入国际知识产权保护的范围，提高那些现行知识产权制度仅仅给予弱保护、而中国占优势的某些客体的保护水平。从 1967 年到 1970 年《伯尔尼公约》的修订和世界贸易组织《与贸易有关的知识产权协议》形成的历史看，走第一条路几乎是不可能的。就第二条路来说，至少在三个方面我们可以做必要的争取工作：强化地理标志的保护、把"生物多样化"纳入知识产权保护、把"传统知识"纳入知识产权保护。

现有知识产权制度对生物技术等高新技术成果的专利、商业秘密等保护，促进了发明创造；对计算机软件、文学作品的版权保护，促进了工业与文化领域的智力创作。但它在保护各种智力创作与创造之"流"时，在相当长的时间里忽视了对"源"的知识产权保护。这不能不说是一个缺陷。而传统知识尤其是民间文学的表达成果，正是这个"源"的重要组成部分。

关于"传统知识"的保护，在世贸组织成立时，印度等国就提出应在世贸框架中保护"传统知识"，近年世界知识产权组织已召开多次国际会议讨论这一问题，并于 2000 年成立了专门委员会进行研究。世贸组织在 2001 年 11 月多哈会议的"部长声明"第 18~19 条已列为下一次多边谈判应考虑的议题。发展中国家安第斯组织在其 2000 年的《知识产权共同规范》中已要求该组织成员在国内法中予以保护。"传统知识"按世贸组织、世界知识产权组织及国外已有的立法中的解释，主要包含"民间文学艺术"与"地方传统医药"两大部分。其中"民间文学"部分已经暗示保护或明文保护的国际条约与外国法很多。如《伯尔尼公约》第 15 条，英国 1988 年版权法第 169 条，是"暗示性"规定的典型。实际上，世界知识产权组织在给《伯尔尼公约》第 15 条加标题时，已明文加上"民间文学艺术"。目前，世界上明文以知识产权法保护民间文学艺术的国家已有 50 个左右，还有一些国家如澳大利亚等已经在判例法中确认了民间文学艺术的知识产权保护。

关于"地方传统医药"的保护。关于"地方传统医药"的保护虽然亚、非一些发展中国家早就提出，但在 1998 年印度学者还是发现某些发达国家的医药、化工公司把印度的传统药品拿去、几乎未加更多改进就将申请了专利。这在发展中国家引起普遍关注。发展中国家的安第斯组织已在其《知识产权共同规范·总则》第3条中，把"传统知识"明文列为知识产权保护客体。地方传统医药是我国长项，目前国际乃至国内市场，外国公司已对中医药提出挑战。因此，在这个问题上我国与印度等发展中国家的利益是一致的，应在立法中表现出支持对传统知识的保护。

关于"生物多样化"的保护。"生物多样化"保护主要是保护基因资源。基因资源与传统知识相似，可能是我国的又一个长项。许多发展中国家以及基因资源较丰富的发达国家，已经开始重视这方面的保护。我国仅仅在《种子法》等法律中开始了有限的行政管理。把基因作为一种民事权利，特别是作为知识产权来保护，我国与一些国家相比，做得还非常不够。

传统知识与生物多样化两种受保护客体与世界贸易组织中已经保护的地理标志，有许多相似之处。例如，它们的权利主体均不是特定的自然人。同时，传统知识与生物多样化两种受保护客体又与人们熟悉的专利、商标、版权受保护客体有很大不同。为此，有人主张把它们另外作为知识产权的新客体，而不是与其他客体一样并列在一起。总之，给予其一定保护是必须的，要力争本国的立法与执法先把它们保护起来。

目前，我们应当做的是：一方面，利用知识产权制度业已形成的高保护，推动国民在高新技术与文化产品领域搞创造与创作这个"流"；另一方面，积极促成以新的知识产权制度保护我国处于优势的传统知识及生物多样化这个"源"。这样，才更有利于加快向"知识经济"发展的进程。

8.《知识产权文丛（第 9 卷）·前言》*

本期的《知识产权文丛》编辑备稿时，国际上发生了两件引起国内知识产权界多数研究者关注的事情：一是日本在其知识产权保护的法律体系已形成一个多世纪后，又出台了《知识产权基本法》，并成立"知识产权战略本部"；二是英国知识产权委员会发表《知识产权与发展政策的整合》，要求照顾发展中国家的利益。不论从推动知识产权法更热还是从呼吁这一领域应有所冷却的角度，国际上依然是把知识产权放在一个中心的地位。中国自 1979 年《刑法》开始保护商标专用权、《中外合资企业法》开始承认知识产权是财产权以来，20 多年不断的立法与修法，尤其是加入 WTO 前为符合国际条约要求所做的"大修补"，我国的知识产权法律体系"基本"完备了。这已经是国内外多数人的评价。

不过，远看 10 年前已立知识产权法典的发达国家法国、两年前已缔结法典式知识产权地区条约的安第斯国家，近看目前已开始实施"知识产权战略"的日本、软件出口总把我们远远甩在后面的印度，然后再着重看一看我们自己执法与司法中对法律的实际需求，我们就有必要在欣然面对"基本"完备的这一体系的同时，默然反思一下中国的知识产权法律体系还缺些什么？

从大的方面讲，朱镕基总理在其任内最后一次《政府工作报告》中多次提到知识产权，把它们归纳起来，可以看到三层意思：第一，加强知识产权保护；第二，取得一批拥有知识产权的成果；

---

* 编者注：郑成思主编《知识产权文丛（第 9 卷）》，中国方正出版社 2003 年版。

第三，将这样的成果"产业化"（即进入市场）。这三层是缺一不可的。把它们结合起来，即可以看作是我们的知识产权战略。"保护"法的基本完备，则仅仅迈出了第一步。如果缺少直接鼓励人们用智慧去创成果（而决不能停留在仅用双手去创成果）的法律措施，如果缺少在"智力成果"与"产业化"之间搭起桥来的法律措施，那就很难推动一个国家从"肢体经济"向"头脑经济"发展，要在国际竞争中击败对手（至少不被对手击败），就不容易做到了。

上述第一层的法律体系是必要的，但如果第二与第三层的法律不健全，在当代会使我们处在劣势的竞争地位，"以信息化带动工业化"的进程，也可能受到阻碍。所以，我感到当前最为迫切的，是认真研究这两层还需要立哪些法。

待到这后面两层的立法也"基本"完备之后，我们再来考虑我国知识产权法中已有的"保护"法（或加上将来补充的"鼓励创新"法与"搭桥"法）是散见于单行法好，还是纳入民法典好？抑或是自行法典化好？对此，不妨用较长时间去讨论。

当然，现有"保护"法（并不是说它们只有"保护"规定，其中显然有"取得""转让"等规范，只是说与"鼓励创新"和"搭桥"相比，现有法主要是落脚在"保护"上）也有自身应予补上的欠缺。其中多数问题，也可能要用较长时间去讨论。例如，对于我国现有的长项——传统知识及生物多样化——尚无明文保护；对反不正当竞争的附加保护尚定得残缺不全。此外，本来几个主要法（专利法、商标法、版权法）可以一致的某些细节，还很不一致。例如，专利法中对于仅仅自然人能够搞发明是十分明确的。而著作权法中却让人看到"法人"居然动起脑子"创作"出作品来了！在专利领域人们都很明白：仅仅承认自然人动脑筋搞发明的能力，不会导致否认法人可以享有发明成果。而著作权立法中则认定法人在许多场合享有创作成果。

这一事实，就干脆宣布法人可以用脑子去创作（而不是说法人单位的自然人职工搞创作，然后由法人享有相应成果）。再如，在专利和商标侵权中，被侵权人均是或可得到自己的实际损失作为赔偿，或可得到侵权人的侵权获利作为赔偿。著作权侵权中则又是另一种：只有在被侵权人的损失难以计算时，才可能进而寻求侵权人的获利作为赔偿。如果被侵权人的损失很好计算——比如只有两元钱，那就不能再有别的选择了，即使侵权人因侵权获利两百万。

但这些理论上及实际上的欠缺，均属于补缺之列。实践在发展，人们的认识也在发展，所以这种补缺，可能是永远没有穷尽的，我们切不可把立法的重点与补缺相混淆，尤其不能颠倒主次。在整个民商法领域是如此，在知识产权法领域也是如此。重点是要立即去做，而不宜花很长时间讨论。况且，中国要有自己的创新成果并要把这种成果产业化，对此人们的认识是比较一致的，不像"法人有没有大脑、能否搞创作"这类问题在认识上差异很大。如果把真正的立法重点在一边，集中力量去补那些永远补不完的缺，历史会告诉我们：这是重大失误。

本期魏衍亮等作者的文章，讨论的是知识产权这一中心地带的一些热点问题。而其内容，可能不仅在这些问题本身，而且在两大法系优缺点的比较等其他方面，都将对读者有所启示。

9. 《知识产权文丛（第 10 卷）·代前言》[*]

信息、信息产权与个人信息保护立法

一、信息与信息产权

从 20 世纪 80 年代，人们就开始普遍使用"信息社会"这一概念；90 年代后，"信息高速公路""信息公开""信息化"等，更是口头及书面使用率均越来越高的日常用语。本来，对于"信息"是什么，已经无需多言的。但 21 世纪个别杂志上产生的"新论"，却又不能不让人对此重新说上几句。正如在 20 世纪初，人们不得不面对"物质不见了"这类本来不必认真对待的奇谈怪论。

客观世界由物质、能量、信息构成。"信息是物质的属性""信息离不开物质"等等，到此为止如果还说得通，再往下论去，得出"信息不能同物质分离"，因此"信息不能传递""只有人创造的知识才能传递"的结论，就十分荒谬了。[①]

例如客观世界中有一株绿树。这"绿色"作为信息，确实不可能离开树而存在。这绿色并非"人创造的知识"，它若不能传递，你是怎么看到的？它明明"传递"到了你的眼里。远处有一头驴在叫。不错，"驴鸣"作为信息如果与驴分离，就不成其为"驴鸣"了。但它毕竟传递到了我们的耳朵里，我们才实实在在地知道（而不是凭空想象到）有驴在叫。如果作为物质之属性的信息不具有可传递性，

---

① 参见《中国人民大学报刊资料》（民商法）2003 年第 9 期的文章《知识产权解析》。

那么人的认识将永远与客观世界分离开，即永远不能认识世界。无数客观事物的信息，正是通过人的眼、耳、鼻、舌、身这五个官能，"传递"给人们，经过人们的大脑进行"去粗取精、去伪存真"的加工，人们方才认识了世界，又转过来改造世界。复习一下这些认识论的常识，有助于我们在信息时代讨论问题时，避免回到数百年前的"贝克莱时代"。

在当代，人们把自己的认识写成书。一本书放在我们面前，不是我们想象它在，而是客观存在的。书中所载信息，同样是客观存在的。所载信息离不开载它的书，离开了，书不成为书，书中信息也不成为信息。这是对的。但把一本书中的信息扫描上网，通过互联网传递给万里之外的人，这种"信息与其所属物质无需分离而传递出去"的事例，在当代举不胜举。如果不读书、不上网，闭目塞耳，因而得出"信息不能传递"的结论，则并不奇怪。不过这也是古已有之、现代人重复的谬说，并非创新。

"信息是客观存在的，故不能造假"，这一命题之谬显而易见。客观世界的信息中肯定存在虚假信息。否则人只要简单接受即可，无需做"去伪存真"的加工了。有人进而言之"假，永远只属于认识范畴"，这就更远离了现实社会与认识论的常识。人们每天呼唤着要打击的市场上的"假货"，难道不是客观地摆放在货架上，反倒仅仅是人们"认识"中主观想象有假货而已吗？事实上，"文抄公"的"作品"或长篇的谬论本身，一旦发表在杂志或书上，这本属于"认识"领域的"假"，也就转化成为客观存在的"伪"了。我们不大可能针对尚未摆在我们面前的任何人的主观"认识"去讨论问题。只可能根据已经客观地存在于杂志上或书上的、已经表达出的"作品"去评判真伪。

在现代社会，当人们采用摄影术拍摄自然景观时，山、水、树木的各种信息都传递到了镜头中。例如以全息摄影去拍摄一朵野花，则该客观物的色彩、形状等信息，就全部传递到了镜头里，而色彩、形状等，并没有离开这一客观物。当人们用摄影机去拍街景时，广告画、商标标识等客观地存在于大街上的信息，也在并不离开其所属"物"的情况下，传递到了镜头里。如果换一个非公共场合作这种拍摄或利用，则可能产生知识产权纠纷。我们讲知识产权保护的客体属于某种信息，具有"可复制性"，正是这个道理。当史尚宽先生在《物权法论》中说专利可以"为数回之制造或复制"而不会产生磨损，也正是讲的"可复制性"这一特征。

至于有人坚持说自然界野花的色彩、形状才是"信息"，人造的假花或人剪的纸花的色彩和形状就只能称"情报"或"信号"，而不能称"信息"。这种说法第一，是毫无意义的文字游戏；第二，是根本没有读懂他们所引证的培根、罗素等人书中所说的"信息"与"情报"本来是一个词——Information。越是在现代社会，人类创造出的实实在在客观展现着的建筑物、商品（包括专利产品）、信息高速公路及其基础设施等等就越多。硬要作所谓自然物的"信息"与人的创造物的"信号""情报"的区分，实在没有意义。应当知道：自然物诚然是客观存在的，人们改变客观世界的创造性成果出来之后，同样是客观存在的。日本2002年出台的《知识产权基本法》中，讲到"信息创新时代与知识产权立国"，其正式英文译本，也将"信息"译为"Information"。在这里，事实再一次告诉人们，在信息社会（现代社会）里讲信息或研究知识产权（信息产权的核心），除了不懂认识论的基本原理会出差错之外，如果不熟悉外文也会走弯路或者出笑话。还请大家注意：在世界贸易组织的《与贸易有关的知识产权协议》第二部分第七节中，"商业秘密"这个概念并不存在，它被表述为"未曾披露过的信息"，以示区别技术方案、作品、商标标识等已经公开的信息。①

有人认为知识产权客体的"可复制性",与其权利本身的"法定时间性""专有性"等并列,应属不合逻辑。而他们将"法定"删除而只讲"时间性",本已是不合知识产权领域的中国法律及现有各国法律。再将"权利内容的多元性"与"时间性"并列为知识产权作为"权利"的特点,就更值得研究。因为其所举例子是"一张绘画",有关 TRIPS 协议,已有官方及民间的多种译本,但至今尚未见任何译本将商业秘密翻译成未曾披露过的"信号"或"情报"的。因为作为同义语的"情报",在这个场合使用未免有些滑稽。

作为造型艺术可以悦目,同时可作外观设计品或装潢。人们会问:"权利怎么个悦目法?"能"悦目"的,实际上还是权利客体——美术作品。可见,否定知识产权特征之一为"可复制性"的人,自己又不得不回到讲"客体"的特点上去。况且,其例中"多元"的三个功能,实质只是一个"悦目"。归根结底,还是论者自己没有把问题弄清楚。

在中国,早在 1994 年,国务院就颁布了行政法规《计算机信息系统安全条例》,其中指明:条例目的之一是保护信息的传输(并不是告诉人们"信息不可传递"!)。2000 年全国人大常委会通过保护网络"信息"安全的决定。朱镕基总理 2001 年 3 月在《政府工作报告》中,提出了"以信息化带动工业化"的企业发展方针(虽然该报告也讲及"知识经济",却没有依有的人的建议提"知识化带动工业化"或"情报化带动工业化")。

法国 2001 年 3 月公布了《信息社会法(草案)》征求公众意见。

---

① 参见原对外经贸部:《世贸组织法律文本(中英文对照版)》,法律出版社 2000 年 10 月出版;郑成思:《世界贸易组织与贸易有关的知识产权》(中译本),1996 年人民大学出版社出版。

欧盟 2001 年 12 月通过《信息社会的版权与有关权指令》，成员国已经和正在根据该指令修正本国知识产权法乃至整个民法（主要是其中的债法）。

日本 2002 年提出"信息创新时代，知识产权立国"的口号。

我们讲这些的目的，是让大家沿着正常的对"信息"的理解，进一步去了解"信息产权"与个人信息保护，而不要被有些文不对题的关于"信息"的"新论"所左右。

"信息产权"指的是知识产权的扩展。这一概念突出了知识产权客体的"信息"本质。

"信息产权"的理论于 1984 年由澳大利亚学者彭德尔顿教授（Michael Pendleton）在由 Butterworth 出版社出版的专著 *The Law of Industrial and Intellectual Property in Hong Kong* 一书中作了初步阐述；1987 年我在《计算机、软件与数据库的法律保护》一书中作了全面论述，1988 年又在中国专利局的《工业产权》杂志第 3 期上撰文作了进一步展开。1989 年，当时牛津出版的《欧洲知识产权评论》第 7 期将该文专门翻译成英文，推荐给西方读者。

西方学者于 20 世纪 90 年代上半叶开始讨论"信息产权"问题，其代表性成果包括：美国加州大学伯克利分校萨缪尔森教授（Pamela Samuelson）1991 年在 Communications of the ACM 发表的"信息是财产吗"（*Is Information Property？*）一文，荷兰海牙的 Kluwer Law International 出版社 1998 年出版的《知识产权和信息产权》（*Intellectual Property and Information Property*）一书和美国缅因州大学李特曼教授（Jessica Litman）1999 年在《耶鲁法学评论》发表的"信息隐私和信息产权"（*Information Privacy / Information Property*）一文等。

此外，美国 1999 年 7 月推出的《统一计算机信息交易法》，主要覆盖的是知识产权的网上贸易,已经在实际上把"信息产权"与"知识产权"交替使用了。[①]

20世纪80年代,有人把世界上正进行着的新技术革命称为"第三次浪潮"。从财产及产权法的角度看,"在第一次浪潮的社会中,土地是最重要的财产;在第二次浪潮的社会中,机器取代了土地,成为最重要的财产;在第三次浪潮的社会中,我们仍然需要土地、机器这些有形财产,但主要财产已经变成了信息。这是一次革命的转折。这种前所未有的财产是无形的。""如果说股票是象征的符号,那么信息财产则是象征的象征。这样一来,财产的概念面目全非了⋯⋯"这是美国社会学家托夫勒(Alvin Toffler)在《预测与前提》一书中的论述。

确实,人们20多年前即把新技术革命称为信息革命。至于信息包括什么内容,人们给予较多注意的往往是通过报纸、广播、电视等媒介了解到的,日常的经济、政治、文化、社会等等的有关情况。这种信息中的很大一部分是早已有之的,至少不是进入信息社会后才产生的新东西。信息社会中信息的特点,是传递更迅速,对经济、技术及社会的发展起着更重要的作用。使一个国家进入信息社会的关键技术之一,就是数字化技术与网络环境。

信息社会既然已经(或将要)把信息财产作为高于土地、机器等有形财产的主要财产,这种社会的法律就不能不相应地对它加以保护。就是说,不能不产生出一门"信息产权法"。事实上,这门法律中的主要部分,也是早已有之的(至少是信息社会之前就已存在着的),这就是传统的知识产权法。

构成新技术信息大部分内容的,自20世纪以来,就是各国专

---

① 坊间有文断言,近年仅仅是日本、澳大利亚有人提及"信息产权",实为一孔之见。

利申请案中的专利说明书。至于商业秘密，则已经被世界贸易组织称为"未曾披露的信息"。

商标是附在商品或服务上，用以说明商品或服务来源的信息。

报刊、书籍、电视、电影、广播，等等，是主要的、最广泛的信息源。人人都可以通过这些媒介获得自己所需要的信息。但是在颁布了版权法的国家，未经作者、出版社、电台、制片厂或其他有关权利人的许可，任何人都无权复制、翻译或传播自己所得到的这类信息。

在许多发达国家，早在 20 世纪七八十年代，随着电子计算机的广泛使用而出现了各种旨在保护电子计算机所存储的信息的法律。有些法律已不是原来意义上的知识产权法。受法律保护的客体（数据）诚然可能是受版权保护的对象；但受保护的主体则不是数据所有人，而是数据的来源——信息被收集人。这样，一部分原属于公有的或属于靠保密来保持价值的信息，处于新的专门法保护之下了。而这种保护的目的，却不在于维护信息所有人的专有权，倒在于限制该所有人扩散某些信息。这种限制，是取得可靠信息的保证。

进入 20 世纪 90 年代后，西欧率先提出了保护无创作性的数据库的设想，并在 1996 年 3 月以欧洲委员会"指令"的形式形成地区性公约。这样一来，可作为财产权标的的"信息"，又大大地增加了一部分内容。

信息所指很广，信息财产权则所指有限。本文下面虽涉及、但并不注重在信息作为财产权应予保护这一角度。重点将放在：信息作为个人隐私的一部分并被记录后，一方面可能成为一种无形财产受到保护；另一方面，也是更重要的，作为与个人安全有重大关系的记录，也应予保护，以免被不适当地传递出去或传播开。

二、个人信息保护问题的提起

在当代，信息网络技术对人类文明的影响超过了其他任何高新技术。信息网络化的发展水平，已经成为衡量国家现代化水平与综合国力的一个重要标志。

网络（主要指互联网络，特别是国际互联网络）给人们带来的利（或便利）在于其开放性、兼容性、快捷性与跨国传播。而网络的"弊"，也恰恰出自它的这些特点。正是由于这些特点，产生出应用网络来传播信息的重要问题——安全问题，以及其他一些需要以法律去规范的问题。

自古以来，信息的内容、信息的处理与信息的传输，一直是国家的治理者所关注的。要使一个国家安全、稳定，继而发展、繁荣，国家从立法的角度，就不能不对这三个方面进行某种程度的管理。因此，信息安全与国家安全之间的联系，实际上是古就存在。信息的内容本身，受技术发展影响并不大。而信息的处理与传输，则极大地受到技术发展的影响。

首次对文字信息以较快速度处理并能使之传输较广的技术是印刷术。中国隋唐发明及发展了印刷术，之后五代开始大量应用。五代田敏印售《九经》，"天下书籍逐广"。[①]与之相应的以国家行为体现的管理，是宋代出现的版权保护萌芽。至于对信息内容的各种管理乃至强制性的管制，则上自周、秦，古籍中已有简单记载；下至明朝的洪武，清朝的康、乾，史料中更有详细记载。

说到古代信息传递的速度对国家安全的影响，人们不能不记起两句有名的唐诗："校尉羽书飞瀚海，单于猎火照狼山。"靠奔马或

---

① 见元·王桢著《农书》。

者靠烽火，算是古代最快的传递信息的方式。在这种传输速度下，国家进行管理是比较容易的。明《大诰》中，就不乏相关的规定。

现代技术的发展过程中，对信息的处理出现了计算机，对信息的传输出现了互联网络。信息的处理速度、传输速度及广度，已远非计算机与网络技术出现之前的任何时代可比了。因此，可以说，在当代讲起"信息安全"，主要是指计算机与计算机网络带来的安全问题；讲起"信息安全立法"，也主要指规范计算机与计算机网络在信息处理及信息传输上产生的新问题。当然，这种立法不可避免地会涉及"古已有之"的信息内容影响到信息安全的老问题。

早在 20 世纪 40 年代，也就是第一台电子计算机问世时，在该计算机的产生地美国，已有人提出：刑事法律学家们应当把他们的注意力从传统的犯罪手段，转向利用技术及技术成果实施犯罪上来。但这种意见在当时却遭到强烈的非议。[①]1979 年，美国《新闻周刊》报道了计算机专家 S. M. 里夫肯通过银行的计算机系统，把其他人的存款转到自己的账户上，不破门入户，即盗走 1000 万美元的案子。这使人们震惊并引起了警惕。事实上，在 20 世纪七八十年代，当电子计算机使一些发达国家向"无现金社会"发展时，利用计算机进行的犯罪活动也就应运而生了。

除了利用电子计算机直接从银行提取不属于自己的存款之外，有些罪犯还利用电子计算机进行其他形式的盗窃。例如，他们可能对一家公司的计算机下达指令，要求将现金支付给实际上并不存在的另一家公司，从而使现金落入自己手中。他们还可能通过一家公司的计算机"订购"各种商品，并要求在指定地点交货。另外，企业或公司本身，也可能利用计算机进行金融诈骗活动，如虚报资

---

① 参看《法学译丛》1985 年第 1 期，第 42 页。

产等。这些犯罪活动的手段，已完全不同于传统手段。从 20 世纪七八十年代起，还有一类随电子计算机的产生而出现的犯罪或违法活动，即针对计算机本身的活动。这类活动的范围就更广泛，它包括下列不同形式：

（1）挪用计算机时间 ①；

（2）盗窃计算机软件；

（3）盗窃计算机所存储的秘密数据或信息加以利用或出售；

（4）复制他人的计算机软件并出售；

（5）毁坏他人的计算机；

（6）破坏或干扰计算机的信息处理，破坏或涂抹计算机的处理结果；

（7）未经许可而将计算机中存储的有关他人的个人信息公布或向有利害关系的第三者透露；等等。

这些行为中，有些在 20 世纪 70 年代前，还很难被称为犯罪或违法，因为当时还没有相应的法律。从 70 年代开始，一些发达国家已经在判例法中确认了上述某些行为属于犯罪。例如，美国 1977 年对"伦德诉英联邦"（Lund V. Commonwealth）一案的判决，确认了挪用计算机时间与"盗窃有价财物"一样，属于触犯刑律 ②；其后，又在"印第安纳州诉麦克格劳"（State V. Mc Graw）案等一系列判决中作出了相同的结论。③1981 年，美国第二巡回法院在"美国政府

---

① 这在英、美刑法中称为 "Misappropriation of Computer Time"。使用计算机终端的人，一般要按使用时间交费。这种费用在工作日（周一至周五）高一些，非工作日低一些。挪用计算机时间指的是：将计算机的控制程序分配给其他终端的使用时间挪为己用，以逃避应交的费用。

② 见美国《东南区判例集——弗吉尼亚州部分》，1977 年第 2 集，第 745 页。

③ 见美国《东比区判例集——印第安纳州部分》，1984 年第 2 集，第 61 页；美国《纽约州判例集》，1982 年第 2 集，第 1017 页，等等。上述判例，均转引自《计算机法律与实践》杂志（英文）1985 年 1~2 月号，第 81–83 页。

128 | 郑成思 治学卷
知识产权文集

诉莫尼"（United States V. Muni）一案中的判决中，确认了利用伪造的信用卡通过计算机系统骗取现款的活动为犯罪。①

　　而利用及针对计算机的犯罪活动日益增加，仅仅依靠判例来制裁已显得远远不够。在日本，仅 1981 年一年中，利用银行计算机系统进行犯罪活动的案例就达 288 件，英国 1984 年仅从判例集中反映出的就有 67 件。据美国律师协会统计，早在 1984 年美国刑事案件中，已有 40% 属于利用或针对计算机的犯罪活动，其中平均每次作案造成的损失为 10 万美元（最高的达到 50 亿美元）。②因此，许多国家很早就开始考虑制定新的成文法或修改原有的刑法，否则很难应付 70 年代后的新局面。美国法律界在 70 年代末，已有人认为：他们面临着"20 世纪的法院与 21 世纪的犯罪活动"的矛盾。③

　　后来，一些发达国家颁布了相应的法律。例如美国 1984 年的《计算机欺骗与滥用法》（Computer Fraud and Abuse Act，载《美国法典》第 18 篇），美国 1984 年佛罗里达州的《计算机刑法》（Computer Crime Act）。④也有的国家在原有刑法中增加了新的、适用于针对与利用计算机的犯罪活动的条款。例如英国 1982 年的《刑事审判法》（Criminal Justice Act）第 72 条，加拿大 1970 年《刑法典》（Criminal Code）1984 年修订本第 173、第 178、第 283、第 287 条等条款。有的国家还为保护银行业及保障用户存款的安全而针对计算机的应用颁布了专门法律。如美国 1978 年的《电子基金转移法》（Electronic

---

① 见美国《联邦判例集》，1981 年第 2 集，第 87 页。
② 上述日、英、美的统计数字，引自《计算机法律与实践》1985 年第 1~2 月号，第 83 页；1985 年第 3~4 月号，第 111~112 页。
③ 参看索马著《计算机技术与法》，第 322 页。
④ 目前，即 2001 年底，美国大多数州均已有了类似的法律。而美国法典第 18 篇中的《计算机欺骗与滥用法》，在 20 世纪 90 年代及 21 世纪初，曾多次修订，以便打击网络环境下新的犯罪活动。

Funds Transfer Act，载《美国法典》第 15 篇，1693 条）和 1980 年的《保管机构与金融控制法》（*The Depository Institutions and Monetary Control Act*）。

对于电子计算机所存储的信息也不是从来就有法律去过问的。只是在第二代电子计算机问世之后，数据或信息的法律保护才开始显得必要，并越来越重要。"信息"（Information）与"数据"（Data）之间不能画等号。不过，在计算机领域，一切数据，无非是储入计算机的信息，亦即数据化的信息。从这个意义上，这两个词又经常被交替使用。

1967 年，计算机产业最发达的美国颁布了《信息自由法》（*Freedom of Information Act*，载《美国法典》第 5 篇）。其他国家也先后颁布了一些类似的法律，如丹麦 1970 年颁布的《行政信息使用权法》等。这一类法律，与其说主要在于保护信息，不如说在于保障个人与企业获得和使用他人所拥有的信息。1970 年，美国又颁布了《公平信贷票据法》（*Fair Credit Billing Act*，载《美国法典》第 15 篇）、《公平信用报告法》（*Fair Credit Reporting Act*，载《美国法典》第 15 篇）、《金融秘密权利法》（*The Right to Financial Privacy Act*，载《美国法典》第 12 篇），等等。这些法律才确实可以称为保护信息的法律了。[①] 它们对于一般个人或法人了解银行、保险及其他金融行业的计算机所存储的数据，规定了必要的限制，以保护债务人的个人信息，禁止在一定时期内把有关顾客的"消极信息"向第三者转让，等等。后来，西欧与北欧的多数国家，以及加拿大、新西兰等，也都制定和颁布了有关计算机存储的信息的保

---

① 欧洲法学者认为：原联邦德国黑森州 1970 年《数据保护法》（*Hesse Data Protection Act of 1970*）是世界上第一部保护电子计算机数据的法律。参看《数据处理与法》，第 163 页。

护法。早在 20 世纪 80 年代，"计算机信息保护法"，作为一个相对独立的部门法，在许多发达国家已经确立。

所以，说到底，作为应对"处理信息"的计算机技术的立法，对许多国家来说已是个既老又新的问题了（因为计算机技术本身的发展仍旧很迅速）。而应对"传输信息"的计算机网络的立法，才不折不扣地对大多数国家都是全新的问题。

此外，卫星通信技术、与之有部分交叉并将与计算机网络有较多交叉的移动通信技术等等，也是使信息能够比以往更广泛、更快捷地传输的技术，它们肯定也会影响信息安全问题，因此也应当纳入信息安全立法的框架内加以考虑。

由于我国前些年忙于各种传统法律体系的构建与"补课"，上述涉及信息安全的"老问题"，在我国则并不显得老；至于与网络有关的新问题，在我国实实在在是处于立法的起步阶段。

信息网络安全问题的几个主要方面可以归纳为：（1）国家安全；（2）社会安全；（3）经济安全，或市场安全；（4）个人安全。信用制度与个人信息保护立法是与上面（3）（4）两个方面相联系的。

在经济领域，首先应用网络技术的，是金融市场。"金融电子化与信息化"减少了银行营业门市部的数量、方便了储户；使"储蓄实名制"成为可能；同时还加速了证券交易在网上运行的进程。企业开展"电子商务"有助于提高管理效率、降低经营成本，增强竞争能力。以至于国外英特尔公司的总裁与国内北大方正的王选都说过一句相同的话："企业若不上网经营，就只有死路一条。"2001年年初"纳斯达克"指数的暴跌及大量中介性网络公司的倒闭的事实，决不说明电子商务应当被否定。它与电子商务的兴起这一事实，反映的是同一事物的两个方面。它说明了网络经济本身不能靠"炒作"，网络经济只有同物质经济、传统产业结合，才有生命力。从

1998 年至今，北京郊区一些收益较好的菜农，已经得益于"网上经营"
（或"电子商务"）。1999 年，上海市政府开通"农业网"，鼓励农民
上网经营。上海奉贤县仅去年 1 年就在网上获得 1 亿元订单。但同时，
在网上把他人的商标抢注为自己的域名，网上的金融诈骗、合同欺
诈，利用网络宣传与销售假冒的与伪劣的产品，利用网络搞不正当
竞争等种种违法活动也应运而起。若不及时禁止这些活动，人们就
会对网络上的虚拟市场缺乏安全感，从而将妨碍我国企业的电子商
务活动。

三、电子商务、信用制度与个人信息保护

目前，中国电子商务（尤其是 B2C 电子商务）难以开展的主要
原因之一，在于中国尚未建立起个人信用制度。这是许多业内人士
的共识。中国媒体曾报道过：一个农民可以用 64 张信用卡，恶性透
支几百万元而频频得手。[①] 媒体也把这种现象归结为"中国尚未建
立健全个人信用记录体系"，而如果真正要建立健全个人信用记录体
系，其前提是必须有法律对进入记录的个人信息给予保护，使被记
录人有安全感。这正是个人信息安全与市场乃至社会安全的重要交
结点或界面。

此外，要使公民乐于接受、支持乃至协助行政执法部门对网上
信息及其他有关信息进行监控（尤其是特殊情况下对个人，例如，
从保护角度出发对未成年人浏览网上信息的情况进行监控），也须有
个人信息保护的法律这一前提。否则，公民必然担心监控过程中可
能出现的失控。

所以，无论从民商法的角度还是从行政法的角度来看，信用制

---

① 参见《解放日报》2001 年 9 月 19 日第 5 版。

度及有限监控制度，都是与个人信息保护密切联系的。

在发达国家，个人信用制度的建立已历时上百年，而计算机这种处理与存储个人信用记录的技术普及之后，有关的立法从 20 世纪 70 年代即开始，目前已经逐步完善。

（一）英国的《数据保护法》

早在 1972 年，英国议会的隐私立法委员会（Younger Committee on Privacy）就已提出过一份立法报告，建议对政府之外的团体、公司等所拥有的计算机存储个人信息的活动进行管理。[①]1974 年，英国颁布了一部《用户信贷法》（*Consumer Credit Act*），对个人信息中的一部分进行有限保护。根据这部法律，债务人有权要求他的债权人告诉他，向债权人提供债务人信贷证明的代理机构是哪一个；然后，该债务人可以要求该代理机构把它所存储的有关自己的档案复制本提供给自己（但要支付成本费）；该债务人有权要求代理机构修改或增、删有关自己档案的材料。不过，这部法律管辖的个人信息，不限于电子计算机所存储的信息。一切信贷证明的代理机构所保存的个人信息，不论以纸张文档形式还是以计算机数据形式存储，都适用该法。

随后，在 1975 年、1978 年及 1982 年，英国议会的立法委员会又提交了几份关于个人档案信息（数据）保护法的立法报告及白皮书。[②]在 50 年代之前，保护个人档案信息的呼声主要出自许多个人对自己的私人秘密被扩散的担心；而 80 年代之后，要求立法的呼声主要来自许多大公司。这些公司都希望自己的竞争者在收集、存储和使用个人信息的活动中，能恪守公平竞争原则，并希望有一部法

---

① 见英国议会文件，1972 年第 5012 号。
② 见英国议会文件，1975 年第 6353–6351 号，1978 年第 7341 号，1982 年第 8539 号。

律给以保证。此外，欧洲地区在 1981 年又缔结了专门保护个人信息跨国流通的公约。这些因素，都推动了英国保护个人信息立法的进程。

1984 年 7 月，英国颁布了《数据保护法》(*The Data Protection Act of 1984*，有些英国专论中简称为 DPA)。① 下面对这部法律作一些介绍。

1. 总结构

英国《数据保护法》共有 5 篇 43 条，另外有 4 个附件，分别对第 2 条（八项保护原则）、第 3 条（"数据保护登记处"及"数据保护仲裁庭"的构成）、第 13 条（申诉程序）、第 16 条（检查程序）作出具体规定。可以说这部法律既是国内法，又是涉外法。颁布它的目的之一，就是使英国能够为批准参加欧洲的数据保护公约创造条件。② 该法在第五篇中专门对一些涉外法律问题作出了规定。

2. 定义

《数据保护法》给一些术语所下的定义，与联合国经济合作与发展组织的数据保护准则中下的定义基本相同，但更加详细。按照这部法律，数据，指的是可依既定指令、由设备自动处理的信息的记载形式；个人数据，指的是涉及可以被识别的自然人的信息，这种信息中也包括除客观记录之外的、对有关自然人的评价（但数据使用人的评价不在此列）；数据主体（Data Subject），即其个人信息被作为个人数据收集存储起来的自然人；数据使用人（Data User），

---

① 这部法律中的大部分条文从 1984 年 12 月 12 日生效。但其中关于登记的程序规定因登记处的建立将在 1987 年就绪，故届时方能实际执行。参看《欧洲知识产权》（月刊）1985 年第 5 期，第 144 页。

② 参看西泽（R. Sizer）及纽曼（P. Newman）著《数据保护法》，高威尔（Gower）出版社 1984 年出版，第 35 页。

指持有（Holding）数据、控制并使用这些数据的人；计算机局经营人（A person Who Carries on a Computer Bureau），指自己作为代理人向其他人提供数据服务的人；数据处理，指修改、增删或重新安排数据，或析取（Extracting）构成数据的信息。数据透露，指数据的转让或扩散，它包括有关数据的摘录部分的透露。但如果某些个人数据只有加上数据使用人自己持有（而尚未作为"个人数据"存储）的信息，才能识别某个自然人，则仅仅透露前者而未透露后者，不构成"数据透露"。

3. 八项原则

英国在 20 世纪 70 年代后的许多立法中，很注意法律的"国际化"，即注意使有关法律同英国即将参加的国际公约一致。例如，英国 1977 年颁布的专利法，不仅在原则上，而且在许多条文上，都逐字与 70 年代初缔结的《欧洲专利公约》及后来缔结的《共同体专利公约》相同。1984 年《数据保护法》，则尽量做到了与《欧洲数据保护公约》一致。其中第 2 条及附件一规定的八项保护原则的部分内容，几乎是逐字从《欧洲数据保护公约》中搬来的。①

这八项原则是：

第一，必须公平合法地取得供个人数据存储用的信息。这指的是不允许以欺骗手段从数据主体那儿取得信息，取得有关信息必须经本人同意，等等。

第二，只有为特定的、合法的目的，才能持有个人数据。目的是否合法，要看持有人是否依法被准许就有关数据在登记处登了记。

第三，使用或透露个人数据的方式不能与持有数据的目的相冲突。二者是否相冲突，也主要看持有人在登记时所申报的数据持有

---

① 参看《欧洲数据保护公约》第 5 条。

目的是什么。

第四，持有个人数据的目的本身，也必须适当，中肯，不显得过分。

第五，个人数据必须准确；对于需要以最新材料存档的那些内容来讲，还必须不陈旧，不过时。

第六，如果持有某些个人数据要达到的目的是有期限的，则持有时间不得超过该期限。

第七，任何个人均有权在支付了合理费用后，向数据使用人了解：有关自己的信息是否被当作个人数据存储了；如果是的话，该人有权要求见到有关数据，并在适当的情况下要求更改有关数据。

第八，必须采取安全措施，以防止个人数据未经许可而被扩散、被更改、被透露或被销毁。

此外，在附件一中，《数据保护法》补充规定：仅仅为历史、统计及研究目的而存储的个人档案，可以无限期保存；其获取方式是否"公平"，也可以用较宽的标准去衡量。

4. 登记义务与保护措施

《数据保护法》与知识产权法中的专利法及商标法等有一个显著的不同，按这部法进行登记（Registration）的人，并不是受保护的主体（数据主体才是受保护主体）。数据使用人是依法有义务进行登记的人。这种登记并不像商标注册那样，为取得什么专有权，倒很像领取营业执照的登记。所以，这里讲的登记义务，是指数据使用人的义务；保护措施则指对数据主体的保护。

《数据保护法》第5条规定：只有经登记被批准为数据使用人（或数据使用人兼计算机局经营人）之后，该人才有权持有个人数据。登记人所持有的数据不能超出其申报登记的范围，也不能超出其申报的持有数据的目的去使用它们，不能超出其登记的转让范围转让有关数据。

依照《数据保护法》第一篇第 3 条建立起来的登记处，由英国国务大臣（Home Secretary）代管。登记处仅仅在个别场合作为政府的代表机构进行活动，而在一般情况下则带有民间组织的性质。①登记处处长由政府指派，副处长及副处长以下职员与雇员均由处长指派。

与登记处同时建立的还有数据保护仲裁庭。仲裁庭主席由英国大法官（Lord Chancellor）指定。仲裁庭成员必须是律师；无论出庭律师（Barrister）、庭外律师（Solicitor）还是苏格兰律师（Advocate），均可担任。

想要持有个人数据者，都必须按照《数据保护法》第 6 条，向登记处提交申请案。申请案中应写明申请登记为数据使用人，或登记为计算机局经营人，或兼为二者。如果一个登记人为了两种以上使用的而申请登记，则应分别提交申请案。如日后打算更改已经登记的任何内容，也应提交更改申请案。提交申请案时均须交纳申请费。

登记处在收悉申请案的 6 个月之内，应审查完毕并决定批准或驳回。登记处如认为申请案内容不全或格式不符，或认为申请登记的项目与八项原则中任何一项相违背，则可以驳回申请。被批准登记的申请案，仅仅在申请案中写明的期限内有效；如使用人（或计算机局经营人）在期满后希望继续持有有关数据，则必须申请续展。

如果登记申请或续展申请被驳回而申请人不服，可以依照《数据保护法》第 13 条，向数据保护仲裁庭请求裁决。登记处或申请人任何一方如果对裁决不服，可以向英国高等法院、苏格兰最高民事法院（Court of Session）或北爱尔兰高等法院起诉。依申请人的居住地决定上述三个法院中哪一个有管辖权。

---

① 见《数据保护法》第 1 条第 2 款。

从 1984 年 12 月起，任何数据主体都有权依照《数据保护法》第 22~25 条，要求数据使用人赔偿因使用不当而给该主体造成的损害或损失。对于使用人遗失、毁坏有关数据，或未经许可而透露数据，数据主体也有权要求赔偿。受理这一类诉讼案的法院是使用人所在地的郡法院或英国高等法院（如在苏格兰，则为郡法院或苏格兰最高民事法院）。除令使用人支付赔偿费外，法院还有权要求使用人删去（Erasure）或更正（Rectification）某些数据。

5. 免责范围

《数据保护法》第 26~35 条规定了持有哪些人数据可以不受该法的管辖（即不必申请登记），以及哪些虽然仍须登记，但条件（如登记有效期等）可以放得较宽。总的讲，一切专为国家安全、刑事侦查、司法管理、国家税收等目的而持有的个人数据，均不受《数据保护法》管辖。此外，仅仅为个人（或自己的家庭）使用的个人数据，企业或单位的工资名单、退休金名单、账目等数据，俱乐部成员名单地址等数据，仅为统计或研究目的使用的数据，基本不受该法管辖（为统计或研究而使用的个人数据须提交登记）。有些个人数据可以不受《数据保护法》某些条文的管辖。例如，有关数据主体的精神或身体健康的数据，福利救济数据等等，经国务大臣（Home Secretary）批准后，可以禁止数据主体查询。

6. 数据主体的查询权

数据主体的查询权在前面曾经提到，即该人有权询问任何数据使用人是否使用了（即持有）自己的个人数据；如果使用了，则有权要求使用人提供关于自己个人数据的拷贝（但要支付成本费）。数据使用人必须在接到书面要求之后 40 天内给予答复。如果数据主体的要求遭到无理拒绝，他有权向法院提出查询申请。法院经审理认为申请合理，即可以命令数据使用人向主体提供拷贝。如果所提供的拷贝必须另加文字解释才可能被理解，则数据使用人有义务同时提供解释（数据主体须支付成本费）。

7. 涉外条款

《数据保护法》第 37 条规定，按照《欧洲数据保护公约》的要求，指定英国的数据保护登记处处长（The Data Protection Registrar），作为与欧洲委员会秘书长进行联系的代表。该处长处理涉外事务的权限，由英国国务大臣决定。

《数据保护法》第 39 条规定，该法在一般情况下，不适用于联合王国境外的数据使用人或计算机局经营人，但适用于下列数据及使用人（或经营人）：全部在联合王国之外处理的、却在王国内或准备在王国内使用的数据；居住于联合王国之外、但通过设在联合王国境内的服务点或代理人收集、控制及使用有关数据，或提供数据服务的使用人（或经营人）。

（二）加拿大的《隐私权法》

加拿大的个人信息保护法，在 20 世纪末的立法中也有一定代表性。

在个人信息记录保护法方面，加拿大虽在 20 世纪 70 年代在联邦一级颁布过几个法律，但 1982 年颁布的《隐私权法》（*Privacy Act*）则具有权威性和代表性，以往的联邦法律中与它相冲突的，在它生效（即 1983 年 7 月）后一律废止。

这部法律主要是要求政府机构中收集和掌握个人信息的部门，必须把收集范围限制在直接"为本部门的规划及活动"而不得不收集的信息。这类信息应当直接从被收集人本人那里，而不是从第三方那里去收集。掌握个人信息的部门必须采取一切措施确保信息的准确、完整和不过时。政府有关部门至少每年应将个人信息库（Personal Information Banks）的索引公布一次。

这部法律规定，只有当信息部门的负责人认为透露某人的信息是公共利益的需要或对涉及信息的个人有益时，才可以透露。

被收集了信息的个人，有权要求看到信息库中关于自己的信息，也有权要求改正其中不确切的部分。但信息部门可以因国际事务、国防、司法等理由拒绝个人见到某些信息。此外，如果信息部门认为某些信息被个人见到后，将有损加拿大联邦政府或省政府的政务，也可以拒绝某些个人的要求。与庭外律师的业务有关的个人信息，及与医疗有关的个人信息，也可以拒绝让本人见到。如果任何个人对于拒绝其见到本人信息的做法不满，可以向依照《隐私权法》专设的"隐私权委员会"委员（Privacy Commissioner）申诉；对该委员的决定仍旧不满，还可以向联邦法院起诉，要求复审。

在加拿大的省一级，也颁布了一些个人信息保护法，如马尼托巴省（Manitoba）1970 年的《隐私权法》、萨斯喀彻温省（Saskatchewen）1978 年的《隐私权法》，不列颠哥伦比亚省（British Columbia）1979 年的《隐私权法》，安大略省（Ontario）1980 年的《顾客报告法》（Consumer Reporting Act）等。其中安大略省 1980 年法的内容比较典型。它是前言中提及的美国《公平信用报告法》及英国《数据保护法》的结合（或者可以说英国的《数据保护法》中的一些规定沿用了安大略省的 1980 年法，因为英国法的制定在后）。这部法律，要求一切持有顾客个人信息的代理公司，都必须在省辖的顾客报告代理登记处申请登记后，方可以营业。申请登记时必须说明自己持有顾客信息的目的。被收集了信息的个人，有权要求这种代理公司向自己提供涉及本人信息的拷贝，等等。

（三）《欧洲数据保护公约》

在个人信息的保护方面，早已存在一些地区性国际公约，也可供我们参考。

早在 1968 年"欧洲委员会"的议员大会（Parliamentary Assembly

of the Council of Europe）^① 曾提议，应当把《欧洲人权公约》（the European Convention on Human Rights）适用于信息技术领域的私人秘密的保护。接着，欧洲委员会的部长委员会（Committee of Ministers）通过了关于数据保护原则的两个决议。^② 一个决议是针对私人团体使用个人数据而作出的，另一个是针对公共机构作出的。在这个基础上，欧洲委员会的部长委员会于 1981 年 1 月在法国斯特拉斯堡通过了《在个人数据的自动处理领域保护个人的欧洲公约》（*Council of Europe：Convention for the Protection of Individuals with Regard to Automatic Processing of Personal Data*）简称《欧洲数据保护公约》。这个公约由法文、英文作为正式文本，两种文字的文本具有同样效力。^③1985 年 10 月 1 日，这个公约正式生效。公约第 23 条规定：在它生效之后，欧洲委员会成员国之外的国家，如果受欧洲部长委员会邀请，也可以参加这个公约。

下面对这个公约作一些介绍。

1. 缔结目的

从该公约产生的背景看，它是以在计算机技术领域保护所谓人权为主要目的。这一目的在公约第 1 条明确地表达出来："本公约的目的，是在各成员国地域内，针对个人数据的自动处理，保障各国国民或居民个人的权利与基本自由。"而这一目的前提，则是肯定与承认信息的跨国使用、承认信息的自由流通。^④ 从这里我们不难看

---

① 欧洲委员会是第二次世界大战后建立的一个地区性国际组织，它在 20 世纪 80 年代的成员国是 21 个西欧国家、北欧国家及跨欧亚国家。即：爱尔兰、奥地利、比利时、冰岛、丹麦、联邦德国、法国、荷兰、列支敦士登、卢森堡、马耳他、挪威、葡萄牙、瑞典、瑞士、塞浦路斯、土耳其、西班牙、希腊、意大利、英国。

② 即欧洲部长委员会决议 1973 年第 22 号及 1974 年第 29 号，Resolution［73］22,［74］29

③ 公约英文文本发表于《国际法律资料》1981 年第 3 期。

④ 参看该公约前言。

到，缔结这个公约的实际出发点，与联合国经济合作与发展组织起草《数据保护准则》的出发点是一样的，即通过对个人数据的国际保护，使国际上的大公司在持有和使用信息商品方面尽量合理，竞争尽量公平。对于这一点，英国伦敦城市大学（The City University London）的学者艾森施茨（T. Eisenschitz）的评论更加直言不讳。他认为：20 世纪 80 年代后，对保护个人数据，大公司要比作为数据主体的个人更加关心。[①]

2. 定义

公约给一些名词、术语下的定义，基本与联合国经济合作与发展组织的《数据保护准则》中的定义，以及英国《数据保护法》中的定义相同。

3. 适用范围

公约第 3 条第 1 款规定：它适用于成员国的一切用于自动处理的个人数据文档（Personal Data Files）以及这种自动处理活动本身；它既适用于私人团体，也适用于公共机构。但公约在第 3 条第 2 款中，允许成员国在批准参加时，声明保留某些种类的个人数据不受公约的制约；允许成员国声明将公约扩大适用于上述规定范围之外的文档（例如，不仅适用于个人的数据，而且适用于法人、合伙团体等等的信息或数据），或将公约扩大用于非自动处理的个人数据文档。

4. 八项原则

公约从第 5 条到第 8 条，列出了个人数据保护应遵循的八条原则（即第 5 条 a、b、c、d、e 五款，及第 6、7、8 条）。英国《数据保护法》的八项原则即从这里沿用。上文也已介绍过。

5. 免责范围

公约第 9 条允许各成员国依照本国国内法，为国家安全和公共

---

① 参看《欧洲知识产权》月刊，1985 年第 5 期，第 143 页。

秩序等目的，灵活运用八项保护原则，可以把某些数据作为例外，不适用这些原则，也可以限制性地适用这些原则。

6. 成员国的义务

在公约中占篇幅最多，也规定得最具体的，是公约成员国的义务。

公约第 4 条要求各成员国必须在国内立法中有相应的措施，以保障公约原则的实施。这是任何一个国家参加公约之前就必须具备的条件。

公约第 10 条要求各成员国在国内法中，对违反（体现公约原则的）国内数据保护法的行为，规定出具体的惩罚手段及司法救济手段。

公约第 12 条规定：公约的成员国不能仅仅以保护私人秘密为理由，禁止本国的个人数据流入另一成员国，也不得为这种跨国流通设置额外的障碍（例如由特别主管部门批准等等）。但如果一个成员国认为另一成员国对某类数据缺乏相应的有效保护，或本国法律规定了某些性质的数据不得出口，则可以禁止它们流入另一成员国。如果个人数据向另一成员国流动的最终目的，是流向一个非成员国的第三国，则也可以禁止该数据出口。

公约第 13 条要求各成员国必须指定一个（或一个以上）主管机构，以便于欧洲委员会秘书长联系数据保护的有关事宜。该主管机构有义务应其他成员国的要求，向其他国提供本国保护数据的立法及行政管理方面的信息，以及数据处理技术方面的信息。

公约第 14 条规定：如果数据主体居住在公约成员国境外，要求行使其查询权，则有关成员国必须予以协助；如果某个成员国的居民系另一成员国个人数据的主体，则另一成员国也有义务协助该主体行使查询权。只有成员国的主管机构认为境外数据主体的要求有损本国主权、国家安全或公共秩序时，或认为其要求将与本国某些个人的人权及自由相冲突时，才可以拒绝提供协助。

2001 年 9 月及 2002 年 6 月，欧盟进一步通过了向第三国传输个人信息决定及电子传输中个人信息及隐私保护指令，以适应网络时代的个人信息保护。

四、我国制定个人信息保护法刻不容缓

近年，常有在欧盟国家、北美国家开拓市场的我国大企业集团，被当地禁止收集客户信息。而国际市场上竞争的必备条件之一，是产品与服务的销售渠道畅通。为此，竞争者都会收集尽可能多、尽可能详细的客户信息。在许多知识产权立法与执法健全的国家，一个企业所掌握的客户信息，被视为该企业的"商业秘密"，甚至是击败其他竞争者的王牌。我国企业被上述国家禁止收集客户信息，必将使我国企业在该地市场竞争中处于不利地位。而这些国家下这种禁止令的理由，都是"中国没有个人信息保护法"。以这种理由将中国企业与其他国家企业（我们的竞争对手）区别对待的"差别待遇"，又并不违反 WTO 的原则。因为没有个人信息保护法而允许企业收集涉及个人（客户）的信息，至少有三种不良后果：第一，有可能因缺少收集人"恰当保存"的义务而使信息扩展到社会上，流入犯罪分子手中，给信息被收集人造成威胁；第二，极有可能流入第三方手中，即使其并非犯罪分子，也会给侵害信息被收集人的权益提供了便利（例如：无休止地给信息被收集人发推销产品的短信息、垃圾广告、电子邮件等等）；第三，被收集人不知收集者所收集的信息是否准确，可能造成对被收集人名誉、声誉或信誉的损害（例如一位从来不沾烟、酒者，被错误地作为"瘾君子"列入烟、酒推销企业"收集"的客户名单）。

缺少"个人信息保护法"在今天给一个国家带来的害处，还远远不只是体现在市场上。

2003 年 4~5 月我国的抗"非典"高峰时期，为有效控制疫情，国内火车站、长途汽车站等均设立了填表制度，要求乘客填写详细

的姓名、家庭地址、联系电话（或其他联系方式）、身体状况等等。这种表格大都是一式两份，一份交车站，一份留给乘客。据许多报刊报道：许多填表人不情愿地填完之后，均把留给自己的那一份随手扔掉。这说明多数人并没有如实填写相关内容。因为人们知道自己真实的家庭住址、联系方式等是决不能扔在公共场所的。这种基本上流于形式的填表后果，不能完全归责于乘客"不配合"。在没有个人信息保护制度的情况下，填表人有理由担心自己的真实信息一旦流入犯罪分子或侵权人手中，将给自己带来危险。

此外，因为我国没有个人信息保护法，已经产生的影响社会稳定的后果，已不容忽视。例如，许多"人才招聘中心"将大量前来应聘者填写的详细个人资料，全部当废纸卖掉，其中一些流入犯罪分子手中，已引发了一些刑事犯罪案件。这类事已经屡见报端。

老的市场经济国家，早在 20 世纪 70 年代前后，"个人信息保护法"就已经基本健全。欧洲甚至已缔结了与个人信息保护有关的国际公约。就是说，这一领域的立法，在国际上早已不是空白，在结合中国实际的前提下，我们是有成例可参考、借鉴的。

早在 1987 年，即我国被"第三次浪潮""信息革命"等冲击了一阵的时期，我出了一本《计算机、软件与数据的法律保护》，想提请立法机关对"个人信息保护法"予以关注。但当时我国尚未向市场经济转轨，也没有"入世"这样的机遇使大批国内企业参与国际竞争，更无抗"非典"这样的特殊实践，当时未引起关注，是很自然的。

我感到，这一立法对中国已经是不容迟延的了。如果我们现在还不重视并立即开始这一立法，对我国企业在国际市场上的竞争，对我国自己为开展电子商务，对我国再发生（如"非典"这样的）疫情时对个人信息的收集，乃至对社会的稳定，都将是十分不利的。

个人信息保护与隐私权有着密不可分的联系，长期以来，我国缺乏隐私权保护方面的专门立法，有关隐私权益被纳入"名誉权"

的调整范围，这一现状正因网络的出现而受到更加严峻的挑战。人们逐渐意识到，不仅姓名、住址、职业、收入状况等与个人身份相关的信息具有隐私权属性，就是个人的上网习惯、网上消费倾向等信息若被不当利用，也会侵犯个人生活的安宁甚至造成经济损失而应予以保护；同时，隐私权观念拓展为个人不仅有权要求保障个人信息免受非法和不当使用的侵害，而且个人应当有自行决定何时、何地、以何种方式与外界沟通个人信息的主动支配权。应当说，个人信息保护不周，既不符合充分保障个体权益的法治要求，也成为阻碍电子商务发展的巨大障碍。因此，除了采取必要的技术措施保护个人信息外，我国还应当通过修订法律和制定新法等方式，确认个人信息安全的法律地位，规定个人对其信息资料所享有的权利，如知悉资料收集人的身份、收集目的、使用方式、资料转移的可能性、资料保管情况等的知情权，是否将个人资料提供给第三方、提供哪些资料、对资料如何使用的限制等情况的资助控制权，有权查阅、修改个人资料的权利以及资料被非法或不当使用时的赔偿请求权等等，规定收集个人资料的条件，收集的资料内容，资料使用目的的限制，资料传输的限制，对资料储存的要求，资料安全保证措施等事项。此外，还要对当事人权利遭受侵害时的救济途径、资料收集人未按所声明的目的使用信息、不当泄漏资料甚至出售给第三方所应当承担的法律责任等予以明确。

个人数据法的制定应当说在我国信息安全的保证上，起着十分重要的作用。它实际上兼跨民事与行政两个法律领域。电子商务、电子税务、电子银行等等方面的法律规范，均有待于个人数据法的制订和完善。

在网络时代，各国原有法律中属于空白的（例如对电子商务的规范、对"域名"的规范、对破解技术保护措施的规范等等），我们必须填补，而且应作为构建信息安全体系的重点之一；在其他国家原已具备、但网络时代显露出、而在我国仍处于空白的（例如侵权法的深层规范、个人信息在保护与使用上的规范等等），我们更必须填补，而且也应作为重点之一。由于存在这两方面的空白，又由于我国信息网络化的发展速度比许多外国（包括一些发达国家）都要快，故我国在信息安全立法方面的任务，实际上比许多外国（尤其比发达国家）要重得多。

国外已十分重视信息安全立法，而我国在这方面立法任务更重的今天，如果我国的现有立法重点仍旧不向信息网络偏转，或仍旧不把信息网络立法作为一个重点，特别是如果不迈出个人信息保护立法的第一步，势必影响我国传统产业的发展、影响我国社会主义市场经济的发展，影响"以信息化带动工业化"的实施。用一句马克思主义理论中的话来讲，就是势必产生上层建筑中的某一部分（法律部分）与经济基础不相适应，从而妨碍生产力的发展。

如果说，在几年之前（即1999年前），一部分国内外法学者，还认为网络世界应不受法律干扰，那么今年，由于一大批国家（包括发达国家与发展中国家）已经在这一领域积极地、大量地开展立法活动，也由于我国的司法实践已突出感到，规范网络再"无法可依"已经不行，实际上作为信息安全核心的网络立法已刻不容缓。呼吁这种立法不能以"管死"为目的、必须有利于"积极发展"是对的；但如果依旧反对网络立法或呼吁"网络立法应该缓行"[①]，则属于既未跟踪国际发展的动向，又未关注我国的司法实践而得出的不恰当结论。

事实上，到2002年底，上海、广东、重庆等省市，均已颁布了有关的地方法规。不过信用制度及个人信息保护在今天的网络环境下，已经不是地方立法所能够规范得了的事了。作为信用制度与信息网络安全前提的个人信息保护立法这一步，必须迈出了。

---

① 见《互联网世界》2001年第11期第18页，秦绪栋等同志文章的末段。

10.《知识产权文丛（第 11 卷）·代序言》[*]

宪法修正与中国的知识产权战略

我国宪法的 2004 年修正案，明确了对私有财产的保护，这在国内外均引起了巨大的反响。作为私权的知识产权，是私有财产权的一部分，有人还认为，在当代，它是私有财产权最重要的一部分。（参看《法制与社会发展》2003 年第 6 期，第 103 页。）在我们考虑中国的知识产权战略应当如何制定时，宪法的 2004 年修正案中关于私有财产的保护和权利限制的内容的增加，更有其指导意义。至少，《著作权法》第 1 条与《专利法》第 14 条，都实实在在地有了宪法依据。

进入 21 世纪前后，一些国家立足于知识经济、信息社会、可持续发展等等，提出了本国的知识产权战略，尤其是日本 2002 年出台的知识产权战略大纲及 2003 年成立的国家知识产权本部，很大程度上是针对我国的。（参看《日本知识产权战略大纲》第二章，二；第三章，二。）而几乎在同时，知识产权制度建立最早的英国发表了知识产权报告，知识产权拥有量最大的美国则在立法建议方面及司法方面均显示出了至少专利授予的刹车及商标保护的弱化趋势。（参看 2003 年 10 月 28 日美国联邦贸易委员会的报告《促进创新——竞争与专利法政策的适当平衡》，以及美国最高法院 2003 年对商标案 Victoria's Secret 的判决。）

---

[*] 编者注：郑成思主编《知识产权文丛（第 11 卷）》，中国方正出版社 2004 年版。

面对这种复杂的国际知识产权发展趋势，我国应当做何选择呢？

改革开放 20 多年来，中国知识产权制度走了一些外国一二百年才走完的路。这个速度，使相当多的人感到"太快了"。加入世界贸易组织两三年后，外国知识产权人在中国的诉讼（以及"以侵权诉讼相威胁"）开始大大增加，许多企业开始感到了压力，抱怨依照世界贸易组织要求修改的知识产权法"超过了中国经济发展水平"，要求往回收。相当一部分人认为当前我国知识产权保护已经过度，产生了失衡，提出应当重点打击知识霸权与制止知识产权滥用，而不是保护知识产权。另一方面，像王选一类发明家、谷建芬一类音乐家，以及名牌企业（它们始终只占中国企业的少数），则一直认为中国的知识产权保护还距离有效保护他们的权利存在较大差距。（对此，我国各大报刊经常有报道，较有代表性的，如 2003 年 3 月 15 日《光明日报》第 2 版《E 选的迫切希望》，2004 年 2 月 19 日《中国知识产权报》第 2 版《冒牌货重重包围"北极星"》，等等。）

对这种认识上的巨大反差如果没有认真分析、没有正确的结论，那么中国知识产权战略的指定者就可能在矛盾中把"往前走"和"往回收"这两种思想写入同一篇文章。这篇文章不太可能写好。思科对华为的诉讼、6C 集团向中国企业索取使用费等事实，似乎支持着前一种认识。与地方保护主义结合的商标假冒、盛行的"傍名牌"使国内诚信的名牌企业多数做不大、无法与国际竞争对手抗衡的事实，盗版使大批国内软件企业不得不放弃面对国内市场的自主研发、转而为外国公司的外国市场做加工、以避开国内盗版市场、从国外收回一点劳务费的事实，又像支持着后一种认识。

知识产权制度的本质是鼓励创新，不鼓励模仿与复制。这种制度利弊几何，还会长期争论下去。例如，在 20 世纪 80 年代初即不赞成在中国搞专利制度的人，至今仍认为专利制度阻断了企业无数仿制与复制的机会，对我国经济是不利的。不过，"温州制造"不断在国际市场上被"温州创造"所取代，后者成本远低于前者、获得却远高于前者的事实，应当使人们对专利制度的利弊十分清楚了。

当中国的名牌企业及外国教授同样对中国法学院学生讲"知识产权或许是今天唯一最重要的私有财富形式"时，我们的学者则论述着"人要生活离不开有形财产"。几乎在同一时期，海尔集团的老总说：虽然该集团几乎在世界各地都有工厂（有形财产），但与该集团享有的知识产权相比，这些有形财产的分量很轻。看来，成功的企业家比学者更明白：在当代，有形财产的积累，是靠无形财产（主要是知识产权）去推动的。从这个意义上讲，称"知识产权"更重要或最重要，并无不当。而在这里插上一句"生活离不开有形财产"，虽似精辟，却文不对题。正如牧童认为要一头牛走动，重要的是去牵牛鼻子，有人却告诫他"牛是用腿走路的"。

知识产权制度绝非无弊端。中国古语"有一利必有一弊"，不唯知识产权制度如此。但只要其利大于弊，或通过"趋利避害"可使最终结果利大于弊，就不应否定它。至少，现在如果再让科技、文化领域的创作者们回到过去的科技、文化成果"大锅饭"的时代，恐怕只有议论者，并无响应者。至于创作者与使用者权利义务的平衡上出现问题，可以通过不断完善"权利限制"去逐步解决。知识产权制度中对我们自己的长项（例如传统知识）保护不够，也可以通过逐步增加相关的受保护客体去解决。

总之，牵动知识产权这个牛鼻子，使中国经济这头牛跑起来，袁隆平、王选等人已经做了，更多的创新者还将去做。在信息创新时代，只有越来越多的人这样做下去，中国才有可能在更高的层次上再现"四大发明"国度的异彩。这也就是我们常说的"民族复兴"。

任何私权与公共利益之间，都不仅有"平衡"问题，而且有前者服从后者的问题，不唯知识产权如此。任何私权的所有人与使用人、所有权人与用益权人之间、不同权利之间，却未必存在"平衡"问题，或主要不是所谓"平衡"问题。这两组问题（或两组问题）是不应被混淆的。由于作为物权客体的有形物（特定物）不太可能被多人分别独立使用，因此在物权领域不太可能发生把使用人的利益与公共利益混淆的事。而作为知识产权客体的信息（无论是技术方案、作品、还是标识），由于可以被多人分别独立使用，在知识产权领域把使用人的利益与公共利益混淆的事就经常发生。现在的多数"知识产权平衡论"均存在这种混淆。而这又是进行知识产权战略研究之前必须搞清楚的基本理论问题。另外，权利滥用现象的存在与否，与权利保护的法律制度水平的高与低，本不是一回事，也无必然联系。这二者也是目前被众多学者混淆起来并大发议论的题目之一。例如，在我国物权法尚未独立成法、物权保护水平不可言高的今天，滥用物权（如加高建筑遮人阳光、路上设卡阻人通行等等）现象并不少见。所以，我们有必要在立法中禁止知识产权的滥用，与我们是否有必要宣布我国依 TRIPS 协议提高了的知识产权保护"超高"了、应当退回来，是完全不同的两个问题，只能分别研究、分别作结论。

把仅仅适合发达国家（乃至个别发达国家）的知识产权制度强加给全世界，是发达国家的一贯做法。发展中国家的抗争，从制度总体的层面上，从未奏效过。1967 年伯尔尼公约修订的失败；1985 年大多数国家反对以版权保护计算机软件的失败；TRIPS 协议谈判时，秘鲁与巴西等建议的失败，都是实例。我们在经济实力尚无法与发达国家抗衡的今天，是接受对我们确有弊端的制度，然后研究如何趋利避害，还是站出来作为发展中国家的领头羊再度发起一次 1969 年或 1985 年那样的战役，力促国际知识产权制度从 TRIPS 协议退回来、退到对发展中国家较为公平的制度？这也是确定我们的知识产权战略时必须考虑的一个重大问题。

此外，许多人在抱怨我国知识产权保护水平"太高"时，经常提到美国 20 世纪 30 年代、日本 20 世纪六七十年代与我国目前经济发展水平相似，而当时它们的知识产权保护水平则比我们现在低得多。

这种对比用以反诘日、美对我国知识产权保护的不合理的指责，是可以的。但如果用来支持他们要求降低我国目前知识产权保护立法的水平或批评我国不应依照世界贸易组织的要求提高知识产权保护水平，则属于没有历史地看问题。20 世纪 70 年代之前，国际上经济一体化的进程基本没有开始。我们如果在今天坚持按照我们认为合理的水平保护知识产权、而不愿考虑经济一体化的要求以及相应国际条约的要求，那么在一国的小范围内看，这种坚持可能是合理的，而在国际竞争的大环境中看，其唯一的结果只可能是我们在竞争中被淘汰出局。

我国达到现在这种备受许多国内学者指责的知识产权保护的法律水平，的确只有"不畏浮云遮望眼"的身居最高层者才能作出的决断。正如邓小平所说，中国在世界科技的最高端，必须有自己的一席之地。

使知识产权制度有利的一面不断得到发挥，不利的一面不断受到遏制，除了靠立法之外，就主要靠执法了。而在知识产权执法中，法院的作用永远是在首位的。因为对知识产权这种私权，行政执法的作用，在国外、在中国，均是逐步让位于司法的。由于中国知识产权法的行文总的讲尚未完全摆脱传统立法"宜粗不宜细"之弊，故法官可对法进行解释，法官有酌处权，从而，中国法官的素质，中国的知识产权司法结构，就显得十分重要了。对于偶然的、仅仅因过失的侵权，与反复的、故意的侵权不加区分，同样处理，既是许多人认为中国知识产权保护过度的主要原因，也是许多人认为保护不力的主要原因。解决这个问题既要有更加细化的法律，也要有更合理的司法解释和更高的法官素质。如果大家注意到，面对中国目前这种侵权严重与权利滥用同样严重的复杂状况，在如何评价我们的知识产权制度这个问题上，中国法院的观点似乎比我们许多学者的观点更为可取。（参看《人民法院报》2004年2月18日《知识产权：权利滥用与法律应对》。）

在立法之外的对策方面，国际组织（包括欧盟之类地区性国际组织）的立法及研究结果对我们的影响，外国（例如美国、日本、印度、俄罗斯等）立法及国家学说对我们的影响，我们均应研究。此外，几个外国如果联手，将对我们产生何种影响，我们更应当研究。例如，对于我们发明专利的短项"商业方法专利"，国家专利局固然可以通过把紧专利审批关，为国内企业赢得时间。但那终究不是长远之计。试想，美日欧国家在传统技术专利方面"标准化"发展曾给并正给我们的产品出口带来不利，如果美日（或再加上几个其他发达国家）在商业方法专利上如果也向"标准化"发展，即如果实施"金融方法专利化、专利标准化、标准许可化"，那么会给我国银行进入国际金融市场带来何种影响以及会不会把我们挤出国际金融市场？这就不仅仅是专利局把紧专利审批关能够解决的问题了。在这些方面作出较深入的研究，有助于我们拿出对策，"趋利避害"。

最后，知识产权制度实际上应包括三层意思：第一，加强知识产权保护；第二，取得一批拥有知识产权的成果；第三，将这样的成果"产业化"（即进入市场）。这三层是缺一不可的。把它们结合起来，即可以看作是我们的知识产权战略。"保护"法的基本完备，则仅仅迈出了第一步。如果缺少直接鼓励人们用智慧去创成果（而决不能停留在仅用双手去创成果）的法律措施，如果缺少在"智力成果"与"产业化"之间搭起桥来的法律措施，那就很难推动一个国家从"肢体经济"向"头脑经济"发展，要在国际竞争中击败对手（至少不被对手击败），就不容易做到了。

上述第一层的法律体系是必要的，但如果第二与第三层的法律不健全，在当代会使我们处在劣势的竞争地位，"以信息化带动工业化"的进程，也可能受到阻碍。

2004年的《宪法（修正案）》之前，我国宪法中仅仅明文规定了公有财产的不可侵犯性；2004年的宪法修正案之后，各种合法财产的不可侵犯性及公、私财产权的保护，都做了明文规定。不过，多数人比较容易注意到的仍旧是有形财产，对于在当代更加被许多国家重视的知识产权，却容易被忽略。

如果我们确实在实际中忽略了知识产权，我们在国际竞争中就永远不可能处于主动地位。

11. 《知识产权文丛（第13卷）·前言》[*]

这一卷文丛的内容看似涉及风马牛不相及的两部分，而实际上这两部分的关系是非常紧密的；同时研究这二者，又是非常重要的。

2005年10月，柬埔寨森林中的土著为阻止政府以"公共利益"为借口的滥伐，抬出了"森林与神灵同在"的世代传说，这被该国官员嗤之以"迷信邪说"，却受到国际环保组织的支持。可惜，在柬埔寨最终未能制止住对森林的滥伐。多年前，同样的传说也曾被我国一些林区的居民复述过。但有些森林不复存在（如大小兴安岭），有些则在砍伐中幸免。2004年我到白马雪山和梅里雪山，看到山下

---

* 编者注：郑成思主编《知识产权文丛（第13卷）》，中国方正出版社2006年版。

尚在的原始森林，听到了同样的传说。我感到那传说很美，确信它应当与被它保护下来的森林一样，永远流传下去。我并不赞成迷信（无论对神还是对人），但我从内心钦佩世代护林居民们的智慧和勇敢。

没有他们的这种智慧和勇敢，我们的国土、我们的地球，今天还不知会成什么样子。这也是为什么我非常同意英国知识产权委员会 2002 年报告中支持发展中国家保护传统知识的部分；也是为什么我无法理解国内许多学者只谈报告中批判世界贸易组织知识产权协议部分，却避而不谈保护传统知识部分。

在我们以现有的由发达国家早已决定好框架的"知识产权"为基础制定知识产权战略时，切切不可忽视了一大部分尚未列入国际知识产权保护框架内的信息财产。因为这一部分恰恰是我国的长项。

近年来，发达国家一再把知识产权保护水平拔高，而发展中国家则提出了保护现代文化及高技术之源的问题，这两部分利益不同的国家实际上在不同的"两端"上，不断争论着。所谓"两端"，实质上是在"源"上的智力成果与在"流"上的智力成果。

21 世纪将是中国逐步完成工业化、进而从工业经济向知识经济转变的时期。党和国家提出的"以信息化促工业化"，是促进这一转变尽早完成的正确途径。

美国从 1996 年开始至今，版权产业中的核心产业（即软件业、影视业等等）的产品出口额，几乎每年都超过了农业、机器制造业（即飞机制造、汽车制造等）的产品出口额。美国知识产权协会把这当作美国已进入"知识经济"发展时期的重要标志。我国从 2000 年起，信息产业开始成为第一支柱产业。这一方面说明我国确实在向知识经济迈进，另一方面也说明我们的差距还相当大。

在中国"入世"前后，关于如何转变政府职能、关于如何修改与世贸组织的要求有差距的国内法、关于如何使行政裁决均能受到司法审查，等等，人们关心得较多，报刊上讲得较多，立法与行政机关围绕这些问题采取的相应措施也较多。应当说，这都是对的。但我们更需要思考深一步的问题。

仅以有形商品贸易为支柱的原"关贸总协定"演化成"世界贸易组织"，最明显的变化就是增加了服务贸易与知识产权保护两根支柱。这种变化的实质究竟是什么？如何在立法方面跟上这种变化？这些更重要的问题，却不是所有本应思考它们的人都在思考。

与中国争取"入世"的进程几乎同步的，是"经济全球化""知识经济""信息网络化"等越来越被人们提起和关注的问题。这些，与上述国际贸易活动及规范的发展趋势又有什么内在联系，也不是所有本应思考它们的人们都在思考。

我们如果认真分析一下，就不难看到：第一，世贸组织时代与"关贸总协定"时代相比，无体财产的重要性大大提高了；从而规范无体的服务、无形的知识产权的国际规则显得十分重要了。第二，如本文前面所述，知识经济与工业经济（及至农业经济）时代相比，知识成果的投入开始取代土地、厂房、机器等有形财产的投入，起到关键作用，从而规范知识产权成果的知识产权法，开始取代有形财产法，在市场规范中起关键作用。第三，信息网络化的时代与公路、铁路乃至航空网络时代相比，无形市场（网络市场）已经开始在促进有形市场的发展上起关键作用，从而电子商务法将取代货物买卖（保管、租赁等）合同法，起关键作用。这些，并不是说有形财产法、传统合同法等不再需要了，只是说重点转移了；不是说人类可以不再依赖有形财产去生存，只是说有形财产的积累和有形市场的发展，在当代要靠无形财产的积累和无形市场的发展去推动。

目前，中国在知识产权、特别是"自主知识产权"的拥有及利用上，从总体看不占优势。这主要是因为发明专利、驰名商标、软件与视听作品等的版权主要掌握在少数发达国家手中。而要增强我们的地位、至少使我们避免处于过于劣势的地位,我们有两条路可走:一是力争在国际上降低现有专利、商标、版权的知识产权保护水平,二是力争把中国占优势而国际上还不保护(或者多数国家尚不保护)的有关客体纳入国际知识产权保护的范围,以及提高那些现有知识产权制度仅仅给予弱保护、而中国占优势的某些客体的保护水平。走第一条路十分困难。从 1967 年到 1970 年伯尔尼公约的修订过程看,从世界贸易组织《与贸易有关的知识产权协议》形成的历史看,走第一条路几乎是不可能的。

就第二条路来说,至少在以下三个方面我们可以做必要的争取的工作:

(1)强化地理标志的保护。

对此,多哈会议、坎昆会议等外交谈判中已经将其列为世界贸易组织多边谈判的议题。我国 2001 年修正《商标法》已经增加了相关的内容,但离能够充分发挥我国的长项还有较大差距。

(2)把"生物多样化"纳入知识产权保护。

(3)把"传统知识"纳入知识产权保护。

对后面两点,多哈会议后,世界贸易组织的多次多边谈判以及现有的生物多样化国际公约均已在加以考虑。虽然 2003 年的世界贸易组织的坎昆多边谈判在这两点上并未达成任何协议,但发展中国家仍旧会继续争取下去。这两点也是我要谈的主要问题。

现有知识产权制度对生物技术等高新技术成果的专利、商业秘密等的保护,促进了发明创造;现有知识产权制度对计算机软件、文学作品(包含文字作品及视听作品等)的版权保护,促进了工业与文化领域的智力创作。对现有知识产权制度无疑在总体上是应予肯定的。但在保护今天的各种智力创作与创造之"流"时,人们在相当长的时间里忽视了对它们的"源"的知识产权保护，则不能不说是一个缺陷。而传统知识尤其是民间文学的表达成果，正是这个"源"的重要组成部分。

在世贸组织成立时，印度等国就提出应在世贸框架中有该方面保护的内容。近年，世界知识产权组织已召开多次国际会议讨论这一问题，并于2000年成立了专门委员会来研究这一问题。世贸组织在2001年11月多哈会议的"部长声明"第18~19条已将其列为下一次多边谈判应考虑的议题。发展中国家安第斯组织在其2000年的《知识产权共同规范》中，已要求该组织成员在国内法中对"传统知识"予以保护。

按世贸组织、世界知识产权组织及国外已有的立法中的解释，"传统知识"主要包含"民间文学艺术"与"地方传统医药"两大部分。其中"民间文学"部分，已经暗示保护或明文保护的国际条约与外国法很多。如:《伯尔尼公约》第15条，英国1988年《版权法》第169条,是"暗示"性规定的典型。实际上,世界知识产权组织在给《伯尔尼公约》第15条加标题时,已明文加上"民间文学艺术"[①]。"地方传统医药"的保护，虽然亚、非一些发展中国家早就提出，却是在1998年印度学者发现了某些发达国家的医药、化工公司，把印度的传统药品拿去，几乎未加更多改进，就申请了专利这一事实后，

---

① 仅20世纪90年代，在版权法体系中明文规定保护民间文学艺术的至少有:

《突尼斯文学艺术产权法》(1994年)第1条，第7条;

《安哥拉作者权法》(1990年)第4条，第8条，第15条;

《多哥版权、民间文艺与邻接权法》(1991年)第6条，第66~72条;

《巴拿马版权法》(1994年)第2条，第8条;

此外，在20世纪90年代之前，斯里兰卡及法语非洲国家等一批发展中国家，就已经知识产权法中开始了对民间艺术的保护。目前，世界上明文以知识产权保护民间文学艺术的国家已有50个左右，还有一些国家（如澳大利亚等）已经在判例法中，确认了民间文学艺术的知识产权保护。

在发展中国家引起更大关注的。发展中国家认为，像无报酬地拿走民间文学艺术去营利一样，无报酬地拿走地方传统医药去营利，也是对这种知识来源地创作群体极不公平的。发展中国家的安第斯组织已在其《知识产权共同规范》总则第3条中，把"传统知识"（即包含上述两部分）明文列为知识产权保护客体。印度德里大学知识产权教授、国际知识产权教学与研究促进协会现任主席维尔玛在给我的关于中国起草民法典知识产权篇的复信中，特别指出了希望中国能将传统知识及生物多样化纳入知识产权保护范围。

这两部分，在中国都是长项，如果我们只是在发达国家推动下对他们的长项（专利、驰名商标等）加强保护，对自己的长项则根本不保护，那么将是一个重大失误。即使传统知识的这两部分不能完全像专利、商标一样受到保护，也应受"一定的"保护。我认为中国在这个问题上，与印度等发展中国家的利益是一致的，应在立法中表现出支持对传统知识的保护。更何况国际（乃至国内）市场上，外国公司对中医药提出的挑战，已使我们不可能对这种保护再不闻不问或一拖再拖了。"民间文学"即使只限于"作品"的保护，在我国尤其应当有法可依。但这个法，我国1990年颁布《著作权法》时就曾宣布过"另定"，却至今也一直没"定"出来。

"生物多样化"，是1999年世贸组织西雅图会议本来要讨论而未成行的。2001年多哈会议部长声明第18~19条再次列为以后多边谈判议题。安第斯组织的《知识产权共同规范》总则第3条已明文规定为成员国知识产权保护的一项内容。

对"生物多样化"给予知识产权保护，主要是保护基因资源。基因资源与传统知识相似，可能是我国的又一个长项。许多发展中国家，以及基因资源较丰富的发达国家（如澳大利亚），已经开始重视这方面的保护。我国仅仅在《种子法》等法律中开始了有限的行政管理。把基因资源作为一种民事权利，特别是作为知识产权来保护，我国与一些外国相比，还非常不够。

传统知识与生物多样化两种受保护客体与世界贸易组织中已经保护的地理标志有许多相似之处。例如，它们的权利主体均不是特定的自然人。同时，传统知识与生物多样化两种受保护客体又与人们熟悉的专利、商标、版权等等的受保护客体有很大不同。所以，有人主张把它们另外作为知识产权的新客体，而不是与其他客体一样并列在一起。不过，必须给予一定的保护，在这一点上，则是需要力争的。"力争"的第一步，就是本国的立法与执法首先把它们保护起来。

这种保护，首先是应当要求使用者尊重权利人的精神权利。例如，要求使用者指出有关传统知识或者生物品种的来源。如果自己创作的新作品或者开发的新技术方案是以有关传统知识或者生物品种作为基础的，必须说明；如果自己推向市场的商品或服务本身就是他人已有的传统医药、民间文学艺术等等，就更须说明。近年拿了中国人开发并使用了千百年的中药乃至中成药推入国际市场、却引世人误以为该中成药出自日本、韩国等国者，并不在少数，这对中国的传统知识是极大的不尊重。2002 年北京二中院受理、2003年底由北京高级人民法院终审的"乌苏里船歌"版权纠纷，实质上也首先是原告希望有关民间文学的来源这项精神权利受到尊重。其次，这种保护必然涉及经济利益，即使用人支付使用费的问题。至于法律应当把付费使用的面覆盖多广，以便既保护了"源"，又不妨碍"流"（即文化、科技的发展），则是个可以进一步研究的问题。例如，几年前文化部与国家版权局起草的《民间文学保护条例》，仅仅把付费使用延及复制与翻译，就是一种可行的考虑。当然，在传统知识的保护方面，切记应当把人类的积极成果与"陋习"等消极东西区分开。对此，可惜我们的有些学者，区分能力还不及没有进过学校的土著居民。

中国人在知识创新方面，并不比任何人差。我们其实可以不必去考虑如何去要求降低国际上现有的知识产权高端的保护制度（因为实际上也不可能降下来）。我们应当做的是一方面利用知识产权制度业已形成的高保护推动国民在高新技术与文化产品领域搞创造与创作这个"流"，另一方面积极促成新的知识产权制度来保护我们目前可能处优势的传统知识及生物多样化这个"源"。这样，才更有利于加快我们向"知识经济"发展的进程。

并不真正懂得知识产权法哲学的人，总以"天行有常""物质不灭"等，号召人们无所作为。而在知识产权的两条战线上都勤奋耕耘着的学者们，则赋予了这两条真理以"有所作为"的含义，即：对人类不断创新的努力总是应当给予激励与保护的、对人类已有的积极成果总是应当保护并流传的，从而，知识产权制度总是应当从不同角度均不断加以完善的。

三、书　序

1.《著作权法概要·序言》[*]

  《中华人民共和国著作权法》终于在 1990 年 9 月 7 日颁布了。但这并没有使长期盼着它出台的许多人松一口气。了解这部法的人都懂得，在制定它的过程中，工作是十分艰巨的；而在实施它的过程中，道路也绝不会是平坦的。的确，著作权这种民事权利，即使不能断言是一切民事权利中最最复杂的，也应承认它是极其复杂的。

  "著作权"首先是一个历史的概念，是社会科学文化发展到一定阶段才产生出的一种民事权利。在历史上，不是自从有了作品（著作）的创作，就有了著作权。"峨眉高出西极天，罗浮直与南溟连"，把这样一幅壮观的景色绘出的古代画师，至多得到"诗仙"的赞叹，却并未因此享有任何经济上的权利。只有当科技的发展使作品能够不依赖于作者而被复制一定数量的复制品，并在社会上发行（进而获利），著作权才作为一种无形财产权受到保护了。而"复制"与"发行"，即构成"出版"。因此可以说著作权是随着出版活动的产生而产生的，故我国及许多国家也将著作权称为"版权"。

---

  ① 编者注：河山、肖水著《著作权法概要》，人民出版社 1991 年版。

著作权是与大多数人都有着极密切关系的一项民事权利。有能力创作的人,都可能是著作权人;为一切能够阅读、欣赏(听、看等等)的人提供作品的人(包括法人),又都可能是作品(著作)的使用人。对著作权人来说,有个注意维护自己权利的问题;对使用人来说,则有个注意避免侵犯著作权的问题。当然,正常的为阅读与欣赏使用作品,绝不会发生侵权。但"正常"的界线应划在何处?这是另一回事了。同时,创作者本身也有个如何避免侵权的问题。因为许多创作活动,都是在已经存在的他人作品的基础上进行的。

因此,有人说著作权法是"全民的法"。任何人不是处在必须维护著作权的这一边,就是处在必须避免侵权的另一边,著作权法的适用范围,则同时覆盖着两边。我感觉到这种说法是有道理的。从而,我感到由"人民出版社"来出版这部《著作权法概要》,也是顺理成章的。

就知识产权(著作权、专利权、商标权等专有权)领域而言,人们对著作权的关心,远远超过其他一些权利。专利法颁布了3年,全国范围诉到人民法院的专利侵权案只有一起;而著作权法颁布之前的3年,全国从区县级人民法院到最高人民法院,就已经在处理着上百起著作权侵权诉讼案了。

不过从1987年到1991年6月1日《著作权法》施行之前,法院处理著作权案件的直接法律依据,主要仅仅是民法通则中的简短原则。从1991年6月1日之后,则将主要是著作权法了。这样,学懂、弄通著作权法,就成为大多数(如果不是全体)中国公民的一项任务了。这项任务不是自上而下地"派"来的,许多人将很快感到它是自己非自觉地去完成不可的。

摆在读者面前的这部《著作权法概要》,为人们学懂、弄通著作权法提供了有利条件。该书的作者是我国较早涉足于著作权(版权)研究的为数不多的人中的一员,并较多地接触过与著作权有关的、我国的许多实际领域。该书虽然对《中华人民共和国著作权法》

进行了全面讲解，但又远不是一部纯注释性的书，它倒是一部有关著作权法的学术专著。因为，作者结合中国的实际，旁征博引了世界上许多国家的著作权（版权）著述及法律，以分析在我国立法过程中提出的一系列重要问题，并阐明了作者自己的见解。通过这种方式去论述著作权法这样一部复杂的法律，容易使读者"进得去，出得来"，使读者真正弄懂法律条文的含义，掌握法律条文的实质。

涉及著作权法的有些问题，目前在世界上还是 Open Questions，即悬而未决的。愿著作权界的同仁继续探讨，不断发展和完善我国的著作权制度。

2.《商业秘密的法律保护·序言》[*]

1993 年 9 月颁布的《中华人民共和国反不正当竞争法》，在我国首次较系统地涉及商业秘密的保护。许多人今天对商业秘密的陌生程度，不亚于 10 年前之对专利、版权等知识产权。而在市场经济发展中的我国，实践中的问题则已大量涌现出来了。由于掌握核心（或关键）商业秘密的工程技术人员或管理人员的"跳槽"或"自立门户"，反而使原单位职工（包括企业领导）"全部"被这些人员"炒了鱿鱼"的事例；由于一企业的商业秘密被其他竞争者获得而使其遭受巨大损失的事例；至今在我国仍是屡见不鲜。为中国改革开放实际而解决问题的研究者们，再不能不涉足商业秘密领域了。为维护本企业、本单位乃至个人的合法秘密权益者也不能不去熟悉这一领域了。

正是在这个时候，《商业秘密的法律保护》一书的作者，把他的研究成果献给了需要它的人们。

---

[*] 编者注：张玉瑞著《商业秘密的法律保护》，专利文献出版社 1994 年版。

商业秘密的保护，在我国开始还不久。在反不正当竞争法颁布之前，在《技术合同法》《技术引进合同管理条例》以及一些部门规章中，也曾有过不十分明确、但确属保护商业秘密的条文。这些条文的历史还很短，而在发达国家，通过判例法以及通过成文法保护商业秘密均已有了较长的历史，有了较多的经验。所以，本书作者将较多篇幅放在介绍与分析国外的立法与实践，核心是要使中国读者明白应怎样参考国外经验，解决我们自己的实际问题。我感到这是全书的总构架，也是该书的特点与优点。

1993 年，我在英国麦克斯韦尔出版公司的一位朋友，曾把该公司最新出版的一部论西方商业秘密的专著邮给我。在当年，即有六个国内的单位及个人向我借这部专著去参阅（当然，也不排除他们为个人留作资料研究之用而复印——这属"合理使用"）。而到现在为止，只有张玉瑞一位借阅者出了公众能见到的产品。从《商业秘密的法律保护》写作参考书目中可知，我的英国朋友的专著，只是其中多部参考书之一。

我很赞成张玉端的这种学习与研究的路子。在此之前，他已有过知识产权领域的专著问世。在继续研究的过程中，曾遇到疾病的困扰，但终未能使他因此搁笔。我也很赞同这种百折不回的治学精神。

故为之作序。

3. 《反不正当竞争法的适用与完善·序言》*

"要健全财产法律制度，依法保护各类企业的合法权益和公平竞争，并对它们进行监督管理。"

---

* 编者注：孔祥俊著《反不正当竞争法的适用与完善》，法律出版社 1998 年版。

　　"十五大"报告中的这一句话，可以说概括出了反不正当竞争保护与知识产权保护的关系，反不正当竞争法的作用，我国反不正当竞争法立法的必要性及修改与完善的必要性。而这些内容，又确像是孔祥俊博士在"十五大"之前已经写入其专著《反不正当竞争法的适用与完善》中了，只是不及"十五大"报告那样高度概括。

　　《保护工业产权巴黎公约》自从 1900 年将反不正当竞争的保护列入第 10 条之 2 后，就一直不断地完善着这种保护。不过，直到 1967 年该公约的斯德哥尔摩文本通过，也只是泛泛提到禁止"违反诚实工商业行为"的竞争，重点强调了商品交易中的"反假冒"。1994 年的缔结的（世界贸易组织中的）《与贸易有关的知识产权协议》，则首次把重点转向了商业秘密的保护。这反映出有形商品市场交易中的知识产权问题，正在被无形商品尤其是知识产权商品本身市场交易中的知识产权问题所代替，成为主要问题。到 1996 年，巴黎公约的管理组织——世界知识产权组织再次制定《反不正当竞争保护示范法》时，巴黎公约百年来的规定、世界贸易组织的规定被综合起来了，同时明文把"服务"这种无形商品与传统有形商品并列，综合为五种应予禁止的不诚实行为，同时也是诚实经营者有权为保护自己的权利而制止的行为，即：

　　（1）直接假冒他人商业标示及类商业标示；

　　（2）以淡化、弱化他人商业标示及类商业标示等方式损害他人商誉；

　　（3）以自己的产品、服务误导公众；

　　（4）针对他人的产品、服务误导公众；

　　（5）侵害他人商业秘密。

　　仅仅与这部"示范法"相比较，就可以看到完善我国《反不正当竞争法》的必要性了。我国现行法并未像《商标法》那样，将"服务"与商品同样对待，并未明文禁止有些侧面的误导及损害他人商誉的活动，等等。

这部书是作者阅读参考了大量外国及国际组织的最新资料（很可惜目前不少学术专著的撰写恰恰缺少这必要的一步），结合自己在行政主管部门的执法实践中遇到的实际问题，进行深入分析研究的成果。作者提出的不少建议是值得参考的，提出的不少问题是值得广泛讨论的。纯理论的专著往往呈现出灰色。而以生动的实例去支持及说明自己的理论，就会使专著映出绿色，吸引更广的读者。这是那些在司法、行政执法岗位上的作者比"理论家"们更容易做到的。

希望有更多的这种绿色法学专著问世。

4.《艺术法实用手册·序二》[*]

自 1993 年在意大利的保护民间文学作品国际研讨会上结识奥基夫先生后，即深感中国在艺术法领域需要有更多的普及与研究。奥基夫夫妇在这一领域工作多年，并且是在艺术法较发达的国家从事这项工作。与他相比，我必须承认自己的滞后。所以，在他的"序"之外，再加一个我的"序"，不仅显得多余，而且会相形见绌。

但应作者之邀又不得不写，我就只能从我见到的中国的现状出发，对奥基夫先生的序作一点不一定成功的补充了。

1998 年初,在中国许多新闻媒体（包括电视、报刊等等）上对《毛主席去安源》油画拍卖的许多批评、评论、议论、辩解，实实在在反映出国内文化界中的大多数，仍旧分不清有形艺术作品与其无形

---

[*] 编者注：周林主编《艺术法实用手册》，国际文化出版公司 1998 年版。

知识产权的区别。而法学界早在一二年前，就有过艺术"作品"本身也是"无形的"之类理论。界限不清之"浅"与作品无形之"玄"，是并存、互补的。有时，"玄"下掩盖的，恰恰是"浅"。这些，都从不同侧面说明，在我国，以手册形式普及艺术法，确是必要的。

多年前初读美国《艺术法》杂志时，也曾有过疑问："艺术作品不是适用版权法就可以了吗，怎么又多余地出来个'艺术法'？"今天，至少从《毛主席去安源》油画的纠纷中，我们不难看到，交叉及重叠于艺术品的保护、艺术品在流通中的规范等方面的法律，远不仅止于版权法。

这本手册，至少已涉及相关的主要法律，涉及有关的主要合同。在实践中，中国已有了不少艺术品保护的案例，其中有的是判得比较成功的。有的判决，可以说与国外类似的判决比，并不显得滞后。倒是国内不了解艺术品的保护，不了解版权的一些"理论"，或虽有所了解，但只知其一，不知其二的一些"理论"，与同样是国内的成功的判决比，显得大大滞后了。

愿这本手册在我国艺术法的普及中起到积极作用。同时，也希望它能成为国内文化界了解艺术法之始。更希望它能成为国内法学界研究艺术法之初；而在它之后，更多、更好的作品，还会相继呈现在读者面前。

5.《法国知识产权法典·序言》*

法国 19 世纪初的《民法典》，是近现代普遍将民法法典化之典型。法国 20 世纪末的《知识产权法典》，是否会成为 21 世纪知识

---

* 编者注：黄晖译《法国知识产权法典》，商务印书馆 1999 年版。

产权法与民法普遍分立之典型，是值得我们研究的。仅仅用眼作为扫描仪去读，会认为这不过是一部各种单行法的"汇编"；真正用脑去钻研，则可以看到各编、各卷、各部分之间的内在联系。它虽然没有照走《民法典》体例的老路，却的确是一部现代的好法典。

我国有的研究知识产权的论述，往往把作者的人身权与传统民法中一般人的人身权相混淆。这不能不说在形式上与我国著作权法沿用了"著作权人的人身权"这一来自日本及中国台湾地区的不够恰当的表述有关。而《法国知识产权法典》在用语上，就较少这类"不够恰当"。它使用了与英、美法系国家和大陆法系部分的国家通用的"精神权利"，而不是"人身权"。能直接阅读法文的读者可以自己从本书所附原文中加以对比。

由于我国商标法中始终没有对于"反向假冒"的禁例，给仅仅熟悉我国法律的研究者们在了解和理解市场上实际发生的这类假冒活动带来困难。虽然欧洲大陆的意大利、西班牙等国的商标法及英美法系的美国和一大批英联邦国家的商标法，均包含禁止"反向假冒"的规定，但其中有些规定得过于简单（如葡萄牙商标法），有些仅仅是作为"侵权法的权利"（right in law of tort）或仅仅是作为某种反不正当竞争保护纳入商标法的（如美国商标法），还有些则仅仅是作为刑罚的禁例在商标法中规定的（如澳大利亚商标法）。《法国知识产权法典》则明明白白地把禁止"反向假冒"作为商标权人专有权的一项，列入商标保护范围（L.713-2）。

《法国知识产权法典》还有其他许多无论从法理上还是从立法技术上，都非常值得借鉴的条文、用语等等，这里不一一列举。但有一点必须一提：《法国知识产权法典》在多处专门指出在哪些知识产权保护的具体问题上，不适用该国现行的民商法条文（如 L.613-30，L.132-15，L.321-11 等处）。就是说，它明确了知识产权法与传统民法"异"在何处。此外，在它的行文中，也多处反映出知识产权领域一些与传统民法似相同、而实不同的表述或基本概念。例如，该法典第 L.121–1 条表明：作者享有独立于其作品的"姓名权"，它是作者精神权利的一部分，不同于传统民法中作者或非作者均一律享有的那种"姓名权"。

我相信，有着自己特点及优点的《法国知识产权法典》中译本的出版，对我国的学生、学者、立法及执法部门的人们，均是有益的。

在这里，我想要特别感谢联合国世界知识产权组织。中国在建立健全法制和实现依法治国的过程中，很需要参考国际上的及外国的有关立法及文件。就我本人和我的学生（如黄晖博士生）的经历来讲，当我们向该组织请求许可使用该组织或该组织领导人享有版权的专论、译文、示范法讲解等作品时，始终是得到热情支持的。为使更多熟悉英文而不熟悉法文的中国读者在研究这部法典时有所对照，黄晖博士生取得了世界知识产权组织副总干事居尔舒（F. Curchod）的书面许可，使该组织翻译的英文译本也能一并附在书后。

6.《特别 301 条款与中美知识产权争端·序言》*

与美国"特别 301 条款"相关的中美知识产权谈判从 20 世纪 80 年代末延续到 90 年代中期，曾几次成为全世界所关注的焦点。希望因中美知识产权问题打起"贸易战"的国际商人大有人在。有的人希望借中美"贸易战"挤占美国在中国的农产品市场、飞机市场等；另有人则希望借中美"贸易战"挤占中国在美国的服装、玩

---

* 编者注：李明德著《"特别 301 条款"与中美知识产权争端》，社会科学文献出版社 2000 年版。

具市场等。但几次谈判均最后成功。一些人希望的"贸易战"终究没有打起来。应当说，这种种结局对中、美是两利的。

1996 年后（即最后一次剑拔弩张的谈判又终于达成协议后），美方参加谈判主谈人的多数，从坎特、李其斯到汤姆森，统统下海当了律师。他们切切实实享受到中美知识产权谈判为其沸扬起来的名声。中方谈判参加人的相当一部分也已离开了原岗位。但是，要期望这些原来很忙、现在仍旧很忙的谈判参加者们对"特别 301 条款"从事些事后研究、并出版研究成果，可能是困难的。于是，这研究工作，照例落在了研究单位的研究人员身上。

作为中国社科基金重点的这一研究项目，是我与李明德教授共同申请的。由于在项目真正立项后，李教授刚刚从美国进修回来，对这一部分内容非常熟悉，所以资料的收集与研究成果的撰写，就主要落到了他头上。研究报告的框架、格局及主要内容，是由我与他共同商量的。在整个撰写中，我也确实不断提供了"思想"。因此，不能说我未参加及主持这个项目。至于项目完成后，再进一步加工成书，则完全是李教授一人所为了。书中有很少一部分，是经我同意后，李教授以我的原有作品为基础重新创作的。

无论作为提供部分"思想"者，还是作为提供极少基础创作的依据者，从版权的角度，都不足以使我成为"共同作者"或"共同版权人"而在书上署名。这就是为什么项目上署二人之名、书上只署一人之名。事实上，这是李教授按我的坚决要求去署的。至于其他作了同样程度工作的项目负责人，是不是也只应如此署名，我不过问。我只坚持自己的原则。因为我毕竟是研究版权法的。

由于书是别人的，我来评价也可少了"自吹"之嫌。作为曾亲身参加过中美知识产权谈判者，我感到李教授的这本书，是迄今我读到的有关研究"特别 301 条款"中最系统和全面，资料也最齐备的。

我想，曾参加过中美知识产权谈判的多数中方及美方的人，如果作为该书的读者，也会有同感。但并不是说，这本书毫无缺陷。我想李教授也会愿意接受客观的批评意见。事实上，这本书的书稿交出版社之前，另一位李教授（李顺德）就曾指出过这本书的一个缺点。

最后我想仍用李贺的两句诗来结束这个前言。"金家香巷千轮鸣，杨雄秋室无俗声。"愿自甘清贫而仍执着研究的李明德教授有更多成果问世。

7.《网络时代的知识产权法·序言》[*]

薛虹博士交给读者们这本书，对多数人会有一种耳目一新的感觉。原因是多年以来，尽管计算机在全球不断普及着，网络在不断包揽着越来越多的用户，信息开始上了"高速公路"，国内的不少法学专著，却"始终不渝"地指示人们去钻研一二百年前的经典（如《法国民法典》《德国民法典》）乃至千年以前的经典（如盖尤斯的"罗马法"）。我并不反对把经典作为基础的一部分，但反对把它作为基础的全部，尤其反对把经典作为钻研的目标。因为那样我们将永远不能前进，将会"心在天山，身老沧州"。

当薛虹作为博士研究生刚入学时，我曾要求她读史尚宽的六本书。因为那是对"经典"的极好解说。但我绝不希望她一直停留在"入学"的水平上，或改换着语言去重复那六本书。我认为那将是"没出息"的表现。达摩祖师"面壁多年"并非目的，目的是"破壁"。这也才是我们作为当代人、作为社会科学研究者应走的路。薛虹博

---

* 编者注：薛虹著《网络时代的知识产权法》，法律出版社 2000 年版。

士的这本书，说明她的确"破壁"了。

我之所以说"多数读者"会感到耳目一新，是因为有一部分可能是本书读者，同时又是作者的研究人员，也已经"破壁"了，亦即也已跟上了时代的步伐，乃至已有并非重复经典的成果问世了。这样的读者今后会越来越多。本书作者稍有自满、稍一停步，就肯定会被甩在后面。

薛虹博士的论文的一小部分（大约百分之一二）曾于1998年4月13日在中法知识产权研讨会上由作者宣读并演讲。听众们后来惊奇地发现：同一个会上同一天，一位法国知名教授宣读的论文，竟与之"同工异曲"。他们二人从未来往过，未通过信。该法国教授不懂中文，薛虹博士也不懂法文。二人原先也不可能"交流"，但二人论文中的主要案例，大都是在国际上诸多的案例中，选择了范围几乎相同的那一部分；对案例的评析，则各有千秋，很难分出高下。从我个人所知，薛虹博士论文中的那一部分，早在1997年10月在澳大利亚讲学时，已构成其讲课内容，并已受到澳大利亚墨道大学硕士生们的好评。可能薛虹博士的作品完成反倒是"在先"的。但这并不十分重要。重要的是：这一巧合反映出我国知识产权研究已决不滞后。同时也反映出互联网正在使国内外研究的问题及研究深度走向同步。如果仍旧不肯在外语及计算机等研究的必备手段上多少下点功夫，就可能被远远地甩在后面了。

在国际互联网络环境下，应用数字技术，已经成为对全世界的政治、经济、法律等诸多方面影响极大的（也许是影响最大的）科技发展的因素。它在法律领域中的影响，又突出地表现在它与知识产权的关系上。新技术的应用曾导致知识产权法的产生，知识产权法又促进着新技术的不断开发。这曾是以往几百年的历史，也是今天的现实。正确地解决（首先是回答）新技术的应用在知识产权保护方面提出的新问题，是知识产权法促进新技术开发的第一步。而世界面临的诸多这类新问题中，又首推互联网上的版权及邻接权问题。薛虹博士的这一课题本身表明她行进在了科技与法学交叉点的前沿，而绝不像有的自命为"前沿"而实则是国外多年前已研究过乃至已否定过的论点及论题。

为专著作序者，在特定领域的研究水平，绝不必然高于著书者本人。15 年前，我第一次应邀为他人的专著作序时，作者是我 80 年代初在英国的澳大利亚籍同学。他当时已是副教授，而我才是助理研究员。我感到惶惶然。这次作序，作者虽是我的学生，但在数字技术与网络领域的知识产权保护方面，其研究水平显然在我之上。不过我却感到欣慰。原因是我看到中国年轻一代学者，在法学领域，已经大有希望。她（他）们迟早在国际学术界的作用，也一定在我之上。

"不尽长江滚滚来"。愿薛虹博士和她这一代人，有更多优秀作品问世。

8.《版权侵权认定·序言》*

我的第一位研究生毕业，正值 10 年前《著作权法》即将颁布之时，他的论文所涉也是版权问题。10 年前，网络还仅仅是专业学者们过问的，甚至计算机在中国尚待普及，那时的版权理论与立法水平，仅可能与当时技术发展的程度相适应。

10 年后的今天，《著作权法》第 18 条的真正含义开始被人了解

---

* 编者注：孟祥娟著《版权侵权认定》，法律出版社 2001 年版。

（"无形"指的是什么），《著作权法》第10条的内容已使一部分人感到冲击着中国传统的侵权法理论。这些，实际上都与网络经济、知识经济等曾被一些人不屑一顾的生产方式及交流方式密切联系着。

真的，如果不是国外开始了讨论"在线服务商"在版权领域是否也应负"无过错责任"（其前提是其他传播使用者，如出版商，已不言而喻地负着无过错责任），我们还不会在侵权法领域认认真真地研究侵害知识产权的归责原则，乃至把侵权责任与侵权的损害赔偿责任混为一谈。

由于《著作权法》第10条的制定，使得主张人身权之诉、主张权利物权之诉与主张债权之诉重叠在同一起在侵权之诉中成为"通例"，于是，以往在一般侵权诉讼中以"赔偿责任"之偏，盖"民事责任"之全的失误，就显现出来了。于是我们发现中国《民法通则》第106条第2款，与相应的《德国民法典》第823条，《法国民法典》第1382条，原来并不在同一水平上。当有人试图以"物权请求"中的不以"过错"为要件来补充《民法通则》第106条时，人们会进一步看到：作者对"发表权""修改权"等权利的主张，既不属于"物权法"中将规定的"物权请求"，也不属于损害赔偿诉求中的"债权请求"。而停止对"发表权"或"修改权"的侵害，虽然也不应以侵权人的"过错"或被侵权人的"实际损失"为先决条件，《民法通则》中的缺陷仍旧难以弥补。

技术的发展、网络的应用，已不再允许我们在别人已有议论的基础上"人云亦云"了，它要求我们如鲁迅在《狂人日记》里所说，应当提出这样的问题："从来如此的，就对吗？"不提出这样的问题，则窄而及于知识产权法学，广而及于整个民商法学，是难有真正的进步或成就的。

这里还仅仅讲道：当年由于外国版权法已有与我国第10条、第18条等相应的条文，我们借来了，但并非所有人都"知其所以然"。

如果进一步讲及我们的《著作权法》中当年尚没有或不可能有而今天应予补齐的，诸如信托关系、技术措施等等，那就更是大有可研究的问题了。

10 年过去了，我们有了进步，但前面的路仍旧很长，仍有更多艰辛，需要由更多的人去付出。

在版权的侵权认定与救济（包括赔偿计算）方面，无论中外都还有值得进一步研究的热点问题；技术、立法及司法的发展又不断提出新问题。孟祥娟博士的这部在博士论文基础上重新创作的《版权侵权认定》，正是对这一类问题进行研究的成果。

应当指出，过去许多涉及知识产权，尤其涉及版权的著述，对于"侵权认定"及赔偿之外的法律救济，是较少涉及的；即使涉及了，也较少深入去研究。许多著述似乎在告诉人们：全部或大部涉及版权侵权问题，仅一"赔偿"即可盖之。这实际是失误，至少是舍本逐末了。

孟祥娟的论著应当说是走出这个误区的第一步。所以，不论读者同意还是不同意书中的一些观点，还是值得一读此书，以便不再于误区之内，而是在更高的一个层次，展开讨论或争论。

故为之序。

9.《驰名商标与著名商标的法律保护·序言》*

时光已流入 20 世纪与 21 世纪之交，市场经济的发展，不再允许民商法领域，尤其知识产权法领域的学者，把商标问题的研究排除在自己的视野之外了。

---

* 　编者注：黄晖著《驰名商标与著名商标的法律保护》，法律出版社 2001 年版。

当有人认为商标权本不应属于"知识产权"时，当有人断定商标不过是认知的标识、商标离开商品就一文不值时，当有人主张商标权的性质"以占有为要素"，因此应将其纳入"取得时效的客体"时，他们肯定不会感到汗颜，否则他们就不会那样有系统地阐发这类观点了。

由于许多人一直把商标看作知识产权中最简单、最无必要深入探讨的领域，所以上述一些糊涂议论、一些百年前可能是"真理"、而今不可能不是谬误的议论，在学界不断被重复着，也就并不可怪了。

但中国由计划经济向市场经济的转轨，中国的"入世"带来的冲击，中国知识产权立法、司法实践一再向人们提出的不容回避的问题，终于使不甘心停滞在人云亦云（乃至以讹传讹）的真正学子，安下心来开垦这一看上去荆棘丛生的荒地了。于是我们读到了这部《驰名商标和著名商标的法律保护》。

虽然我相信大多数企业界人士都能读懂这部书，并会对它感兴趣，但该书绝不是一部"普法读物"，也不是一部传统的法学教科书。它并没有从法律概念出发，进而及于法律关系，进而营造自己的"法律体系"——像现今许多法学著述那样。因为那样一部书，可能有出版价值，却并无实践上的使用价值：读者已懂的东西，书上可能都有，而且讲得"头头是道"；读者不懂而想进去找答案的，读进去后却发现它的作者比读者还糊涂。

就是说，这部书不同于那些浮在"面"上的书。它是针对许多难"点"与热"点"问题展开并解答的。当然，点多了，也形成了面。不过这时已不再是浮在上面的那种"面"了。

除了较有深度地解答了一些问题之外，本书还在商标领域，特别是在驰名商标的保护方面，提出了一些似可继续争议下去的问题，其中有些涉及民法的基本问题。它们可能在我国还并没有被搞清楚，至少是与知识产权相关联时，还没有被搞清楚。因此是值得探讨，值得进一步争议下去的。

我拿到这部书的付印稿后，几乎是一气读完的，因为很难让自己停下来。读时让我油然记起李贺诗句"蜀丝楚桐张高秋，空山凝云颓不流"。因为读它不像是嚼苦果，却很像是饮清泉。读完之后，确有"秋寒扫云留碧空"的感觉。当然，作者不可能以一部书澄清商标领域的所有烟尘，但他毕竟扫除了自己足迹所及的一路上的蔓草。由于作者了解国内外商标立法与司法的历史发展，又熟悉两大法系主要语言（法语、英语），因此在比较中展开热点问题，是得心应手的。

商标之于生产者、销售者（包括服务提供者）和消费者都太重要了。谁又能声言自己处于这三者之外呢？而我们对它的了解与研究，相对就太少了。近年并非没有商标、商标权、商标法方面的书，而且可以说还出了很多。只不过抄袭他人者有之，重复前人者有之，真正值得一读者并不多。这种状况可能绝不止在商标领域。然而，我们终究还能见到一些真正的精品。我感到黄晖博士的这本书，即是其中之一。作为读者，我自然盼望有更多这样的好书问世。

10. 《知识产权案件的审理与裁判（中英文对照）·序言》*

改革开放以来，中国的知识产权法律制度从无到有，并不断完善；中国的知识产权执法状况也在不断改善。1993 年北京法院设立"知识产权审判庭"之后，这种发展的进程加快了。本书收入的 10 多个

---

* 编者注：周林主编《知识产权案件的审理与裁判》（中英文对照），中国人民公安大学出版社 2002 年版。

此类案件的处理过程及处理结果，正是中国司法界这种发展的一个清晰反映。

中国的知识产权庭（在今后一段时间里，可能要称为"民三庭"）的法官们，诚然有过不少发达匡家知识产权法官一二百年前，或至少是几十年前的经历，更有发达国家知识产权法官在近年乃至在今天的经历。本书中的几个有关网络的版权纠纷案例，正是一种经历的纪实。

在中国走进 WTO 的进程中，在中国走向"知识经济"的进程中，在中国"以信息化促工业化"的进程中，应当说知识产权案件的处理（尤其是司法处理），是举国乃至举世瞩目的。事实正是如此。知识产权案件的数量，在中国整个法院系统案件受理数量中占的比例是微乎其微的，但绝大部分产生在中国的知识产权司法裁判（如果不说是一切这类裁判），都会引起人们的关注、人们的议论或人们的研究、探讨或争论。可见，国人及世人，均知道知识产权保护在中国改革开放，在中国市场经济发展中的地位及分量。

收入本书的案件的审理与裁判全程的介绍，可以作为中国知识产权执法不断进步的一个证明。当然，这并不是说凡收入的这些案件的裁判都是无可争议的，无可改进的。但不论怎么说，在这些相关裁判中，绝不会出现从根本上否认知识产权是一种"专有权"的错误，也不易找出否认知识产权具有特殊性、否认精神权利的保护也受到限制等理论界经常出现的"硬伤"。中国的知识产权裁判文书，正越来越向理论型转化。这标志着知识产权领域的中国法官，总体水平在提高。

作为历史，作为事实的记录，作为研究者的参考材料，作为裁判漳参照或借鉴的典型，这部书的出版是很有必要的。

11.《中华人民共和国著作权法新释·序言》[*]

《中华人民共和国著作权法》在 1990 年 9 月 7 日颁布，并没有使长期盼着它出台的人松一口气，2001 年 10 月 27 日第九届人大第 24 次会议对著作权法又作了修订。了解这部法的人都懂得：在制定它的过程中，工作是十分艰巨的；而在实施它的过程中，道路也绝不会是平坦的。的确，著作权这种民事权利，即使不能断言是一切民事权利中最复杂的，也应承认它是极其复杂的。

"著作权"首先是一个历史的概念，是社会科学文化发展到一定阶段才产生出的一种民事权利。在历史上，并不是自从有了作品（著作）的创作，就有了著作权。"峨眉高出西极天，罗浮直与南溟连"，把这样一幅壮观的景色绘出的古代画师，至多得到"诗仙"的赞叹，却并未因此享有任何经济上的权利。只有当科技的发展使作品能够不依赖于作者而被复制一定数量的复制品，并在社会上发行（进而获利），著作权才作为一种无形财产权受到保护了。而"复制"与"发行"，即构成"出版"。因此可以说著作权是随着出版活动的产生而产生的，故我国及许多国家也将著作权称为"版权"。

著作权是与大多数人都有着极密切关系的一项民事权利。有能力创作的人，都可能是著作权人，为一切能够阅读、欣赏（听、看等等）的人提供作品的人（包括法人），又都可能是作品（著作）的使用人。对著作权人来说，有个注意维护自己权利的问题；对使用人来说，则有个注意避免侵犯著作权的问题。当然，正常的为阅读与欣

---

* 编者注：河山、肖水编著《中华人民共和国著作权法新释》，中国法制出版社 2001 年版。

赏提供作品，绝不会发生侵权。但"正常"的界线应划在何处？这是另一回事了。同时，创作者本身也有个如何避免侵权的问题。因为许多创作活动，都是在已经存在的他人作品的基础上进行的。因此有人说著作权法是"全民的法"。任何人不是处在必须维护著作权的这一边，就是处在必须避免侵权的另一边，著作权法的适用范围，则同时覆盖着两边。我感到这种说法是有道理的。

就知识产权（著作权、专利权、商标权等专有权）领域而言，人们对著作权的关心，远远超过其他一些权利。《专利法》颁布了3年时，全国范围诉到人民法院的专利侵权案只有一起；而著作权法尚未颁布的3年之前，全国从区县级人民法院到最高人民法院，就已经在处理着上百起著作权侵权诉讼案了。

不过从1987年到1991年，法院处理著作权案件的直接法律依据，主要仅仅是《民法通则》中的简短原则。从1991年之后，则将主要是著作权法了。这样，学懂、弄通著作权法，就成为大多数（如果不是全体）中国公民的一项任务了。这项任务不是自上而下地"派"来的，许多人将很快感到它是自己非自觉地去完成不可的。

摆在读者面前的这部《中华人民共和国著作权法新释》，为人们学懂、弄通著作权法提供了有利条件。该书的作者是我国较早涉足于著作权（版权）研究的为数不多的人中的一员，并较多地接触过与著作权有关的、我国的许多实际领域。该书虽然对《中华人民共和国著作权法》进行了全面讲解，但又远不是一部纯注释性的书，它倒是更接近一部有关著作权法的学术专著。因为，作者结合中国的实际，旁征博引了世界上许多国家的著作权（版权）著述及法律，以分析在我国立法过程中提出的一系列重要问题，并阐明了作者自己的见解。通过这种方式去论述著作权法这样一部复杂的法律，容易使读者"进得去，出得来"，使读者真正弄懂法律条文的含义，掌握法律条文的实质。

涉及著作权法的有些问题，目前在世界上还是 Open Questions，即悬而未决的。作者在书中也对它们作了一些探讨，并摆出了自己的观点。这与作者对法律条文本义所做的严谨讲解并不矛盾。正相反，我倒觉得这是在撰写法学著作时值得提倡的。对于已颁行的法律，我们要维护它的严肃性（公民要严格守法、执法机关要严格执法）；同时，对某些问题有不同见解，也应充分讨论。这样我们的社会主义法制才能不断发展和完善。

12.《专利实质条件·序言》*

由于世贸组织的知识产权协议在第 27 条明确规定，"一切技术领域的任何发明"，只要符合"三性"，均应有机会获得专利保护，不得因技术领域而限制发明的"可获专利保护性"（即张晓都在本书中所称"可专利性"），所以在进入 21 世纪之际又进入了世贸组织的中国，面对这个"第 27 条"，在理论研究、立法、司法与行政管理上，就都极有进一步认识的必要了。

获得专利的实质条件，本来是个老问题，是专利制度产生后200 多年（即距今两个世纪以来）已出现在许多国家立法、司法及行政管理实践中的问题。不过，临近 21 世纪时，又增加了新的内容。例如，关于商业服务方法的"可获专利保护性"，正是在 20 世纪末随着"State Street Bank"与"Amazon. com"等几个举世瞩目的商业服务方法发明而"炒"热全球的。随着欧盟及日本专利主管机关于

---

* 编者注：张晓都著《专利实质条件》，法律出版社 2002 年版。

2000 年末对这种"可专利性"的认定，随着澳大利亚法院于 2001 年 5 月对"Welcome Realtime"的一项类似中国民航"知音卡"的服务方式发明的认定，被传统知识产权理论绝对排除在"可专利性"之外的"服务方法"，几乎是不可阻挡地进入了专利领域。中国虽谨慎地仍旧在"考虑"、"研究"，但其最后的决定不可能不受上述国家及其判例的影响。

另一个"可专利性"新议题的讨论热点，则集中在生物技术领域。这个问题可能与中国关系更密切，也更有必要尽早地以深入研究的成果去促进我们的立法、司法及行政管理，而不能无休止地"考虑"和"研究"下去了，否则将不利于我国某些高新技术的发展。

张晓都的这部论著，正是把授予专利的实质条件这个既老又新的问题，与作为 21 世纪初知识产权热点的生物技术发明的"可专利性"问题结合在一起了。这部专著中的一部分（接近一半）是张晓都在日本通产省的知识产权研究所首先以日文发表的；还有一部分则是以英文在伦敦的《生物科学法律评论》（*Bio-Science Law Review*）2000~2001 期（即第 4 卷第 2 期）上发表的。这些，都已在国际学术界产生了很大的反响。至少，国外知识产权界知道了这一领域在中国有人研究，而且研究水平并不滞后。这比起有些论著常自诩为"在国内处于领先地位"，而在国际学术界来看，则仅仅讲及了 ABC，甚至在 ABC 中尚有"硬伤"，应当说是前进了许多。

至于现在献给读者们的这部论著，是否"处于领先地位"，一是我作为作者的导师，不便说；二是我对生物技术的专利领域确实研究不深，也不宜说。那就留给读者们去评说吧。

我国学者在知识产权领域的研究成果还太少，远远不适应我国

21 世纪初经济发展的需要。愿在张晓都这部著作之后，有更多有关这一领域的研究成果问世。

13.《互联网上的版权保护与限制·序言》[*]

接近 2002 年底时，中国的"搜狐"等网站宣布开始大幅度赢利，中国的几个网络公司在美国股市市值上升，纳斯达克指数稳中有所回升，等等，一系列信息传来，使国内（至少是法学界）一部分人又有些茫然了。这"茫然"，是 1996~1998 年前后，网络在国内开始普及时，他们就曾有过的。只是在 2000~2001 年，几乎所有网络公司亏损、纳斯达克指数下跌之际，这部分学者兴奋过一阵。他们摆出"三年早知道"的架势，向人们论述着为何网络经济即等于"泡沫经济"，解释着网络或数字技术为何没有实际意义，以此支撑起来的"知识经济"如何应当被否定，甚至联系到一些国家用以作为进入"知识经济"标志的对"版权产业"的估价如何的不科学。的确，在发达国家及一部分发展中国家十分重视"版权产业"的发展，从而"版权产业"成为国际企业界、经济界、理论界乃至许多国家的政府文件使用频率均很高的一个术语时，我国有的学者自认为"重大发现"地指出："权利怎么成为了产业？这从语言上就不通！"正像他们几年前就"发现"过世贸组织知识产权保护的内容中与专利、版权相对应的，不是"商标权"、却是"商标"，是一重大理论失误。

好在国内经常这样茫然着、兴奋着、又不断产生此类"发现"

---

* 编者注：李祖明著《互联网上的版权保护与限制》，经济日报出版社 2003 年版。

的人并不多。多数人十分明白，纳斯达克指数当年的下跌及许多网络公司的不景气，并未告诉人们网络与数字技术本身应当被否定，只是告诉人们网络经济必须同物质经济、传统经济相结合，才有生命力。认识到这一点的企业，就逐步走出了困境。而认识不到网络重要性的企业，结果还必将是王选与英特尔公司总裁分别作出过的同一结论：只有死路一条。

几乎在这一起伏的同一时间里，国内企业界、学界乃至政府，也并未随着少数人无意义地咬文嚼字，而是在网络的不断发展中，引入了"版权产业"的用法并开始广泛使用。因为人们无争议地明白"版权产业"指的是生产受版权法保护的那些产品（诸如图书、视听制品、计算机软件等等）的产业，而不像个别低智者所认为的是指什么"生产权利"的产业。

知识产权法是受新技术不断影响而发展极快的一门法学。在新技术面前茫然不知所措，进而企图否定它，结果就使自己的可驰骋空间越来越小，最后只剩下曲解人们的通用术语然后站出来"正本清源"这一点余地，是不足怪的。

我从来不反对基本概念必须弄清。我的学生即有专门研究基本概念乃至知识产权法哲学的。但他们首先得"与时俱进"。即如果不掌握现代研究手段，那么空间只会不断缩小，是没有前途的。此外，还须掌握一门以上的外文，主要是能更广泛地阅读国外已有信息，避免把别人丢抛多年的"理论"当成自己的重大发现再抬出来。有了这两方面的辅助，学生们掉入小空间中去咬文嚼字的危险就小多了。

李祖明在作博士论文的这一选题时，是正值纳斯达克指数大跌之际；而他又偏偏把网络仅仅与版权相联系来研究，应当说比有些对网络不屑一顾者更有远见些，也比只能从"版权"、"信息"等相关术语中找逻辑缺陷者的空间更广些。而且，这一论文题目本身，就要比只玩文字游戏的议论更贴近实践些。更重要的是，在李之前几年，已有一位现已很有名声的薛虹博士作过一篇很成功的网络与知识产权论文，李却仍敢再向这一领域进军，应说是有胆量的。我记得 1995 年时，我曾建议一位年轻学者就国际工业产权公约写一部专著。原因第一是该学者熟悉两门以上外文，又对工业产权很熟；第二是我的《工业产权国际公约概论》出版于 1985 年，已显得过时，况且郭寿康教授在第二年的《国际法年刊》上，就指出过该书中存在个别失误。但该学者几经考虑，最后还是改了选题。他的主要理由是担心再写这一专著，会与我已有的作品相形见绌。这至少是缺乏胆量的表现。

李祖明博士虽然目前的教学与研究，已广而及于整个知识产权与网络的法律领域，乃至整个民商事法律领域，但肯定在网上版权侵权方面，还会有进一步的成果问世。因为，仅仅在这一个方面，问题也是层出不穷的、有声有色的，甚至可以说空间很大的。

14.《中国近代版权史·序言》*

信息传播与版权历史

在网络与数字化时代研究版权史，其必要性何在呢？总的讲必要性不外乎"以史为鉴"。网络及数字化技术，无非是一种更加新的信息复制与传播技术，从这个角度看，它们与印刷技术有相近的本质。甚至有人把这推向极端。若借用其言，即"人们只能创形，不能创质"，故印刷技术与网络技术形虽大异、其质一也。

---

* 编者注：李明山主编《中国近代版权史》，河南大学出版社 2003 年版。

信息传播技术的发展，在历史上一直推动着人类社会、经济与
文化的发展，同时也不断产生出新问题，需要人们不断去解决。在
古代，印刷出版技术的发明与发展，为大量复制传播文化产品创造
了条件，同时也为盗用他人智力成果非法牟利提供了便利，于是产
生了版权保护的法律制度。近、现代无线电通信技术的出现，录音、
录像技术的出现以及卫星传播技术的出现等等，也都曾给人们带来
便利，推动了经济发展，繁荣了文化生活，同时也带来需要以法律
解决的问题。中国古老的辩证法哲学告诉我们：利弊相生、有无相成。
法律规范得当，就能够兴利除弊，促进技术的发展，从而也促进了
社会的发展。

作为创作性信息成果的作品，是"古已有之"的。而版权则只
是随着印刷术的发明及广泛使用才可能产生。因为只有印刷术才首次
大大提高了作品的复制与传播的效率。用元代王桢的话来讲，由于
使用了印刷术，"天下书籍遂广"。数字化与网络，再次以前所未有
的速度提高了作品的复制与传播效率，遂使历史上因每次"提速"而
产生的对创作者的便利、对公众的便利及对侵权人的"便利"，都在
更高一层的水平上再现与重复。例如，李明山书中所记载的"30年
代著作界的不良著译之风"，尤其是其中描述的当年学界的"浮躁"
之风，难道不是今天学界的一面镜子吗？这与复印、"下载"、"块转
移"等等数字技术带来的便利不无关联。研究版权史的必要性，可见
一斑。

在版权史中，研究近、现代版权史更为必要，因为其中可作为
今天"网络时代"借鉴或参考的内容更多。例如，1996年12月，
世界知识产权组织在两个版权条约中，作了禁止擅自破坏他人技术
保护措施的规定。这并不是作为版权人的一项权利，而是作为保障
网络安全的一项主要内容去规范的。至今，绝大多数国家都把它作

为一种网络安全保护，规定在本国的法律中。欧盟、日本、美国莫不如此。尤其是美国，它虽然总的认为网络时代无须立任何新法，全部靠司法解释就能解决网络安全问题，但却例外地为"禁止破坏他人技术保护措施"制定了专门法，而且从网络安全目的出发，把条文规定得极其详细——不仅破坏他人技术保密措施违法，连提供可用以搞这种破坏的软硬件设备者也违法，同时又详细规定了图书馆、教育单位及执行单位在法定条件下，可以破解有关技术措施，以便不妨碍文化、科研及国家执法。在这里，人们应注意：千万不要忽视了版权领域出现的问题对信息网络安全的影响。有关网络安全的许多问题，均是首先在版权领域产生的，其解决方案，又首先是在版权保护中提出，再扩展到整个网络安全领域的。例如破坏技术保密措施的违法性就是因 1992 年英国发生的一起违法收看加密电视节目的版权纠纷而引起国际关注的。最近美国的 NAPSTER 公司提供特别软件，使有关的计算机用户之间可以自行交换各自计算机中存储的侵权信息而引起了版权纠纷。司法界及学术界都已有人指出：如果其他有害信息在用户之间互相交换起来，必然产生更多的安全问题。对此也有必要尽早设计出法律上的对策。

反过来看，在传统版权法律制度中没有搞明白的一些问题，也有可能通过现代与网络传播技术相应的法律制度搞明白。例如，我国有人始终不明白对于作者的精神权利（或我国著作权法中所称的"人身权"）何以必须有权利限制，乃至有的精神权利在一定条件下必然"穷竭"（即"一次用尽"）。即使他们没能够读到主张"一元论"的德国知名版权学者迪茨（A.Dietz）所述："凡有经济权利限制之处，必然有精神权利限制"，即使他们没能够读到我国台湾的知名版权学者肖雄淋早已多次论述过的"发表权作为一项精神权利，只可能行使一次——一次用尽"，他们也应当注意到网络技术在今天的应用，更加使精神权利限制成为必需。在网络时代，西欧国家及日本近年来在各个领域都制定了一大批专门为使信息网络在本国能够顺利发展的法律、法规，同时大量修订了现有法律，使之能适应网络安全的需要。例如德国 1997 年的《网络服务提供者责任法》与《数字签名法》，它们甚至出现在欧盟共同指令发布之前，足以说明其规范网络活动的迫切性。日本 1999 年的《信息公开法》与同时颁布的《协调法》对作者行使精神权利（即我国法中所说的版权法中的"人身权"）规定了过去从来没有过的限制，以保证政府有权不再经过作者许可，即发布某些必须发布的信息。英国 2000 年的《通信监控权法》第三部分，专门规定了对网上信息的监控。这部法的主要篇幅是对行使监控权的机关必须符合怎样的程序作出规定。在符合法定程序的前提下，"为国家安全或为保护英国的经济利益"，该法授权国务大臣颁发许可证，以截收某些信息，或强制性公开某些信息。

国内法学研究领域，确有人主张"前不见古人，后不见来者"。在民商法领域，有人断言中国古代民商法无可借鉴之处，而几乎是同一部分人，又拒绝研究、借鉴外国（当代）民法及民事法律领域新缔结的国际条约。在知识产权领域，虽有联合国教科文组织早已认为版权保护应是随印刷术的发展而产生，我国也早有宋代撰书人、编书人以及出版者从官方获得禁盗版文件；有的外国人不了解中国的文化历史尤其是法文化历史，从"中国人历来的传统就是偷窃有理"及"中国历史就是偷、偷、偷的历史"来立论，最后断言宋代版权保护，仅仅是帝王对思想的控制或仅属于出版商的特权，与作者无关；国内居然也有人对此立论及结论大加赞赏。但国内又几乎是同一部分人，拒绝借鉴国外最新知识产权立法及新缔结的知识产权多边条约，认为它们离中国"太远"。

这种看上去自相矛盾的理论或主张，反映了确实充满矛盾的现实社会。正确的研究途径则是要从这种矛盾状况中解脱出来，一不能割断历史，二又重注重了解最新的发展。

李明山的"史"书则使读者可以从史料及对史料的选择、评论中，认识我们过去未曾认识的许多问题。至少可使我们在数字时代的版权研究中少走弯路。

就我所知，这部书，从作为国家社科基金项目立项到出书，作者为此付出了大量创作性劳动。这确是一部值得一读的好书。故为之作序，并祝愿本书的姊妹篇"版权古代史"及"版权现代史"能够以同样上乘的质量，早日与读者见面。

15. 《美国知识产权法·序言》[*]

初到英美法系的发达国家去学习应用法学，给人印象最深刻的就是每天必须完成的百页左右的判例的阅读。这种教学方法一开始就会使中国去的学生感到摸不着头脑。原因是在国内的习惯使我们对章下的节，节下的大一、二、三、四、小一、二、三、四更熟悉些；对先定位、再定义，从法律概念到法律体系的教学路径更熟悉些。但日读百页判例的好处是逼着你自己从现象中找到实质，从不同观点的交织中得出自己的结论。于是真正"上了路"的学生会逐渐去掉偷懒的毛病，减少被人牵着鼻子走人歧路的危险。所以，看似很笨的、完全没有"逻辑"的教学方法，却使一大批中国法学者受益匪浅，也使许多与时俱进的法学教师开始反思过去我们承接下来的教学方法。当然，也并非没有始终"不上路"的学生，他们"学

---

　　* 编者注：李明德著《美国知识产权法》，法律出版社 2003 年版。

成"归来后，满脑子仍是判例的杂乱无章和没有逻辑；更重要的是，他们并没有丢掉总想走捷径的毛病。

由于有限的大陆法系教科书是可翻译的，而且很大一部分已被我们境外同胞于多年前翻译成了中文，所以我们对这一方面较熟并不足怪。况且，忘记是谁说的了——学习是一种娱乐。作为娱乐而读小说和看电视剧，每每希望先看到结局是什么，倒也是人之常情。通常的教科书把结论放在最前面，然后展开自己的法学体系去论述它，会使人感到很顺、很舒服，感到确实是一种娱乐。不过事物总有它的另一面。年少时候读《离骚》，"聊假日以偷乐"一句记得很深。因为"偷"在这里并不读作"偷懒"的"偷"而应读作"愉"。当时十分不解；难道古人把"娱乐"与偷闲（进而"偷懒"）当作同义语？

习惯了先看到结论的学者，有时竟然在英美法的判例中找不到结论。读了半天某个判例，还是一头雾水；甚至把判决整个理解反了的，也大有人在。20 世纪 90 年代中期，有人在论文中引用美国版权法领域否定在临摹与复制之间画等号的重要判例 Bleistein，却是用它来证明"美国法院认为临摹等于复制"。21 世纪初，又有人引用美国商标法领域禁止大公司侵害小公司在先权利的重要判例 Goodyear Tire，却是用它来证明小公司在先权应当为大公司的侵害行为让路。这些，都是习惯了走捷径的"学者"读不懂英美判例的典型。这些典型都较充分地再次说明了在科学的路上是偷不得懒的，不然的话，大则走弯路，小则闹笑话。但是说实在的，每天都在新增着的、每篇又极长的判例，与大陆法系教科书相比，几乎是不可翻译的。

即使在应用法学上比我们先走一步的境外同胞，也很难都译成中文让我们去"借鉴"了。所以国内要出论述英美法系某一法学学科的专著，则必须是不辞劳苦地钻进大量判例中去、又能够再钻出来（像前面讲及的把判决都读拧了的情况，就属于没能够"钻出来"）而不去走捷径者，方可为之。

李明德教授从美国学成归来后，即已出版过专论美国政府知识产权海外保护的著作。该书把当时已有诸多论文及作为热点去谈的"特别301条款"作了全新的论述，已是见他绝非靠抄、剪、编、纂去"著书立说"之人，即属于不走捷径之人，这次呈献给读者的《美国知识产权法》，又是他完成上一本书之后，辛苦耕耘五年的成果。这是一部把判例（及同样难懂而冗长的美国法律）读懂了，又有自己的分析及见解的著述。它对国内立法、司法及教学领域的读者们无疑是有帮助的。

例如，侵权责任一节，会让读者看到：中国学者经常告诉人们的"只有确认了侵害者有主观过错，才能认定他侵犯了别人的权利"这一原则，又可以使读者明了；有些"对世权"居然就是从"对人权"转过来的，而这又绝不是所谓"债权物权化"——因为"财产的流转"化成了"财产的归属"这种事，毕竟有点离奇。至少，本书的作者没有打算去创作任何离奇的故事，他要展示给读者的东西，首先是自己已经弄清楚了的。做到这一点，并非是对作者的过高要求，却又不是任何作者都能做到的。

16.《商标的使用与执法·序言》[*]

2002年3月，我参加九届人大五次会议，加上会前需要做准备，有些日子未去办公室取信。3月10日休会那天，同事从我办

---

* 编者注：左梦魁著《商标的使用与执法》，河北人民出版社2005年版。

公室带来一封读者来信，谈到了他阅读我的《知识产权论》第二版的体会，随信还附录了一张勘误表，排列着他在阅读时发现的一些错别字。他就是河北省工商行政管理局的左梦魁同志。以往，我的著作出版以后，只注意有哪些不同意我的观点的文章，提出的争议之处。想不到左梦魁给我挑了一堆文字校对、印刷方面的疏忽和纰缪。他前年9月才购得此书，已读得这样细，使我非常感动。

根据他的勘误，我对照了一下原文，发现他查出的都是实实在在的错误。他指出的这些误差，对广大读者是极有害的。便立即回信表示感谢，把他称作是"我的老师"。之后，又应他的请求，寄送了两本我的其他著作。这也算是我们的一种书缘吧。今年9月，《知识产权论》第三版即将出版，左氏所提的书中的错、漏之处，我已尽按其勘误表予以校正。

从那以后，我开始留意左梦魁这个名字，发现他不断有文章发表在《中华商标》《商标通讯》和其他商标专业报刊上。由此我想到，他一定是一位比较刻苦，肯于钻研，非常勤奋的人。最近，他来信告诉我，准备把他撰写的十几万字的商标方面的文章汇集成册，取名《商标的使用与执法——15年实践和体会》，予以出版，并请求我为之作序。我很高兴地答应了。

看了这些文稿我才知道，左梦魁原来是"半路出家"。他不是自始从事商标专业研究的，他是在调进工商行政管理系统担任（地）市工商行政管理局副局长，从事商标监管和行政执法工作之后，接触到了商标，又从商标行政管理入手，接触到了商标法律法规，慢慢成为商标法律法规和专业领域的学者型执法者。知识产权法学是一门应用法学。在这一领域搞所谓"形""体"之类经院式研究，是不会有成果，也不会有希望的。近年，一些司法人员及执法人员在知识产权领域的著述水平，逐渐高于一些学者教授的水平，是不足为怪的。值得称道的是，左氏的许多文章是在繁重的行政管理工作之余，经过不断思考，一点一滴地写出来的。作为一名商标行政执法工作的基层领导者，其著述确实不易。尤其难得的是，他不但钻研和学习商标法律法规知识，而且善于把学到的知识用于实践，用于培育企业和社会公众的商标意识，指导企业实施商标战略，也确实作出了指导"华龙"成为中国驰名商标那样有目共睹的成绩。依我看来，他的学习和研究成果，并不是完全没有商榷余地的，但却明显带有了理论与实践相结合的品格。这是他的优势，也是许多从事商标法律研究的专业理论工作者所较为缺乏的。

正是从这个意义上，我认为他的这些文章值得推荐，也值得一读。它不仅对商标行政执法人员，而且对企业商标管理人员，对企业家们，都会有积极的启发作用。

读了这本书，我们还可以得出这样的结论：包括商标在内的知识产权知识，学习并不难，深造也是办得到的。关键是要与实际结合、又应用于实际，同时要下功夫，做有心人。

愿更多的人学习和掌握知识产权知识，愿知识产权更好地造福人类社会，更好地促进我国社会主义市场经济的发展。

此序。

2003年7月

17.《商业方法专利·序言》[*]

世界贸易组织由三根支柱组成——商品贸易、服务贸易和知识产权保护。在这三根支柱中，"知识产权保护"是最重要的一根。其理由是：商品贸易和服务贸易均离不开知识产权保护。商品的包装装潢、外观设计、商品说明书以及促销商品的广告词、广告画、广告影视，均是版权保护的客体。主要功能为指示商品来源的商标标识，则是商标权保护的客体。任何厂家的新产品能够在贸易中击败竞争对手，一般都离不开作为专利保护客体（或商业秘密客体）的技术方案的支撑。在服务贸易领域，文字、音像等信息固定于一定载体之后，在世界贸易组织的框架内均被归入"服务"而非"商品"，而这些信息无疑大都属于版权保护的客体。除此之外，在服务说明与服务广告、服务商标等方面，服务贸易依靠知识产权保护的情况与商品贸易大同小异。但在 20 世纪 90 年代后期之前，人们还很难把服务贸易与专利保护直接挂上钩。

1998 年，随着美国"州街银行案"（State Street Bank Case）确立了提供金融服务方法的"可获专利性"，服务贸易与专利保护终于直接挂钩了。在此之后的几年里，在美国，除更多的金融服务方法获得专利保护之外，与金融无关的提供服务的方法（例如亚马逊网上书店的"一次点击"服务方案）也相继获得专利。

最初，针对服务方法（即今天更多地被称为"商业方法"）专利，人们主要听到各国理论界及产业界的一片反对声，正如 20 世纪 80

_{* 编者注：黄毅、尹龙著《商业方法专利》，中国金融出版社 2004 年版。}

年代美国以版权保护计算机软件之始遇到的普遍反对一样。不过这一次强烈的反对并未持续太长时间。2000 年，澳大利亚法院作出了服务方法可以获得专利的判决；2001 年，日本及欧盟最终为服务方法专利开了绿灯；2002 年底，中国专利局批准了花旗银行的金融服务立法专利……。

多数发达国家与发展较快的发展中国家，之所以在美国之后也开始了对服务方法的专利保护，原因之一是：如果这些国家不给予这种保护，则在服务领域搞这种创新的人，只能把自己的创新成果应用于美国市场才有价值（应用于其他市场的后果是：人们会一拥而上地使用创新者所创的服务方法而创新者却无法得到法律的保护，于是在竞争中创新者与模仿者就极不公平地处于相同的地位了）。如果创新成果只可能首先为美国市场服务，首先去发展、繁荣美国的服务业，对创新的来源国是极为不利的。正如当年不保护专利国的人才与发明成果流向专利保护国，低专利保护水平国家的人才与发明流向高保护水平国一样。所以从这个角度看，我们很难指责澳、日、欧乃至中国，认为它们不该步美国的后尘。当然，我们也不否认，至今一大批学者们仍在批判商业方法专利之类的保护，同样有其合理性。

问题在于：在中国主要的和重要的贸易伙伴们都已加入商业方法专利保护这个圈子的今天，我们的重点应放在对策研究上，还是放在"批判"研究上？

黄毅、尹龙两位作者的这部《商业方法专利》，重点是放在前一方面的。这是我国金融界的学者在这一领域的一个开端与尝试，我认为是应予以肯定和支持的。这本书较全面地介绍了主要国家（包括我国）在商业方法专利保护方面的现状，评估了这种保护的发展趋势和在世界贸易中的影响，提出了我国相应行业应有的对策。

作为这一领域的较早之作，本书不可能没有缺点。但比起经院式的研究成果，比起诸如论证应将"信息高速公路"改称"知识高速公路"之类的"论著"，本书作者的劳动显然更有意义，从而也会有更多的读者，并会启发更多的读者。

中国加入世界贸易组织之后，在传统应用技术专利领域，已经有一批外国企业以"专利"来敲中国之门了。如 6C 集团、思科之类即是。在商业方法专利领域，很快也会有一批外国企业来敲门。我们实际上已到了不认真研究对策不行之时。当然，更加主动的对策还应当再向前一步，也就是使我们的企业有朝一日能拿着我们享有的相应专利（包括传统专利及商业方法专利），到外国去敲别人的门。

但愿这一天不会等得太久太久！

18.《网络法律评论（第 5 卷）·序言》*

当火星车 SPIRIT 与 OPPORTUNITY 发出的信号把火星上的信息清晰地传递给地球时，地球上中国这一隅的人们正在做些什么呢？

时间已经进入了 21 世纪。遥想秦砖汉瓦流传至今仍不失其实用价值；罗马法学代代承接在现世依然光彩耀人。"不了解历史等于失去了一只眼睛；仅了解历史却等于失去了两只眼睛"，这句 20 世纪出自"IP World"上的话，我感到很有哲理。"王母桃花千遍红，彭祖巫咸几回死"，古人尚知历史不足停滞的，何况今人。

有幸的是，中国始终有一批人是睁着两只眼睛做事的。其结果

---

* 编者注：张平主编《网络法律评论（第 5 卷）》，法律出版社 2004 年版。

是中国的载人卫星也冲出了大气层，这虽然离登月及登火星还有差距，但毕竟在缩小着这个差距。同时，中国的互联网终端用户已列世界第二，与20世纪90年代中、后期相比，我们的差距缩小得更快。

信息技术在中国快速地发展推动了相应的立法与法学研究。不断呈现给读者的《网络法律评论》，正是在这一领域耕耘的人们着眼于现实，着眼于应用，着眼于对策而作出的成果。无论闭上两眼或只睁一眼，均很难在这一领域有像样的成果出来。

早在20世纪90年代末，以俄罗斯国家名义发表的《俄罗斯信息安全学说》就把"信息财产"作为当代最重要的财产提出，并号召国人更充分地利用（主要指处理及传递）信息财产。但俄罗斯的"学说"只停留在了纸面上，因其并无实际能力充分利用信息财产，故其"学说"的影响并不很大。21世纪初日本在《知识产权战略大纲》中重提该"学说"中的上述理论，影响则"响"到了全世界都能听到。原因是日本的"大纲"绝非停留在纸画上，它实实在在地正付诸实施，从而必然影响其他国家，尤其是其贸易竞争对手、近邻中国。

作为知识产权保护客体的信息，对其利益的所有（ownership）与持有（hold），对其本身的处理（包括复制、改编、翻译等等），足知识产权法早就在规范的。只是在信息技术（今天主要指信息处理技术与信息传递技术）发展到数字网络时代的今天，早就存在的知识产权法不得不"与时俱进"。同时，信息技术（尤其足网络）带来的新的法律问题，已远远不限于知识产权范围。不过由于世界知识产权组织"顽固地"坚持把一大批与知识产权无关或无直接关系的网络法律问题（例如电子商务中的CA认证之类）纳入它的规范之中；又由于欧盟"奇特地"始终把一大批仅仅与数字网络有关的立法问题（例如"合同之债与非合同之债规范与指令"等等）纳入其"知识产权"立法范围，所以在国际学术界中，知识产权与网络总有难解之缘。北大及其他教研单位的中国学者，将网络法结合知识产权，又不限于知识产权进行研究，与世界知识产权组织及欧盟的做法，似乎是"不谋而合"的。

国际组织（包括欧盟之类地区性国际组织）的网络立法及研究结果对我们的影响，外国（例如美国、日本、印度、俄罗斯等）立法及国家学说对我们的影响，我们均应研究。此外，几个外国如果联手，将对我们产生何种影响，我们更应当研究。例如，美日欧国家在技术专利方面的"标准化"发展曾给并正给我们的产品出口带来不利，如果美日（或再加上几个其他发达国家）在商业方法专利上如果也向"标准化"发展，会给我国进入国际金融市场带来何种影响，也十分值得研究。对这些方面作出较深入的研究，有助于我们拿出对策，"趋利避害"。

愿《网络法律评论》在这些方面不断作出贡献。

《网络法律评论》一读者

郑成思

二〇〇四年春节

19.《企业商标使用与保护·序言》*

立足于商标纠纷中知名案例的介绍与评析，向企业阐明如何使用和保护自己的商标，又如何避免侵害他人的注册商标权，是这部书的主旨。

---

* 编者注：郭修申编著《企业商标使用与保护》，知识产权出版社 2004 年版。

在我国，在实行从中央计划经济向社会主义市场经济转轨时间不长的今天，许多靠诚信经营的企业做不大、做不强，难于打入国际市场，或虽然打入但难与国外竞争对手抗衡；许多诚信的企业感到发展中步履艰难，不知所向，大有"陇东卧穗满风雨，莫信笼媒陇西去"的处境。主要原田之一，是大量存在的商标侵权（主要表现为商标假冒）。极少数创出了名牌、站住了脚的企业，均极度珍视自己的商标。记得海尔集团老总说过的一句话，大意是其全部有形资产，未见得比得上其商标的价值。这真是发自肺腑的声音。

诚然，一部分企业在被侵害的事例中认识了商标的重要，又一部分企业在成功的经历中也认识到商标的重要。但总的来讲，转轨后的市场上多数不正当竞争者，已经较充分地明白了傍、靠或假冒他人商标大大地有利可图时，多数的诚信经营者却尚未了解商标的重要性，以及应如何依法保护自己的商标。面对着这种状况，国内大量的文、论却充斥着学者们论证"商标权本来与知识产权无关"、"商标仅仅是个认知标识"、"消费者只购物、并不购商标"、"商标保护已经过头，产生了权利人与公众利益的失衡"等观点与学说。与此同时外国的商标所有人（主要是取得了我国商标注册的，但也包括少数尚未取得商标注册的），则乘我国"入世"后商品贸易的更加放开与服务贸易的有限放开，长驱直入了。

正是在这种环境下，对于基本是处于"不设防"境地的我国诚信经营者们，《企业商标使用与保护》显现出它的价值。

作者原是长期处于工商管理第一线的实践者，比许多学者更了解商标作为认知的功能及认知以外的更广泛的功能，更了解商标权之所以成为知识产权保护客体的深刻含义，更清楚轻视商标保护的弊端。因此他在从事几年研究之后，总结了自己的实践经验，所呈献出的著述就可能比许多似是而非的"基本理论"更于企业有用和有益。

愿读者,特别是作为诚信的企业经营者的读者,能从这本书中吸取有利自己继续进行诚信经营、不断发展企业的东西;也愿更多学者型的经营者不断总结他们的经验,促进我国广大诚信经营者从"不设防"的环境中摆脱出来,共同为商标侵权设置障碍(目前还真不敢说"制止侵权"这类"大话"),共同为诚信企业的发展铺设坦途。

2004年2月

20.《创新性智力成果与知识产权·序言》*

"十二门前融冷光,二十三丝动紫皇"可以用来形容我读了朱谢群这部知识产权专著的感受。这实质是一部知识产权法哲学与知识产权法经济学相结合的论著。

20世纪80年代中期,受"第三次浪潮"的影响,我与我在伦敦大学的同学、澳大利亚的彭道敦教授共同提出了"信息产权"的理论,其中讲到知识产权客体的信息本质,在现代社会中信息的创新与信息财产的积累对有形财产的推动作用,信息创新有赖于知识产权保护的完善等等。虽然这一理论在国内一直有人提出异议,但

---

* 编者注:朱谢群著《创新性智力成果与知识产权》,法律出版社2004年版。

美、欧学者在 20 世纪 90 年代初就有专著响应，90 年代末国内也有了更多的人认同并重提。更重要的是，美、俄、日等国家，在其 1997~2002 年的相关示范法、国家信息安全学说、知识产权的基本法中，均强调了知识产权客体的信息本质及知识产权／信息产权的重要性。国内外理论与实践的发展，说明了我们近十年前提出的观点是站得住脚的。

朱谢群早在读博时，对知识产权与信息、信息创新之间关系就有相当多论述。这些甚至发生在日本《知识产权战略大纲》提出"信息创新时代，知识产权立国"的口号之前，可以说是很有远见的。

知识产权制度并不在于保护一切知识，（这是从经院派的角度反对及认同这一制度的人经常弄不清的）而在于鼓励创新。在 21 世纪的中国及世界上，不创新，就很难在市场竞争中生存，更不用说进一步发展了。而只有靠知识产权制度有效地保护创新成果，才留得住、招得来创新者及创新成果。在这方面，南海区已经做了许多工作，而且已经见到了显著的成效。要想真正实施全面的知识产权制度，就要真正地保护权利人，鼓励更多"自主知识产权成果"的开发，其次是防止不正当竞争及权力滥用。要想真正做到这些，就必须加强知识产权基本知识的普及与相关信息的传播与利用。我国有的省在考虑当地知识产权战略时，放在第一位的是计划在 4~5 年内使本地 50％以上的居民了解知识产权。这看似标准太低，实是抓住了根本问题。中国古话说"法不责众"，虽不宜予以肯定，但如果真有 50％以上的人不了解知识产权而想要实施这一制度，只能是纸上谈兵。

改革开放二十多年以来，知识产权制度对经济发展的促进作用越来越明显，虽然人们对这种作用的认识还有较大差异，而且总的讲，认识还落后于现实。袁隆平的高技术育种方案，改变了中国多少年来几亿人靠繁重劳动"搞饭吃"的状况。王选的"高分辨率汉字发生器"方案，使无数印刷工人告别了自毕昇、王桢以来在字盘上检字的劳动方式。这类实例，在当代，在中国，是越来越多了。这类实例明白无误地向人们显示了创造性劳动成果与模仿性（或复制性）劳动成果的巨大差别。

知识产权制度的本质是鼓励创新，不鼓励模仿与复制。这种制度利弊几何，还会长期争论下去。例如，在 20 世纪 80 年代初不赞成在中国搞专利制度的人，至今仍认为专利制度阻断了企业无数仿制与复制的机会，对我国经济是不利的。不过，"温州制造"不断在国际市场上被"温州创造"所取代，后者成本远低于前者，获得却远高于前者的事实，应当使人们对专利制度的利弊十分清楚了。

2002 年，英国的哈里斯教授对中国法学院学生讲"知识产权或许是今天唯一最重要的私有财富形式"时，我们的学者则论述着"人要生活离不开有形财产"。几乎在同一时期，海尔集团的老总说：虽然该集团几乎在世界各地都有工厂（有形财产），但与该集团享有的知识产权相比，这些有形财产的分量很轻。看来，成功的企业家比学者更明白：在当代，有形财产的积累，是靠无形财产（主要是知识产权）去推动的。从这个意义上讲，称"知识产权"更重要或最重要，并无不当。而在这里插上一句"生活离不开有形财产"，虽似精辟，却文不对题。正如牧童认为要一头牛走动，重要的是去牵牛鼻子，有人却告诫他"牛是用腿走路的"。

知识产权制度绝非无弊端。中国古语"有一利必有一弊"，不唯知识产权制度如此。但只要其利大于弊，或通过"趋利避害"可使最终结果利大于弊，就不应否定它。至少，现在如果再让科技、文化领域的创作者们回到过去的科技，文化成果"大锅饭"的时代，恐怕只有议论者，并无响应者。至于创作者与使用者权利义务的平衡上出现问题，可以通过不断完善"权利限制"去逐步解决。知识产权制度中对我们自己的长项保护不够，也可以通过逐步增加相关的受保护客体去解决。

总之，牵动知识产权这个牛鼻子，使中国经济这头牛跑起来，袁隆平、王选等人已经做了，更多的创新者还将去做。在信息创新时代，只有越来越多的人这样做下去，中国才有可能在更高的层次上再现"四大发明"国度的异彩。这也就是我们常说的"民族复兴"。

近年来，在所谓的"经济全球化"中，南北经济发展越来越失去平衡，南北贸易发展也越来越失去平衡，其中知识产权保护在《与贸易有关的知识产权协议》达成时尤其是多哈会议后，在国际上显现的南北失衡更是有目共睹的，例如，专利对医药的保护与发展中国家公共健康之间的失衡，等等。这些，引起许多学者对知识产权制度进行反思，是必然的。我们在这种情况下应当注意的，正如一位从事专利工作多年的学者所说，在探讨平衡时"一个重要原则是要充分注意发展是硬道理，尽可能用发展的办法解决前进中的问题，而不大可能退回到过去的大锅饭时代。"[①]

我国已经出版的法哲学书并不少，但我们面前这部书的论述方式，则有它的独到之处。当然，读者更有兴趣的，可能还是书中作者说理的独到之处。我几年前曾读到一部华政李锡鹤教授关于民法法哲学的好书。朱谢群的这部书则不失为知识产权法哲学的又一部好书。

愿本书的作者再接再厉。在以知识产权制度推动中国的经济、文化发展中，充分发挥自己的作用。

---

① 参看《中国知识产权报》2004年9月23日，张清奎的文章《我国医药知识产权保护现状及其发展趋势》。

21.《专利纠纷案件评析·序言》[*]

这是一部以形象的专利纠纷及司法、行政处理，来使读者了解"专利""专利法"及"专利侵权"一类抽象概念的好书。相信它在知识产权法的宣传与普及中，能够起到积极的作用。

由于中国不是判例法国家，所以不少法学学者承继了大陆法系（尤其是几十年前乃至上百年前的德国）学者的纯逻辑推理式论述、纯经院式论述等并非优点的东西，写出书来似乎人们越看不懂越显其高深莫测。实际上，正如一位哲人所说："真理是朴素的。"中国"入世"之后，企业参与国内、国际竞争，需要专利知识；政府（包括中央及地方）、企业为应对"标准壁垒""技术壁垒""知识产权壁垒"，为应对来自我们的竞争对手（包括外国国家及外国企业）的压力，需要专利知识；我们要把自己的知识产权战略定位在合适的基点上，也需要专利知识。而中国众多的需要专利知识的读者，未必欢迎经院式的著述。我们面对的这部"以案说法"的书，无疑是更受欢迎的。

中国改革开放后，自 20 世纪 80 年代后期，司法机关与行政执法机关受理专利纠纷，已经积累了较丰富的经验。行政机关处理专利侵权纠纷，是我国专利制度的特点之一；世贸组织肯定了这种做法，故也可以说是我国专利制度的优点之一。我们的法官，多年来已写出了一些水平相当高的以案说法、评案说法的著述。行政执法部门与司法部门联手，把自己处理的专利案件向读者解说，这

---

* 编者注：刘东威主编《专利纠纷案件评析》，知识产权出版社 2005 年版。

样的著述还比较少见。这部《专利纠纷案件评析》是一次很有益
的尝试，是行政机关与司法机关在知识产权领域联手普法的积极
成果。

在我们的企业推出产品之前，乃至决定开发某一产品之前，一
定要进行相关知识产权问题的检索和研究。这样做，一是可以避免
重复劳动，即避免做无用功，把其他国家、其他企业早已开发出的
方案当成新方案去开发；二是可以避免不慎进入他人的"专利圈"，
引来日后的专利侵权诉讼。企业在推出自己享有知识产权的产品后，
则必须监测有无他人侵害自己的权利，若有，又要进行维权。在这
两方面，本书都为读者提供了可资借鉴的案例和事例，提供了其他
企业已有的经验以及教训。

早在 20 多年前，中国理论界曾争论过要不要建立专利制度。
当时有人征求了相邻发展中国家印度的意见。一位印度学者告诉我
们："专利制度对印度的积极作用等于零。"这差一点成为中国不赞
成专利制度论者当年的主要支持意见。幸而当时中国决策者高瞻远
瞩，仍旧决定建立专利制度。20 年后，印度学者看到了这些年自己
的发展远远落后于中国的原因之一，在于没有给包括专利在内的知
识产权制度以足够重视。2004 年第 5 期的英国《知识产权》杂志上，
发表了他们的一篇题为《印度知识产权的觉醒》，反思印度这些年的
失误。而恰在此时，我国的一些学者反而掉过头去，开始重复印度
学者 20 年前说的话了。

专利制度并非没有负面作用；尤其在我们还没有认识它，还没
有利用它来作为我们发展的工具、而我们的竞争者却较充分地利用
了它的情况下，其负面作用就愈加明显。

专利制度并非仅仅有利而无弊。关键是我们如何趋利避害。

北京市知识产权局与北京市高级人民法院的这次普法尝试，正

是使人们更了解专利制度，使更多的企业能够利用专利制度来发展自己的积极的一步。愿本书的作者继续走下去，在中国实施知识产权战略的过程中，不断作出自己的贡献。

2004年10月

22.《中国专利诉讼·序言二》[*]

许多知识产权界内（及大多数知识产权界外）人士，一提起"专利诉讼"，就会联系到具体的实用技术领域，联系到技术专家、技术鉴定等等。殊不知，专利诉讼中要解决的关键问题，往往并不是或者主要不是实用技术问题，而是法律问题。一个优秀的专利代理人的必备条件是理工科背景，而一位优秀的审判专利案件的法官，则不一定必须具备理工科背景。他的法学学历可能是重要的，但是，他的专利审判经历更重要。有审判经历而又肯于并善于学习、研究、分析问题、总结经验，其认识才能不断升华。从程永顺法官十多年前问世（至今仍被许多读者、作者争读并引用）的《专利诉讼》，发展到今天他献给读者的《中国专利诉讼》，我们可以看到这一升华的过程。

中国专利制度在改革开放之后运行的20年来，人民法院审判

---

* 编者注：程永顺著《中国专利诉讼》，知识产权出版社 2005 年版。

的专利案件越来越多；应当承认，与此同步的是中国知识产权法官的总体水平也越来越高。国内外同仁及相关知识产权权利人，则经常是不满意与称赞并存，有时不满的声音更响。原因之一是相关专利纠纷越来越复杂。人们对知识产权审判的要求，始终会高于法官的水平；而这种更高的要求，必然反映在一系列专利诉讼中。知识产权法官必须向"学者型法官"迈进，才能适应需要。

同时，我们必须特别注意：公众企盼的是"学者型法官"，却绝不是"学究型法官"。如果把应用法学以思辨式、"法哲学"式的语言讲得多数人根本听不懂，其存于学界已属可悲，如果再存于司法界则实属可怕了。应用法学本身，并非没有基本理论可言。摆在大家面前的这本《中国专利诉讼》正是学者型法官将基本理论游刃于法学专著中的典型之一。仅举书中两个例子支持我的这一看法。

例一，在国内多人谈论"权利冲突"时，上海一位学者提出了"权利冲突是个伪问题"的论断。的确，当代的"私权"，均是依法产生的，在一个法域之内，法若不互相冲突，何来"权利冲突"？至于不同法域之间本来就存在法的冲突，"权利冲突"相伴而生。《中国专利诉讼》一书第一部分第四章对"权利冲突"的分析，则几乎与"国内多人谈论"及"上海一位学者"的论断并行不悖。

例二，国内许多论著始终分不清"专利侵权"与"假冒他人专利"的区别在何处，始终弄不懂无论"专利侵权"数额如何巨大，情节如何严重，依据中国专利法也不会像"商标侵权"或者"版权侵权"那样，承担刑事责任。《中国专利诉讼》第二部分第三、四章，则把这个问题讲得十分清楚。

可以认为，《中国专利诉讼》是一部以深刻的理论分析总结作者 20 年审判专利案件实践的应用法学精品，它对仍旧与即将从事专利审判工作的司法界人士、对律师、对专利代理人、对知识产权权利人与使用人乃至对知识产权界，均是值得一读的好书。

2005年3月18日

23.《"傍名牌"现象与反思·序言》[*]

在《中国工商报》的专题讨论会上，北京大学的盛杰民教授说："'傍名牌'现象在咱们国家已经成了公害。"（见《中国工商报》2004年11月24日，B3版）我非常同意他的这一看法。

但"傍名牌"本来并不是中国企业文化传统的一部分，甚至可以说根本不在中国的文化传统之内。齐白石的名言"学我者生，似我者死"，是否定"仿"与"靠"的。这才真正是中国的文化传统。事实上，外国企业抢注我们的"同仁堂""狗不理"等等，是早在国内"傍名牌"已成今日之公害前许多年的。只是外国企业抢注我们的"海信"发生在最近。可见，无论过去或现在，外国企业始终没有停止过"傍"我们的名牌，这倒很像他们的传统，只是被我们的不争气的一批非诚信企业"舶来"了。

知识产权制度也是"舶来品"。它的作用却与"傍名牌"正好相反。知识产权制度鼓励创新，激励企业注重和提高自己的信誉，阻

---

* 编者注：潘传龙、乔小尊编著《"傍名牌"现象与反思》，中国工商出版社2005年版。

止仿、靠、冒、盗。知识产权制度在一个国家里，应当把继续完善它当成矛盾的主要方面，还是把防止过度保护当成矛盾的主要方面，应当以受保护的商业标识、发明创造和各种作品遭仿、靠、冒、盗实际状况而定，要看包括"傍名牌"者在内的侵权人是不是总体上仍旧"理直气壮"，维权者是否仍旧举步维艰，要看国内外的关键技术领域、国内外的文化市场上、国内外的名牌之林中，是否已经有了与我们这样一个大国相应的"一席之地"，而绝不是看外国人怎么论、怎么说。

2004 年，在世界 100 个知名品牌中，终于能找到我们中国的一个了，它是"海尔"。这虽然一方面说明中国的驰名商标还太少，另一方面却也说明中国企业在国际市场上跻身驰名商标之林，已经迈出了可喜的一步。

改革开放之前，中国企业之不以商标为重，是十分典型的。商品包装上突出装潢、突出商品名称，就是不突出商标。许多商品甚至根本没有商标。那时喝茅台酒的人不少，有几个人能说出茅台酒的商标是什么？这种情况在国外、在发达国家很少见。我国企业不重视商标，主要原因之一是当时虽然有"商标法规"，但却没有"商标保护"，即并不把商标作为一种财产（知识产权）来保护。

改革开放后中国出现的第一部知识产权单行法是 1982 年的《中华人民共和国商标法》。当时我正在伦敦学习。我把商标法译成英文并附加了以英文撰写的解说，居然使牛津出版的《欧洲知识产权评论》在那一期出现了前所未有的畅销和脱销。全世界惊喜地关注着中国改革开放后向知识产权制度迈出的第一步。在那之后，中国又相继颁布了《专利法》《著作权法》《反不正当竞争法》等等，知识产权制度逐步走向完善。

不了解商标的人，不把它当成"知识产权"：即使勉强认为它是某种财产，也并不认为它是重要财产。我经常在讲商标的重要性时，就有"学者"反诘道："你到商店里是买商品还是买商标？"他们不了解自己在买名牌商品时实际已经支付了比商品本身成本高出许多的"商标附加值"。这种人如果仅作为消费者的"学者"中有，并不要紧，问题还可以长期讨论下去；而作为生产者的"企业家"中也有，事情就麻烦了，因为他们将甘愿一辈子为外国人"定牌加工"而永不会想到要创自主品牌。他们甚至不理解我国《商标法》禁止"反向假冒"的规定（即第52条第4款）正是为阻碍外国大企业变相或强制性搞定牌加工，正是为诚信的中国企业闯名牌铺路的。这些企业家自己可能并不去"傍名牌"，但他们却是"傍名牌"者能够存在、发展并"理直气壮"的社会基础。

当然，现在懂得商标重要性的企业越来越多了。海尔的老总张瑞敏说过，海尔集团所有的财产（包括动产、不动产、无形资产）中，商标是最值钱的。去年我在《深圳商报》上读到这一则海尔老总的评述，就油然记起二十多年前在伦敦的一位英国同学说过的："中国企业都把自主商标真的当成财产时，中国的经济就会称雄世界！"

企业诚然还需要不断开发其他受知识产权保护的成果（诸如专利、商业秘密等等）来支撑自己的品牌、扩展自己品牌下的产品（或服务），但往往要从重视商标开始。如果仅仅把商标当作一般的"认知标记"，而不是当作企业建立市场信誉的标志，当作吸引消费者重复购买的向导，那么这种企业肯定在竞争中站不住、做不大，难以生存。

去年在清华遇上了我在国际知识产权协会中的老朋友、美国教授韩德森，他十分赞叹地讲起"海尔"这个品牌在美国家庭中的信誉。中小型冰箱的美国市场几乎一半都被"海尔"占领了。同一天我又读到了报上的一则消息：在纽约的一个广场上，海尔集团销售家电产品，竟使美国顾客排起了长队。这在美国已经是多年未见过的了。

"海尔"可以算是中国企业重视知识产权的典型。它的成长也代表了中国企业的知识产权之路。如果有一大批企业能像"海尔"那样真正懂得知识产权并借助知识产权制度开拓国内外市场，而不是总被别人以"知识产权"为棍子追打，那么中国对世界的贡献，可能不亚于历史上曾经有过的四大发明。

24.《现代知识产权法学·序言》[*]

"现代"的知识产权法学，不同的人可以写出方向完全不同的著述。因为在现代，知识产权很时髦；批判知识产权也很时髦。故以此为题，可以作出千颜万面的文章。至少，进入 21 世纪以来，有人再次于知识产权法学领域发现"物质不见了"；有人将彼得·罗森堡几十年前成功论述的专利"对价"原理，蹩脚地扩而及于一切知识产权；有人正向地介绍了欧洲法院支持报纸转载 BBC 电视节目表的裁决中使用的"利益平衡"原则，也有人逆向地支持不允许转载国内电视节目表、却也使用了"利益平衡"原则，等等。一时间真让人感觉到"知识产权"似乎成了学界的又一部《红楼梦》，即可以拿它来讲"吊膀子"，也可以拿它来讲封建史。

但是，真正的知识产权法学并未在五光十色中变形。正如拨慢了自家的钟难以阻止天亮一样，众多拿知识产权来"玩一把"的沉

---

[*] 编者注：齐爱民主编《现代知识产权法学》，苏州大学出版社 2005 年版。

渣泛去之后，水还会重新清起来。

现在知识产权法学，一须在正确的平衡点上讲法哲学；二须在现代科技、文化之流的高端（如数字技术）把握知识产权保护的走向；三须在现代科技、文化之源的低端研究相应的基因资源与传统知识及其保护。这三者均不可缺。将陋俗（如裹小脚）与良俗混为一谈从而全面否定传统知识者，则很难深入研究"现代知识产权法学"，因为其源不明，其流难清。

本书的撰写者中，齐爱民博士曾专攻网络法，并有多部著述；朱谢群博士已推出的《创新性智力成果与知识产权》（法律出版社2005年出版）是极少的找准了平衡点的法哲学书之一；管育鹰博士则作为西南少数民族的一员，十分清楚应予保护的传统知识是什么以及为什么要保护。该书有这样的作者构成，是我愿意作序的主要原因。

20多年前，我从伦敦经济学院学毕归来时，年龄已远远大于面前的几位作者。看到21世纪中国青年中仍有人在认认真真研究知识产权法学，心中十分高兴。愿这些年轻人继续努力，实实在在地为中国的发展做些贡献。

1985年，我自为一位英国学者的一部英文书作第一篇序之后，至今已经作了几十本书的序。作第一篇序时，我就声明：并非作者的书毫无缺陷我才作序。今天仍要作此声明，作序仅因为该书确有可取之长。而作者出书后，要能不断发现书中之短，要能认真地接受读者挑出之短，作者才能前进。那些自称从读中学时起老师就挑不出其文章一点毛病的人，细看其作，实在是通篇胡言。"有自信、不自满"是我送给这几位年轻学者的一句极普通的话。它也是当年我的老师送给我的。

25.《专利权利要求·序言》 *

　　在几种主要的知识产权中，专利权比版权及商标权，更接近有形财产权，原因即在于它有一个从历史发展中不断完善的"权利要求"为自己的权利范围画出了比版权及商标权更清晰的界线。一旦能确定他人未经许可进入了这条线，就可能认定侵权成立。从构词上看，英文的"侵权"就像专为专利而设计的。

　　虽然专利权"比版权及商标权更清晰"，却仍旧不如我们看到实实在在的一部车或一座房那么清晰。何况"概念式的权利要求"、"周边界定式的权利要求"等在不同目录、甚至相同目录不同时期对专利权利要求的撰写的要求（即"要求的要求"），又使这一边界增加了不定因素，更何况不同法官审视角度的不同等其他因素的影响，使这个本来看似简单的问题，具有了自己的复杂性。实践中不断提出不能轻而易举下判断的问题，便使深入研究成为必要了。至少，对专利权利要求的研究，比起在知识产权领域玩文字游戏或一再展现的思辨"哲学"要有实际意义。

　　多年前我的一位博士生张晓都以"专利的实质条件"为题的研究成果，至今还常见人们在文、论中引用，但当时做这种研究者确实不多。而今天，更多人重视了知识产权法学作为应用法学的这一面，使基础理论不脱离实际，研究专利这一类问题的人就多了，优秀成果也不少见了。所以，现在要想在这方面使自己成果的社会效益不低于当年的《专利实质条件》一书，已确非易事。不过，朝这

---

　　* 编者注：董涛著《专利权利要求》，法律出版社 2006 年版。

个方向努力，总是不会错的。愿更多的人认真在这方面做些研究，为专利代理、专利审查与专利司法不断提供理论上的支持和操作上的方法。这才是我们对学界的真正企盼。

2006年5月22日

26.《知识产权的基本理念与前沿问题·代序言》[*]

知识产权法学与民法学[**]

一、民法研究与外语学习

学知识产权，有两样是必须学的，一个是外语，一个是民法。为什么要学外语？因为知识产权法、民法、很多法，除了咱们的刑法，刑法咱们中国是有历史的，甚至比国外要长得多，民法这一类的尤其是知识产权法，主要是从发达国家引进的。说实在的，咱们国内的一大批教科书，是绕了三道弯抄过来的。这个不行的。绕了三道弯儿抄过来的东西就不如直接看那个国外的，它即使抄德国的，你能找到英文。1980年的时候我到德国去，发现在德国马普学会搞研究的大多数学者愿用英文发表自己的东西，他们写得最好的绝不

---

[*] 编者注：周俊强著《知识产权的基本理念与前沿问题》，安徽人民出版社2006年版。

[**] 翟淼、李姗姗根据郑成思教授2006年5月15日录音整理；周俊强校阅，并根据内容划分段落，拟定标题。

用德文发，因为用德文发的话阅读面太窄，他们觉得可惜。所以我讲学外文首先是英文，当然你再能学会两门、三门那就更好了，这个并不难。

学英文跟学咱们汉文差不多，世界各国语言它有个共通的地方。你像咱们汉文的什么象形啊、形声啊、指意啊、假借啊，这些东西各国语言里都有。我记得我小时候学拿东西的"拿"，就始终写不好，我那个老师就很生气，就说你记住，你把手合起来才能拿得住，你张着手那东西就掉了，我就再也忘不了了，所以叫合手为"拿"，英语也是如此。别以为他们是拼音的咱们是象形的，就差到天上去了，它的结构这些都非常近似，可能有人看过我给何家弘的"法学家茶座"写的我怎么学外语的文章。咱们很多同学非常费劲地大清早起来，在公园里背、在花园里背。当然这个功夫要下，一个单词你要打算不把它忘了，至少要背180遍到200遍，有科学家做过这个统计的。要这么着的话几万个单词下来你受得了吗？所以你得学中文一样的这个东西。很简单的，你说形声"啪"的一声这是什么？"palm"是手，这是英文，咱们现在学英文的学过吧？至少从手开始，这就是形声字啊，"啪"，忘不了了吧？这个词儿你再扩展一下，你看这个手像什么？像棕榈叶子，像不像？棕榈叶也是"palm"，很简单的。

我们法学所今年有一个去世的教授，79岁的赵维田，研究WTO的，WTO的书他写得最好。他到我们所的时候是66岁，他开始学英文，66岁学英文很难背了，四年以后自己到荷兰去了，不用人陪着，飞机场出来，什么都能找到了，后来就经常出去了。这个东西没有什么晚不晚的问题。就像咱们那个古人讲的一样：晚了，晚了你点灯啊！是不是？这白天有太阳，晚了你点灯啊！这不是说笑话。任何时候任何事儿它都不会晚的。

二、知识产权研究与民法学习

咱们今天讲的主题就是知识产权法学和民法学。为什么要讲这个主题呢？四分之一世纪以前吧，我去英国留学的时候，我就要学知识产权。当时导师让我开课目表，我第一个开的知识产权，他就给划掉了。他说你不要学知识产权，知识产权第一可以说好学，第二你现在学你听不懂。我说你这话不矛盾吗，好学我怎么还听不懂呢？他说你得把民法先学齐了。英国没有民法典，它也没有统一的民法学，他给我开的课目与书目主要是《侵权行为法》《合同法》《财产法》《公司法》《民事诉讼法》等等。他说你头两年学这个，最后半年学知识产权，你就学进去了。还有几个法，我现在都翻译不出来，像"Law of Restitution"，我回来后把它翻译成"恢复原状法"，咱们有些民法先生不同意，我说你翻译出个好的来，他又不给，所以我现在就只好说英文。2001年开始民法典起草的时候，讨论其他东西我也去了，有的民法学家不高兴，就说老郑你怎么老往我们民法圈儿里边儿挤？你搞知识产权的！我说你搞错了，知识产权是民法的一部分，不学民法的人搞不了知识产权。学知识产权的人从两个方面过来的，一个方面是搞技术的，他必须补民法课，我们学民法的，必须补一些个自然科学的课，这是双向的，它有一个交叉。但是总的来讲呢，它应该算民法里边儿的，而且我讲我基础学的还不是知识产权，学的就是民法，可能我要提出来一些个意见，提出来一些不同点来，你还真是没法儿反驳我。

"Tort"在美国的《侵权法》里讲得很清楚，它就说形成"tort"，you must do something wrong，就是说你必须有主观过错。你自己没做错事儿不会有"tort"的结果，不是说不会发生侵权，那可没准儿。对这两个词儿分得最清楚的是第六版的 BLACK'S LAW

DICTIONARY，大家千万要看这第六版以后的，第五版的都没有讲清楚。咱们国内翻译字典的非常次，就是潘汉典翻得好，其他的我统统不敢恭维。所以劝大家直接看外文词典，你就明白了，比看多少部国内侵权法教科书都清楚，你就查查"tort"和"infringement"，你就明白它是怎么回事儿了，不被误导，它讲了很多。

三、案例教学法与概念教学法

德国的教学方法本来是很有道理的，它是一定位、二概念、三法律体系、四法律关系，这么讲下来很有逻辑性。英美的教学法是什么？case by case！讲了半天你不知道怎么回事儿。1980年的时候科恩刚到中国，写了一本《合同法》，大家一看哪有什么法啊，全是case！

这叫什么书？没人买他那个书，大家看不懂。

这两个教学方法，各有优缺点。咱们刚进大学的时候你用case教学法，可能大家雾水一团，但是也不尽然。现在深圳大学的法学院留学回来的一个美国博士，他就用case教学法，哎大家就听得非常有兴趣，而且他讲的这个理论大家忘不了，不符合这个理论的呢，大家用case来反驳，你还驳不回人家。但是国内大多数还是德国的教学方法。这个方法有缺点，这缺点不是我想起来的，是我的学生黄晖想起来的。黄晖他举个什么例子呢？他说好比一张床，床是什么东西？要是德国人讲的话，他要先给它下个定义，床是什么？长方形的，或者是木头的，或者是能睡人的，或者什么，他给下几条定义，你不能逃出这个定义。然后下边儿来讲床的历史，床的功用，床的发展过程，床的发展方向等等，他都是这么讲。现在碰上了一个椭圆形的席梦思，这个就很难办了。德国人他有办法，他就发明个词儿：这个是"准床"。然后下面他再讲他的法律体系什么仍旧不出格，首先他用这个东西把自己拴住了。我到日本就问日本的北川善太郎也好，胡井辉生也好，当时物权这个词怎么出来的。他们说当时没有选对好词儿，包括他几个民法学家都讲，我们现在如果选的话，我们可能也选有形财产，我们不选物。所以现在日本人他研究东西离不开物了，离开物他就糊涂了。所以日本的《知识产权战略大纲》开宗明义就给你写清楚了：知识产权的本质是一种信息，它不同于物权，因此不可能靠占有来保护它，不可能使用物权的很多基本原理来适用于它。它首先要把这个跟你讲清楚，然后再往下讲，否则就让人糊涂。美国就没有这个困难，"intellectual property"讲得就是"property"法。德国本身它也没有这个问题，德国知识产权"Geistiges Eigentum"它是个"ownership"，它是所有权，或者绝对权。只有到日本这块儿呢，它这物放在这块儿，它就不好办了，它现在好办了，它出来准物权这些。

美国人不然，要讲床的话，就到处把"case"给你拿出来，日本的"榻榻米"，这个能够折叠的行军床那当然也叫床，当然那个长方形的木板的那个也叫床，也不错的，中国烧的那个土炕也叫床，少林寺的和尚两棵树之间拉一根绳子，连睡觉带练功的那也叫床，不要紧。哎，这些东西都出来了，最后就不下结论了，你看完了你就懂了，如果非让他下个结论，他最后就讲了，能睡觉的地方就是床。你说这个东西太随便了吧，你说我睡院儿里了，天当房子地当床，那也是床啊。所以他这个理论呢，就比较好办，它有实用性的一面，所以美国很多东西都是立完法以后，才来论证它的正确性，你看很奇怪。德国、法国很多人，反对多少年最后跟着跑了，他论证起来也头头是道，所以他就让我怀疑德国法国这一套体系是不是就绝对的对？所以我考虑，把德国的和英美的这个教学方式结合起来好一些，不要德国那种太古板，当然英美那种太松散的，对我们刚刚入学的学生，学系统性的理论，可能会有一些困难。所以大家学习的时候，思想要放开一点，你学的这个先定义概念这些，它如果这个定义下对了你跟着走下去会很舒畅，定义要下错了的话，你跟着走下去你再想跳出来就很困难了。

四、合同法与民事立法

说到《合同法》这一块儿，它是民法的一个大方面儿，咱们的《合同法》有总则了。这一次在立民法典的时候，法律界就有两种争论了，就是将来侵权法甚至还有什么不当得利、无因管理等等，那东西你能写出个几条，你能写出个法来不？不当得利在英国就是准合同，它采取德国的方式叫"准"了，它叫"quasi"，它真是叫"准"。很简单，你到银行去取款去了，你说取 30 块钱，你的存折里边儿可能有 300 块钱，那个银行出纳员不知道想什么事儿呢，他给了你三千，你有啥过错啊？你没要三千啊？英国把它放在准合同里边儿。你何苦这么几条搞出个什么不当得利，有的那个不当得利，跟侵权是没法儿分的。法国在很多情况下，就不分这个东西，你看它的法还是分得很清楚，但是他在很多情况下，不当得利和侵权它不分，有的时候不当得利和合同不分，就看靠哪边儿近。那个无因管理，你更列不出几条来，你要列这些都加到一块儿整个有个债法了，就不光是合同法了，就还要来个债权总则。我就问他们这债权总则你写什么？你怎么写？债权总则里你能够归纳合同的那一部分，你肯定归纳不了《侵权法》的那部分，它不是一个东西，"债总"你怎么写？他们起草出来的大多数仍旧是个合同法总则，这不行的。因为现在侵权法是什么没搞清楚，我认为中国民法学界没有搞清楚。侵权法和物权保护的那一块儿你说有什么区别？他讲出来那个区别，我都能反驳他，没有区别。他讲的那个侵权，他又讲是侵权，他又讲不是"tort"是"infringement"，这个讲不通的，当然这一部分咱们可以先不去管它后边能不能出来。我觉得2002年4月份在上海的《法学》上，有个叫覃有土的一篇文章写得很好，他说这个"债总"你可能搞不出来，即使搞出来了，也是个不伦不类的。我同意他这个观点。

合同法跟知识产权法的关系太重大了，很多人不了解。比如说，咱们有很多搞知识产权的又是学民法出来的讲，《著作权法》里边儿那些合同法的部分都应该拿到《合同法》里来，让《合同法》成体系，并说各国都是这么搞的。我说其他国家还真没看出谁这么搞。正好他这篇文章发出来的2003年，德国的合同法进行了一次大改革，它就不是这样儿的，它的《著作权法》里合同篇非常细，《合同法》里边儿没有著作权，一句没有。有的国家有几句，就是把那个《著作权法》里边相应的条款拿进来做个摆设，法院从来不依《合同法》中的著作权合同条款判案。它都是在《著作权法》里。在这一块儿大家有个反向认识，就是本来应该在《著作权法》里的，咱们很多知识产权法学家不明白，他认为应该放在那儿。原先起草民法篇的时候，确实在民法的合同章里。

当时你们这儿的周俊强写了几篇文章是论法人的，我觉得写得挺好，推荐给他们了，他们基本上吸取了。法人是什么？"legal person"这是法人，没错的。"legal entity"这是合法存在的实体，咱们统统翻译成法人，这就很麻烦。所以咱们很多法学家就要求进来"第三主体"，法工委搞不清楚弄不弄"第三主体"，就把世界各国的基本上都翻译过来了，好，他们心里有数了。把这个"第三主体"给删掉了。咱们有个民法权威就讲：这是国际惯例，世界各国都如此！姚红就说：某某老师，你给我举出一个国家来！姚红说世界各国我们都找了，没有！所以你不懂外语别唬人家，我刚才说这个知识产权的法学家也是如此,不懂外语,所以他说各国《合同法》中都有版权合同, 实际并非如此。

五、知识产权滥用与我国现有立法

但是,确实有知识产权合同的规定在《合同法》里,咱们国内又是许多人都不知道。

2001 年以后,6C 集团要钱来了,咱们突然发现知识产权权利滥用这一块儿,对国内企业发展损失太大了。所以民法学家、经济法学家,包括知识产权法学家都在那儿吵吵:你看美国多好,还有个《谢尔曼法》,中国没有《反垄断法》,没有反知识产权滥用的,所以给了外国人滥用的机会了,多少篇文章到现在还在写,说咱们知识产权法没有反对权利滥用的规定。这个不对,知识产权三大法,商标法、版权法、专利法,都有权利限制,或者是整整一章,或者是整整一条,或者是两条,或者是几条综合的。你像专利法里边的强制许可条款、63 条那个一次用尽原则等等、为实验性的使用,凡是非商业性的使用,咱们大家记住啊,在商标和专利领域,凡是非商业性使用构不成侵权。著作权领域就没这么一说,所以几个月以前,那个胡戈在那块儿侃陈凯歌的那个片子,有的人说是非商业性使用,还别说后来已经有人上了网了,扩散得很远了,非商业性使用在这里不能成为辩护词,没用!著作权法里边儿没有非商业性使用不构成侵权这一条,但是专利法里边儿有。商标法里边专门有一条,著作权法里边专门有一节,都有关于权利限制的,你不能滥用这个权利。

那人家说了,我这个专利打包销售。咱们还要回过头来再讲一下这个 6C 集团,6C 集团这个事儿,跟知识产权法毫无关系。6C 集团来要钱,可不是它来要钱,咱们碱性电池,美国的专利权,人家也要钱，这个海尔，德国人来要钱，说你用我的专利了，等等，多了。其他那几家都没有给，碱性电池诉它无效，它无效了。6C 集团这个可能诉它无效，全无效掉的可能性不大。当时长虹啊，TCL 啊都找过我们中心，我们跟他们讲得很清楚，说你们先梳一梳辫子，它在咱们中国申请了多少项专利。这时，也有一个咱们中国的知识产权法学家在这儿出主意。2000 年长虹这边就说，不得了，以后可能要出事儿，要要钱。咱们这个知识产权法学家就说别怕，当时好几个大报咱们如果有记性的话回去查一下，登了他这个："知识产权法学家讲了'没关系，别理他！因为咱们中国的专利还没授予他，专利权是有地域性的，没授予他就不侵权。'"我说你这不误人吗？咱们现在没授予他，你可能永远不授予他吗？再有，咱们大多数这种产品是出口的，你没授予，美国授予了，你出口美国你也叫侵权啊？这不能这么误导这个企业吧？咱们话又说回来，我们要他们梳一下辫子，申请了多少项专利。懒得梳！没人干这件事儿！我们给他梳！就申请了 14 项专利，我们说不行，他跟你们要这么多专利的钱是非法的。他说不是这个样子，说郑老师，你们不懂的，我们产品主要是出口的，主要出口美国的。我说那好，你梳一梳在美国他有多少项专利。也不干！我们给他梳！美国不到 40 项，他要 300 项专利的钱。我们讲这个你不能给他。他们说人家讲了，人家格式合同在那儿，说跟世界任何使用人谈合同都这样，你用我一项专利，是这么多钱，每个机子有的收 18 块，有的收 21 块不等，不同厂家谈得不一样，反正都是很高的，所以用一项专利是这个钱，用一百项，三百项都是这个钱。我说那就怪了，他这是违法的，要违法了，一分钱不给他！不是咱们赖账，他有能耐打到法院去，打到法院咱们的法院判的结果绝不会比他现在要得多，那你没坏处啊，不给！企业打算不给来着，但是他的企业协会先妥协了，他觉得他懂得知识产权，我们要尊重知识产权。你用人家专利了，不给钱不合适，给！要多少给多少！

哎呀，当时我给学生讲课我就说，他们这些厂子的老总，不知道去北京秀水街买没买过东西，到秀水街买东西一般都这样，拿出件儿衣服来，你看上了，多少钱，说200块，你怎么说？对，没错！咱们学生都比他老总强。20块！他马上他就100了，你还说20块！他80块，你还是20块！他说降到70块我不能再降了，你不要捣乱，不买拉倒，你说拉倒就拉倒你就走，走几步，他说回来回来，20块给你，就这样的。现在菲利普公司已经不靠这个有形产品卖钱了，他靠卖专利赚钱了。如果说不用他的，他赚谁的钱啊？你可以跟他谈的，谈不拢的话怎么办？像我国台湾地区那么办，同一个时期它不是6C是3C，跟我国台湾地区要的，主持人也是菲利浦，都等于菲利浦出面儿。我国台湾地区就很明白，它把这条文看得很清楚。世贸组织的与贸易有关的知识产权协议，31条K款，讲得就是如果你的要价超出了公平竞争的范围，我这个成员可以不遵守TRIPS协议了。有这么一条多好，对咱们发展中国家的这条，不用！你即使这条没看过，我说你们看看《合同法》，《合同法》第329条以及最高人民法院的司法解释，讲得都很清楚。你在技术转让过程里边儿，如果有阻碍技术进步，阻碍经济发展的这种条款，视为无效。最高人民法院解释，什么叫阻碍技术进步？什么叫有垄断性质等等。一二三四五六七八条，价钱不合理了什么的，等等这些，统统在里边儿。我们有东西管他，没人研究，没人管！

咱们有些自称法学家的人还在那儿瞎出主意，报纸上愣写咱们中国没这一套。说到《谢尔曼法》，《谢尔曼法》你看过没有？我看过，一共只有六条，实体条款只有三条，根本没有咱们的《合同法》和最高人民法院的解释清楚，绝对没有那么清楚！六条一篇，打字纸一张出来了,《谢尔曼法》是什么,还以为是个法典呢,别在那儿唬人了!

所以《合同法》从正反两个方面,跟知识产权的关系都很大。从反的方面你如果不了解的话,你非要求把著作权合同这些并到《合同法》里边。当年我为什么把它反掉了呢?原草案里边写了一条,把人家作品丢了怎么办。这样提出来不对,作品它丢不了的,我写了一本《版权法》,我想丢都丢不了,它印出好几万册来,我那本《合同法》丢了你那儿还有呢,最后出版社那个铅印厂那儿还有,那会儿还没有搞这个激光照排,那儿还有呢,那纸形都还在呢。作品你想丢,丢得了吗?作品那是信息,它的附着物可能丢。它如果首先只附着在某一个载体上,就是原件上,它没有第二个原件的时候,原件丢了,你不能说人家作品丢了。这话太糊涂了!

讲到商标,讲得不伦不类。就是这个商标是什么,商标标识是什么东西?不知道!咱们学生汉语要好好学。咱们这个大法学家就在那儿讲商标标识(shí)。这写出来确实是个认识的识,回去咱们查查这个《现代汉语字典》这个识啊,没有标识(shí)这么一说,你说这个人博闻强识,你写出来也是个识,它只能念 zhì,不能念 shí。他就讲商标标识(shí)怎么样,听了半天我没意会出来这讲的是什么,后来我一看知道这讲得就是标识。这个标识呢,它也不是个物,它是个信息,它有承载物。你像现在这个标识,你说海尔,它可能从来没有打过有形广告,它就在那个计算机里边出来。现在还有绝的了,它从计算机里面发出来,就进它那个内存,不进硬盘,广告发完了以后,你回过头来,要搜索的话,客户能够搜索到的,肯定是它这个主机里边出来的,要没有客户提供这个消息,你公安查不到它硬盘里边儿有什么东西,所以它打造假的广告,现在新鲜东西都出来了。但是商标标识能够打出来,这个跟商标标识的承载物就不是一个东西了。咱们贴得那个纸签儿，那可能是个承载物，荧屏它可能是承载物，这些东西者没有分清楚。

有关著作合同的规定，我就说这些东西让人家自己的法去写吧，你这样写给写乱了，我是好意，而且我还讲，这个还真是国际惯例，各国没有写在《合同法》里头。至于技术合同，咱们原先就有个《技术合同法》，你现在整个搬进去就行了，技术合同法的立法，在专利法出来以后，它很快就出来了，搞得很不错，很完美，整个拿到《合同法》里头就行了，专利法里边儿用不着单搞。而且像专利这种许可合同，在美国是各州管的，各州的《合同法》都进不了联邦的法，当然美国没有整个联邦合同法，它联邦的那个是个示范法，它没有强制效力，这一点跟著作权不一样，当时说服了大家，所以没有搁进去。这是从反向讲不搁进去的，搁进去的就是我刚才讲的这个。6C 集团的这个案子，以及现在很多人，批判咱们的几大知识产权法里边儿都没有权利限制，没有禁止权利滥用。这是一种误解，是不了解知识产权法是一个整个儿的法律体系，它肯定包括《合同法》里边儿的"禁止专利权滥用"的这些条款。有些人讲了：我们讲的是禁止你整个权利人，不仅仅是那个技术秘密和这个专利权的权利人，《技术合同法》仅仅是关于技术秘密和专利权的权利人，所以你现在还必须另外搞一个制止知识产权的权利人滥用的，就像《合同法》里和蒋志培他们那个司法解释那个也可以。我说这你就又搞错了，因为除了技术转让里边儿的这种滥用之外，你现在再举，你举商标权的许可里边儿的滥用和著作权许可里边儿的滥用，你能举出几个来？你基本举不出来，你为举不出这个实际案例的东西你立一个法有什么意义？好看！全！成体系了！就像咱们有些民法学家讲的，民法典有什么用？民法典出不来我感到羞耻！这东西说服不了人。你如果出来了它没有用的话，那大家不感到羞耻吗？那不是你感到羞耻。这不行的。它法出来首先是要有用啊，有必要它才出来，它肯定是落后于实践的，你可以超前一点，但是要看有什么必要。

六、著作权的归属与权利行使

商标的绝大多数注册跟现在搞的一些皮包公司不一样，绝大多数的时候它是为了自己企业用的。著作权这个权利跟专利商标又不一样了，在哪儿呢？它走到最后，大多数著作权，那个权利在哪儿呢？在个人手里，不在公司手里。咱们中国与美国可不一样，美国的迪士尼也好，什么也好，它都在公司手里，中国《著作权法》第16条规定得很清楚，你即使是职务创作，创作出来那个结果，单位他有先用权，他不用付钱，不用征得你许可了，但是单位在他自己的公务之外再要用的话，还要征得你许可。

你像我们社科院就很清楚。我们写的书这些东西呢都是我们自己的，整个它不是职务作品，但是我们写的"要报"，就是给中央写的，给中央提的战略性建议、立法建议等等，给国务院写的，这"要报"统统是我们的职务成果。但是要把那个"要报"汇成集子在出版社出版，它要经过你许可，最后稿酬要给你，都很清楚的。

咱们记得"CCTV"那个官司吧，中央电视台的美工组组长，设计出来"CCTV"，一个圈儿出来。他后来讲那是我的作品，你要用的话得经过我的许可。人家后来讲你职务作品，这个没法儿讲了。当然后来官司继续打下去，他抓住点儿理儿，他说职务作品，中央电视台往外搞宣传，你弄在报上我都不管你，还别说你电视台上广播我都不管，现在你出的那个纪念品，这个领带夹子、领带、书包、背心儿，凡是到你那儿去的，你卖这东西卖得挺贵，人家还愿意买，你都把那个"CCTV"那个图案印上了，这该给点儿钱儿吧？这就很麻烦了，这官司打了好多次。最后 CCTV 找我，给咱们这些个媒体说说话吧，我们说这个算一种特殊的情况。举个例子，我说一般的报纸，要是某个书法家写出来字儿的话，他的子女没钱儿花了，跟他们要钱的话都可以，唯独《人民日报》不行。"人民日报"这四个字是毛主席写的，《人民日报》也有纪念品、有其他东西、有第三产业，他要钱，碰上这种事儿你怎么办呢？要钱的话给你多少钱？你说一个！

　　一般的是，我要判定你侵权的话，按照在相同情况下许可给别人的费用，可以一到三倍，也可以是原来的这个价钱，它有个比照啊，我惩罚你可以三倍，也可以比照。但是像"CCTV"这种情况，你一般的相同情况都找不来。当年那个"美的"，现在的"美菱"。他也是讲，他原先就许你用电冰箱什么的，现在你衣服什么的你都开发，你恨不得做房地产，那你那个钱儿赚老了，你得给我。像这些他都举得出来，你许可给别人多少钱你得给我多少钱，他都拿出来。那好，"CCTV""人民日报"你拿一个来，他许可给别人，谁敢用啊？你那儿播一个"CCTV"试试，马上把你抓起来。所以他是一种特殊的，所以当年设计的就仅此一家，绝对不是给第二家设计的，绝对不可能有第二个利用方式，不可能。这话是什么意思呢？就是说这种在咱们国家大多数著作权的创作成果，最终都是在个人手里，这跟美国完全不一样。它这个微软，它可以搞垄断，可以滥用，沃尔特·迪士尼它可以滥用，那他权在公司手里，大多数创作完了以后，版权不归作者了。

　　美国那个《版权法》的 201 条定得非常岂有此理，任何人创作出来就是属于职务创作，创作完了以后他那个老板就是作者了，你不但没版权，你连作者都不是了，没你什么事儿了，回家待着吧！当然它的好处是它一笔把钱给你，就是相当于你将创作成果，一笔买断了。在北欧那边，除了英国以外大多数不许买断的。但是在法国，在德国，德国除了电影之外，瑞士等等很多这些国家，著作权也是一直跟作者跟到底。这一块儿跟别人不一样。所以在这一块儿你立个《反垄断法》你管他，你这学经济法的可能没学清楚。《反垄断法》是反什么呢？是反市场行为的，市场行为的主体，他必须是经营者。在大多数国家著作权人不是经营者，你反不了我，你就算立了那东西，你适用不到我头上。所以咱们很多法学家写了那么多文章最基本的法律关系没搞清楚，定义下了，法律体系、法律关系，一直写到底，一本书出来了，至少两万字的论文出来了，开头就是错的，这可不行。

七、物权与债权

咱们民法原理经常讲到合同，合同权是一种什么权？是对人权。物权呢，那是对世权。对世权就是说对任何第三方它都是有效的，合同就是我们当事人双方有效，几乎所有的民法教科书都是这么讲的。我说你反问一句没有？无论它教科书上还是咱们合同法里，经常出现这种法条或这种论述，某一个合同如果你不登记的话，不能对抗第三方，是不是有这个话吧？这话反过来什么意思呢？你登记了的话就能够对抗第三方，那它的效用跟物权究竟有什么区别？究竟谁是老大谁是老二？你物权能够对抗第三方我这登记了的合同也能够对抗第三方，为什么大家都不问这些问题，就跟着往下学？这恐怕不行。

所以民法学的书，我推崇两本儿，国内的。一个就是上海华政的李锡鹤写的《民法哲学论稿》，书写得真好，是真正的法哲学书。咱们现在国内有好多法哲学书啊，可是抄的国外的，不好！至少知识产权法哲学，就基本是抄澳大利亚的 Peter Drahos，基本上是抄他的。你们大家以后有精力可以看看他这个原作，原作就叫《知识产权法哲学》，国内可不止一本，好多人是抄他的。北大虽然只揭出一个王铭铭来，这种人可是有一批，这不好！但是人家李锡鹤这个是呕心沥血写的，后来买不到他那书了，我就托人告诉他希望他再版一下，或者是重印一下。不让！你卖这么火干吗不许重印呢？说他这两三年又有了一些新的观点，那里面有些东西呢没有展开，他认为他现在很多展开了的东西他都成了文章了，然后他把他三十几篇文章呢，综合起来，要出个论文集，这就麻烦了。现在大多数出版社不愿意出论文集，论文集这个东西呢，它不叫座，卖不出去。你出版三千册以下的，恐怕出版社要为难一些。我找人民出版社，讲这书怎么好，他只要不叫论文集。这30篇儿我倒基本上都看过了，他都是在三个刊物上。一个是华政的校刊，一个是华政出的那个《法学》杂志，还有一个是复旦大学校刊，别的杂志都不去。因为上别的杂志，他有的还需要认识人，有的需要什么。他这人就是任何关系我不走。人民出版社这个主编看了以后，挺受感动，他法不太懂的，说这个文章写得文笔这么好，出神入化，答应出了，叫《民法基本原理若干问题》，要出的话很快就能发排。

第二本呢，就是广西大学法学院院长孟勤国的《物权二元结构论》，人民法院出版社出的，大家要看2003年以后的那个版本。他确实是有自己的见解。你像合同法里边儿我讲得这些问题，别人没有提问的他提问了。

咱们举个很简单的例子，你欠我一头牛，我是债权人吧，你是债务人，我绝不把这个债权设在那个牛身上，那不麻烦了吗？按咱们那个民法讲的就是物在权利在，物不在权利没有了。你是物权人，行，你当你的物权人，牛死了，牛死了你没有物权了吧，你什么优先呐？你什么都没有了。牛死了你就不还我了？你还我钱，你赔我台电视，干什么都行，等价的，牛死了你就不赔我了？你设在物上的债权，人家倒霉了！我凭什么设在物上？他们又举别的例子，任何书都这么写，我讲的这牛也是他们举的例子。它就没说后边这牛死了怎么办？我就要往下说，往下一说他就没道理了。一物二卖！这说得通吗？一个房子，我先卖给你的，后卖给他的，但是他去做了物权登记了，那就得给他，以后要这么着的话，咱们物权法一出来可就麻烦了，我要给登记机关两钱儿他什么事儿不干啊？往下要这么搞的话，那以后一批有财产的人可就苦了，绝对不能这样！一物二卖，这个命题就告诉你，这二卖它是两个债权问题，跟物权没有关系。你举的那个例子，他去登了记了，说明什么呢？他这个债权履行完毕了，只能讲履行完毕的债权优于没有履行完的债权，这是两个债权相比啊？你怎么拿第一个履行完毕的结果取代了物权，拿第一个的结果和第二个的过程来比啊？有这么比的吗？它过程和结果不在一个时空领域，永远没有互相比的机会。咱们老师教学生的时候，一开始下定义就讲得很明白，什么是物权？所有权啊，什么使用啊等等。什么是债权，作为、不作为、给付，你讲的都是行为，讲的是过程，你这两个东西他没有可比性啊？你怎么能这么比啊，大家都这么比，代代就这么讲下来。德国还没有这么讲呢，只是中国台湾的有，日本的有的有，日本的正经的几个民法学家没有这种东西，德国绝对没有。学这些东西的话，不能看咱们当代的祖师爷怎么写的，当代的很多祖师爷不懂外文。你根本没有去看过人家原始的东西，转了几道介绍来的，那不行的。实践里边儿拿出来的问题一反问，没有结果。

八、托拉斯与卡特尔

咱们再讲当时为什么让我学《公司法》。公司的财产是个最复杂的问题，这是在咱们中国，在国外一点儿也不复杂，包括德国、美国这些都非常清楚。公司它永远是用钱儿的。你们的钱儿都给我，我给你用。这个用的可不是咱们一般说的用，就说你只有使用权没有处置权不对。咱们大家想一想，还有年纪稍微大一点儿的，改革开放之前，所有那些百货公司都是国营的，邮政局到现在都是国营的。这些国营单位，处置它的商品需要国家批准吗？每天它都在那儿卖货啊。所谓那个要批准的那个处置，是处置什么？你搞清楚，这公司我不要了，我拍卖了，我跟别人合并了，我这搞着搞着这个冰箱我去搞房地产去了，属于这种处置。到以后咱们合伙经营法出来，我拿公司财产我去搞合伙去了，公司作为合伙人之一了。你像这个时候，你那个董事长想干就干的，你必须开董事大会，必须开投资人大会。这说明什么呢？那个所有人是投资人。

这个在美国最清楚。因为美国的公司是和它的信托体系的产生是同步的，公司相当于次一级的信托，没有信托那么绝，信托就是搞得比公司还更绝一些，而且信托没有股民这么一说，它就更集中了，它容易垄断。德国它为什么不容易垄断？它的金融搞得就没有美国好，美国就很清楚，我有钱儿，我钱多，我不会花，我统统给你，我 trust 给你，我相信你。托拉斯不就这么来的吗？

咱们回过头来再讲美国的金融，因为它金融业首先需要这种垄断寡头，它要把这个钱都集中起来，才能做大。所以这个"trust"，这种托拉斯使美国做大了。德国为什么攀不上美国？德国是卡特尔，卡特尔是什么？联盟！我是老板，你是老板，他也是老板，咱们大家一块儿来管，一块儿来管没有管得好的，咱们试试看！咱们中国人说的龙多了主旱嘛，九条龙谁也不下雨，你有一条龙的话它就下雨。所以美国人在这一点上非常清楚。公司呢，它只是比这个多一点儿，就多个股民，其他东西都一样。我 trust 给你！你去花去。那我投资投给你以后，你成了所有人，我成债权人了，凭什么啊？很多民法学家还跟我争论，我觉得他们信托没搞清楚。我说信托实际上没有转移，但是它有权处置，你不能干预它，干预人家不行的。它有衡平法管着的，到了某一级你就不能处置了，那是由美国衡平法管。

公司也是这样的，有公司章程管着的。你都可以占有、使用、处置，你都有权利，但是处置到了某一点上必须依公司章程。原先这个物权法里边儿讲到公司所有这块儿，就不讲这个公司所有的这个处置是怎么处置，我就讲法律及公司章程，你必须把公司章程写上，要不然不是公司，这条写上了。它财产没有转移呀，在任何情况下财产转移了的话，你获得财产的那一方必须交税的，没说的。咱们现在国家没有这个遗产税，那是现在先给你免了，因为遗产税一交的话，就会有很多因素要考虑。但是遗产税这个词儿在咱们大家脑子里要很清楚，就是遗产一般是要交税的。香港原先有，现在准备免，也是准备，那就是有，和免了是一回事。根本就不可能有税种的，就是公司接受投资。我投给公司了，公司因为得到钱儿了交税，没有这么一说！

你看银行这个也很清楚。咱们很多法学家都搞不清楚，说拿着那个存折是个债权标志。凭什么啊？那我还是当那个"土老帽"吧，过去那个土地主有钱我放在大缸里，那我还是物权人呢，对不对？好了给了你，我成债权人了，我成三孙子了，是不是？倒是你优先了！根据他这套理论接下来的。我不干了！凭什么？这一点儿史际春搞得比咱们民法学家都明白。发了三四篇文章了，就讲这个银行存折，它是个物权凭证，不是债权凭证。凭什么我给了你就是你的了？咱们银行为什么那么多坏账啊？银行什么都敢干，拿了那钱出去赌博他都敢！就是咱们这法学家把他给惯的。他以为他是物权人，他不是。这钱儿是我的！It's my property！它这不是你的，这你得搞清楚。

它为什么到了他那儿，利息税还交了我的啊？那要给了你是你的话，我交给你的话，国家应该问银行征税。没有的事儿！

我交给你企业的同时也没有说让企业征税的。从这点你就看出来，它财产权没有转移，我还是物权人，我有最终说话的权利，到了最后要说话了，要开股民大会，股东大会，一般是开股东大会，因为股民太多了。掌握股权多少以上的你给1％，现在有的发了多少万股了，我掌握万分之一那没权参加那个大会，要不它会召开不起来，这是从这个技术角度讲。从理论角度讲，我股民、股东，我才是所有权人，那钱没转移。这一点儿上，中信出版社前年出的这个"LAW OF PROPERTY"，里边儿就讲得很清楚，公司财产专门有一章，它分得很清楚。讲到投资者，或者讲股权人这一块儿，它用的就是ownership；讲到公司，经理也好，董事长也好，讲到这一块儿的时候，它用的是management。你在那儿干的，你拿多少钱，我股民没钱，最后分红要亏的话我什么都没有。你可能你是亿万什么，那都不要紧，你那公司财产那是我们大家伙的，不是你的，你要法律定的是他的话，那咱们国家更乱了！那就麻烦了，绝对不能走到那一步。这种民法呢没学会，它仅仅是个理论上的误区。写到法里边儿的话，对咱们整个经济是一个相当大的危害。

所以我觉得，大家把民法学清楚了，不仅仅是知识产权的问题，还有各个方面的问题，民法是基础。我们所的林欣是搞国际法的，他讲搞国际法的基础也是民法，不学民法搞国际法的人搞到底，他最多搞的是国际关系，不是法。他讲的很有道理，他也是咱们国际法算权威之一了，他就这么清楚。你还不要说这个知识产权，知识产权这块儿呢，肯定民法是基础。有人说我老想把知识产权和民法分家，说它不是民法的一部分，我从来没有这个看法。但是我有一个看法是坚定不移的，就是我讲的民法是知识产权的基础，那个民法绝不是我们国内有些个民法学家所认识的那个民法，他没有认识到位。而是我们大家应该认识到的那个真正的国际上的，包括英美、包括德国法国，他们很清楚的。所以你看法国的知识产权法典里边儿有一条，咱们很多民法学家看不懂，它就讲如果某一个人，他发生侵权而没有任何经济上的赔偿的话，这种案子属于什么案子？有一次有一个民法学家就讲，这句话写错了，没有任何损害赔偿他就没有侵权啊，他怎么会有侵权呢？所以《法国民法典》讲的那个侵权"infringement"还是"tort"也是分得清清楚楚。在德文里的对应词，法文里的对应词都很清楚，就是到了咱们中文，它不清楚了。关于这一块儿，告诉大家要读一下孟勤国的和李锡鹤的这两本书，原因就是他们这两本书里边把这些问题分析得都比较清楚，我这里当然就是我记得清楚的几个例子。

九、信息财产法与知识产权客体的本质

最后我们讲一下信息法或者信息财产法。这为什么想起这个问题呢？因为在 2002 年 4 月份的时候，我交给全国人大法工委的那个民法典的稿子，这一部分里讲到了，就是知识产权的客体，它的本质是一种信息，所以它的客体跟物权的客体不一样，所以不适用于传统民法。我讲传统民法，是因为咱们很多民法学家，他只知道物权法，离开物玩不转。你像这个票据什么这些东西属于什么，货币属于什么，有的人讲不清楚。你讲它是物权凭证，为什么？讲不清楚。你讲返还原物，你必须返还原物，这个可说不准。我借给你一百块钱，我再跟你要的话我绝不要原先那上面打的一样的银行号的，那不一定，或者我借给你一百元，我就写个"郑"字在一百元纸币上，你还给我还得写个"郑"字的，我不一定要那个，但是它确实是物权凭证，这些东西他没有搞清楚。所以有的人讲知识产权适用准物

权，还在那儿发挥，都是抄谢在全的一个例子，那个例子肯定是错误的。因为知识产权作为它那个客体这样一个作品，它可以一下子被无数个人同时占有。你任何占有、准占有的那个，原先这个理论，统统不可能适用于它。它不是一个人两个人的事情，他举就举一个人、两个人、第三者，第四者他都不举了，你要问他第四者、第五者，他肯定糊涂。所以我就写了这么一条，肯定不适用于传统民法的我们了解到的很多原则，另外还有我们不了解的，它是民法的原则。咱们很多民法学家不承认。

我写了知识产权的客体是某种信息，当时法工委的一位领导说，老郑你这一条站不住脚很多人不同意。这是我 4 月份写的，交到法工委以后，我到日本去过一次。我跟那个中山信弘，日本的知识产权法学家，探讨这个问题，他非常同意我的意思。日本 2002 年 6 月份出来的《知识产权战略大纲》的第二条，几乎跟我这一条的原文一模一样，即："知识产权的客体，本质上是某种信息，不同于物权"。这一条国内认为站不住脚的国外却认可了。我还不好说中山信弘吸引了我的东西，因为他那个《知识产权大纲》的主要起草人就是中山信弘，我只能说我们俩意见略同。但是我首先写给国家的，以及公开出去的，是从我这儿来的。我这儿都不行，怎么到了中山信弘那儿，他那儿出来就行了？这咱们国内，很多人啊就是看不起自己的人，这一点儿不好。

这个信息财产法，我是 1984 年在香港大学做讲座的时候讲的，当时没有成体系。1986 年的时候，在我的《计算机软件与数据库的法律保护》那本书里面就基本上成了体系了。1989 年，欧洲知识产权评论把它译成英文介绍到西方去了。1990 年美国的撒弥尔顿，就是那个伯克利大学的教授，开始讲这个信息产权法。后来，很多美国人就讲信息产权法是美国的撒弥尔顿最先搞起来的。前年美国有一个律师就给点出来了，说不是！是人家郑成思，中国的郑成思，比你早好几年，他的那个英文东西都比你早好几年！中文东西他没讲，他不知道。

把知识产权这个东西，作为信息财产的一部分，这个没有什么奇怪。我刚才讲了，商标的标识也好，作品的表达也好，专利里边的技术方案也好，说到底它是一种信息。知识产权的客体，除了商业秘密，我不愿意别人知道，都是能够在网络里边儿流通的，在无限有限的网络里不能流通的肯定不能作为知识产权的客体。你说我"九龙璧"流通不了。我说你搞错了，那个"璧"可不是知识产权的客体，是那九条龙的造型，那个造型肯定能够在网络里流通。你在网络里看的那个电影儿、那个录像，你跟一般看的电影有什么不一样？《九龙璧》那个纪录片你既然能看，在网络里你当然能看。刚开始著作权立法的时候，有些人对工艺美术品不同意保护，他就分不清这个。哎，你这么一说，他那个工艺美术品厂那块儿玉，那非常值钱的，有的那个"和田玉"，本身就值好几亿，你说那是属于工匠的吗？他就搞不清这个。我说那个玉还属于厂子的，工匠刻出来以后那个造型是那个工匠的。你电影片要用，你做一个背景来用，是主要背景、主要道具，你作为道具，那个厂子可以同意。你作为那个造型，如果那个厂子没有把那个版权买绝的话，人家设计它的那个工匠，他要是不同意的话，人家还可以告你侵犯人家著作权。而且将来根据你这个片子当成母片，再造成别的那个片子出来，它那个厂子没权说话了，因为它那个物别人再不用了，再用就是你的造型，从影片里反映出你的造型，你还有权说我不同意你用，还有这个权力。

信息这个东西呢，它好处就在这儿，我能永远控制它。所以才要给它的作者有生之年加死后 50 年，商标十年你要一续展，专利你只有 20 年，你要不然你永远控制下来，祖孙万代，这个对社会就不公平了。在这一点上，就因为这个原因，因为它是信息，你能够永远控制它，它能够永远传播，无限制的传播，所以就要限制它，对它的限制比物权还要严格、还要清楚、还要分明。从这个意义上讲，咱们讲它是信息财产没有问题，日本也这么讲了。有的学者讲，这先是中国的和澳大利亚的人说的，这个人还是不错，他没有讲是外国人先搞出来的，他知道是中国人搞出来的，因为澳大利亚说这个的，是我在英国的一个同学。有人说信息不能传播，信息怎么样。你说不能传播，你那个网络里的东西你怎么看的？我说这个花儿是白的，这个花儿是红的，它就是这个红色的信息到我视网膜里来，它传播进来了。你不能传播那我猜到的？我看不到它。信息不能传播，我在这儿讲你们怎么听到的？我得用个鼓槌敲你耳朵膜才行啊！这不对啊，信息是可以传播的。我形成这种语言了，它是一种信息，我写成文字了，是另一种信息，它都是信息。

这个讲法我认为没有错，法工委它迟早要纠正它这个看法，因为日本它写到大纲里了。我为什么要强调这一点呢？这就是要跟民法中我们大家了解到的那个物区分开，在任何一个时候都如此。最近深圳有个案子，他们觉得搞不清楚来问我，有个厂家，用的瑞士一个厂家那个鼠标外边儿那个造型，比一般的特殊一些，造型是特别美，更美一些。你说鼠标你要都保护了，那以后我不能造鼠标了，没这么一说，造你那个鼠标，造那个通用的。这就像过去那个建筑物似的，建筑物作为美术作品要给予保护。当时法工委就有人听不懂，那前三门那么多塔楼那都保护起来保护谁啊？那前三门那个火柴盒似的那个四四方方的它没有独创性啊，你保护它干吗？但是长城饭店，人家贝聿铭那个造型，跟别人不一样，它有自己的独创性，那个造型得保护，不是那个建筑物。建筑物你给人家炸了，那你赔人家东西啊，是不是？你炸之前，你允许人家拍下照来。你不能说你这个工匠刻了九条龙在我这个璧上，我这块璧一辈子不能卖了。将来我这儿成商业区了，我不是展览这块璧，我这要盖个楼的话，那我收得钱更多，我干吗不拆这个？但是你拆它的话，人家觉得我这个造型非常好，你让他首先以其他方式把它保留下来，把那个造型拆下来也好、让他的学生临摹也好或者其他的全息摄影也好，然后炸了。现在就在那儿争论，能不能拆、能不能搞，要看是在什么条件下拆，你不能拆的话，任何物权人，人家倒了霉了！我在汽车上画鸦，我是个像齐白石一样的名笔，在那儿画了一个以后，妥了！那汽车还不能洗了？这都是没有把那个物和这个信息分开，你必须把它分开，你案子才能判，你这两者才搞得清楚。

郑成思
2006.5.27

27.《知识产权视野中的民间文艺保护·代序言》*

"请说轩辕在时事，伶伦采竹二十四"，这两句唐诗可以看作是对中国远古时民间文学艺术的描述，而它自己就属于"美丽的传说"，亦即民间文学的一部分。几千年的中国，许多民族都有绚丽灿烂的民间文学艺术流传下来。按照中外一批"学者"的意见，这些成果应当是"公知公用"的。仅说到此可能还有些道理。不过他们还有

---

* 编者注：管育鹰著《知识产权视野中的民间文艺保护》，法律出版社 2006 年版。

进一步的意见，即这种"公知公用"应当是不受保护的，也就是可以被"这人折了那人攀"、应当被知光用尽。真正把中国民间文学艺术当成自己的财富乃至财产的学者，就会难以苟同了。正如已经发表的作品均在公知之列，自然可以被公用；但若进一步认为对其之"用"不应以"保护"限之，则恐怕绝大多数作者是不会同意的，除了那些本身就是靠抄袭或靠其他"不保护"条件产生"自己"作品的人。的确，无论中外，均会有一批号召把智力成果吃光用尽，反对保护的人。而他们打的旗号则往往是"公众利益"。无怪乎同一首唐诗中又有云："当初黄帝上天时，二十三管咸相随，唯留一管人间吹"。实际上，支持智力成果保护的人，才真正考虑的是公众利益。他们考虑的是公众利益这块土壤上，要有源源不断的雨露去滋润。这当然是持"吃光用尽论"的侵权人和"学者"所不屑顾及的。何况民间文学艺术这一块，至今尚未被列入发达国家主导的知识产权国际保护的范围。这样看来，民间文学艺术的保护主张者面临的阻力会更大。所以，仅留在人间的"一管"命运如何，也就可能真如古人所说"无德不能获此管，此管沉沦禹舜祠"。许多"不保护"论者，的确是对智力成果"信息共享，权利专有"的最重要特征不明白；也不可否认有一些"不保护"论者是由于"无德"——他们自己就是有意的侵权人。

　　而现在，正是在对智力成果应当保护还是不保护的争论中，中国的国家知识产权战略开始制定了。对加入这一制定的保护论者，我想建议：我们以现有的由发达国家早已决定好框架的"国际知识产权"为基础制定知识产权战略时，切切不可忽视了一大部分尚未列入国际知识产权保护框架内的信息财产。因为这一部分恰恰是我国的长项。

　　近年来，发达国家一再把知识产权保护水平拔高，而发展中国家则提出了保护现代文化及高技术之源的问题，这两部分利益不同的国家实际上在不同的"两端"上，不断争论着。所谓"两端"，实质上是在"源"上的智力成果与在"流"上的智力成果。

21世纪将是中国逐步完成工业化、进而从工业经济向知识经济转变的时期。党和国家提出的"以信息化促工业化"，是促进这一转变尽早完成的正确途径。

美国从1996年开始至今，版权产业中的核心产业（即软件业、影视业等等）的产品出口额，几乎每年都超过了农业、机器制造业（即飞机制造、汽车制造等等）的产品出口额。美国知识产权协会把这当作美国已进入"知识经济"发展时期的重要标志。我国从2000年起，信息产业开始成为第一支柱产业。这一方面说明我国确实在向知识经济迈进，另一方面也说明我们的差距还相当大。

在中国"入世"前后，关于如何转变政府职能、关于如何修改与世贸组织的要求有差距的国内法、关于如何使行政裁决均能受到司法审查，等等，人们关心得较多，报刊上讲得较多，立法与行政机关围绕这些问题采取的相应措施也较多。应当说，这都是对的。但我们更需要思考深一步的问题。

仅以有形商品贸易为支柱的原"关贸总协定"演化成"世界贸易组织"，最明显的变化就是增加了服务贸易与知识产权保护两根支柱。这种变化的实质究竟是什么？如何在立法方面跟上这种变化？这些更重要的问题，却不是所有应当思考它们的人都在思考。

与中国争取"入世"的进程几乎同步的，是"经济全球化""知识经济""信息网络化"等等越来越被人们提起和关注的问题。这些，与上述国际贸易活动及规范的发展趋势又有什么内在联系，也不是所有应当思考它们的人们都在思考。

我们如果认真分析一下，就不难看到：第一，世贸组织时代与"关贸总协定"时代相比,无形财产的重要性大大提高了;从而规范服务、规范知识产权的国际规则显得十分重要了。第二,如本文前面所述,知识经济与工业经济（及至农业经济）时代相比,知识成果的投入开始取代土地、厂房、机器等有形财产的投入,起到关键作用;从而规范知识成果的知识产权法,开始取代有形财产法,在市场规范中起关键作用。第三,信息网络化的时代与公路、铁路乃至航空网络时代相比,无形市场（网络市场）已经开始在促进有形市场的发展上起关键作用;从而电子商务法将取代货物买卖(保管、租赁等)合同法,起关键作用。这些,并不是说有形财产法、传统合同法等等不再需要了,只是说重点转移了;也不是说人类可以不再依赖有形财产去生存,只是说有形财产的积累和有形市场的发展,在当代要靠无形财产的积累和无形市场的发展去推动。

目前,中国在知识产权、特别是"自主知识产权"的拥有及利用上,从总体看不占优势。这主要是因为发明专利、驰名商标、软件与视听作品等等的版权主要掌握在少数发达国家手中。而要增强我们的地位、至少使我们避免处于过于劣势的地位,我们有两条路可走。一是力争在国际上降低现有专利、商标、版权的知识产权保护水平,二是力争把中国占优势而国际上还不保护（或者多数国家尚不保护）的有关客体纳入国际知识产权保护的范围,以及提高中国占优势的某些客体的保护水平。走第一条路十分困难。从 1967 年到 1970 年伯尔尼公约的修订过程看,从世界贸易组织《与贸易有关的知识产权协议》形成的历史看,走第一条路几乎是不可能的。

就第二条路来说,至少在三个方面我们可以做必要的争取的工作:

（1）强化地理标志的保护。

对此,多哈会议、坎顿会议等外交谈判中已经列为世界贸易组织多边谈判的议题。我国2001年修正商标法已经增加了相关的内容，但离能够充分发挥我国的长项还有较大差距。

（2）把"生物多样化"纳入知识产权保护。

（3）把"传统知识"纳入知识产权保护。

对后面两点，多哈会议后，世界贸易组织的多次多边谈判以及现有的生物多样化国际公约均已在加以考虑。虽然2003年的世界贸易组织的坎顿多边谈判在这两点上并未达成任何协议。但发展中国家仍旧会继续争取下去。这两点也是我要谈的主要问题。

现有知识产权制度对生物技术等等高新技术成果的专利、商业秘密等保护，促进了发明创造；现有知识产权制度对计算机软件、文学作品（包含文字作品及视听作品等等）的版权保护，促进了工业与文化领域的智力创作。对现有知识产权制度无疑是在总体上应予肯定的。但在保护今天的各种智力创作与创造之"流"时，人们在相当长的时间里忽视了对它们的"源"的知识产权保护，则不能不说是一个缺陷。而传统知识尤其是民间文学的表达成果，正是这个"源"的重要组成部分。

"传统知识"，是在世贸组织成立时，印度等国就提出应在世贸框架中保护的内容。近年世界知识产权组织已召开多次国际会讨论这一问题，并于2000年成立了专门委员会来研究这一问题。世贸组织在2001年11月的多哈会议的"部长声明"第18~19条已列为多边谈判应考虑的议题。发展中国家安第斯组织在其2000年的《知识产权共同规范》中，已要求该组织成员在国内法中予以保护。

"传统知识"按世贸组织、世界知识产权组织及国外已有的立法中的解释，主要包含"民间文学艺术"与"地方传统医药"两大部分。其中"民间文学艺术"部分，已经暗示保护或明文保护的国际条约与外国法很多。如：《伯尔尼公约》第15条，英国1988年

《版权法》第 169 条，是"暗示"性规定的典型。实际上，世界知识产权组织在给《伯尔尼公约》第 15 条加标题时，已明文加上"民间文学艺术"。①

"地方传统医药"的保护，虽然亚、非一些发展中国家早就提出，却是在 1998 年印度学者发现了某些发达国家的医药、化工公司，把印度的传统药品拿去，几乎未加更多改进，就申请了专利这一事实后，在发展中国家引起更大关注的。发展中国家认为，像无报酬地拿走民间文学艺术去营利一样，无报酬地拿走地方传统医药去营利，也是对这种知识来源地创作群体极不公平的。发展中国家的安第斯组织已在其《知识产权共同规范》总则第 3 条中，把"传统知识"（即包含上述两部分）明文列为知识产权保护客体。印度德里大学知识产权教授、国际知识产权教学与研究促进协会原主席维尔玛在给我的关于中国起草民法典知识产权篇的复信中，特别指出了希望中国能将传统知识及生物多样化纳入知识产权保护范围。

这两部分，在中国都是长项，如果我们只是在发达国家推动下对他们的长项（专利、驰名商标等等）加强保护，对自己的长项则根本不保护，那么在国策上将是一个重大失误。即使传统知识的这两部分不能完全像专利、商标一样受到保护，也应受"一定的"保护。

---

① 仅 20 世经纪 90 年代，在版权法体系中明文规定保护民间文学艺术的至少有：

《突尼斯文学艺术产权法》（1994 年）第 1 条，第 7 条；

《安哥拉作者权法》（1990 年）第 4，8，15 条；

《多哥版权、民间文艺与邻接权法》（1991 年）第 6 条，第 66 ~ 72 条；

《巴拿马版权法》（1994 年）第 2 条，第 8 条；

此外，在 20 世纪 90 年代之前，斯里兰卡及法语非洲国家等一批发展中国家，就已经在知识产权法中开始了对民间艺术的保护。目前，世界上明文以知识产权法保护民间文学艺术的国家已有五十个左右，还有一些国家（如澳大利亚等）已经在判例法中，确认了民间文学艺术的知识产权保护。

我认为中国在这个问题上，与印度等发展中国家的利益是一致的，应在立法中表现出支持对传统知识的保护。更何况国际（乃至国内）市场上，外国公司对中医药提出的挑战，已使我们不可能对这种保护再不闻不问或一拖再拖了。"民间文学艺术"即使只限于"作品"的保护，在我国尤其应当有法可依。但这个法，我国 1990 年颁布《著作权法》时就曾宣布过"另定"，却至今也一直没"定"出来。

传统知识与生物多样化两种受保护客体与世界贸易组织中已经保护的地理标志有许多相似之处。例如，它们的权利主体均不是特定的自然人。同时，传统知识与生物多样化两种受保护客体又与人们熟悉的专利、商标、版权等等的受保护客体有很大不同。所以，有人主张把它们另外作为知识产权的新客体，而不是与其他客体一样并列在一起。不过，必须给予一定的保护，在这一点上，则是需要力争的。"力争"的第一步，就是本国的立法与执法首先把它们保护起来。

这种保护，首先是应当要求使用者尊重权利人的精神权利。例如，要求使用者指出有关传统知识或者生物品种的来源。如果自己创作的新作品或者开发的新技术方案是以有关传统知识或者生物品种作为基础的，必须说明；如果自己推向市场的商品或服务本身就是他人已有的传统医药、民间文学艺术等等，就更须说明。近年拿了中国人开发并使用了千百年的中药乃至中成药推入国际市场、却引世人误以为该中成药出自日本、韩国等国者，并不在少数。这对中国的传统知识是极大的不尊重。2002 年北京二中院受理、2003年底由北京高级人民法院终审的"乌苏里船歌"版权纠纷，实质上也首先是原告希望有关民间文学的来源这项精神权利受到尊重。其次，这种保护必然涉及经济利益，即使用人支付使用费的问题。至于法律应当把付费使用的面覆盖多广，以便既保护了"源"，又不妨碍"流"（即文化、科技的发展），则是个可以进一步研究的问题。例如，十年前文化部与国家版权局起草的《民间文学保护条例》，仅仅把付费使用延及复制与翻译，就是一种可行的考虑。

中国人在知识创新方面，并不比任何人差。我们其实可以不必去考虑如何去要求降低国际上现有的知识产权高端的保护制度（因为实际上也不可能降下来）。我们应当做的是一方面利用知识产权制度业已形成的高保护推动国民在高新技术与文化产品领域搞创造与创作这个"流"，另一方面积极促成新的知识产权制度来保护我们目前可能处优势的传统知识及生物多样化这个"源"。这样，才更有利于加快我们向"知识经济"与和谐社会发展的进程。

管育鹰博士作为西南布依族的一员，自幼就了解民间文学艺术的许多表达，在学习中更不断加深对保护和光大这块中华瑰宝的认识，特别是对"有保护才能有发展""最具民族性的艺术才最有国际性"等一些其他学者始终搞不明白的道理有了深入的研究和深切的认识，于是向读者们展现了她的这部专著。为之序，是希望有更多的人参加到"保护"研究中来，摈弃保护就是保守、就是不许公众使用那种误解或曲解。序之始引唐诗述"管"，只因作者为管姓，提笔想到，并非执意以作者比禹舜。当然，按照中国常言"人皆可以为舜尧"，毛主席诗云"六亿神州尽舜尧"，将真心维护与光大中华瑰宝者比为禹舜，也无不可。

四、书 评

1. 威廉·R. 柯尼什著《知识产权：专利、版权、商标及其他有关权利》书评 *

专利、商标及版权的法律保护，在西方国家已有二三百年以上的历史。今天大多数国家均建立了对这些产权的保护制度。这些产权被统称为"知识产权"。其中专利权与商标权一起又称为"工业产权"。在技术贸易越来越兴旺的现代，知识产权的重要意义也就越来越突出了。

许多年来，一些发达国家出版了不少论述专利权、商标权及版权的专著，但往往是把这三者分别论述的，至多把工业产权放在一起论述。因此许多人认为版权仅仅是文化领域的事。以前，世界上还没出现过一部有影响的综述知识产权的各个方面的专著。

1981年4月，《知识产权：专利、版权、商标及其他有关权利》一书出版了。这本著作的作者，威廉·R. 科尼什教授，现在是伦敦经济学院法学系教授。他多年致力于知识产权的研究，兼任《欧洲

---

* 编者注：该文出自中国国际法学会编《中国国际法年刊1984》，中国对外翻译出版公司1984年版。

知识产权》（月刊）杂志的编辑、联邦德国马克斯·普朗克专利研究所、联合国世界知识产权组织顾问，是一位在欧洲及英联邦国家较有影响的知识产权法学家。

这本著作主要论述英国及欧洲经济共同体的知识产权保护制度。与此相联系，它也论述了国际上保护知识产权的有关公约与国际惯例。

对于英国的知识产权保护制度，书里集中介绍了现代化的英国专利法、陈旧的英国商标法、变化中的英国版权法各自具有的特点、有关的诉讼程序、各种权利的利用方式、成文法与判例法的相互关系，等等。由于英国现行的《商标法》是 1938 年颁布的，40 多年的司法实践已在一定程度上改变和补充了成文法。该书第一次对此作了综合论述。这对于在英国从事商品贸易并享有商标权的人来讲，是十分重要的。在版权方面，该书论述了科技新发展对版权制度的影响，以及版权在市场应用（而不仅是在文化领域）中的地位。在论述欧洲专利制度，共同体的《罗马公约》对成员国在商标及版权保护上的重大影响方面，该书被公认是较系统的一本专著。

该书出版后，随即成为英国大学里知识产权法课程的教科书。同时，该书又是知识产权领域的律师们的重要参考书。

这本书共分五章，外加一个附录。

第一章是对知识产权法律的综述。其中对专利权、商标权与版权的"市场效果"，以及侵犯这些权利时的民事诉讼程序、刑事诉讼程序及行政处理方式，都是综合得比较系统、比较明确的。

第二章专门讲专利权、专利法及有关专利保护的国际公约。其中分析了 1977 年英国新颁布的专利法的特点，说明哪些条文承袭了老专利法的内容，哪些条文是按照哪些新判例增添的，又有哪些条文是英国为了与近年来所参加的一系列国际公约的最低要求相适应而更改的。所涉及的国际公约主要包括：1970 年的《专利合作条

约》、1973 年的《欧洲专利公约》及 1975 年的《共同体专利公约》(尚
未生效)。

第三章是迄今为止第一次出现的对各种秘密权利的系统论述。
尤其是"技术秘密"与"商业秘密"。它们作为与专利密切相关的另
一种权利而存在着。它们在国际贸易（尤其是技术进出口）中有十
分重要的作用。它们在英国如何受保护？它们的发展趋势是怎样的？
这些问题可以在该书中找到答案。

第四章专门论述版权问题。在写这一章时，英国政府关于修订
版权法的报告（即英国人称之为"绿皮书"的一份文件）尚未公布。
但作者凭多年从事研究的经验，在书中已预见到许多绿皮书提出的
修改建议及方案。不过，绿皮书本身也反映出政府与议会的法律委
员会在修订版权法上还存在较大分歧。它只是一个征求意见本。

第五章论述商标及不公平竞争问题。它着重讲了英国特有的两
种并行的商标制度——靠普通法保护末注册商标，及靠普通法与成
文法一起保护注册商标。由于这种制度目前被多数英联邦国家所采
用，所以了解它是十分有意义的。

附录主引用了欧洲共同体关于知识产权利用方式的一些规定的
来源、作用及其影响等等。

作者在书中提出的一些问题和新观点，已经引起了国际（尤其
是欧洲）知识产权法学界的重视，同时在实践中也起一些有关团体
的重视。

例如，该书所论述的关于专利销售权在欧洲经济共同体中"穷
竭"（Exhaust）的问题，就既有理论意义、又有实际意义。书中述及：
按照一般国家的专利法，任何专利产品只要由专利权人自己或经他
同意而投放本国市场，该权利人对于这些产品怎样分销、怎样转销
等等，就失去了控制权。这通常被叫作"专利权的穷竭"。而一般国
家又规定这项权利穷竭原则不适用于国际领域。比如，经专利权人

同意将其专利产品在外国市场销售后，如果外国经销人要把该产品
返销到专利权人所在国，见则专利权人就有权加以制止。这就是说，
他的权利在国际上并不穷竭。但是，作者指出，欧洲经济共同体的
《罗马条约》规定成员国不得采用任何方式限制商品在共同体地域内
自由流通。从这个规定可以推论出，共同体成员国必须承认在共同
体范围内，以及在与共同体订有双边免税协定的国家之间，专利权
人对专利产品进一步销售的控制权，即使越出本国地域，也同样要
穷竭。这就要求各成员国都必须使所订原有的专利法适应这一要求。
随后，作者具体分析了在《共同体专利公约》生效之前与之后，英
国的专利制度将怎样去适应共同体内的专利权穷竭原则。

又如，有版权的作品的销售，也存在一个穷竭问题，其内容与
专利权穷竭相似。作者在书中认为：这项原则如果适用到版权法上，
再应用于整个共同市场，那就会对英国产生极为不利的影响。作者
写道：按照历史上的传统做法，由于英、美两国是最大的两个英文
作品出口国，所以有必要划分各自的图书市场：美国出版界占有整
个北美洲图书市场，英国则占有除加拿大之外的所有英邦国家的图
书市场。又由于欧洲大陆主要不是英语国家，所以英、美两国出版
界都有权进入大陆市场。作者说，如果按照版权在共同体内穷竭的
原则，英国就无权控制任何共同体的其他国家的英文书籍向英国销
售。这样一来，美国出版商可能将它的图书首先向荷兰或法国出口，
然后再由荷兰或法国向英国出口。于是美国会很快打破传统的市场
划分而占领英国的图书市场。作者在书中分析出的这个结论，已受
到英国出版界的极大重视。英国出版商协会曾就版权穷竭问题向欧
洲经济共同体委员会提交了一份备忘录，要求对《罗马条约》作出
合理解释，甚至要求修改这个条约。

此外，该书所分析的由于技术发展而对制度造成的影响，使"合
理使用"的范围缩小，而使收费使用及事先获得许可证方能使用的

范围扩大，也引起了广泛的注意。1981 年 10 月，联合国世界知识
产权组织曾邀请科尼什教授把这个专题在发展中国家版权讨论会上
作了讲演，受到了较高的评价。

2. 赵维田著《世贸组织（WTO）的法律制度》书评 *

中国社会科学院教授、中国法学会世贸组织研究会副会长赵维
田撰写的《世贸组织（WTO）的法律制度》一书（吉林人民出版社
2000 年出版），是我国应对"入世"而呈献给广大读者的一本不可
多得的优秀著作。即使到了 2002 年中国已经"入世"的今天，全
面论及世贸组织的书已不下百种，但就我已经阅读的范围以及就所
知法学界业内人的评价，尚未见有能出其右者。

赵书（以下此以简称该书）的最大一个特点、也是优点，即能
够把世贸法律体系中极其复杂纷繁的问题梳理清楚，以尽量简明的
分析给人一个极明确的概念。这是其他大多数论世贸组织的专著所
做不到的。例如，有的学者讲世贸争端解决机制，洋洋数十万言，
仍让人不得要领。赵书则以几页论述，就讲得一清二楚，并使你有
兴趣进而深究作者对该机制优缺点的分析及对其发展趋势的展望。
正是由于该书有这一主要优点，才有可能在一本书之中全面展示与
分析整个世贸组织的法律制度，做到既不漏、又不浅（亦即完整而
深刻）。这与赵维田自 1986 年乌拉圭回合谈判一开始，就跟踪谈判
的每一步，直至 1995 年 WTO 开始运转、并延及运转后的实效分不开。
正如庄子云："用志不分，乃凝于神"。

---

* 编者注：该文原载《中国图书评论》，2002 年。

同时，全书把世贸作为国际法的一个特殊产物来分析，而不像许多专著仅仅停留在经济分析上，该书从世贸的历史、背景等多方面解读世贸诸条约中本来十分难懂的条文，等等，这些与众不同的思路，也更使读者读后感到受益匪浅。赵维田曾从事文学工作逾30年，故能以其流畅的文笔、达雅的表达使该书有众多的读者。愿能读到更多这样的好书。

3. 孟勤国著《物权二元结构论》书评
—— 一部有所突破的法学专著 *

二十多年前入民商法之门时，先阅读的是英国劳森（Lawson）的《财产法》，感到写得十分出色。一两年后又读了史尚宽老先生的《物权法论》，也感到十分出色。不过同时就产生了彷徨：这两部十分出色的书中，有一大部分是难以互相包容的。在前者书中，难找到与后者书中相对应的概念；反过来，能在后者书中找到对应前者的就更少。当时产生的疑惑仅仅在于：欧共体既已形成，包容两大法系的一部分法律体系通过地区性条约已经在构建着，而理论界反映这种包容的作品却为何见不到呢？

在其后的二十多年里，我读到过法国大卫（René David）的《当代主要法律体系》，其中财产法律部分的论述已开始包容两大法系了，而且对只认定某一法系财产法至上的偏见进行了尖锐的批评。这是我读到的又一部出色的书，只是其中的民商部分过短，财产部分更未展开，终是遗憾。于是我期待着能读到在史先生论述的基础

上，又能突破他的框架者。不错，在史先生之后，两岸彼方不乏出色之作，如谢在全的《民法物权论》等等；此方的出色之作更不胜枚举了。不过，这些著述似乎无论从理论框架、还是从论述方法上，都极少有能出史先生之右者。有人曾说，史先生的几部民法专著早已是不可逾越的顶级之作了。现实让我几乎接受了这一说法。不过我总时时有所期待。"面壁十年图破壁"。如果无破壁者，会使人感到面壁的无益。我期待着破壁之作。

当我读完了面前这部《物权二元结构论》（2002 年 1 月由人民法院出版社出版，作者孟勤国），我深感它确是我所期待的"破壁之作"中的一部。

作者显然是立足于欧陆法系的财产法体系，从史先生《物权法论》（或其他重复史先生的彼岸学者论著——这点我无由断言，但实质是一样的）的框架为起点开始研究的，而终点却并不似许多人那样又回到史先生的框架中。他大胆而慎重地引入了英美法系一些看起来与史先生框架本不相容的概念与理论，更重要的是引入了常识告诉人们本应（跳出经院法哲学的束缚）引入的一些与当代国际环境及中国现实紧密关联的概念与理论，最后落在了解决中国现有的及向社会主义市场经济转轨过程中不断产生的实际问题上。

对于许多曾徘徊于困惑中的教师与学生，这本书闪出可能最终走出洞穴的光芒。例如，货币究竟在"物权法"中占什么地位？股权究竟是什么性质？中国的土地承包责任制究竟怎样规范更合适？物权与债权谁比谁更优先？物权与债权如何划分清楚？"物上请求权"是什么？没有"所有权"的主体为什么实际上"处分"着相关的物？物的所有权如果能与物分开，那么分开后的那个所有权本身的所有权占据着什么样的法律地位？等等，等等。对这些问题，过去我读过的一些论著避开了，一些论著的答案令我更加迷惑。而这部《物权二元结论论》不仅从正面明白地回答了，还从左右举出实例来支持。其实例又多是当代人们很熟的实例，而不是史先生（及其学生）书中实例的重复。

对于只习惯于在某法系的理论与概念圈中思考的论著，对于完全脱离现代的与中国实际的论著，对于仅仅允许自己在史先生（及其学生）框架内构建体系的论著，这部《物权二元结构论》显得很有些不合拍、不相宜；而对于肯深入研究与希望解决中国现代实际问题的人们，这部书则显得像一缕新鲜空气，像一位合格的导游。

的确，在21世纪初的今天，包容两大法系理论与实践的世界贸易组织已经出现，并且中国已经加入了。对面临"入世"后一系列挑战的法学界，这本书会起到发人深省的作用。

4.《中国企业走向世界的知识产权壁垒》点评 *

《中国企业走向世界的知识产权壁垒》这篇文章在几个具体案例的分析及大量事实与数据的基础上，得出在今天"谁掌握了知识产权，谁就掌握了市场竞争的主动权和领导权"等非常正确又重要的结论。文章还为企业提供了许多非常重要、至少是很有参考价值的意见及应对"知识产权市场战争"的对策。这是文章的优点与主要方面。

不过《中国企业走向世界的知识产权壁垒》这篇文章在案例选择上，还可以进一步探讨。DVD一案的相对案，似乎选2004年中国碱性电池协会应对美国"专利权人"在美国依照337条款的诉讼一案更能说明些问题。前者是我们的企业在知识产权战中"不战而降"的一例。后者则是我们的企业真正领教了什么是知识产权以及

---

* 编者注：该文出自盛洪、陈宪主编《WTO与中国经济的案例研究》，上海人民出版社2007年版，第158–165页。

如何拿起这个本来是我们也可以用的武器去战胜对方。我国台湾地区 DVD 协会对 3C 也罢、6C 也罢，在同一时间里、以同样方式挑起的知识产权战中，像我们的碱性电池协会那样去应对。取得了完全的胜利。这是我们的企业，以及许多学者应当了解与借鉴的。

《中国企业走向世界的知识产权壁垒》这篇文章提出，在今天，我们仍旧可以并应当从知识产权的弱保护逐步向知识产权的强保护过渡。是一个人们现在经常讨论、也确实值得讨论的问题。

多数发达国家从知识产权的弱保护发展为后来的强保护，都有一个相当长的准备期。但世界贸易组织的产生及中国的加入，对中国来讲，却阻断了我们也想有的同样的"准备期"。从局部看，这对我们是不公平的；从全局看，则对我们未必是坏事。

把仅仅适合多数发达国家（乃至个别发达国家）的知识产权保护水平强加给全世界，是发达国家的一贯做法。发展中国家的抗争，从制度总体的层面上，从未奏效过。1967 年伯尔尼公约修订的失败，1985 年大多数国家反对以版权保护计算机软件的失败，TRIPS 协议谈判时，秘鲁与巴西等国建议的失败，都是实例。我们在经济实力尚无法与发达国家抗衡的今天，是接受对我们确有弊端的制度，然后研究如何趋利避害，还是像 20 世纪五六十年代那样，站出来作为发展中国家的领头羊，再度发起一次类似 1967 年[①] 或 1985 年[②] 那样

---

① 1967 年，发展中国家在修正《保护文学艺术作品伯尔尼公约》的国际大会上，尽全力通过了"斯德哥尔摩议定书"，规定了有利于发展中国家的"版权强制许可制度"。但由于发达国家的集体抵制，该议定书未能实施。伯尔尼公约成员国又不得不在 1970 年再次于巴黎开会，以有利于发达国家的"巴黎议定书"取代了"斯德哥尔摩议定书"，成员国才走出了避免伯尔尼公约名存实亡的局面。

② 1985 年，发展中国家发起在修正《保护工业产权巴黎公约》的过程中，呼吁放宽对专利的强制许可制度。结果反而使得发达国家极力推动把知识产权加进了关贸总协定的乌拉圭回合谈判，结果是产生了对专利的强制许可限制更严、更有利于发达国家的《与贸易有关的知识产权协议》。

的战役，或干脆力促国际知识产权制度从 TRIPS 协议退回来、至少中国自己退回来，退到对发展中国家较为公平的水平？许多学者成天呼吁的上述后一种选择是否真的对我国有利？也都是我们在研究知识产权时必须考虑的重大问题。

近年来，在所谓的"经济全球化"中，南北经济发展越来越失去平衡、南北贸易发展也越来越失去平衡，其中知识产权保护在《与贸易有关的知识产权协议》达成时，尤其是多哈会议后、在国际上显现的南北失衡更是有目共睹。例如，专利对医药的保护与发展中国家公共健康之间的失衡，等等。这些引起许多学者对知识产权制度进行反思是必然的。我们在这种情况下应当注意的，正如一位从事专利工作多年的学者所说，在探讨平衡问题时"一个重要原则是要充分注意发展是硬道理，尽可能用发展的办法解决前进中的问题，而不大可能退回到过去的大锅饭时代"。①

在一个国家里，应当把继续完善知识产权制度当成矛盾的主要方面，还是把防止过度保护当成矛盾的主要方面，必须以受保护的商业标识、发明创造，各种作品遭仿、靠、冒、盗的实际状况而定，还要看知识产权的侵权人是不是总体上仍旧"理直气壮"，维权者是否总体仍旧举步维艰，要看国内外的关键技术领域、国内外的文化市场上、国内外的名牌之林中，是否已经有了与我们这样一个大国相应的"一席之地"，而绝不是看外国人怎么论、怎么说，不管是外国学者还是外国政府。

中国现在处于知识产权制度完善的十字路口。不完全到位的保护（主要指法律的真正实施）与尚有缺失的权利限制（广义的，即

---

① 参看《中国知识产权报》2004 年 9 月 23 日，张清奎的文章《我国医药知识产权保护现状及其发展趋势》。

授权前与后的限制）问题都有待解决。知识产权制度并非仅有利而无弊。我从来就反对不加分析的"接轨"（请看我 1998 年即出版的《知识产权论》分析"与国际接轨"一章，该章于 1997 年在人民日报发表过）。我从来主张知识产权的批判研究与对策研究都是不可少的。但有一个重点放在何处的问题。也就是如何定位的问题。"定位"是要认清我国知识产权保护现状所处的位置。我们可以与发达国家比，也可以与不发达国家乃至最不发达国家比，看看是高了还是低了。当然比较有可比性的，还是与经济发展相当的发展中国家比。例如，与印度、韩国、新加坡一类国家比，我们的保护水平是否过高了。"定位"是决定"加强知识产权保护"还是退出"已经超高保护"的误区之前必须做的事。否则，"不审势即宽严皆误"，这是古人早就告诫我们的。"定位"时当然要考虑到知识产权知识的普及状况。在大多数人对某个法律基本不了解时，该法本身或者该法实施的"过头"（至少是人们普遍认为的"过头"），往往是与该法本身或者该法实施的远不到位并存的。江苏省 2004 年 4 月征求意见的"知识产权战略"草案中，把"5 年内让 50%的居民懂得什么是知识产权"作为一项任务，实在是符合中国实际的。到有一天中国的多数企业都能够像海尔、华为、联想那样借助知识产权制度开拓国内外市场，而不是总被别人以知识产权大棒追打，给中国的知识产权保护定位就不会像现在这么困难了。

许多人在抱怨我国知识产权保护水平"太高"时，经常提到美国 20 世纪 40 年代、日本 20 世纪六七十年代与我国目前经济发展水平相似，而当时它们的知识产权保护水平则比我们现在低得多。这种对比，如果用以反诘日、美一些人对我国知识产权保护的不合理的指责，是可以的；但如果用来支持他们要求降低我国目前知识产权保护立法的水平或批评我国不应依照世界贸易组织的要求提高知识产权保护水平，则属于没有历史地看问题。20 世纪 70 年代之前，国际上"经济全球化"的进程基本没有开始。我们如果在今天坚持按照我们认为合理的水平保护知识产权、而不愿考虑经济全球化的要求以及相应国际条约的要求，那么在一国的小范围内看，这种坚持可是合理的；而在国际竞争的大环境中看，其唯一的结果只可能是我们在竞争中"自我淘汰"出局。我国达到现在这种备受许多国内学者指责的知识产权保护的法律水平，的确是只有"不畏浮云遮望眼"的身居最高层者才能作出的决断。正如邓小平所说，中国在世界科技的最高端，必须有自己的一席之地。

在对策方面，国际组织（包括欧盟之类地区性国际组织）的立法及研究结果对我们的影响，外国（例如美国、日本、印度、俄罗斯等）立法及国家学说对我们的影响，我们均应研究。几个外国如果联手，将对我们产生何种影响，我们更应当研究。例如，对于我们发明专利的短项"商业方法专利"，国家专利局固然可以通过把紧专利审批关，为国内企业赢得时间。但那终究不是长远之计。试想，美日欧国家在传统技术专利方面的"标准化"发展，曾给并正给我们的产品出口带来极大的不利。如果美日（或再加上几个其他发达国家）在商业方法专利上如果也向"标准化"发展，即如果实施金融方法专利化、专利标准化、标准许可化，那么会给我国银行进入国际金融市场带来何种影响以及会不会把我们挤出国际金融市场？这就不仅仅是专利局把紧专利审批关能够解决的问题了。在这些方面作出较深入的研究，有助于我们拿出实实在在的对策去"趋利避害"，而不是仅仅停留在对知识产权制度弊端（甚至非弊端）的批判上。

知识产权保护的"全球化"是美国推动的结果。20 年以前，美国知道中国要单立一个《计算机软件保护条例》或者叫《计算机程序保护法》，和版权法是分开的。美国人专门把中国的学者、官员、教授请到美国去，向我们宣传为什么不能搞单行法。当时我记得金斯博格（R. B. Ginsburg）还没有到最高法院，就是她来跟我们讲的。她讲了不能立单行法的好几条理由。我记得当时我反驳她说："程序主要是一个工具，不是文字作品，你怎么也放到版权这里边去了？"她反驳得也很快，她说："字典也是工具呀，要不怎么叫工具书呢，你怎么放到著作权法里保护了？"我说："这不太一样，字典是启动人的脑子的，程序是启动电脑的。"她说："用久了你就会发现电脑和人脑没有多大的区别，只不过电脑是人造出来的。"当时美国那么尽力要说服我们，是什么意思呢？因为当时在国际上有一个潮流，认为用著作权法或者是用版权法来保护计算机软件完全不合拍，完全不是一回事，将来有可能像"特洛伊木马"一样把工业产权领域的东西拉入到著作权领域。所以德国的迪茨讲：这完全是一个特洛伊木马，它进来之后就没有著作权和传统的文化产业的地位，以后工业产权就统统进来了。现在实际上也是如此。应该说，当时除美国之外的各国几乎都反对用著作权法保护计算机软件。在日本是由通产省牵头来制定《软件保护法》，没有给文部省，没有打算直接放到著作权法中去。韩国也颁布了《软件保护条例》。澳大利亚也打算和美国唱对台戏。德国已经准备自己起草。美国国会为此掀起了不许把软件放到除了著作权法之外的任何法中去保护的运动。原因是什么？当时美国正准备参加《伯尔尼公约》，他认为参加了《伯尔尼公约》以后，如果在著作权法里保护了软件，就有国际条约对软件进行国际保护，美国的最强项也就顺理成章地在国际上得到了保护，美国就不需要费多大的劲去另起炉灶而再搞一个国际条约。他的根据是这样的，但他从来不这样讲。就像金斯博格给我们讲的，计算机软件也是文字作品，也是文学作品，和其他的文学作品没有什么区别。于是，就在全世界掀起了这么一个运动。这个运动搞了两年，最后其他国家都屈服于美国了。我记得澳大利亚当时屈服得最惨。澳大利亚有一家公司侵害了苹果公司的知识产权，美国说侵害了版权，诉到澳大利亚法院。澳大利亚法院判决不侵权，因为澳大利亚版权法不保护软件。于是美国就通过了一个决定，就好像是通牒一样。美国认为既然澳大利亚的版权法不保护软件，那么澳大利亚应当马上在版权法中增加保护软件的内容。当时澳大利亚国内也是一片反对声。但结果只用了三个月，澳大利亚就通过了版权法修正法。澳大利亚是退得最快的一个。后来德国、日本、韩国统统都退了。中国一直顶到 1989 年，也退了。为什么讲起这个问题了？因为我最近在《法律适用》上看到了一篇文章，是讲版权法保护软件是怎么怎么不合适，怎么怎么就保护起来了？这就闹不明白。这就是历史，有很多闹不明白的问题，在历史上就是这么过来的。全球化，尤其是知识产权保护全球化的整个推动，和美国有很大的关系。

许多人觉得经济全球化让我们吃了很大的亏。全国、全世界都有人在骂全球化。美国那儿骂得也不轻。1999 年的西雅图会议为什么开不成了。美国的"劳联""产联"在那时闹起来了。什么原因？就是反对《服务贸易总协定》里的"人员流动"这一条。这一条在WTO 刚成立之后，美国的劳联产联就反对。全世界都认为全球化美国最占便宜的 WTO，美国人却认为他们吃了大亏。所以，是吃亏还是占便宜，要放开了来看。

在全球化里面，其实"化"的最快的，是知识产权这一块。无论是 WTO 的《服务贸易总协定》，还是《货物贸易总协定》，都没有 TRIPS 协议规定的这么详细。法律救济可以有几种手段，必须有几种手段，其他两个协议都没有规定得这么细。TRIPS 协议把知识产权全球化给"化"到了你没有退路的地步。我们现在是在这样一个状态下讲中国的知识产权保护。"超前不超前"、"超高不超高"、"过度不过度"？这可不是过去我们关起门来讲的。关起门来讲肯定是大大超高啊！不是超一点。人们不是讲了吗，中国现在的经济发展水平，只相当于日本 20 世纪六七十年代，美国的 40 代的水平，指的是综合国力。那个时候，日本是什么状态？东洋货别说在日本，在世界各国都没有人买，日本货就是冒牌货的别名。我在英国学习的 80 年代初，一大堆的合同法的案子都是告日本是怎么冒牌，怎么用了专利不给钱等。当时，美国和日本在知识产权保护上是睁一只眼闭一只眼。到现在你就不允许我们睁一只眼闭一只眼？在美国，五六十年代，乃至 70 年代，不在美国印制的书，版权保护都是非常有限的，（外国人）受到了很多不合理的待遇，根本没有国民待遇可言。为什么要搞个《世界版权公约》？就是因为美国不参加《伯尔尼公约》，为了把他请进来，降低水平，保护期只有 25 年、保护的权利只有很少的几项，美国愿意进去。

这就是为什么要在全球化的大背景下讲知识产权保护。我国要退回经济全球化之前去，已经不太可能了。主要的问题是，我们的政府和企业面对外国企业运用大棒来打我们的时候，我们应对的策略显得少了一些。

《中国企业走向世界的知识产权壁垒》这篇文章在谈知识产权保护的作用时，利与弊都讲到了，也讲得比较透。这是文章的又一个优点。许多学者不讲知识产权保护的好处，是不对的。所以，讲知识产权，你说知识产权有弊端：产生出垃圾专利了、产生出不正当竞争了。那么，科学技术就统统产生好东西吗？不是。发展到了 20 世纪，造出原子弹来了，这还不是弊端？知识产权制度也一样，它有利的方面，我们要发扬、利用；它的弊端，我们靠批判能改变得了的，可以一直批判下去；靠批判改变不了的，我们也得有对策。

例如，服务方法专利（方法专利）我们的银行要是没有，迟早让人家牵着鼻子走。DVD 一案（实际不能称"案"，因为在该"案"中，专利权人——外国大公司连合同官司都还没开始同我们打，我们就开始交费了）我们每年要花 60 亿。日后外国银行如果来要"金融服务方法专利费"，可不是每年 60 亿，而是每年 200 亿。到那个时候我们处于前 500 强的企业可能要退回来。怎么办？能是自己尽早开发有自主知识产权的商业方法专利！给商业方法授予专利是违反法理的，大家都知道。但是美国数年之前已经授予了，我们怎么办？现在美国又推动其他国家承认商业方法专利，澳大利亚授予了，日本也授予了，欧盟正在跟美国谈判。中国怎么办？中国迟早会被国际金融企业逼上门来，你说我们搞不搞这种方法的创新和取得自主知识产权？不搞就得自动退出国际金融市场。因此，对于靠批判改变不了的，我们的方法应当是：你搞，我也搞，而且我搞得比你还好。

讲座、发言、报刊文章

讲　　座

发　　言

报刊文章

一、讲座、发言

1. 知识产权法律制度 [*]

一、知识产权的概念与特点

（一）什么是知识产权

知识产权指的是专利权、商标权、版权（也称著作权）、商业秘密专有权等人们对自己创造性的智力劳动成果所享有的民事权利。知识产权法，就是保护这类民事权利的法律。这些权利主要是财产权利。其中，专利权与商标权又被统称为"工业产权"。它们是需要通过申请、经行政主管部门审查批准才产生的民事权利。版权与商业秘密专有权，则是从有关创作活动完成时起，就依法自动产生了。

（二）知识产权与一般民事权利的相同点及不同点

与一般民事权利一样，知识产权也有与之相应的受保护主体与客体。发明人、专利权人、注册商标所有人、作家、艺术家、表演者等等是相应的主体。新的技术方案、商标标识、文字著作、音乐、

---

* 编者注：该文为郑成思 2001 年 2 月 28 日在九届全国人大常委会所做的法制讲座发言稿。

美术作品、计算机软件等等，是相应的客体。在这里，专利权与商业秘密专有权的主体与客体有相当大一部分是重叠的。发明人开发出新的技术方案后，既可以通过向行政主管部门申请专利，公开发明，从而获得专利权，也可以自己通过保密而享有实际上的专有权。就是说，技术方案的所有人可以选择专利保护途径，也可以选择商业秘密的保护途径。

与大多数民事权利不同的是，知识产权的出现，大大晚于其他民事权利。恩格斯认为，大多数民事权利，早在奴隶制的罗马帝国时代，就已经基本成型。而工业产权，则只是在商品经济、市场经济发展起来的近代才产生的。版权，则是随着印刷技术的发展才产生的，又随着其后不断开发的录音、录像、广播等新技术的发展逐步发展的。商业秘密被列为财产权（亦即知识产权）中的一项，只是在世界贸易组织成立之后。同时，随着经济、技术的发展，知识产权的内容，受保护客体的范围，总是以较快的速度变化着。至今也很难说它们已经"成型"。

与有形财产权相同，知识产权也是一种专有权。就是说，不经财产权的权利人许可，其他人不能使用或者利用它。

与有形财产权不同的是：第一，知识产权的客体具有"难开发、易复制"的特点。如果一个小偷从车场偷了一部汽车（有形财产），他最多只能卖掉这一部车，获取赃款，他不大可能再复制几部车去卖。如果小偷从一个软件开发公司偷出一个软件，他完全能很快复制出成千上万盘同样的软件去卖，足以使那个软件开发公司破产。第二，知识产权与有形财产权虽然都是专有权，但有形财产的专有权一般都可以通过占有相关的客体得到保护；知识产权的客体却表现为一定的信息（例如：发明是实用技术的新信息，商标是商品来源的信息，作品是作者表达出的文字信息、画面信息、音像信息等等），对信息是很难通过"占有"加以保护的。而且，有形财产的客体与专有权一般是不可分离的。对它们施加保护相对比较简单。

知识产权的客体与专有权却往往是分离的，对它们的保护就要困难得多。例如，画家卖给我一幅画，这幅画无疑是受版权保护的客体。这一客体在我手中，但我若想把它印在挂历上，或印在书上，则仍须经该画家许可，并向他付酬。原因是"复制权"（即版权中的专有权之一）仍旧在画家手里，并没有随着画一并转移给我。知识产权与有形财产权的这些不同之处，使得可以适用于有形财产权的"取得时效"制度，适用于侵害有形财产权的"返还原物"责任等等，很难适用于知识产权。因此我们又说知识产权是一种特殊的民事权利。

（三）知识经济与知识产权

也正是由于知识产权与一般民事权利、有形财产权利相比，具有这些不同点，知识产权法律的完善、不断修订，就显得比民事领域的其他法律更有必要。发达国家在 20 世纪末之前的一二百年中，以其传统民事法律中物权法（即有形财产法）与货物买卖合同法为重点。原因是在工业经济中，机器、土地、房产等有形资产的投入起关键作用。20 世纪八九十年代以来，与知识经济的发展相适应，发达国家及一批发展中国家（如新加坡、菲律宾、印度等等），在民事立法领域，逐步转变为以知识产权法、电子商务法为重点。这并不是说传统的物权法、合同法不再需要了，而是说重点转移了。原因是：在知识经济中，专利发明、商业秘密、不断更新的计算机程序等无形资产在起关键作用。随着生产方式的变动，上层建筑中的立法重点必然变更。一批尚未走完工业经济进程的发展中国家，已经意识到在当代，仍旧靠"出大力、流大汗"，仍旧把注意力盯在有形资产的积累上，其经济实力将永远赶不上发达国家。必须以无形资产的积累（其中主要指"自主知识产权"的开发）促进有形资产的积累，才有可能赶上发达国家。我国一批真正能打入国际市场并且站住脚的企业，例如家电产业中的海尔、计算机产业中的联想，也正是这样做的。用他们的话来说，就是"以信息化促工业化"。2000 年初，联想公司推出的一项并不算太前沿的新产品——上网计算机，就包含了自己的四十多个专利。

二、我国的知识产权法律制度

（一）概况

在十一届三中全会召开后的 1979 年，我国的专利法、商标法、版权法三部法律同时开始起草。在 1979 年的《刑法》中，规定了禁止冒用他人的注册商标，使商标从这时起就被赋予了"专用权"，成为一种"从刑法中产生的民事权利"。顺便说一句，在我国刑法较发达而民法不发达的相当长的历史中，许多民事权利都是依刑法产生，仅仅受刑法保护的。1982 年，我国颁布了《商标法》（并于 1993 年 2 月与现在两次修订）；1984 年，我国颁布了《专利法》（并于 1992 年 9 月与 2000 年 8 月两次修订）；1986 年，我国颁布了《民法通则》，其中明文规定了对知识产权的保护；1990 年，我国颁布了保护版权的《著作权法》，1991 年 6 月国务院又颁布了计算机软件保护条例；1993 年 9 月我国颁布了《反不正当竞争法》，开始明文保护商业秘密；1997 年 3 月，国务院颁布了《植物新品种保护条例》。除了几部单行法律与行政法规之外，我国 1997 年修订后的《刑法》还列有专章，规定了对严重侵犯商标权、侵犯版权、侵害商业秘密及假冒他人专利者进行刑事制裁。至此，我国知识产权保护的法律体系中的基本法律、法规已经具备了。

（二）对几部主要法律的说明

我国的《商标法》，主要是保护注册商标权人的专用权。从 1993 年起，这种保护包括了商品商标和服务商标。虽然《商标法》的主要目的是保护注册商标权人的利益,但这一目的,又首先要通过保护消费者的利益去实现。在这一点上,《商标法》《消费者权益保护法》与《反不正当竞争法》是有交叉的。这并不奇怪,因为这三部法都主要规范商品与服务在市场上的流通。在《商标法》的执法过程中,工商管理部门或法院衡量某个经营者是否侵犯了他人的商标专用权,也主要是看他使用商标的方式是否欺骗了消费者或误导了消费者,亦即是否未经许可使用了与他人注册商标相同或近似的标志。

我国《专利法》保护发明、实用新型与外观设计三种不同的专利权,重点是保护发明专利。委员们在去年 4~8 月对《专利法》修订草案进行了三次审议,对这部法记忆犹新,就不多讲了。

根据我国的实际情况,对于注册商标权、专利权这两种依行政批准而产生的知识产权,两部法中都规定了行政机关调解、处理侵权纠纷以及行政机关查处某些违法活动的职能。不少外国法律以及世贸组织的知识产权协议,也都允许这种行政执法。我国的这类规定,是符合国际惯例的。

我国的《著作权法》首先保护的是文字著作,但又远远不止于"著作"。音乐、舞蹈、电影、电视、工程设计、地图、计算机软件、演员的表演实况等等,凡是有可能被复制,即被"复版""翻版"或"盗版"的智力创作成果,也都在被保护之例。以纸张、磁带、电影胶带等形式对作品的复制,属于有载体的复制;以表演等形式对作品的复制,属于无载体的复制。也正因为如此,国际条约及许多国家保护这类成果的法律,都称之为"版权法"。在我国法律中,"著作权"与"版权"是同义语。法律禁止出版、传播的作品,在我国不受保护。

这里需要强调的是"原创性"与"首创性"(即专利法所说的新颖性)的区别。创作成果享有版权保护的首要条件是"原创性"。就是说,它不能是抄来的、复制来的或以其他方式侵犯其他人版权而产生的，它必须是作者创作的。"原创性"的要求与"首创性"不同。"原创性"并不排除创作上的"巧合"。例如，甲乙二人分别在同一角度拍摄下八达岭长城的镜头，虽然甲拍摄在先，乙在后，两张摄影作品十分近似，但二人都分别享有自己的版权。如果乙并没有自己到长城去拍照，而是翻拍了甲的摄影作品，则属于"抄袭"，就不享有自己的版权了。正是由于版权保护不排斥各自独立创作的相同作品，司法机关与行政执法机关在解决版权纠纷时，要认定是否构成侵权，比起在专利及商标领域，都会困难得多。

对于享有专利的发明，则恰恰要求具有"首创性"。专利制度是排除开发中的"巧合"的。如果甲申请专利在先，而搞出了同样发明的乙申请在后，则即使乙从来没有接触过甲的开发过程，完全是自己独立搞出的发明，他也绝不可能再取得专利了。这就是我国《专利法》中的"新颖性"要求与"申请在先"原则。因为在同一个技术领域搞发明的人很多，当不同的人以同样的发明申请专利时，专利审批机关不太可能断定谁在实际上是首先搞出某个发明的。因此就依法推定首先申请的那一个应当被受理，其他的就都被排除了。所以，我们的企业或研究单位一旦有了新发明，首先应考虑其他人不依赖于我是否也可能在较短时间开发出同样的技术方案。如果认为有这种可能，则应尽早去申请专利，以免别人占了先，自己反倒被排除出市场之外。当我们的研究成果属于新的科学发现时，为获取同业乃至全世界对"首先发现权"的确认，有必要尽早公诸媒体，进行宣传。但当我们的开发或研究成果属于实用发明（亦即新的技术方案）时，我们首先应当考虑的是申请专利，占住市场。这时如果急于公诸媒体，既可能在专利申请上被别人占先，也可能自己毁坏了自己的新颖性，是不可取的。分不清科学发现与实用发明的不同法律地位，不加区分地一概抢先宣传，曾经使我们失去了相当一部分本来应属于我们的专利成果。当然，如果自己确信别人不依赖自己就不可能独立搞出同样的发明，那就可以选择以商业秘密的途径保护自己的成果，而无须申请专利。

对于可以获得注册、从而享有商标权的标识，法律要求其具有"识别性"。如果用"牛奶"作为袋装奶商品的商标，消费者就无法把这种袋装奶与其他厂家生产的其他袋装奶区分开，这就叫没有识别性。而只有用"三元""蒙牛""帕玛拉特"等等这些具有识别性的标识，才能把来自不同厂家的相同商品区分开，这正是商标的主要功能。

另一个需要强调的问题是，在我国颁布了几部知识产权方面法律之后的相当长时间里，许多人对商标的重视程度，远远低于其他知识产权。在理论上，有的人认为商标只有标示性作用，似乎不是什么知识产权。在实践中，有的人认为创名牌，只是高新技术产业的事，初级产品（诸如矿砂、粮食等等）的经营根本用不着商标。实际上，一个商标，从权利人选择标识起，就不断有创作性的智力劳动投入。其后商标信誉的不断提高，也主要靠经营者的营销方法，为提高质量及更新产品而投入的技术含量等等，这些都是创作性劳动成果。发达国家的初级产品，几乎无例外地都带有商标在市场上出现。因为他们都明白，在经营着有形货物的同时，自己的无形财产——商标也会不断增值。一旦自己的有形货物全部丧失（例如遇到海损、遇到天灾等不可抗力、遇到金融危机等商业风险），至少自己的商标仍有价值。"可口可乐"公司的老板曾说，一旦本公司在全球的厂房、货物全部失于火灾，自己第二天就能用"可口可乐"这一商标作质押，贷出资金来恢复生产。因为每年"金融世界"都把"可口可乐"的价值评估到数百亿美元。我们曾有的理论家告诉人们，如果一个企业倒闭了，它的商标就会一钱不值。实际上，企业倒闭后，商标还相当值钱的例子很多。例如1998年3月，广州照相机厂倒闭，评估公司给该厂的"珠江"商标估了 4 千元人民币，许多人还认为估高了。而在当月的拍卖会上，这一商标卖出了 39.5 万元！很明显，企业多年靠智力劳动投入到商标中的信誉，绝不会因一时经营失误（或因其他未可预料的事故）企业倒闭而立即完全丧失。可见，提高我国经营者（尤其是大量初级产品的经营者）的商标意识，对发展我国经济是非常重要的。

从 1980 年起，我国就已经陆续加入了《世界知识产权组织公约》《保护工业产权巴黎公约》《保护文学艺术作品伯尔尼公约》《世界版权公约》等主要的知识产权国际公约。无论在国内立法方面，还是在参加知识产权国际保护的对外合作方面，中国作为一个发展中国家，前进的速度是相当快的。联合国世界知识产权组织的前总干事与现任总干事都认为，中国用了短短十多年时间，就走完了发达国家上百年才走完的路。当然，对于建立起现代知识产权法律制度时间不长的我国，知识产权保护的现状还不容乐观。尤其打击假冒商标和各种盗版活动，还是任重而道远的。

（三）我国历史上对知识产权制度的贡献

虽然现代的多种民事权利保护制度，包括知识产权保护制度，从总体上说，主要是我国改革开放后从国外"引进"的。但应当注意到：随着印刷技术的发明才产生的版权保护，却恰恰首先在中国产生。在以刀刻手抄方式复制创作成果的年代，不会出现"版权"这种民事权利。因为复制者艰难的复制活动不可能生产批量复制品为自己营利，创作者也就没有必要控制这种复制活动。

印刷技术在我国隋唐就有了很大发展。宋代发明了活字印刷。而版权保护，正是起源于我国宋代。宋代的《方舆胜览》《丛桂毛诗集解》等一大批流传下来的古籍中，都明白地记载着当时"禁止翻版""不许复版"的地方政府榜文，载有对"翻版营利"的活动，权利人可以"陈告、追人、毁版"等等。其中的诉讼程序与侵权责任，在直至 1956 年的英国的《版权法》中，还清晰可见。而这些古籍中留下的当时的"版权标识"，与《世界版权公约》所要求的形式要件几乎完全相同。禁止复版或翻版（Copy）的权利（Right）与七百多年后西方产生并沿用至今的"版权"（Copy right）概念，是完全相同的。而西方的这种保护，只是在宋代之后 500 多年，随着古登堡在德国开始使用活字印刷术，才慢慢发展起来的。中国在印刷术及版权保护上的历史贡献，联合国教科文组织早在 80 年代初就给予了承认。

在 20 世纪 90 年代中期，一位美国教授，以中国当时存在盗版现象为由，断言中国自古就不尊重智力创作成果，自古就奉行"窃书不算偷"的信条。我当时就以英文在境外发表文章，指出他的论断是对中国历史缺乏了解，并且全面介绍了上述宋代古籍中的记载。这篇文章后来被外国（包括美国）知识产权界的许多学者所引用。他们也都认为，既然版权保护是随着印刷术的发展而产生的，那么它必然会首先出现在中国。

当然，确认我国在历史上对知识产权的贡献，并不是要证明我们现在一切都完美了。时间毕竟进入了 21 世纪。我国刚刚建立起来的现代知识产权制度还有必要不断完善。现在我们正在修订着几部知识产权方面的法律，正是我们认识到这种必要性的一个很好证明。

三、"入世"与知识产权保护

（一）世界贸易组织的知识产权制度世界贸易组织的各项协议所调整的，主要是商品贸易、服务贸易与知识产权保护三项内容。

商品贸易指的是有形货物买卖，对此大家比较熟悉。服务贸易在世贸组织的协议里，指四种情况：

（1）跨境提供（例如电信服务、网络服务）；

（2）人员流动（例如劳务输出）；

（3）出国消费（例如旅游服务）；

（4）商业到位（例如外国银行到中国建点所提供的金融服务）。

就在商品贸易与服务贸易两项内容中，实际上也充满了知识产权保护问题。

就商品贸易而言，一切来自合法渠道的商品，都有自身商标的保护问题。商品的包装、装潢设计、促销商品的广告（包括广告画、广告词、广告影视等）都有版权保护问题。销售渠道较畅通的新商品，一般都有专利或商业秘密的含量作支撑。来自非法渠道的商品则大都有假冒商标及盗版等问题。在服务贸易中，服务商标的保护及为提供服务所做广告的版权问题，与商品贸易是相同的。不同的是：在跨境服务中，特别是在网络服务中，一个企业在本国做广告，可能侵害外国企业在外国享有的商标权，因为网络的特点是无国界性，商标权的特点却是地域性。这种特别的侵权纠纷，在有形货物买卖中是不可能出现的。

世贸组织要求它的成员国必须保护的知识产权有七项：版权、商标、发明专利、外观设计、地理标记、半导体集成电路设计、商业秘密。其中的外观设计已经包含在我国《专利法》中了；地理标记将包含在修改后的《商标法》中，只剩下半导体集成电路设计的保护，在我国尚未立法。不过因为这种创作成果的更新换代很快，侵权人刚刚复制，人家的更新产品可能已经上市了，于是复制者无利可图。所以世贸组织的成员国在谈判中均未强调这项立法的问题。

（二）与"入世"有关的知识产权立法建议

1. 在立法中应注意"扬长避短"

从我们立法机关来讲，针对"入世"，要考虑通过立法与修法使我们的知识产权制度与世贸组织的知识产权协议（即 TRIPS 协议）不冲突。要做到这一点，我们只要满足知识产权协议的"最低要求"，就可以了。在现阶段我们还无须追求发达国家的高保护水平。在"入世"之后，我们要考虑以可行的建议促使我国代表在多边谈判中不断增加有利于我国经济发展的内容。当然，立法机关通过立法先在国内开始自行保护属于我们长项的知识产权客体，也是一种积极的促进方式。多年来，亚非一批国家为争取把民间文学艺术的保护纳入国际公约，都是自己首先在国内法中开始保护的。

世贸组织在下一轮多边谈判中，即将讨论把"生物多品种"的保护与"传统知识"的保护纳入知识产权范围的问题，这应引起我们的关注。大量我国独有而外国没有的动植物品种（包括濒临灭绝的动植物）的保护，就属于前者；我国的中医药及中医疗法的保护，我国几乎各地均有的民间文学艺术的保护等等，则属于后者。这些，应当说是我国的长项，不像专利、驰名商标等在国际上目前显然还是我国的短项。我们关注这些问题的目的，一是要争取把它们纳入知识产权国际保护的范围。二是一旦纳入之后，应考虑我们的立法如何立即跟上。这有利于我们在知识产权的国际保护中"扬长避短"，使我国在国际市场上的知识产权产品也有可能不断增加。美国从1996 年开始，版权产业中的核心产业（即软件业、影视业等等）的产品出口额，已经超过了农业、机器制造业（即飞机制造、汽车制造等等）的产品出口额。

美国知识产权协会把这当作美国已进入"知识经济"发展时期的重要标志。

此外，在《商标法》修订草案中已经提到一笔的地理标记保护，我感到还很不够。法国仅仅有几个与葡萄酒有关的地理标记，就知道要在国内法和国际公约中大做文章，不遗余力地强调对它们的保护。1985年我国参加了保护地理标记的《巴黎公约》之后，法国即要求我们在自产的葡萄酒上禁用"香槟"二字，因为它是法国葡萄酒的地理标记。而我国有大理石、莱阳梨、金华火腿等等数不清的世界知名的可保护的地理标记，我们的立法中却对此轻描淡写。意大利出产的许多石料及石制品、中国台湾地区花莲县的许多石制品，在国际市场上都叫"大理石"或大理石制品。我们要想"入世"后发挥我国地理标记在知识产权国际保护中的优势、禁止他人随便使用，首先在我们自己的法律中要突出这些受保护客体的地位，加强对它们的保护力度。

千万不可一提起知识产权，就似乎我们统统是弱项；一讲知识产权保护，好像就只是保护了外国的东西；一谈到"入世"与修订知识产权方面的法律，就只想到那些世贸成员要求我们修改的内容。其实，我们首先应当考虑的是我们自己有哪些长项？我们是否保护了我们自己的权利？这一方面保护的力度够不够？

2. 程序法方面的问题

世贸组织的知识产权协议是第一个对知识产权程序法作出具体规定的国际条约。

而在保护知识产权的程序上，我们还有些明显的欠缺。例如，诉讼前的证据保全，是世贸组织明文为保护知识产权的执法提出的要求。我国现行《民事诉讼法》中没有这项制度，现有的各种知识产权单行法中也没有这项制度。再如，对已注册的商标，任何人均应有权直接查询。而在我国对此既无法律规定，在实践中也做不到。这一类缺陷，如果我们不在法律中作出规定，那么在我国"入世"后遇到具体案例时，就会有其他世贸成员提出了。

3. 与"入世"无关的必要修订

"入世"的需要，绝不是我们修订知识产权方面法律的唯一理由。世贸组织并未提出要求，但我国市场经济发展的实践确实需要的内容，也应当在修订中增加进法律中。例如：一大批发达国家与发展中国家在保护商标权时，都规定了"禁止改换他人合法标示的商标"，对此世贸组织并无明文要求。而我国在向市场经济转轨的过程中，以改换他人商标的方式扰乱市场的事屡屡发生。一些外国企业的销售商在我国高质量的服装产品上撕去"枫叶"商标、在高质量的油漆产品容器上涂去"灯塔"商标，然后换上外国商标再投放市场。对这些行为，依照我国《商标法》却不能加以禁止和制裁。这对发展我国市场经济、特别对发展我国自己的名牌，是非常不利的。我们完全可以考虑在《商标法》中增加禁止这种行为的法律规定。

（三）提高人们的知识产权保护意识

在修订与完善有关知识产权法及加强执法方面，我们都已经做了大量的工作。但在提高人们的知识产权保护意识方面，仍显得有些欠缺。例如，最近我还听到一所名牌大学的法学教师对学生讲，盗版有助于发展我国的经济，打击盗版是保护了外国产品。这实际上反映了一部分人的看法。我认为恰恰相反，盗版直接妨碍了我国经济的发展。第一，盗版者的非法收入，绝没有上缴国家，以用来发展经济；而且对这一大笔非法收入是无法去收税的。从这里漏掉的税款，对国家就是个不小的损失。第二，盗版活动的主要受害者，是国内企业。仅仅以软件盗版为例，它是我国自己的软件产业发展不起来的直接原因。像微软这样的外国企业，它的视窗软件等行销全球的产品，即使在中国一盘也卖不出去，它仍旧可以靠英文原版产品，以及"韩化""日化"的产品在许多国家及美国本国的市场赚到钱。而我们自己企业开发的"中文之星""五笔汉字"等软件，如果在中国因为盗版猖獗而没有了市场，它们在国外的市场就非常有限了，这些中国软件企业就非倒闭不可。对音像制品、图书等等的盗版如果不给予有力打击，结果也是一样。因为这些汉字、汉语的文化产品的市场主要在中国。

邓小平同志 1992 年初在深圳视察音像制品企业时，首先就问他们："版权问题是否妥善解决了？"可见社会主义市场经济的倡导者非常清楚知识产权保护对发展我国经济的重要性。

我国的立法机关与司法、行政执法机关，无论对假冒活动还是盗版活动，态度也一直是明确的：依法坚决打击。

"入世"之后在国内将首当其冲面对知识产权保护挑战的，是国内的产业界、文化市场与商品市场。所以在国内这些领域中进行知识产权法的普法教育，还有许多工作要做。就知识产权普法而言，宣传"守法"不应当是消极的，它至少应包括四个方面。

第一，不要侵权，这指的是推出新产品之前，要把知识产权问题解决好；产品中含有他人知识产权的，要取得许可。

第二，"入世"后，一旦外国企业诉我们侵权，应当懂得我们有哪些抗辩的余地。国内有相当一部分企业的做法正好相反，在推出产品之前，根本不过问是否涉及他人的专利、版权等等，只知蛮干。等到别人一告他侵权，又立刻乱了手脚，不加分析地先自认理亏。最近有个国内企业找我，说外国公司告他侵犯了外国专利，问该怎么办？我说你慌什么？你的产品出口不出口，不出口就不可能侵犯"外国专利"，因为专利是有地域性的。他申请了美国专利，你在中国经营不可能侵犯"美国专利"；他如果在外国只获得了美国专利，你向日本出口也不可能侵犯它。即使他在中国获得了专利，你还要看他们专利保护期是不是届满？因为专利是有"法定时间性"的，像微波炉、汽车安全带，都曾是专利产品，但早已过了保护期，虽然今天不少厂家仍在制售，但已经不可能侵犯原专利权了。即使其专利尚未届满，还要看是否因未交专利年费等原因而使其专利失效了。即使上述抗辩理由都不成立，你还要认真分析你的产品是否全部落入了其专利的"权利要求"中？因为专利不像版权与商标，不存在"部分侵权"。如果你的产品只包含他专利中的部分技术特征而不是全部，那就仍然不能定为侵权。美国的柯达公司被诉侵害他人感光技术专利，抗争了九年，才最后被认定侵权。我们的企业怎么能够别人一告侵权就"不战而降"了呢？

第三，无论在国内还是国外，我国的企业及个人已经享有的知识产权，同样可能遭到别人的侵害。要注意依法维护自己的知识产权。提高守法意识或知识产权意识，绝不仅仅针对侵权人而言，而且也是针对我国的知识产权权利人的。

第四，也是最重要的，要鼓励国人积极开发享有我们自主知识产权的成果。袁隆平在我国还没有颁布《专利法》之前，就已经在美国、澳大利亚申请了杂交水稻育种技术的专利；中石化公司在最近几年，在世界范围就某些化工技术申请了多国的多项专利，初步建立起自己的"市场保护圈"，使外国企业想进入这个圈制售有关化工产品的，都要向中石化取得许可。海尔、联想等驰名商标，也开始突破国界取得国际上的承认。这些，都是较典型的"自主知识产权"。

为了发展我国的经济，我们不能拒绝引进他人的创新成果。但我们最终能够依靠的，还是我国人民自己的创新精神。给予创新成果以知识产权保护，是对发扬创新精神的最有效的鼓励。

曾为世界贡献出四大发明的我国，曾作为版权保护发源地的我国，在新的千年、新的世纪里，一定能够以更多、更优秀的创新成果提供给人类！

2. 运用法律手段保障和促进信息网络健康发展[*]

在当今世界，信息网络技术对人类文明的影响，超过了其他任何高新技术。信息网络化的发展水平，已经成为衡量一个国家现代化水平与综合国力的重要标志。推动国民经济和社会信息化，是党中央高瞻远瞩，总揽全局，面向新世纪作出的重要战略决策。对于信息网络化问题，江泽民总书记提出了"积极发展、加强管理、趋利避害、为我所用，努力在全球信息网络化的发展中占据主动地位"的要求，这不仅是我国信息网络发展的指导方针，也是我们运用法律手段保障和促进信息网络健康发展的重要指导思想。

一、信息网络的发展与加强法律规范的必要性和重要性

（一）依法加强管理已经成为许多国家的共识

信息传播技术的发展，在历史上一直推动着人类社会、经济与文化的发展，同时也不断产生出新问题，需要人们不断去解决。在古代，印刷出版技术的发明与发展，为大量复制与传播文化产品创造了条件，同时也为盗用他人智力成果非法牟利提供了便利，于是产生了版权保护的法律制度。近、现代无线电通信技术的出现，录音、录像技术的出现以及卫星传播技术的出现等等，也都曾给人们带来便利，推动了经济发展，繁荣了文化生活，同时也带来了需要用法律解决的问题。中国古老的辩证法告诉我们：利弊相生、有无

---

* 编者注：该文为 2001 年 7 月 11 日郑成思在中央政治局所做同名讲座的书面稿，后发表在《河南省政法管理干部学院学报》2002 年第 1 期。

相成。法律规范得当，就能够兴利除弊，促进技术的发展，进而促进社会的发展。

20 世纪 90 年代至今，信息网络的迅速发展，对政治、经济、社会等各个领域都产生了广泛、巨大而又深远的影响。截至 2000 年底，全球互联网上网人数共 4.71 亿。美国上网人数超过 1.5 亿，欧盟国家上网人数超过 4600 万，日本超过 4700 万。截至 2000 年 7 月，我国上网人数也已经达到了 2600 万。1997 年 10 月，我国上网计算机，共 29.9 万台，而到 2001 年 7 月，已经发展到 1000 万台，这种发展速度，令人瞩目。

根据美国知识产权协会的统计，自 1996 年之后，美国每年信息产业中版权产业的核心部分，即软件业、电影业、图书出版业等产品的出口额，都超过农业与机器制造业。该协会把这当作美国已经进入"知识经济"的标志。根据我国今年年初"国家经济信息系统工作会议"公布的数据，2000 年我国电子信息产品制造业增长速度已经大大高于传统产业，总产值已经突破 1 万亿元，成为我国工业的第一支柱。

网络（主要指互联网络，特别是国际互联网络）给人们带来的利（或便利）在于其开放性、兼容性、快捷性与跨国传播。而网络的"弊"，也恰恰出自它的这些特点。正是由于这些特点，产生出应用网络来传播信息的重要问题—— 安全问题，以及其他一些需要用法律去规范的问题。

国内外都曾有一种观点认为：计算机互联网络的发展环境是"无法律"的。在互联网发展初期，由于缺乏专门以互联网为调整对象的法律，而大都以原有的相关法律来规范互联网上的行为，许多国家认为可以不立新法。于是，这被一些人误解为"无法律"。所谓"无法律"，一开始就仅仅是一部分网络业内人士对法律的误解。计算机网络上日益增多的违法犯罪活动，促使人们认识到：必须运用法律对计算机信息网络进行管理，而网络技术本身的发展也为这种管理提供了客观的基础。计算机互联网络是 20 世纪 90 年代才全面推广开的新技术，而且发展迅速，对它的法律调整滞后、不健全，是不足为奇的。但若由此断言互联网络处于法律调整的"真空"之中，是现实社会的法律所不能触及的"虚拟世界"，那就错了。国际互联网的跨国界传播，无疑增加了各国在其主权范围内独立调整和管理网上行为的困难，但这并不意味着无法管理。而且，由于出现了强烈的网络管理的社会要求，各种行之有效的网络管理技术也应运而生。面对安全问题，起初很多国家考虑的是通过技术手段去解决。而今天，越来越多的国家已经认识到：仅仅靠技术手段是不够的，还必须有法律手段。网络作为一种传播媒介，不仅不可能自动消除不良信息的危害，而且因其使用便利、传播快捷的特点，反而可能在缺乏管理的状态下大大增强其危害性。

事实上，通过法律手段加强管理，解决信息网络化进程中产生的安全问题，已经成为相当多国家的一致呼声。几乎所有应用和推广网络传播技术的国家，无论发达国家还是发展中国家，都颁布了或正在起草相应的法律法规，都不同程度地采用法律手段开始了或加强了对计算机信息网络的管理。

（二）信息网络安全问题的几个主要方面与法律规范的必要性

涉及信息网络安全的问题，主要有四个方面。

第一，国家安全。网络的应用，给国家的管理，例如统计、档案管理、收集与分析数据、发布政令或公告等带来了便利。"电子政务"的开展，有利于密切政府与人民群众的联系，有利于提高国家机关的工作效率，有利于加强人民对国家事务的参与。近年来，我国海关在查处走私活动，公安部门在"严打"的过程中，很多显著成效也得益于计算机网络的应用。网络的应用还为国防建设提供了新的技术手段，为尖端科学技术的研究与开发提供了条件。但同时，一旦有人利用网络，侵入国防计算机信息系统或侵入处于极度保密状态的高科技研究的计算机信息系统，乃至窃取国家、国防、科研等机密，其危害就远不是非网络状态下的危害可比的了。国内外敌对势力煽动反对政府、颠覆国家政权、破坏国家统一等有害信息，也可以通过网络得到迅速传播。而保障国家安全，是稳定与发展的前提。迄今为止，所有应用及推广信息网络技术的国家，无论发达国家还是发展中国家，都极度重视伴随着这种应用与推广而产生的国家安全问题。

第二，社会安全。网络以迅捷、便利、廉价的优点，丰富了社会文化生活与人们的精神生活。但同时，发送计算机病毒，传播黄色、暴力、教唆犯罪等精神毒品，网上盗版，网上煽动民族仇恨、破坏民族团结，网上传播伪科学、反人类的邪教宣传，如"法轮功"等，也利用了这种迅捷、便利、廉价的传播工具。对网上的这些非法活动必须加以禁止和打击，以保障社会的安全。例如，如果不在网上"扫黄打非"，那么，有形的传统市场上打击黄色的、盗版的音像及图书的执法活动，就在很大程度上会落空，因为制黄与制非活动会大量转移到网上。

第三，经济安全或市场安全。在经济领域，首先应用网络技术的是金融市场。"金融电子化与信息化"方便了储户，使"储蓄实名制"成为可能，同时还加速了证券交易在网上运行的进程。企业开展"电子商务"，有助于提高管理效率，降低经营成本，增强竞争能力。国外英特尔公司的总裁与国内北大方正的王选都说过一句相同的话："企业若不上网经营，就只有死路一条"。今年年初以来，"纳斯达克"指数的暴跌以及大量中介性网络公司倒闭的事实，绝不说明电子商务应当被否定。它与电子商务的兴起这一事实，反映的是同一事物的两个方面。它说明了网络经济本身不能靠"炒作"，网络经济只有同物质经济、传统产业相结合，才有生命力。从 1998 年至今，北京郊区一些收益较好的菜农，已经得益于"网上经营"（或"电子商务"）。1999 年，上海市政府开通"农业网"，鼓励农民上网经营。上海奉贤县仅去年一年，就在网上获得 1 亿元订单。但同时，在网上把他人的商标抢注为自己的域名，网上的金融诈骗、合同欺诈，利用网络宣传、销售假冒伪劣产品，搞不正当竞争等种种违法犯罪活动，也不断增加。若不及时禁止这些活动，人们会对网络上的虚拟市场缺乏安全感，从而将妨碍我国企业的电子商务活动。

第四，个人安全。随网络发展起来的电子邮件、网络电话、电子银行信用卡等等，给大多数"网民"提供了便捷与低价的服务，大大提高了网民们的工作效率和生活质量。但同时也出现了破译他人电子邮箱密码，阅读、篡改或删除他人电子邮件，破解他人网上信用卡密码，利用网络窃取他人钱财乃至敲诈勒索，利用网络散布谣言、诽谤他人、侵犯他人隐私权等等侵权或犯罪活动。今年 4 月，鞍山市中级人民法院审结的通过"网络交友"引诱与绑架人质勒索钱财的案件，表明了以法律手段规范网络运营，保障个人安全的必要性。

上述几个方面的安全问题是相互联系的。国家安全与社会安全非常重要；市场安全与个人安全的问题，则是大量的。今年 4 月至 5 月，在黑客大量攻击我国网站的事件中，被攻击的商业网站占 54%。市场与个人安全问题，又都直接或间接影响国家安全与社会安全。例如，若不能依法制止利用互联网络编造并传播影响证券、期货交易或其他扰乱金融市场的虚假信息，社会稳定就必然出现隐患，进而会影响到国家安全。

二、国外的做法及立法现状

由于信息网络技术在世界范围内广泛应用的时间还不太长，加上信息网络技术的发展更新很快，目前，世界各国还没有建立健全完善的法律体系。总的来讲，各国在这方面的立法与依法管理的实践都处于初期。不过，有些起步相对早一些的国家及国际组织，已经有了一些经验可供我们研究与参考。

（一）打击网络犯罪的国际合作与立法情况

20 世纪 90 年代以来，针对计算机网络的犯罪和利用计算机网络犯罪的数量，在许多国家包括我国，都有较大幅度的增长。针对这种情况，许多国家明显加大了运用法律手段防范和打击网络犯罪的力度。同时，在这方面的国际合作也迅速发展起来。

欧盟委员会于 2000 年初及 12 月底先后两次颁布了《网络刑事公约（草案）》。这个公约目前虽然只是面对欧盟成员国地区性立法的一部分，但它开宗明义表示要吸纳非欧盟成员国参加，试图逐步变成一个世界性的公约。现在，已有 43 个国家（包括美国、日本等）表示了对这一公约草案的兴趣。这个草案很有可能成为打击网络犯罪国际合作的第一个公约。这个公约草案对非法进入计算机系统，非法窃取计算机中未公开的数据等针对计算机网络的犯罪活动，以及利用网络造假、侵害他人财产、传播有害信息等使用计算机网络从事犯罪的活动，均详细规定了罪名和相应的刑罚。草案还明确了法人（即单位）网上犯罪的责任，阐述了打击网络犯罪国际合作的意义，并具体规定了国际合作的方式及细节，如引渡、根据双边条约实行刑事司法协助、在没有双边条约的国家之间怎样专为打击网络犯罪实行司法协助，等等。

在各国的刑事立法中，印度的有关做法具有一定代表性。印度于 2000 年 6 月颁布了《信息技术法》。印度并没有"物权法"之类规范有形财产的基本法,却优先制定出一部规范网络世界的基本法。这部《信息技术法》主要包括刑法、行政管理法、电子商务法三个大的方面。同时,还包括对已有刑法典、证据法和金融法进行全面修订的一系列附件。刑法部分的主要内容与欧盟的"刑事公约"大致相同。有两点内容是欧盟公约中没有的:一是规定向任何计算机或计算机系统释放病毒或导致释放病毒的行为,均为犯罪;二是对于商业活动中的犯罪行为列举得比较具体。例如,为获取电子签名认证而向有关主管部门或电子认证机构谎报、瞒报任何文件或任何事实的,均认定为犯罪。该法对犯罪的惩罚也作了详细的规定。例如,第 70 条规定:未经许可进入他人受保护的计算机系统,可判处十年以下徒刑;第 71 条规定:在电子商务活动中向主管部门谎报与瞒报,将处两年以下徒刑,还可以并处罚金。

还有一些国家修订了原有刑法,以适应保障计算机网络安全的需要。例如,美国 2000 年修订了 1986 年的《计算机反欺诈与滥用法》,增加了法人犯罪的责任,增加了与上述印度法律第 70 条相同的规定,等等。

(二)禁止破解数字化技术保护措施的法律手段

1996 年 12 月,世界知识产权组织在两个版权条约中,作出了禁止擅自破解他人数字化技术保护措施的规定。至今,欧盟、日本、美国等多数国家,都把它作为一种网络安全保护的内容,规定在本国的法律中。尤其是美国,虽然总的来说,它认为网络时代无须立任何新法,全部靠司法解释就能解决网络安全问题,但却例外地为"禁止破解他人技术保护措施"制定了专门法,而且从网络安全目的出发,把条文规定得极其详细——不仅破坏他人技术保护措施违法,连提供可用以搞这种破坏的软硬件设备也违法,同时还详细规定了图书馆、教育单位及执法单位在法定条件下，可以破解有关技术措施，以便不妨碍文化、科研及国家执法。值得注意的是，有关网络安全的许多问题，均是首先在版权领域产生的，其解决方案，又首先是在版权保护中提出，再扩展到整个网络安全领域的。例如破解技术保护措施的违法性，就是因为 1992 年英国发生的一起违法收看加密电视节目的版权纠纷，而引起国际关注的。

（三）与"入世"有关的网络法律问题

在 1996 年 12 月联合国第 51 次大会上，通过了联合国贸易法委员会的《电子商务示范法》。这部示范法对于网络市场中的数据电文，网上合同成立及生效条件，运输等专项领域的电子商务等，都做了十分具体的规范。这部示范法的缺点是：当时还没有意识到"数字签名认证机构"的关键作用，所以针对这方面作的规定较少，也较原则。1998 年 7 月，新加坡的《电子交易法》出台后，被认为是解决这一类关键问题较成功的法律。我国的香港特别行政区，于 2000 年 1 月颁布了《电子交易条例》。它把联合国贸易法委员会示范法与新加坡的电子交易法较好地融合在一起，又结合了香港本地实际，被国际上认为是较成功的一部保障网络市场安全的法规。

早在 1999 年 12 月，世贸组织西雅图外交会议上，制定对"电子商务"的规范就是一个主要议题。这是因为 1994 年 4 月世贸组织在马拉加什成立时，网络市场作为世界贸易的一部分还没有被充分认识，而 1996 年之后，这一虚拟市场已经以相当快的速度发展起来了。联合国已有了示范法，世贸组织也不甘落后。西雅图会议虽然流产，但下一次世贸组织的多边外交会议，仍将以规范电子商务为主要议题。届时我国可能已经"入世"。所以从现在起，我国有关主管部门就应对这一议题做深入研究，以便在必要时提出我们的方案，或决定支持那些于我国网络市场安全及健康发展有利的方案。

（四）其他有关立法

有一些发展中国家，在单独制定从不同角度保障网络健康发展的部门法之外，还专门制定了综合性的、原则性的网络基本法。例如韩国 1992 年 2 月制定、2000 年 1 月又修订的《信息通信网络利用促进法》，就属于这样一部法。它与我国的《科技进步法》的形式类似，但内容更广泛些。它虽不及印度的基本法那样详细，但有些内容却是印度所没有的。例如其中对"信息网络标准化"的规定，对成立"韩国信息通信振兴协会"等民间自律组织的规定，等等。

在印度，则依法成立了"网络事件裁判所"，以解决包括影响网络安全的诸多民事纠纷。这种机构不是法院中的一部分，也不是民间仲裁机构，而是地道的政府机构。它的主管人员及职员均由中央政府任命，但主管人员资格是法定的。

西欧国家及日本，近年来在各个领域都制定了一大批专门为使信息网络在本国能够顺利发展的法律、法规，同时大量修订了现有法律，使之能适应网络安全的需要。例如德国 1997 年的《网络服务提供者责任法》与《数字签名法》，它们出现在欧盟共同指令发布之前，足以说明其规范网络活动的迫切性。日本 1999 年的《信息公开法》与同时颁布的《协调法》，对作者行使精神权利（即我国版权法中的"人身权"），规定了过去从来没有过的限制，以保证政府有权不再经过作者许可，即可发布某些必须发布的信息。英国 2000 年的《通信监控权法》第三部分专门规定了对网上信息的监控。这部法的主要篇幅是对行使监控权的机关必须符合怎样的程序作出规定。在符合法定程序的前提下，"为国家安全或为保护英国的经济利益"，该法授权国务大臣颁发许可证，以截收某些信息，或强制性公开某些信息。

（五）民间管理、行业自律及道德规范手段

无论发达国家还是发展中国家，在规范与管理网络行为方面，

都很注重发挥民间组织的作用，尤其是行业的作用。德国、英国、澳大利亚等国学校中网络使用的"行业规范"均十分严格，在澳大利亚，大学各系的秘书每周都要求教师填写一份保证书，申明不从网上下载违法内容；在德国，凡计算机终端使用人，一旦在联网计算机上有校方规定禁止的行为，学校的服务器立即会传来警告。慕尼黑大学、明斯特大学等学校，都订有《关于数据处理与信息技术设备使用管理办法》，要求师生严格遵守。

1996年，英国的网络服务提供者们在政府引导和影响下，组成一个行业自律组织，即英国信息网络监察基金会。它的工作是搜寻网络上的非法信息（主要是色情资料），并把发布这些非法信息的网站通知网络服务提供者，以便他们采取措施，阻止网民访问这些网站，也使网络服务提供者避免被指控故意传播非法信息而招致法律制裁。

韩国在保障网络安全方面，尤其是防止不良信息及有害信息方面，也很注意发挥民间组织的作用。韩国在民间建立起"信息通信伦理委员会"，其主要作用是监督网络上的有害信息，保护青少年的身心健康。新加坡也很注重民间力量在网络安全方面的作用，在其1996年7月颁布的《新加坡广播管理法》中规定："凡是向儿童提供互联网络服务的学校、图书馆和其他互联网络服务商，都应制定严格的控制标准。"该法还规定："鼓励各定点网络服务商和广大家长使用，诸如'网络监督员'软件、'网络巡警'软件等等，阻止（青少年）对有害信息的访问"。

（六）国外立法保障信息网络健康发展的两个重点问题

网络上信息传播有公开与兼容的特点，各国网络的发展目标又都是使越来越多的人能够利用它。这与印刷出版等传统的信息传播方式完全不同。许多国家的立法界、司法界及学术界普遍认为：在网上，每一个人都可能是出版者。用法律规范网络上每个人的行为，从理论上说是必要的,从执法实践上看则是相当困难的。从上述各国的情况看,他们主要是抓住两个关键点,采取相应的管理措施。

1. 加强对网络服务提供者经营活动的规范与管理

网络服务提供者又称"在线服务提供者",他们是网络空间重要的信息传播媒介,支撑着网络上的信息通讯。网络服务提供者有许多类别,主要包括以下5种:(1)网络基础设施经营者;(2)接入服务提供者;(3)主机服务提供者;(4)电子公告板系统经营者;(5)信息搜索工具提供者。

上述各类网络服务提供者对用户利用网络浏览、下载或上载信息都起着关键作用。网络服务提供者的基本特征是按照用户的选择传输或接受信息。但是作为信息在网络上传输的媒介,网络服务提供者的计算机系统或其他设施,却不可避免地要存储和发送信息。从信息安全的角度看,网络服务提供者是否应当为其计算机系统存储和发送的有害信息承担责任,按照什么标准承担责任,是网络时代的法律必须回答的关键问题。

网络服务提供者法律责任的标准和范围,不仅直接影响信息网络安全的水平和质量,而且关系到互联网能否健康发展;既关系到国家利益,也关系到无数网络用户的利益。因此,法律在界定网络服务提供者责任的同时,必须考虑对其责任加以必要的限制。

总的来讲,法律如果使网络服务提供者在合法的空间里和正确的轨道上放手开展活动,那么网络的安全、信息网络的健康发展,就基本有保障了。

网络安全的法律规范主要针对网络服务提供者,同时许多国家还在法律中采用了"避风港"制度。就是说,一旦网络服务提供者的行为符合法律规范,他们就不再与网上的违法分子一道负违法的连带责任,不会与犯罪分子一道作为共犯处理。这样,他们的经营环境就宽松了。这将有利于网络的发展。正像传统生活中我们对旅店的管理，许多犯罪分子在流窜、隐藏时都会利用旅店，如果对犯罪分子逗留过的旅店一概追究法律责任，那么正当经营者就都不敢开店了。如果旅店经营者做到：（1）客人住店时认真查验了身份证；（2）发现房客有犯罪行为或嫌疑，及时报告执法部门；（3）执法部门查询犯罪嫌疑人时积极配合，那么，就可以免除旅店经营者的法律责任，就是说，他不再有被追究法律责任的风险。这样，在打击犯罪的同时，又不妨碍旅店业的健康发展。法律在规范网络服务提供者的责任时采用的"避风港"制度，正是这样一种制度。网络服务提供者从技术上讲，掌握着确认其"网民"或接入的网站身份的记录，他们只要做到：（1）自己不制造违法信息；（2）确认了违法信息后立即删除或作其他处理，如中止链接等；（3）在执法机关找寻网上违法者时予以协助，那么，他们也就可以进入"避风港"，放心经营自己的业务了。如果绝大多数网络服务提供者真正做到了这几点，则网络安全也就基本有保障了。

所以，大多数以法律规范网络行为的国家，都是首先明确网络服务提供者的责任，又大都采用了"避风港"制度。从美国1995年的《国家信息基础设施白皮书》，新加坡1996年的《新加坡广播管理法》，直到法国2001年的《信息社会法（草案）》，都是如此。

2. 加强对认证机构的规范与管理

"数字签名的认证机构"，是法律必须规范的又一个关键点。数字签名认证机构的重要作用，远远不限于电子商务。在电子证据的采用方面，在电子政务、电子邮件及其他网上传输活动中，它都起着重要作用。就是说，凡是需要参与方提供法定身份证明的情况，都需要"数字签名认证机构"。因为数字签名是最有效的身份证明，是保障信息安全的基本技术手段之一。

三、我国在信息网络法制建设方面的基本情况

（一）已有的法律法规及管理措施

从 20 世纪 90 年代中期至今，我国已出台了一批专门针对信息网络安全的法律、法规及行政规章。属于国家法律一级的，有全国人大常委会 2000 年 12 月通过的《关于维护互联网安全的决定》；属于行政法规的，有从 1994 年的《计算机信息系统安全保护条例》到 2000 年的《电信条例》等五个法规；属于部门规章与地方性法规的，则有上百件。我国各级人民法院，也已经受理及审结了一批涉及信息网络安全的民事与刑事案件。

此外，在我国的《合同法》中，增加了有关网络上电子合同的规范内容。《预防未成年人犯罪法》规定"任何单位和个人不得利用通讯、计算机网络等方式"，提供危害未成年人身心健康的内容与信息。

2000 年是我国网络立法较多的一年。据不完全统计，专门针对网络的立法，包括最高人民法院的司法解释，达到几十件，超过以往全部网络立法文件的总和，调整范围涉及网络版权纠纷、互联网中文域名管理、电子广告管理、网上新闻发布、网上信息服务、网站名称注册、网上证券委托、国际联网保密管理等许多方面。过去进行网络立法的部门主要是公安部、信息产业部等少数几个部门，2000 年则明显增加，文化部、教育部、国家工商局、中国证券监督委员会以及一些省、市地方政府均在各自职权范围内，颁布了有关网络的法律文件。这些立法及管理活动对推进我国网络健康发展起到了积极作用。

在行业自律方面，今年 5 月，在信息产业部的指导下，我国成立了"互联网协会"。它将借鉴国外已有经验，结合中国的实际，发挥自己的作用。

（二）存在的问题和不足

1. 缺少必要的基本法，已产生多头管理、相互冲突的情况

我国规范网络的部门规章及地方性法规很多，这反映出各方面力图促使网络健康发展的积极性，是应该予以肯定的。但暴露出来的问题也不容忽视：第一，立法层次低。现有的网络立法绝大多数属于管理性的行政规章，而属于国家法律层次上的网络立法只有一件，并且不具备基本法性质。第二，立法内容"管"的色彩太浓，通过管理促进"积极发展"的一面则显得不够。第三，行政部门多头立法、多头管理，甚至连必须统一的一些标准，都出现过部门冲突的情况。例如，北京市通信管理局 2000 年 11 月的"通知"中，认定企业仅为自我宣传而设的网站，属于非经营性的"网络内容提供者"，而北京工商行政管理局在同年颁布的"经营性网站管理办法"中，则又认定凡是企业办的网站，均属经营性的网络内容提供者。这样一来，像"同仁堂药业集团"为同仁堂医药做广告的专设网站，与"搜狐"、"首都在线"等专门从事在线服务的网站，就没有区别了。依前一行政规章，"同仁堂"属于非经营性的；依后一规章，它又属于经营性的了。诸如此类的不一致乃至冲突的规章及管理方式，有时让企业无所适从，妨碍了企业正常使用网络；有时则产生漏洞，使真正想保障的信息网络安全又得不到保障。

由于网络服务器的经营者必须租用线路才能开通其运作，例如北京的网络服务器，均须向北京电信行业管理办公室（信息产业部委托的部门）申请，并写明身份、地址，才可能获得线路的租用，因此，对一切网络服务设备，电信部门统统可以确认其所在地及所有人，正如这个部门完全能掌握和管理向它申请了电话号码并安装了电话的用户一样。由信息产业主管部门统管，便于技术上的防范措施与法律手段相结合。印度《信息技术法》在行政管理方面的主要内容

之一，就是明确规定由中央政府建立"信息技术局"，统一行使网络管理的行政权，避免"政出多头"，以免既妨碍了网络的发展，又不能真正制止住影响网络安全的各种活动。

2. 侵权责任法有缺欠

我国目前尚没有任何法律、法规对网络服务提供者的责任与限制条件同时作出明确规定，以致这方面的法律规范还是空白。有的发达国家在法律中也没有对此作专门规定，那是因为这些国家的"侵权责任法"本身已经十分完善了。而我国，几乎只有《民法通则》的 106 条这一条有这方面的规定。而"严格责任""协助侵权""代位侵权"等传统"侵权责任法"中应当有，同时在信息网络安全方面又很重要的法律概念，在我国侵权法体系中，一直就不存在。在这种情况下，我们要以法律手段保障网络健康发展，就很难抓住问题的关键，造成事倍功半的结果。

3. 缺少大多数发达国家及一些发展中国家已经制定的有关电子商务的法律

江泽民主席在 1998 年的亚太经合组织大会上就曾指出：电子商务代表着未来的贸易方式发展的方向，其应用推广将给成员国带来更多的贸易机会。

对于上面提到的世贸组织将增加的调整国际电子商务的法律手段，欧盟已有了《电子商务指令》作为应对，日本则有了《电子签名法》及《数字化日本行动纲领》（政策性政府基本文件），澳大利亚也颁布了《电子交易法》。美国虽然在民商事领域总的讲不针对网络单独立法，但也推出了无强制作用的联邦示范法《统一计算机信息交易法》。许多发展中国家也都在这方面作了积极的准备。相比之下，我国在这一方面的准备工作，尤其在研究与出台相应的法律法规方面，还显得不足，步子还可以再大一点，使之与我国的国际贸易大国地位更协调一些。

我国《合同法》虽然确认了网上合同作为"书面合同"的有效性，却没有对数字签名作出规范，更没有对数字签名的认证这一关键问题作出规范，无法保障电子商务的安全，因此，不足以促进电子商务的开展。我国网络基础设施已列世界第二，但网上经营的数额在世界上还排不上名次，原因之一是缺乏法律规范，使大量正当的经营者仍感网上经营风险太大，不愿进入网络市场，仍固守在传统市场中。如果我们能够积极改变这种状况，那么在进入世贸组织之后，在高管理效率与低经营成本方面，我们就可能有更多的企业可以与发达国家的企业竞争，与一批在信息技术上新兴的发展中国家的企业竞争，我们在国际市场上的地位就会更加乐观。

4. 已有的立法中存在缺陷

我国现有刑法中对计算机犯罪的主体仅限定为自然人，但从实践来看，还存在各种各样的由法人实施的计算机犯罪。又如，计算机网络犯罪往往造成巨大的经济损失，其中许多犯罪分子本身就是为了牟利，因而对其科以罚金等财产刑是合理的。同时，由于犯罪分子大多对其犯罪方法具有迷恋性，因而对其判处一定的资格刑，如剥夺其长期或短期从事某种与计算机相关的职业、某类与计算机相关的活动的资格，也是合理的，但我国刑法对计算机犯罪的处罚，却既没有规定罚金刑，也没有规定资格刑。

另外，现有诉讼法中，缺少对"电子证据"的规定。无论上面讲过的欧盟《网络刑事公约》，还是印度的《信息技术法》，都是把"电子证据"作为一种特殊证据单列，而我国现有的民事、刑事、行政等三部诉讼法，只能从"视听资料"中解释出"电子证据"的存在，这样有时显得很牵强，有时甚至无法解释。这都不利于保障网络安全。

5. 以法律手段鼓励网上传播中国的声音方面还显得不够

一方面，网络的跨国界信息传播，增加了西方宣扬其价值观的范围与强度；另一方面，过去在传统的有形文化产品的印刷、出版、发行方面，由于经济实力所限，我们难与发达国家竞争。现在，网络传输大大降低了文化产品传播的成本，这对我国是一个机遇。从技术上讲，网上的参与成本低，对穷国、富国基本上是平等的。一个国家尤其发展中国家，如果能以法律手段鼓励传播本国的声音，则对于防范文化与道德的入侵与保障信息安全，将起到积极的作用。印度鼓励使用英语，其结果是宣传了本国的文化，而法国一度强调上网内容只用法语，结果造成点击法国网站用户日减：这正反两方面的情况，都值得我们研究。

我国有不少涉外法律、法规、规章、司法判决、行政裁决、仲裁裁决等等，在对外宣传我国法制建设与改革开放方面很有作用，却往往在长时间里见不到英文本，在网络上则中、英文本都见不到。在国际上很有影响的我国《合同法》，其英文本首先是由美国一家公司从加利福尼亚的网站上网的。集我国古典文学之大成的《四库全书》，也不是由内地，而是由香港特别行政区的网络服务提供者上网的。

四、几点建议

（一）将信息网络立法问题作通盘研究，尽早列入国家立法规划

第一，在信息网络立法规划上，应考虑尽早制定一部基本法。它既有原则性规定，又有必要的实体条文，如同我国的《民法通则》那样。立法既要吸收世界各国好的经验，又要结合中国的实际。从内容上讲，它必须以积极发展信息网络化为目的，体现加强管理，以达到趋利避害，为我所用的目的。如果有了网络基本法，无论部门还是地方立法，均不能违反它，行政机关管理时也便于"依法行政"。这将有利于最大限度地减少部门规章间及不同部门管理之间的冲突。最后，信息网络的管理，与土地、房屋、动产等等的管理不同。网络的管理是实实在在的"全国一盘棋"，不宜有过多的部门规章及地方性法规，应以国家法律、国务院行政法规为主，主管部门可颁布必要的行政规章。

第二，在正起草的有关法律中，应注意研究与增加涉及信息网络安全保障的相关内容。例如正在起草的《证据法》中，即应考虑"电子证据"的问题。

第三，在修订现有的有关法律时，也应注意增加涉及信息网络的内容。例如，在修订刑法时，应考虑针对计算机网络犯罪活动，增加法人（单位）犯罪、罚金刑、资格刑等内容。

第四，在网络基本法出台之前，可以先着手制定某些急需的单行法，成熟一个，制定一个。例如，可在《电信条例》的基础上，尽快制定"电信法"。再如，"数字签名法""网络服务提供者责任法"等，也应尽早制定，或者包含在"电信法"中，以减少信息网络健康发展的障碍。

（二）加强信息网络业"行业自律"的立法，鼓励行业自律

"行业自律"的重点之一，应是各种学校及文化市场相关的行业。"学校"是教书育人的地方，网络上的有害信息，很大部分是针对正在成长的青少年学生传播的。对这种有害信息的传播如果打击、禁止不力，会危害家庭、个人，进而影响社会安全、国家前途。在积极发展网上教学、利用网络传播有益知识的同时，学校对学生及教员访问不良网站或接触有害信息的约束，也非常必要。而且很多学校尤其是大专院校本身就有服务器，本身就是"网络服务提供者"。

法律还可针对有关行业可以尽到的一些义务作出规定。诸如英国及新加坡那样，指导网络服务提供者采取措施阻止网民访问不良网站，等等。

（三）鼓励通过网络弘扬中华文化，进行传统教育，开展精神文明建设

"鼓励"弘扬本国文化，一方面是可以通过立法，对创作出受人们欢迎的优秀文化成果以及积极传播这些成果的单位和个人给予奖励，对成果的知识产权，给予保护；另一方面，在信息通过网络的跨国传播面前，在信息网络的公开性、兼容性面前，法律手段也不可能是万能的。因为国内法很难规范一大部分从境外上载并传播有害信息的行为。技术措施也不能解决其中的全部问题。而要减少这类信息对网络安全带来的负面影响，就需要靠我们有更多正面的、又为人们所喜闻乐见的传播社会主义价值观的内容上网，需要靠我们从社会主义道德方面进行教育。

（四）认真研究国际动向，积极参与保障网络安全的国际合作

研究信息网络立法与管理的国际动向有两个目的：一是使我们在制定相关国内法及实施管理时，可以借鉴国外成功的经验；二是由于网络主要是国际互联网络传播信息的特殊性，使得我们在打击跨国计算机网络犯罪，在解决因网络侵权、网络商务中违约等等跨国民商事纠纷时，都需要开展不同程度的国际合作。

（五）应当对各级领导干部进行网络知识的培训

因为只有在了解网络的基础上，才可能进一步加强各级领导干部信息网络安全意识，才能自觉认识运用法律手段保障和促进信息网络健康发展，才能实现依法决策、依法行政、依法管理。

总之，保障与促进信息网络的健康发展，需要将技术措施、法律手段与道德教育结合起来。

3. 在北京市第三次著作权法研讨会上的发言 *

先说点题外话。举个例子，甲接受乙的委托替乙卖摩托车，没有去想摩托车是乙偷的，最后甲因为参与销赃被处理，甲觉得很冤枉，说"是他让我卖的，我们之间有协议"，人们会问"他让你去死你死吗"，话虽然有点粗，但理说得很明白。再举一个例子，80 年代初，有消费者在商店买了一台澳大利亚冰箱，后来发现不是澳大利亚产的，就去找商店要个说法，商店说货是从澳大利亚某公司进的，要找就去澳大利亚找该公司解决，后经消费者协会协调还是由商店负责了。从这两个例子可以看出，对有形的侵权物或非法物而言，销售者是否应该承担责任，虽然有争议，但从法律方面讲是没有什么疑问的，应该承担责任。

那么，为什么对出版社在著作权侵权中的责任问题在处理上就争议那么大呢？我想主要是因为无形财产的特点，使大家在一些方面老拐不过弯来。由于版权是无形的，使大家不太容易发现出版社的过错。再给大家举个例子，50 年代我曾经在《北京晚报》上看到过这样一段报道，给我的印象很深，是说高尔基做苏联一个文学杂志的编辑，所有的来稿，哪一篇是抄的，是抄的哪的，他都一清二楚，所以任何抄袭的作品过不了他这一关，登不到他的杂志上。这就是咱们讲的合格的出版社、合格的杂志社、合格的主编。当然我们不

---

　　* 编者注：该文出自张鲁民、陈锦川主编《著作权审判实务与案例》，第 226–241 页，中国方正出版社 2001 年版，该文曾经作者审阅。

能苛求出版社的编辑们无所不知。记得 80 年代初出版社在这个问题上还是很慎重的，对自己不熟悉的领域往往要外聘责任编辑或审稿人，以确认稿件没有抄袭。现在多数出版社不这么做了，所以问题出现得很多。出了问题以后，认为出版社不知或不应知我认为是不对的，它可能不知但是它应知。有一些该走的程序它没有走，这个漏洞不能推给别人，尤其不能推给原告。另外有时出版社会以其与供稿者之间签订的合同提出抗辩，这也是没有道理的。因为他们之间的合同不能约束第三者，更不能损害他人合法权益。所以我认为在绝大多数情况下，已经出版的作品发生纠纷时把出版社列为共同被告是合理的。

另外，著作权法与专利法和商标法不同，后两者制定较早，都有漏洞，即在某些情况下将有意或无意作为判断是否侵权的标准，如《专利法》第 62 条第（二）项就规定因不知而销售了侵权产品的不视为侵权，《商标法》第 38 条第（二）项规定销售明知是假冒注册商标的商品的构成侵权，不明知的话怎样没说，这给权利人造成很大被动。因为要证明被告是知还是不知很困难。其实世界上大多数国家以及国际公约都是把是否明知作为侵权后给予刑事制裁的一个标准，而不是作为衡量是否侵权的标准。具体讲比如世界贸易组织的《与贸易有关的知识产权协定》第 61 条，就只是在讲到刑事制裁的时候才用了明知。是否明知仅在侵权赔偿额的确定以及采取罚款、没收等民事制裁手段时作为一个情节予以考虑，不知的话一般不给予民事制裁，但应该承担停止侵权的责任，如果根本不认定为侵权，因为不知就可以继续销售下去，这对于权利人就非常不公平了。现在商标局已经认识到这一点，就"明知"作了一系列解释，目的就是减少第 38 条第（二）项的负面影响。著作权法由于立法时间较晚，吸取了这方面的教训，没有沿用明知才构成侵权的规定。

　　下面就这次研讨会提供的具体案例讲一下我个人的看法。第一个案子，我感觉还不是出版社不知的问题，不是别人抄了作者的东西投给出版社，而是作者投稿后出版社出了，却署了另外三个人的名，作者起诉后出版社认为与自己没关系，让作者告署名的三个人。这里出版社有较明显的责任。现在有这种情况，出版社觉得稿件质量不够好，或者因为有私人关系，或者其他什么原因，把稿子给了别人，用以改编或作素材使用，但写出的东西有原文在上边，特别是有错误的原文在上边，明显看出是抄的。这里有责任的首先是出版社，因为它没有权利把作者的投稿交给别人，然后才是具体抄袭者的责任。说到这里又引出另一个问题，就是为什么大多数原告要把出版社拉进来，首先告出版社。这是因为在多数情况下不知道抄袭者是谁，没地方找去。比如一个外国人写了个东西，由国内某出版社出版，结果有人觉得损害他的名誉权了，在中国告人家，作者可能根本不理。去国外告又告不起，所以就抓住出版社了。北京出版社有个《花轿泪》好像就是这种情况。人家首先找的是出版社，有庙有神跑不了。关于原告有权选择被告，最高法院对民诉法的解释里面也体现了这个精神，在解释是否追加共同被告时规定，如果征得原告同意，法院可以追加被告。当然如果是原告告错了，法院必须纠正，原告不同意纠正那就只好驳回了。

　　另外 1985 年最高法院对于侵犯商标权的处理办法有一个批复，也体现了尊重原告意见，就是商标侵权可以按侵权所得利润也可以按被侵权人的实际损失来确定赔偿，原告有权选择，而不是法院有权选择。如果原告没有选择那法院才有权选择。这都体现了尊重原告意见。如果人家被侵了权，然后又规定哪个可以告哪个不可以告，可以告的他又告不了，或者告了以后得不到任何赔偿，这样的话原告起来就没意思了，没意思了也就没有人告了，没有人告了知识产权也就没有人维护了。我们吵吵半天，如果弄得找被告找不着，指定的被告或者是拿不出钱来的或者是人来不了的，告了半天最后精神上垮了，经济上也垮了，谁还愿意跟侵权做斗争呢？所以我觉得最高法院的批复和对民诉法的解释，给原告以选择的机会，这个指导思想还是对头的。在第一个案子里，可能原告根本不知道三个署名人是谁，根本没法告，而出版社是确定的，我觉得出版社是有责任的。

第二个案子，被告抗辩的理由就是侵权出版物是其与他人协作的产物。问题原告怎么知道你跟谁有协议呢，双方间的协议对其他人没有约束力。无论协议如何均与本案无关。如果是另一方没有遵守协议出的差子使你上当受骗，你可以在本案了了以后再诉另一方违约。这是两个案子，法院没有必要把两者掺在一起。本案原告仅告出版社，而判决里说河北日报给出版社也带来了损失，所以在赔偿著作权人的同时也应当对出版社进行赔偿。我感觉对出版社的赔偿不应放在这个案子里边讲，把另一个案子的东西弄进来了。

第三个案子的事实与案例二是一样的，是说双方的合同不能约束第三者。

第四个案子追究了出版社的责任，我认为是处理得比较得当的。

第五个案子有代表性的地方是把发行人也追加为被告，这在国内还比较少。我们前边讲出版社好找，销售的其实更好找，而且有些情况下还只能找销售的，尤其是当出版社位于地方保护比较严重的省市的时候。如果不能从销售上卡住，那原告真是就没办法了。这个案子好就好在告诉大家像这种情况可以追到最后一个侵权人，这在绝大多数国家都是如此。出版物也好、其他侵权产品也好，销售者把责任推给供货人，让受害者找供货人去，这说不通，我觉得原告有权告销售者。当然书店比起出版社来过错更小些，出版社还有一个审查的义务，所以我们说不管实际知不知它起码是应知的，而书店讲应知都勉强。所以，在原先国家出版局还属文化部、未分成新闻出版署和版权局的时候，就有一个通知，书店应与供货者签订协议，供货应是正常渠道，如果供货发生侵权问题受到索赔，都由供货方负责，即将来原告索赔后书店再依合同向供货方索赔，这才是正常的程序。本案最后确定的赔偿远少于原告的请求，诉讼期间又正赶上中美知识产权谈判，正是他们挑刺的时候，而最后原告方能表示对处理结果比较满意，这是挺不容易的。关键之一就是把该追加的被告都追加到了，没有让迪士尼找麦克斯威尔公司去，所以原告没有什么好讲的。

第六个案子，是讲原告有没有权利选择被告的问题。本案没有把出版社搞进去。我看出版社是否作共同被告应视具体情况而定。有的案子被告清清楚楚，没有必要通过出版社找被告，出版社的责任不是很严重，原告不追加它为被告是可以的；如果原告不追加，这个案子就没法判，那就应该追加。按照最高法院对民诉法解释的精神，此时法院应该追加被告，如果不追加案子就没法判，那就只好把诉讼驳回了。就本案而言，如果不追加也可以判，那就未必非追加不可，我前面讲的有权选择是指的原告而不是法院。

案例七是我自己经历的，这个案子也是争论了半天是否把出版社列为被告。为什么一开始把出版社列为共同被告呢，因为我不知道杨金路、赵丞津是谁。所以我先从出版社入手，搞清楚再说。最后调解结案，出版社也还是认账的，与其他被告一起当庭道了歉。当时如果我知道谁是作者，可能我就不告出版社了，没事我干吗得罪那么些人，从我自己会这样考虑。但如果法院追加它我不会反对，因为我认为从道理上讲它应该是有责任的。作为出版社即使主编或编辑不了解知识产权，社里也应当有这种人，如果没有这种人就不应当出这种书，如果没有这种人又要出这种书就应当外聘任何人来查这个，如果聘到知识产权界，那一看就会看出来，太明显了。像《知识产权法通论》，在1986年以前国内还没有其他书，所以很多人都看过，一看就能发现好些是成段摘下来的，非常明显。

第八个案子，这个判决我觉得是合理的，因为它把出版社追加进来了，而且要求出版社赔礼道歉进行赔偿了。

第九个案子，我觉得判决基本上是正确的，把出版社也追加进来了，但有一点我不明白，既然已经认定长沙社教书社、长沙名人书店在不知情的情况下销售这本书也构成侵权（这个认定是正确的），到最后赔偿却没有这两家的事了，这就使上下衔接不起来。"不知情"可能并不排除其有其他过错，从而应负赔偿责任。有可能在售书的时候卖赔了，那应该讲清楚因为销售没有盈利所以没有赔偿，这些都没讲就单让出版社赔而把书店摘出去，这就不太让人信服。

第二个专题，就是尚未发表的情况下是否构成侵权。如果说构成侵权那可能有些冤枉，这又与著作权法有关系。《著作权法》第46条第（二）项，首先说明一下对这一款的解释全国人大法工委和国家版权局是有冲突的，我个人认为无论这个法有无不完善之处，还是得以人大法工委的解释为准，版权局有权解释的是实施条例。46条第（二）项说的是"复制发行"他人作品，复制发行是并在一块的，中间没有"和""或""、"等，1994年发布著作权侵权的刑事制裁规定，讨论的时候版权局认为大量复制的目的不用说就是为了发行，人大法工委则认为不用说不行，因为毕竟还没有发行。如果我们版权法里像多数发达国家那样专门对此作出一条规定，那问题就好解决了。多数国家的版权法、专利法、商标法以及我们尚未参加的世界贸易组织的知识产权协议里面，都规定有"即发侵权"。就是侵权尚未发生但肯定要发生的情况，有了这个规定，好处就在于法院可以下禁令，此时不能没收、罚款、赔偿，但可以下禁令。《孙武》不是拍了吗，那么不许演，现在和将来都不许演，禁令一下问题就解决了，如果只是说诉讼没有理由，那迟早还是会闹起来的。"即发侵权"属于一个边缘性的东西，咱们著作权法还没有规定，当时立法时我曾经提出两个东西但都没有采纳，说中国有自己的国情，现在这两个问题都出来了。我想国际标准还是应该承认的，特别是公约，既然要参加又讲最低标准可以不履行，这不成了天津的青皮了。这两个问题一个是即发侵权，另一个就是共同侵权。《商标法实施条例》第 47 条就规定了共同侵权，当然它是以明知为条件，定的不完善，这不管它。就是说如果将提供仓储、运输、销售等等都视为共同侵权，那就用不着在争论出版社、新华书店的责任了。大多数国家的专利法、商标法、版权法里都有。我国仅在商标法实施细则里有，而且还以明知为前提，而版权法里根本就没定进去，这是一个疏漏，给法院在司法过程中造成很大麻烦。

按照目前著作权法，没有即发侵权的规定，只有复制发行才构成侵权，故应当说案例一的判决是合法的，当然合法的未必合理。

案例二的处理有些特殊，用了一条法律所没有的救济方式。在英联邦 43 个国家里都有这种救济方式，尤其在版权法里，叫作移交（conversion），就是认定侵权后将侵权复制品不是销毁，因为它毕竟是一笔财富，而是统统交给原告，作为对你的一种惩罚。本案就这样处理了。可能是依照某条法律可以推论出能够这样执行，我个人觉得这是合理的，但不太合法。另外判赔的一共 1500 元我就不明白了。既然侵权行为还没有实际发生，损失是怎么算出来的。即发侵权不能要求赔偿。

第三个案子完全可以按照第 46 条第（二）项规定处理，就是复制发行是连在一起的，复制与出版不同，出版包括复制和发行，而单纯复制是不包括发行的，所以既然把复制发行放在一块了，就只能算即发侵权。

　　与第二个专题有关的还有一个问题，就是对作者发表权以及作品是否发表的认定，应该特别慎重。鲍格胥为什么夸我们的著作权法好，就是因为从第一条一开始就是保护作者的，而有的国家的法一开始往往是保护出版者，或者是保护作者和其他版权人，把其他版权人尤其是出版者放得很高。我们著作权法不是这样，立法的初衷是保护作者，对作者的精神权利比较重视。应当注意不要将作者的精神权利和经济权利混起来。有时候某项精神权利丧失了或行使了（像发表权，一次行使不能行使第二次），并不影响其他经济权利依旧存在。在未侵犯精神权利时未必也不侵犯其他经济权利。之所以提起这个问题，是因为这次去澳大利亚讲学时有人问到，我讲到《著作权法》第 18 条"美术等作品原件所有权的转移，不视为作品著作权的转移，但美术作品原件的展览权由原件人享有"。当时立法时开始并没有后边一句话，前边一句是根据大多数国家尤其是美国版权法四百零几条的规定，物的转移不视为版权转移，委内瑞拉和西班牙的版权法又有一条，是讲物权转移后，尤其是美术作品，作者（权利所有人）不能再要求行使展览权，我们把它抬过来时没有抬的很确切，展览权跟着转移了，这就会出现一个问题，因为著作权法（以及专利法、商标法）里任何权利很多情况下都有正反两个方面，一是我自己可以行使，一是我可以禁止其他人行使。西班牙表述方法的优点就在于作者把画卖出去后不能再行使展览权（要不然卖出后三天两头再要回来展览，人家算买回来一个什么呢，是买了个刺猬，扔了可惜，抱着扎手，这不行）。至于你买了以后有没有权利拿去公展并没有讲，这个权利还在作者手里，这就比较合理。咱们法条这样规定会有个什么问题呢，尤其前一句中还有一个"等"字，在澳大利亚就有人问：如果物转移就标志着展览权的转移，那作为私人信件，比如情书，不愿意给别人看的，你把它拿到美术馆展览去了，大家不是当美术作品而是看里面的东西，这不就违背了立法的初衷吗？当初美国立法之所以写这条正是怕出现这种情况，认为信是写给我的我当然有权发表，如果把展览权给他，通过展览发表和通过出版发表是一样的效果，所以当初著作权立法时专门注意了这个问题，在前一句有一个"等"字，后一句就没有了，就是说只有美术作品的展览权才随原件转移。即使这样规定也还是有问题。实际上并没有给接受画的人展览盈利的权利，而是有权禁止版权人再要回去行使权利，这个意思没有讲清楚。

第三个专题又是立法当中的一个缺陷。谁有权诉讼照理应是民诉法里讲，但民诉法不可能规定的那么细。在国外，专利法和商标法里都没有规定，但是版权法一般都规定得很清楚，独占被许可人有权诉讼，因为很多情况下版权人自己缺乏诉讼积极性。像在我国作者把稿子交给出版社，出版社给了稿费（千字25元到头），双方关系也就两清了，别人盗印给出版社造成损失，但关作者什么事呢？卖得越多还替作者扬名了。所以多数发达国家的版权法规定独占被许可人有权告，我们国家法律没有讲。我个人认为法院可以允许他告。因为在版权领域不会出现专利或商标领域那样更复杂的问题。专利和商标是通过行政审批后才产生的民事权利，独占被许可人去告，一般的，尤其是专利权，人家都不跟你答辩，先提出专利无效，这就必须把专利权人加进来，这就比较麻烦，产生一些复杂关系。所以可以说在专利商标领域必须由权利人诉侵权，但在版权领域，由于版权是一种依法自动产生的权利，没有行政审批的问题。在咱们国家法里没有讲，我觉得可以告，当然如果哪位同志找到有相反的法律规定，还是依法律规定处理。

另外我要强调的是专有出版权，即给出版者独占许可10年，这从立法原意以及法律条文都是很清楚的，仅是指图书出版者。当时还没有考虑到多媒体、光盘可以当成书本一样看，凡图书以外的，都必须合同明确规定是独占许可的才是独占许可，若是图书，则只要合同没有相反规定或根本没有合同，都是独占许可。是一种法定的独占许可，这仅仅限于图书。所以第一个案子的使用许可，如果合同里没有明确规定就不能当然的视为独占许可，因为它不是图书而是计算机软件了。

第二个案子，当时判了以后影响还是不错的，在版权界争议比较大的还不是咱们第三个专题提出的问题，而是被侵权人把出版社、直接侵权人、中间人等全都告了，既然被告都找得着，有没有必要全都告，他是否有权获得两笔赔偿。作者已经把所有的权都给了出版社，出版社在这 10 年中就跟把权利转让给他一样，除了不能用它去设质、抵押以外，跟转让几乎一样，这 10 年中出版社就相当于版权人了，没有必要一个一个都去告。

这个争论又回到咱们第一个问题。在多数情况下，出版社之外的中间人，抄袭者也好、无权授权者也好，拿不出钱来赔你，或者说只有很少的钱，但毕竟出版社的错误因他而来，就像迪士尼案，如果麦克斯威尔没有破产，北京法院还是会追加它的，因为整个案子的头就在它那里。至于说得到两笔赔偿，那就又对被告不公了，任何侵权只能得到所失去的，或者是惩罚性的增加一些，但不能得两笔。讲到这里我补充一点，比如依商标法、版权法都可以起诉，那只能找一个告，不能依两个法都告，告完了得两个赔偿，这不可能。有很多学大陆法系的人不承认"违约侵权"，其实不但英美法系有，而且自从 1980 年国际货物买卖合同规则出来以后，实际上大陆法系也承认了。有的违约可能既是侵权又是违约。比如跟出版社订立合同，仅允许在大陆出简体字本，而它出了英文本，这算违约还是侵权呢。可以讲是侵犯了翻译权，也可以说超出了合同范围构成违约。在这种情况下，既可以依合同法也可以依版权法，作者有选择的权利，但也不能要求两种赔偿。所以两个被告，出版社或抄袭者有钱都可以赔，但有没有可能都要，这要看具体情况。比如出版社因为卖书赚了一大笔，这是它不应得的利润。如果作者去卖可能卖不了这么多，出版社的盈利里面有一部分是来自过去它做广告、打开销售渠道的努力，不应全给作者，应该算得合理一些。像瑞士、巴西等国家之所以将侵权和合同放在一起作规定，就因为侵权计算时都是按照在正常情况下依据许可合同作者应当得到多少来定，而不是要多少给多少，也不是书店卖多少、出版社卖多少，几项加起来统统是你的。应当是按照在中国依正常渠道给被许可人能得到多少版税，赔偿额就是多少，最多再加上律师费及其他费用。要有一个客观的标准，不能他要双重就给双重，要双重有时候是合理的，因为有时候出版社是吃抄袭者的，抄袭者将稿子给它，它是按每千字1块钱给，抄袭者觉得反正是抄的，也就不计较了，这样最后抄袭者按照所得稿费赔偿就那么点钱。如果这时候要了抄袭者的就不能再要出版社的，那显然是不合理的，出版社吃的抄袭者的那一部分应该吐给原作者，这种情况下就可以两者都要，所以不能绝对化、搞一刀切。

第三个案例出判时，我正在澳大利亚讲学，当时报道的标题挺吓人，说是中国第一个依著作权法判的案子，人家就问著作权法还没实施（即1991年6月之前）怎么就用上了。我看了一下觉得实际上是版权领域的不正当竞争。这个案子中谈到大连音像出版社有没有诉权，就出现我们前面讲的那个问题，就是徐沛东、张藜以6万元将作品卖绝后根本不想再管这些事了。在这种情况下说出版社没有权利告，非把作者拽进来不太合适，法院要求作者出一个证明那也没什么用，因为不是代理关系，我觉得无论法上有没有规定，按道理应当承认独占被许可人在版权领域的诉权，而且我觉得以后版权法修订时应将这一条写明确。

案例四因为有一个版权局的复函，我不宜多说。如果脱离这个案子，我认为主要应当看是否实际上影响了人民文学出版社的销量，在这个案子里实际上是影响了。它的汇校本没改几个字，只是加了几个注，标明原先怎么写的，这无疑侵犯了钱先生的权利，因为钱先生就不愿意登那个，觉得不好才删去的。现在非给人登出来亮相。至于出版社，我觉得四川出版社确实有营利的想法，再出一个《围城》不行了，就出一个汇校，一般人不去看那个汇校，只要卖得比人民文学出版社便宜就有人买。我觉得这属于一种不正当竞争，如果说汇校本与原本不一样，不属于侵犯原本的独占许可权，这也说得通，但如果法院认为是一种不正当竞争行为，是搭人家的车卖自己的东西，这也是说得通的。这就又要说一下当初反不正当竞争法立法时的一个考虑，反不正当竞争法最早几稿时都是要兜专利法、商标法、版权法这三个法的底，后来因为人大法工委一些同志认为，只要印成了书、制成了唱盘在街上卖，与其他商品没有什么区别，所以在第 5 条第（二）项管商品的那一条就都管了，版权没有必要写。这个案子四川法院比较合适的做法是像广西柳州判的电视节目表那样，广播电视节目表虽然是依照著作权法上诉的，二审法院认为广播电视节目时间表没有版权，但被诉方仍旧侵犯了他的其他权益，具体什么权益没有讲。最后赔了 10 万。从对版权权利人给予支持的角度，可以在当事人不了解版权的是非，如实际侵犯复制权，他却告的署名权，单纯驳回的话是对原告不公的。如果实际经市场调查结果表明四川出版社确实占了人民文学出版社《围城》应当占有的市场，那确实属于一种不正当竞争，应该给予赔偿，可以改变他的诉讼依据的法律，我原先认为这么做是不可以的，在一次研讨会上又专门请教了最高法院的两位法官，他们都认为是可以的。所以我觉得就照顾权利人来讲也是可以的。

案子就讲这么些了，下面讲一些题外话。这回去澳大利亚我遇到一件新鲜事，在那我看到一个博士生的论文，觉得很熟悉，像是澳大利亚本校的一位老师写的，因为我刚从 internet（国际互联网络）里拷贝过这个东西，我就问这个博士生论文是怎么出来的，让他把卡片拿出来看看。他说现在写东西都不用卡片。我说那基础材料在哪，他说用不着基础材料。我就问那你是凭脑子写的，除非你是电子脑，能存那么些东西，最后他告诉我，他是进到 internet 里边，东一个块转移、西一个块转移，然后一组合，连原作者都看不出来。要不是我刚刚从 internet 里面拷贝过这几篇文章的话我也看不出来。这种情况下一方面要求我们学一些现代化的东西，一方面就更需要法院公正。说起学一些现代化的东西，这次一回国我就听到海淀审的 e-mail（电子邮件）侵权的那个案子，被告律师讲没有构成侵权，因为要构成侵权得具备几个先决条件：要知道口令；必须在机房里；必须在同一计算机上等。说到必须在机房里，实际发 e-mail 只要调制解调器的码（有的 1400 有的 2800）是可调的，只要码调对了，在全国任何地方都可以发，用不着一个专有的地方。只要知道口令和对方的地址这两个要件就行，其他统统不是要件。所以我觉得被告律师可能是没用过 e-mail。像这些东西就需要法官对这些技术手段有所了解，进到 internet 里边，发一发 e-mail 尝试一下。以后这类案子会很多，而且一出往往就是比较大的侵权，因为从互联网上复制非常容易，这种案子在国外已经有了，并不是不能判的，首先法官要懂一些，当然不要求精通，至少可以听出他讲地有理还是无理，然后可以请教专家，不能想当然地下判。像商标侵权也是这样，现在网上 e-mail 的地址，咱们叫域名的那个地址，要上网的话是先要在网上登记的,而现在商号(企业名称)在国际上是不需要登记的,中国有一个《企业名称登记条例》规定登记后给专有权,这不符合巴黎公约。巴黎公约不允许其成员国要求登记,只要企业名称在使用中获得专有,就得给予保护。但 internet 里又要求登记,所以有些不法商人就将别人的企业名称作为自己的域名先到网上登记,使客户产生误认,现在这个问题还没有找到解决办法。

下面留一些时间给大家提问。

? 就第一个专题中出版社的过错问题您是什么看法

: 出版社主观上都是有过错的,如果没有审稿能力它就不应当出这个书,如果必须出的话它应该有外审,也就是说它应该有必经的程序,现在很多出版社都给省了,这是不应该的。如果出版社这些程序都走到了,再把它追加为被告,它就可以有说法了,比如一篇稿子还未发表,出版社根本不可能知道,这时候有人把它偷去交给出版社出了,这种情况从任何一个角度出版社都不可能知道。我觉得这就是另外一回事了,但若问我这时候能否将出版社追加为被告,我还是觉得可以,只是最后法院判的时候不能让它赔偿,因为如果不能将其作为被告,那么他手里的侵权出版物就没法处理。另外那个直接责任人可能在国外,告不着,从这两点来看如果不能告出版社,那对权利人来讲就太不公平了,至少即使你以前完全不知道,现在告诉你知道了吧,把你传到法院来跟你讲这是人家的,他偷的,有证明,从现在起别再卖了,这总可以吧。但是凭什么让我从现在起不卖,我没有侵权法院为什么给我下禁令,所以还得认定他侵权,是善意侵权,可以对其发禁令,但不能令其赔偿。"善意侵权"(Innocent Infringement),即根据"无过错责任"原则认定的侵权。附带说一句:按照 AlPPI 1995 年的统计,全世界除我国之外,几乎所有国家均规定在侵害知识产权方面,认定侵权时,"主观过错"

绝不能作为要件之一。就是说：知识产权的侵权认定适用无过错责任。只在确定赔偿额时，才考虑主观过错。

？这个问题能否这样看，因为我们国家没有善意侵权的规定，所以认定出版社善意侵权而给他发禁令没有法律依据，是不是可以这样，就是在此之前的事都不管了，出版社因没有过错可以不承担侵权责任，在诉讼结束后如果出版社再继续出版，就属于明知了，就应承担侵权责任，该怎么办怎么办

：问题是出版社对它已经出版的侵权出版物应负什么责任。

？出版社的行为是在行使专有出版权，当然这种专有出版权的来源存在瑕疵，但构成侵权的要件之一还是要求行为人有过错

：对这一点我是有不同看法的。对于不是出版社漏审而是根本无法审查到的情况，找不出过错来，这列不列到民法里边像高压电线电着人那样处理，我认为在知识产权领域有时候没有过失也构成侵权，就跟高压作业一样。至于民法通则列入的情况，我认为是列举式的而不是穷尽式的，因为不知道哪些东西会新加进来。对专利和商标来说必须认定其有过失，这还好讲，因为它是经过行政认可而产生的，经过了公告，著作权是依法自动产生，这种情况下有时候就很难讲有过失。

？在第二个专题中，只复制而没有发行是否构成对作者精神权利的侵害，如作品完整权、署名权、修改权

：在著作权法里，复制发行是放在一起的，如果说构成侵权，道理上可以讲，国外可以讲，在我国有没有法律依据？因为我们国家法律里面没有规定即发侵权。

？告出版社能否笼统地说它侵犯了版权

：可以，告侵犯出版权是没有问题的。但对抄袭者不能告他侵犯出版权，所以可以以侵犯版权为由将两者拴在一起作为共同被告，

负连带责任。

？您认为任何情况下都可以追加出版社为被告，是基于出版社无过错也要承担责任还是基于侵权行为的发生表明出版社有违终审职责所以当然具有过错

：出版社确实没有过错时，不应予以民事制裁。这就相当于一种无过错责任。

？复制是著作权人的一项权利，在讨论单纯复制是否构成侵权时是否可以引用第45条第（五）项中的"等"字将复制理解为"等"中

：不能这样理解，第45条第（五）项没有讲复制，立法时专门给摘出来的，放在第46条里面，可能不合理，但立法就是这样规定的。

？如果经审查出版社确实没有过错，但又从出版中获利了，能否作为不当得利返还著作权人

：当初修订专利法时就提出过这个问题，1989年的专利法写过这么一条，后来多数人不同意，认为既然不定为侵权就不能让人家拿出来，这样做没有名目，所以我觉得把它作为一种没有过失的侵权处理比较好，即认定为善意侵权。

？在侵权诉讼中如果作者已将专有出版权授予他人，是否还有权要求赔偿

：应当说没有作者什么事了，但这时作者应该说仍然有禁止的权利，另外作者还有精神权利，就这些方面作者还是可以起诉的。但这时要求经济赔偿没有道理。所以这时作者可以诉，但不能要求经济赔偿。

？第一个专题中问到，仅告出版社是否可以，还是必须追加抄袭者

：这个问题不能一概而论，在不告出版社无法制止侵权，而且又找不到其他被告的情况下，可以仅以出版社为被告。如抄袭者在国外或没有钱等，如果不找他案子没法解决，就得找了。在原告不告的情况下，法院可以不去管，如果不追加案子又结不了，那可以驳回。

（录音整理：孔鹏）

4. 中国的知识产权保护还远远不够[*]
——在同济大学的讲演

提　要

知识产权制度的本质是鼓励创新，不鼓励模仿与复制。这种制度利弊几何，还会长期争论下去。例如，20世纪80年代初即不赞成在中国搞专利制度的人，至今仍认为专利制度阻断了企业无数仿制与复制的机会。对我国经济是不利的。不过，"温州制造"不断在国际市场上被"温州创造"所取代，后者成本远低于前者，获得却远高于前者的事实，应当使人们对专利制度的利弊十分清楚了。

一、不创自己的品牌，永远只能给别人打工

我国现在处于知识产权制度完善的十字路口。远不到位的保护与尚有缺失的权利限制（广义的，即授权前与后的限制）问题都有

---

* 编者注：该文出自季桂保编《思想的声音：文汇每周讲演精粹》，上海书店出版社2006年版，第216页。

待解决。但有一个重点放在何处的问题，也就是"定位"问题。

"定位"是要认清我国知识产权保护现状。我们可以与发达国家比，也可以与不发达国家乃至最不发达国家比，看看是高了还是低了。当然比较有可比性的，还是与经济发展水平相当的发展中国家比。例如，与印度、韩国、新加坡一类国家比，我们的保护水平是过高了还是不够。

"定位"是决定"加强知识产权保护"还是退出"已经超高保护"的误区之前必须做的事。否则，"不审势即宽严皆误"，这是古人早就告诫我们的。

"定位"时当然要考虑到知识产权知识的普及状况。在大多数人对某个法基本不了解时，该法本身或者该法实施的"过头"（至少是人们普遍认为的"过头"），往往是与该法本身或者该法实施的远不到位并存的。江苏省今年4月征求意见的"知识产权战略"草案中，把"5年内让50%的居民懂得什么是知识产权"作为一项任务，实在是符合中国实际的。到有一天中国的多数企业都能够像海尔、华为那样借助知识产权制度开拓市场，而不是总被别人以知识产权大棒追打，给中国的知识产权保护定位就不会像现在这么困难了。

过去，诸如分不清科学发现与实用发明的不同法律地位，不加区分地一概抢先宣传，曾经使我失去了相当一部分本来应属于我们的专利成果。现在情况多少有好转。当然，如果自己确信别人不依赖自己就不可能独立搞出同样的发明，那就可以选择以商业秘密的途径保护自己的成果，而无须申请专利。

日本在过去几十年里，提出过"教育立国""科技立国"等等口号。只是在这次的《知识产权战略大纲》中才开始反思过去各种提法的不足。大纲中谈到的"知识产权战略"，包括创新战略、应用战略、保护战略、人才战略。过去讲"教育立国"仅仅涉及人才一方面，讲"科技立国"则只涉及创新战略这一方面中的一部分，都没有讲全，也没有抓住要点。日本的这种反思，实际上也很值得我们反思。例如，我们直到现在可能有很多人仍旧不懂得，知识创新或者信息创新绝不仅仅是技术创新的问题。

国际上认可的"名牌"，我国只有"海尔"一个。在我国颁布了几部知识产权法之后的相当长时间里，许多人对商标的重视程度，远远低于其他知识产权。在理论上，有的人认为商标只有标示性作用，似乎不是什么知识产权。在实践中，有的人认为创名牌，只是高新技术产业的事，初级产品（诸如矿砂、粮食等）的经营根本用不着商标。实际上，一个商标，从权利人选择标识起，就不断有创造性的智力劳动投入。其后商标信誉的不断提高，也主要靠经营者的营销方法、为提高质量及更新产品而投入的技术含量等等，这些都是创造性劳动成果。发达国家的初级产品，几乎无例外地都带有商标在市场上出现。因为他们都明白：在经营着有形货物的同时，自己的无形财产——商标也会不断增值。一旦自己的有形货物全部丧失，至少自己的商标仍有价值。"可口可乐"公司的老板曾说，一旦本公司在全球的厂房、货物全部失于火灾，自己第二天就能用"可口可乐"商标作质押，贷出资金恢复生产。因为每年"金融世界"都把"可口可乐"价值评估到数百亿美元。我们曾有理论家告诉人们：如果一个企业倒闭了，它的商标就会一钱不值。实际上，企业倒闭后，商标还相当值钱的例子很多。例如，1998年3月，广州照相机厂倒闭，评估公司给该厂的"珠江"商标估了4000元人民币，许多人还认为估高了。而在当月的拍卖会上，这一商标卖出了39.5万元！企业多年靠智力劳动投入到商标中的信誉，绝不会因一时经营失误（或因其他未可预料的事故）或企业倒闭而立即完全丧失。可见，提高我国经营者（尤其大量初级产品的经营者）的商标意识，对发展我国经济是非常重要的。此外，不创自己的牌子，只图省事去仿冒别人的牌子，除了会遭侵权诉讼外，永远只能给别人做宣传，或者给别人打工。发达国家在 20 世纪末之前的一二百年中，以其传统民事法律中物权法（即有形财产法）与货物买卖合同法为重点。原因是在工业经济中，机器、土地、房产等有形资产的投入起关键作用。20 世纪八九十年代以来，与知识经济的发展相适应，发达国家及一批发展中国家（如新加坡、菲律宾、印度等等），在民事立法领域，逐步转变为以知识产权法、电子商务法为重点。这并不是说人们不再靠有形财产为生，也不是说传统的物权法、合同法不再需要了，而是说重点转移了。原因是：在知识经济中，专利发明、商业秘密、不断更新的计算机程序等无形资产在起关键作用。随着生产方式的变动，上层建筑中的立法重点必然变更。一批尚未走完工业经济进程的发展中国家，已经意识到在当代，仍旧靠"出大力、流大汗"，仍旧把注意力盯在有形资产的积累上，有形资产的积累就永远上不去，其经济实力将永远赶不上发达围家。必须以无形资产的积累（其中主要指"自主知识产权"的开发）促进有形资产的积累，才有可能赶上发达国家。

二、重要的不是拾遗补阙，而是加紧立法

自 1979 年刑法开始保护商标专用权、中外合资企业法开始承认知识产权是财产权以来，二十多年不断的立法与修法，尤其是加入 WTO 前为符合国际条约要求的"大修补"，使中国的知识产权法律体系基本完备甚至超高了。这是国内外许多人的评价。

不过，远看 10 年前已立知识产权法典的发达国家法国、两年前已缔结法典式知识产权地区条约的安第斯国家，近看目前已开始实施"知识产权战略"的日本、软件出口总把我们远远甩在后面的

印度，然后再着重看一看我们自己执法与司法中对法律的实际需求，我们就有必要在欣然面对基本完备的这一体系的同时，默然反思一下中国的知识产权法律体系还缺些什么？

从大的方面讲，我国的许多文件中多次提到知识产权。把它们归纳起来，包括三层意思：第一，加强知识产权保护；第二，取得一批拥有知识产权的成果；第三，将这样的成果"产业化"（即进入市场）。这三层是缺一不可的。把它们结合起来，即可以看作是我们的知识产权战略。"保护"法的基本完备，则仅仅迈出了第一步。如果缺少直接鼓励人们用智慧去创成果（而绝不能停留在仅用双手去创成果）的法律措施，如果缺少在"智力成果"与"产业化"之间搭起桥来的法律措施，那就很难推动一个国家从"肢体经济"向"头脑经济"发展，要在国际竞争中击败对手（至少不被对手击败），就不容易做到。

上述第一层的法律体系是必要的，但如果第二与第三层的法律不健全，在当代会使我们处在劣势的竞争地位，以信息化带动工业化的进程，也可能受阻。所以，我感到当前最为迫切的，是认真研究这两层还需要立哪些法。

到这后面两层的立法也基本完备之后，我们再来考虑我国知识产权法中已有的"保护"法（或加上将来补充的"鼓励创新"法与"搭桥"法）是散见于单行法好，还是纳入民法典好，抑或是自行法典化好。对此，不妨用较长时间去讨论。

当然，现存"保护"法（并不是说它们只有"保护"规定，其中显然有"取得""转让"等等规范，只是说与"鼓励创新"与"搭桥"相比，现有法主要是落脚在"保护"上）也有自身应予补充的欠缺。其中多数问题，也可能要用较长时间去讨论。例如，对于我国现有的长项——传统知识及生物多样化——尚无明文保护；对反不正当竞争的附加保护法尚定得残缺不全。此外，本来几个主要法（专利法、商标法、版权法）可以一致的某些细节，还很不一致。例如，专利法中对于仅仅自然人能够搞发明是十分明确的。而著作权法中却让人看到"法人"居然动起脑子"创作"出作品来了！在专利领域人们都很明白：仅仅承认自然人动脑筋搞发明的能力，不会导致否认法人可以享有发明成果。而著作权立法中则为认定法人在许多场合享有创作成果这一事实，就干脆宣布法人可以用脑子去创作（而不是说法人单位的自然人职工搞创作，然后由法人享有相应成果）。

但这些理论及实际上的欠缺，均属于补缺之列。实践在发展，人们的认识也在发展，所以这种补缺，可能永远没有穷尽。我们切不可把立法的重点与补缺相混淆，尤其不能颠倒主次。在整个民商法领域是如此，在知识产权法领域也是如此。"重点"是要立即去做的，是不宜花很长时间去讨论的。况且，中国要有自己的创新成果产业化，对此人们的认识是比较一致的。如果把真正的立法重点扔在一边，集中力量去补那些永远补不完的缺，历史会告诉我们：这是重大失误。

我国宪法 2004 年修正案明确了对私有财产的保护，这在国内外均引起巨大反响。作为私权的知识产权是私有财产权的一部分，有人还认为，在当代，它是私有财产权最重要的部分。在我们考虑中国的知识产权战略应当如何制定时，宪法 2004 年修正案中关于私有财产的保护和权利限制内容的增加，更有其指导意义。至少，《著作权法》第 1 条与《专利法》第 14 条，都实实在在地有了宪法依据。

三、知识产权保护的弊端，不是"往回收"的理由

进入 21 世纪，一些国家立足于知识经济、信息社会、可持续发展等，提出了本国的知识产权战略，尤其是日本 2002 年出台了《知

识产权战略大纲》，2003 年成立了国家知识产权本部。几乎在同时，知识产权制度建立最早的英国发表了《知识产权报告》，知识产权拥有量最大的美国则在立法建议及司法方面均显示出至少专利授予的刹车及商标保护的弱化趋势。面对这种复杂的国际知识产权发展趋势，我国应当做何选择呢？

改革开放二十多年来，中国知识产权制度走了一些国家一二百年才走完的路。这个速度，使相当多的人感到"太快了"。加入WTO 两三年后，外国知识产权人在中国的诉讼（以及"以侵权诉讼相威胁"）开始大大增加，外多学者和企业开始感到了压力，抱怨依照 WTO 要求修改的知识产权法"超过了中国经济发展水平"，要求往回收。相当一部分人认为当前我国知识产权保护已经过度，产生了失衡，提出应当重点打击知识霸权与制止知识产权滥用，而不是保护知识产权。另一方面，像王选一类发明家、谷建芬一类音乐家，以及名牌企业（他们始终只占中国企业的少数），则一直认为中国知识产权保护离有效保护他们的权利还存在较大差距。

这种认识上的巨大反差使我们在"定位"时必然产生困难。如果中国知识产权战略的制定者就在矛盾中把"往前走"和"往回收"这两种思想写入同一篇文章，这篇文章不太可能写好。思科对华为的诉讼、6C 集团向中国企业索取使用费等事实，似乎支持着前一种认识。与地方保护主义结合的商标假冒、盛行的"傍名牌"使国内诚信的名牌企业多数做不大、无法与国际竞争对手抗衡的事实，盗版使大批国内软件企业不得不放弃面对国内市场的自主研发、转而为外国公司的外国市场做加工、以避开国内盗版市场、从国外收回一点劳务费的事实，又好像支持着后一种认识。

知识产权制度的本质是鼓励创新，不鼓励模仿与复制。这种制度利弊几何，还会长期争论下去。例如，20 世纪 80 年代初即不赞成在中国搞专利制度的人，至今仍认为专利制度阻断了企业无数仿制与复制的机会，对我国经济是不利的。不过，"温州制造"不断在国际市场上被"温州创造"所取代，后者成本远低于前者，获得却远高于前者的事实，应当使人们对专利制度的利弊十分清楚了。

当中国的名牌企业及外国教授同样对中国法学院学生讲"知识产权或许是今天唯一最重要的私有财富形式"时，我们的学者则论述着"人要生活离不开有形财产"。几乎在同一时期，海尔集团的老总说：虽然该集团几乎在世界各地都有工厂（有形财产），但与该集团享有的知识产权相比，这些有形财产的分量很轻。看来，成功的企业家比学者更明白：在当代，有形财产的积累，是靠无形财产（主要是知识产权）去推动的。从这个意义上讲，称"知识产权"，更重要或最重要，并无不当。而在这里插上一句"生活离不开有形财产"，虽似精辟，却文不对题。

知识产权制度绝非无弊端。中国古语"有一利必有一弊"，不唯知识产权制度如此。但只要其利大于弊，或通过"趋利避害"，可使最终结果利大于弊，就不应否定它。至少，现在如果再让科技、文化领域的创作者们回到过去的科技、文化成果"大锅饭"的时代，恐怕只有议论者，并无响应者。至于创作者与使用者权利义务的平衡上出现问题，可以通过不断完善"权利限制"去逐步解决。知识产权制度中对我们自己的长项（例如传统知识）保护不够，也可以通过逐步增加相关的受保护客体去解决。

总之，牵动知识产权这个牛鼻子，使中国经济这头牛跑起来，袁隆平、王选等人已经做了，更多的创新者还将去做。我国一批真正能打入国际市场并且站住脚的企业，重工业中的宝钢、家电产业中的海尔、计算机产业中的联想，也正是这样做的。用他们的话来说，就是"以信息化促工业化"。在信息创新时代，只有越来越多的人这样做下去,中国才有可能在更高层次上再现"四大发明"国度的异彩。这也就是我们常说的"民族复兴"。

任何私权与公共利益之间,都不仅有"平衡"问题,而且有前者服从后者的问题,不唯知识产权如此。任何私权的所有人与使用人、所有权人与用益权人之间、不同权利之间,却未必存在"平衡"问题,或主要不是所谓"平衡"问题。这两组问题是不应被混淆的。由于作为物权客体的有形物(特定物)不太可能被多人分别独立使用,因此在物权领域不太可能发生把使用人的利益与公共利益混淆的事。而作为知识产权客体的信息(无论是技术方案、作品,还是商标),由于可以被多人分别独立使用,在知识产权领域把使用人的利益与公共利益混淆的事就经常发生。现在多数"知识产权平衡论"均存在这种混淆。而这又是进行知识产权战略研究之前必须搞清楚的基本理论问题。另外,权利滥用现象的存在与否,与权利保护的法律制度水平的高与低,本不是一回事,也无必然联系。这二者也是目前被众多学者混淆起来并大发议论的题目之一。例如,在我国物权法尚未独立成法、物权保护水平不可言高的今天,滥用物权(如加高建筑遮人阳光、路上设卡阻人通行等等)现象并不少见。所以,我们有必要在立法中禁止知识产权的滥用,与我们是否有必要宣布我国依 TRIPS 协议提高了的知识产权保护"超高"了、应当退回来,是完全不同的两个问题,只能分别研究、分别作结论。

四、趋利避害,需要在立法和执法等方面多做研究

把仅仅适合发达国家(乃至个别发达国家)的知识产权制度强加给全世界,是发达国家的一贯做法。发展中国家的抗争,从总体的制度层面上从未奏效过。1967 年伯尔尼公约修订的失败,1985年大多数国家反对以版权保护计算机软件的失败,Trips 协议谈判时秘鲁与巴西等建议的失败,都是实例。我们在经济实力尚无法与发

达国家抗衡的今天，是接受对我们确有弊端的制度，然后研究如何趋利避害，还是站出来作为发展中国家的领头羊再度发起一次 1967 年或 1985 年那样的战役，力促国际知识产权制度从 Trips 协议退回来、退到对发展中国家较为公平的制度？这也是确定我们的知识产权战略时必须考虑的一个重大问题。

此外，许多人在抱怨我国知识产权保护水平"太高"时，经常提到美国 20 世纪 30 年代、日本 20 世纪六七十年代与我国目前经济发展水平相似，而当时它们的知识产权保护水平则比我们现在低得多。这种对比用以反诘日、美对我国知识产权保护的不合理的指责，是可以的。但如果用来支持他们要求降低我国目前知识产权保护立法的水平，或批评我国不应依照 WTO 要求提高知识产权保护水平，则属于没有历史地看问题。20 世纪 70 年代之前，经济全球化的进程尚未开始。我们如果在今天坚持按照我们认为合理的水平保护知识产权、而不愿考虑经济全球化要求以及相应国际条约的要求，那么在一国范围内看，这种坚持可能是合理的，而在国际竞争的大环境中看，其唯一结果只能是我们存竞争中被淘汰出局。

使知识产权制度有利的一面不断得到发挥，不利的一面不断受到遏制，除了靠立法之外，就主要靠执法了。而在知识产权执法中，法院的作用永远是在首位的。因为对知识产权这种私权，行政执法的作用，在国外、在中国，均是逐步让位于司法的。由于中国知识产权法的行文总体讲尚未完全摆脱传统立法"宜粗不宜细"之弊，故法官对法的解释，法官的酌处权，从而中国法官的素质，中国的知识产权司法结构，就显得十分重要了。对于偶然的、仅仅出于过失的侵权，与反复的、故意的侵权不加区分，同样处理，既是许多人认为中国知识产权保护过度的主要原因，也是许多人认为保护不力的主要原因。解决这个问题既要有更加细化的法律，也要有更合理的司法解释和更高的法官素质。如果大家注意到，面对中国目前这种侵权严重与权利滥用同样严重的复杂状况，在如何评价我们的知识产权制度这个问题上，法院的观点似乎比许多学者的观点更为可取。在立法之外的对策方面，国际组织（包括欧盟之类地区性国际组织）的立法及研究结果对我们的影响，外国（例如美国、日本、印度、俄罗斯等）立法及国家学说对我们的影响，我们均应研究。此外，几个外国如果联手，将对我们产生何种影响，我们更应当研究。例如，对于我们发明专利的短项"商业方法专利"，国家专利局固然可以通过把紧专利审批关，为国内企业赢得时间，但那终究不是长远之计。试想，美日欧国家在传统技术专利方面"标准化"发展曾给并正给我们的产品出口带来不利，如果美日（或再加上几个其他发达国家）在商业方法专利上如果也向"标准化"发展，即如果实施"金融方法专利化、专利标准化、标准许可化"，那么会给我国银行进入国际金融市场带来何种影响，会不会把我们挤出国际金融市场？这就不仅仅是专利局把紧专利审批关能够解决的问题了。在这些方面作出较深入研究，有助于我们拿出对策，趋利避害。

5. 国际知识产权保护和我国知识产权保护的法律和制度建设 *

记者：如何看待我国目前的知识产权制度，其今后走向是什么？

郑成思：中国知识产权的立法已经基本完备。联合国世界知

---

* 编者注：该文为郑成思 2006 年 5 月 26 日在中央政治局讲座"国际知识产权保护和我国知识产权保护的法律和制度建设"的书面稿，后接受专访发表在 2006 年 7 月 29 日的《中国社会科学院院报》。

识产权组织历任总干事都称"中国知识产权立法是发展中国家的典范"。中国的知识产权立法在 2001 年底"入世"时，就已经完全达到了 WTO 中的 TRIPS 协议所要求达到的保护标准。这是毋庸置疑的，否则中国也不可能被 WTO 所接纳。有些立法，还不止于 WTO 的要求。例如，2001 年 10 月修正的《著作权法》与 2006 年 5 月颁布的《信息网络传播权保护条例》，已经不断与国际上发展了的数字技术对知识产权保护的新要求同步。在司法方面，中国知识产权法庭的法官素质总体平均水平也较高。中国法院在知识产权领域的一些判决，水平也不低于发达国家，甚至美国法院。中国建立了知识产权制度后，企业自主知识产权（包括自主品牌）的拥有量和竞争力，已经超过了多数发展中国家和少数发达国家（如澳大利亚、西班牙）的企业。知识产权制度激励人们搞发明、搞创作，激励企业重视、维护和不断提高企业信誉。总的来讲，我国 20 多年的实践已表明，这是一个可取的法律制度。不过，对知识产权制度的利弊以及今后我国知识产权制度的走向应当如何选择，确实存在不同的意见。

近年因国际上南北发展越来越失衡，国内外批判 TRIPS 协议的声音日渐增多。例如，澳大利亚学者 Drahos 的著作、2002 年的英国《知识产权报告》建议发展中国家把力量放在批判乃至退出 WTO 的 TRIPS 协议上。在国内，许多人主张弱化我国因 WTO 压力而实行的"已经超高"的知识产权保护等。

在经济全球化中，已经"入世"的中国不应也不能以"退出"的方式自我淘汰。在 WTO 框架内"趋利避害"，争取 WTO 向更有利于我国的方向变化是我们正走的路。在这种变化发生之前，可以争取在现有框架中更有利于我们的结果。例如，在近年的 DVD 涉外专利纠纷中，我们本来可以依据 TRIPS 协议不按照 6C 集团的要求支付超高额的"专利使用费"。与 DVD 一案相对的，是 2004 年中国碱性电池协会应对美国"专利权人"在美国依照337条款的诉讼一案，中国企业取得了胜利。这一胜一败的案例很能说明问题。前者是我们的企业在知识产权战中"不战而降"的一例，后者则是我们的企业真正明白了什么是知识产权。

中央正确地提出了建设创新型国家的目标，而要落实它，我们就不能不重视与加强对创新者、创新企业所作出的创新成果的知识产权保护。了解国际上的发展趋势并作出正确的选择，非常重要。

记者：世界主要国家和地区在知识产权保护方面有何特点？

郑成思：美国是世界上最早建立知识产权法律和制度的国家之一。美国独立后即在其《宪法》中明文规定发明人、作者的创作成果应当享有知识产权，并于1790年颁布了《专利法》和《版权法》，时间早于绝大多数其他国家。这表明，美国建国之初就把保护知识产权作为其基本国策之一。

值得指出的是，美国在其科技和文化创新能力低于欧洲发达国家的历史阶段，曾在知识产权制度上采取明显的本国保护主义。例如，美国早期的专利制度拒绝为外国申请人提供与本国申请人同等的待遇，长期拒不参加当时由欧洲国家发起制定的知识产权国际条约，直至1988年才参加了《保护文学艺术作品伯尔尼公约》。

20世纪中期之后，随着美国逐渐成为世界第一强国，其国内知识产权制度也不断完善。美国一方面注重为权利人提供有效的知识产权保护，如大力促进其版权产业的形成和壮大，将能够获得专利保护的范围扩大到微生物、与计算机程序有关的商业方法等，规定大学和科研机构对利用国家投资完成的发明能够享有并自主处置专利权等；另一方面，也注重知识产权权利人利益与公众利益之间的合理平衡。美国是世界上最早建立反垄断体系并将其用于规制知识产权权利滥用行为的国家，它还通过其最高法院近10年来的一系列重要判决，制止对专利权的保护范围作出过宽的解释，以免其他人使用先进技术有随时"触雷"的危险。

自 20 世纪 80 年代以来，美国在其对外知识产权政策方面一直从维护本国利益出发，进攻性地参与和推动知识产权国际规则的制定和调整。美国在双边交往中也不断强制推行自己的"知识产权价值观"，与相关国家签订双边协议，使对方在知识产权保护上比世界贸易组织的《与贸易有关的知识产权协议》更严格、要求更高。例如，2005 年开始的澳大利亚新一轮知识产权法修订，就是按照 2005 年 1 月的《澳美自由贸易协议》的要求进行的。美国频频运用其《综合贸易法》的"特别 301 条款"和《关税法》的"337 条款"，对其认为侵犯美国知识产权的国家和企业进行威胁和制裁。美国是对知识产权国际规则的形成和发展影响最大的国家。

欧盟国家的知识产权法律"一体化"进程已经基本完成。作为知识产权制度的诞生地，又是当今世界上最大的发达国家群体，欧盟国家对知识产权保护十分重视，其知识产权法律和制度以及相配套法律和制度都较为完善。在知识产权保护的某些方面，欧盟的立场甚至比美国更为严格。例如，对仅有资金投入而无创造性劳动成果的数据库，欧盟自 1996 年起即予以知识产权保护，而美国至今未予保护。

在知识产权国际规则的形成和发展方面，欧盟国家与美国具有较多的共同利益，其基本立场一致。但是，欧美之间也存在分歧。例如，美国从维持其计算机软件方面的巨大优势出发，极力主张其他国家也将与计算机程序有关的商业方法纳入可以受专利保护的范围；而欧盟则以授予专利权的方案必须具有技术属性为由予以抵制。再如，以法国为代表的欧盟国家极力主张扩大地理标志的范围，以保护其拥有的传统优势产品（如葡萄酒、奶酪、香水等）；而美国、澳大利亚等在这方面处于劣势地位的移民型国家则坚决予以反对。这些分歧的产生主要并不是由于在法学理论方面的不同观点，而是出于维护各自经济利益的考虑。

日本于 1885 年制定《专利法》，时间与德国大致相同，在亚洲国家中是最早的。20 世纪 70 年代以来，日本每年受理的专利申请数量长期高居世界各国之首。

"二战"之后，日本通过引进美国和欧洲的先进技术并对其进行消化和再创新，建立了世界上最好的有形产品制造体制，被称为"日本模式"。然而，20 世纪 90 年代却被称为日本"失落的十年"。日本总结教训，认为一个重要原因就在于其囿于曾经十分成功的传统工业经济发展方式，没有及时对"日本模式"进行改造，而这一期间的国际环境已经发生了巨大变化，一些国家低价生产大批量产品的能力迅速接近甚至超过日本，结果是日本传统的以高质量生产产品的经济策略已经不再有效。

所以，日本提出了"信息创新时代，知识产权立国"的方针，于 2002 年制定了《知识产权战略大纲》和《知识产权基本法》，提出从创造、活用、保护三个战略以及人才基础和实施体制等方面抢占市场竞争制高点。同年，日本内阁成立了"知识产权战略本部"，由首相任本部长，并设立了"知识产权推进事务局"，每年发布一次"知识产权推进计划"，对国家主管部门、教学科研单位，各类企业的相关任务与目标都作了规定。2005 年，日本成立了"知识产权上诉法院"，统一审理知识产权民事和行政上诉案件，以简化程序，优化司法审判资源配置，从而更有效地保护知识产权。这种做法在国际上已经是一个明显的发展趋向，韩国、新加坡以及我国台湾地区近年来也先后采取了与日本相似的知识产权司法架构。

日本是最早在我国设立知识产权特派员的国家，目前和美国、欧盟一样采取各种方式在知识产权领域对我国施加压力。

韩国是一个依托知识产权由贫穷落后的发展中国家迅速崛起的典型。2005 年，韩国的发明专利和实用新型的申请量达到近 20 万件。专利权的授予量从 1981 年的 1808 件上升到 2005 年的 73509 件，增长了 41 倍。韩国发明专利和实用新型申请量的增长与其人均 GDP 的增长相吻合。这表明，知识产权与经济实力的增长之间存在紧密关联。

从 20 世纪后期开始，韩国的产业结构不断发生变化。从 20 世纪 60 年代至 80 年代初期，韩国工业主要集中在纺织品、胶合板、鞋子等轻工业家用产品方面；从 20 世纪 80 年代初期到 1996 年，韩国实现了向钢铁、造船、汽车、化学等领域的拓展；从 1996 年至今，韩国又在移动电话、半导体器件、存储器、液晶显示器、计算机软件等高技术领域取得长足进步。据介绍，韩国近年来在生命科学和生物技术的研究与应用方面作了巨大投入，很可能在不久的将来形成新的产业亮点。韩国十分重视学习、收集和研究中国传统知识（特别是中医药）方面的优秀成果，并将其产业化、迅速投入国际市场。值得注意的是，韩国使用中药方制成的药品，从来不标注"汉药"或"中药"，而是标注"韩药"。

韩国像许多发达国家那样，开始制定自己的知识产权战略。它重视自己的知识产权在国外获得保护，它在发达国家申请专利的数量远远高于我国。韩国也十分注重在我国申请获得专利，从 1999 年起进入在我国申请专利最多的 10 个国家之列，到 2005 年已经位居第三。目前，随着我国成为韩国最大的贸易伙伴，韩国企业投诉我国企业侵犯其知识产权的案件正在增加。可以预计，涉外知识产权纠纷的压力不仅来自发达国家，也将会来自发展较快的发展中国家。对此，我们现在就必须开始重视。

印度与大多数"英联邦"国家一样，其知识产权制度的框架基本上源于英国。在 20 世纪 40 年代独立后的很长时间里，印度对知识产权制度否定多于肯定。但自从世贸组织成立，特别是在印度的涉外知识产权纠纷被诉诸世界贸易组织的"争端解决委员会"后，上述状况发生了重大变化。印度政府采取多方面措施完善其知识产权制度，遵从世界贸易组织规则，逐步减少在医药专利、作品版权方面与外国的纠纷，并不断加强知识产权保护，尤其是不断完善版权立法，加强版权执法，以保障自己信息产业的发展。印度的软件产业因此从 20 世纪 90 年代中期之后得到迅速发展，其软件产品及软件服务业进入国际市场，成为印度的主要外汇来源之一。印度十分注意在加强知识产权保护的同时维护其本国的利益，积极立法保护自己的遗传资源、传统知识和民间文艺（主要是印度医药、瑜伽及印度民间文学艺术），并在国外监视侵害印度传统知识的任何活动。印度还组织了专门工作组开展对这些外国专利、商标的撤销或无效投诉，并建立起"印度传统知识图书馆"，将馆藏内容译成 5 种文字，与世界各国专利审批部门联网，以求外国在行政审批中驳回涉及印度传统知识的申请。同时，印度在许多国际谈判场合，积极推动制定传统知识、基因资源保护的国际规范。

记者：目前，有哪些主要的知识产权国际条约？ TRIPS 协议的突出特点是什么？

郑成思：在 1883 年之前，知识产权的国际保护主要是通过双边国际条约的缔结来实现。1883 年《保护工业产权巴黎公约》问世后，《保护文学艺术作品伯尔尼公约》《商标国际注册马德里协定》等相继缔结。在一个世纪左右的时间里，世界各国主要靠这些多边国际条约来协调各国之间差距很大的知识产权制度，减少国际交往中的知识产权纠纷。

　　世界贸易组织的 TRIPS 协议是 1994 年与世界贸易组织所有其他协议一并缔结的，它是迄今为止对各国知识产权法律和制度影响最大的国际条约。与过去的知识产权国际条约相比，该协议具有三个突出特点：

　　第一，它是第一个涵盖了绝大多数类型知识产权类型的多边条约，既包括实体性规定，也包括程序性规定。这些规定构成了世界贸易组织成员必须达到的最低标准，除了在个别问题上允许最不发达国家延缓施行之外，所有成员均不得有任何保留。这样，该协议就全方位地提高了全世界知识产权保护的水准。

　　第二，它是第一个对知识产权执法标准及执法程序作出规范的条约，对侵犯知识产权行为的民事责任、刑事责任以及保护知识产权的边境措施、临时措施等都作了明确规定。

　　第三，它引入了世界贸易组织的争端解决机制，用于解决各成员之间产生的知识产权纠纷。过去的知识产权国际条约对参加国在立法或执法上违反条约并无相应的制裁条款，TRIPS 协议则将违反协议规定直接与单边及多边经济制裁挂钩。

　　记者：近年来，国际知识产权法律和制度有哪些主要发展动向？

　　郑成思：近年来，知识产权国际规则的制定和发展主要呈现出两种趋势：一是美、欧、日等继续大力推动各国知识产权法律和制度的进一步协调、统一，使其向发达国家的标准看齐。世界知识产权组织于 1996 年缔结了两个互联网版权条约，以强化数字时代的版权保护；于 2000 年缔结了《专利法条约》，以统一各国授予专利权的形式和程序性条件，现在正在进行《实体专利法条约》的制定，以统一各国授予专利权的实质性条件。缔结这些条约的总体目的在于进一步强化知识产权保护，压缩 TRIPS 协议留给各国的自由选择空间。

值得注意的是，发达国家正在加紧推动"世界专利"的进程。直到现在，即使按照TRIPS协议，各国仍有独立地授予专利权的自由，即针对同样的发明，可以自行决定是否授予专利权以及授予具有何种保护范围的专利权。所谓"世界专利"，就是要改变上述现有模式，由一个国际组织或者某几个国家的专利局统一授予专利权，在世界各国均能生效，各国不再进行审批。这种"世界专利"制度显然对发展中国家不利。我国应密切关注这一发展态势，采取积极应对措施，即在今后相当长一段时间内尽可能阻止或者延缓其实现；在不能阻止的情况下，要确保我国国家知识产权局成为这种"世界专利"制度的审批单位之一。

二是发展中国家在知识产权保护问题上维护自身利益的呼声不断增强，主动参与知识产权国际规则制定的意识明显提高。在2004年举行的世界知识产权组织成员国大会上，巴西和阿根廷等14个发展中国家提出了"知识产权与发展议程"的提案，指出：现行知识产权制度对保护发展中国家的利益重视不够，导致富国与穷国之间的差距不是缩小而是扩大；知识产权制度的发展不应当无视各国发展水平的不同而设立更高的保护水准，应当保障所有国家建立知识产权制度所获得的利益大于付出的代价。该提案在国际社会上引起了强烈反响。

TRIPS协议强制性地规定各成员均必须对药品授予专利权，这给广大发展中国家的民众以能够支付得起的价格获得治疗各种流行疾病的药品带来了负面影响。在发展中国家的大力推动下，2001年在多哈召开的世界贸易组织部长级会议通过了《关于知识产权协议与公共健康的宣言》。该宣言承认许多发展中国家所面临公共健康问题的严重性，强调需要将TRIPS协议的相应修改作为国际社会解决公共健康问题举措中的一部分。依照该宣言的要求，世界贸易组织总理事会于 2003 年通过了落实多哈宣言的决议，并在 2005 年于香港召开世界贸易组织部长级会议之前通过了对 TRIPS 协议的相应修改方案。

另外，发展中国家还在积极推动制定保护遗传资源、传统知识和民间文艺的国际规则，以抗衡发达国家在专利、商标、版权等知识产权方面的巨大优势，维护自己的利益。虽然是否将这种保护纳入知识产权法律与制度的框架还有争议，但应当给予保护则是相当多国家（包括一些发达国家）的共识。

上述两个方面的趋势引人注目，但是在知识产权国际规则的制定和发展方面，发达国家明显占据主导地位。我们必须密切关注并妥善应对国际知识产权保护进一步强化的问题。

记者：各国及国际知识产权保护有哪些做法值得我国借鉴？

郑成思：第一，把知识产权法与知识产权战略放在重要位置。发达国家在 20 世纪末之前的一二百年中，以其传统民事法律中有形财产法律制度为民商事法律领域的重点。原因是在工业经济中，机器、土地、房产等有形资产的投入起关键作用。20 世纪八九十年代以来，与知识经济的发展相适应，发达国家及一批发展中国家（如新加坡、韩国、菲律宾、印度等）在民商事立法领域，逐步转变为以知识产权法律制度为重点。因为在知识经济中，发明专利、商业秘密、不断更新的计算机程序、驰名商标等知识产权在起关键作用。随着生产方式的变动，上层建筑中的法律层面的重点也必然变更。另外，美欧从 20 世纪末、日本及许多国家从 21 世纪初开始，都纷纷着手制定自己的知识产权战略，以便在国际竞争中保持强势或者赶上原来的强势国家。这也是将知识产权法律与制度放在突出位置的表现。

第二，知识产权司法与行政管理及行政执法相对集中。建立知识产权法院，将知识产权民事、刑事、行政案件都由知识产权专门审判庭审理。另外，绝大多数国家的工业产权（专利、商标等等）均由一个行政机关统一管理，相当一部分国家和地区（如我国台湾地区）的知识产权（即工业产权加版权）全部由一个行政机关统一管理。这样做的好处是有利于减少乃至防止"冲突判决"的产生，方便权利人维权，节约有限的司法与行政资源，更有效地保护知识产权。

第三，在履行国际知识产权保护义务的同时，注意本国的经济利益。在国际知识产权保护体系已经由世界贸易组织的知识产权协议画上句号之后，各国必须履行参加协议时所承诺的国际知识产权保护义务。一是按照协议调整国内法。这点几乎所有国家都已经做到。二是无论作为世界贸易组织知识产权争端解决第一案的美国诉印度的专利争端，还是其后欧盟诉美国的商标与版权争端，败诉一方都无例外地执行了或正在执行世界贸易组织争端解决委员会的裁决。许多国家在履行国际知识产权保护义务的同时，还十分注意本国的经济利益，甚至把本国的经济利益放在首位。发达国家基本上都是如此。发展中国家，如前所述的印度、韩国也是如此。印度不是简单地在国际压力下加强版权保护，而是借助这种保护积极发展自己的软件产业，使之在国际市场最终占领了相当大的份额。同时它又积极推动把自己传统知识的长项纳入国际知识产权保护规则中。

记者：随着国际知识产权保护的发展，我国面临哪些挑战与机遇？

郑成思：要看到全球化中知识产权保护强化对我们不利的一面，但更要看到"保护"在建设创新型国家中的重要作用。

为什么过去知识产权没有对我国的对外交往产生显著影响，如今却日益成为我国与其他国家之间产生纠纷的焦点问题呢？其主要原因有二：一是自20世纪80年代以来经济全球化与世界经济格局发生了深刻变化，二是我国的迅速崛起。自改革开放以来，参与国际市场竞争的能力明显增强。这使许多国家特别是发达国家感到多了一个强劲的竞争对手。

面对挑战和压力，有人抱怨我国依照加入世界贸易组织的承诺而修改后的知识产权法律保护水平"太高"。他们经常提到美国20世纪40年代、日本20世纪六七十年代与我国目前经济发展水平相似，而当时它们的知识产权保护水平则比我们现在低得多。这种对比，如果用以反诘国外对我国知识产权保护的不合理的指责，是可以的。但如果用来要求降低我国目前知识产权保护立法的水平，或批评我国不应依照世界贸易组织的要求提高知识产权保护水平，则属于没有历史地看问题。20世纪70年代之前，国际上"经济全球化"的进程基本没有开始。我们如果在今天坚持按照我们认为"合理"的水平保护知识产权，而不愿考虑经济全球化的要求、国际知识产权保护发展的趋向以及我国已经参加的相应国际条约的要求，那么在一国的小范围内看，这种坚持可能是合理的；而在国际竞争的大环境中看，其唯一的结果只可能是我们在国际竞争中"自我淘汰"出局。

实际上，发达国家对我国施加的知识产权压力将会使我国人民懂得真正的核心技术是市场换不到的也是花钱买不来的，除了自主创新，奋发图强，没有别的出路。从这种意义上说，上述压力也能转化为我国发展的机遇和动力。

我国企业要在尚不熟悉知识产权法律与制度的情况下，应对发达国家跨国公司利用知识产权国际规则向我们施加压力，是我们面对的另一大挑战。面对国际上要求我们加强知识产权保护的压力，在修订与完善有关知识产权法及加强执法方面，我们已经做了大量的工作。但在提高企业的知识产权保护意识方面，仍显得有些欠缺。许多企业对知识产权实际上没有真正了解，于是在自己本来可以据理抗争时却轻易放弃。

无论在国内还是国外，我国的企业及个人已经享有的知识产权，同样可能遭到外国公司的侵害。像"海信""同仁堂"这样著名的商标，都曾被外国公司抢注过。我国企业要注意依法维护自己的知识产权。

当然，最重要的是，要鼓励我国企业积极开发享有我们自主知识产权的成果。袁隆平在我国还没有颁布《专利法》之前，就已经在美国、澳大利亚申请了杂交水稻育种技术的专利。近几年，我国中石化公司在世界范围就某些化工技术申请了多国的多项专利，初步建立起自己的"市场保护圈"，使外国企业想进入这个圈制售有关化工产品的，都要向中石化取得许可。还有一些公司通过自己的努力创新，也开始在国际竞争中站住了脚。不过这类企业在中国还太少。为了发展我国的经济，我们不能拒绝引进他人的创新成果。但我们最终能够依靠的，还是我国人民自己的创新精神。给予创新成果以知识产权保护，是对发扬创新精神的最有效的鼓励。

记者：如何提升对我国传统优势领域的知识产权保护力度，处理好知识产权保护"源"与"流"的关系？

郑成思：提升我国传统优势领域的知识产权保护力度，是我们可能有效应对外来挑战的一个方面。其中特别应当重视的是我国中医药的知识产权保护状况面临的挑战。中医药是我国的瑰宝。对传统知识提供有效的知识产权保护，不仅符合我国的利益，而且有利于在世界范围内弘扬中华文化。而我们在国际竞争中面临一些不利状况：一是我国作为中医药原创国的主体地位受到了一些外国的威胁。中医药作为我国具有原创性的自主知识产权，目前在国际上正面临被混淆来源的危险。其中一个重要迹象就是，将中医药名称"去中国化"。除了韩国已立法将"汉医学"更名为"韩医学",将"汉药"改称"韩药"外,日本也正在酝酿更名问题。二是真正体现中医药特色的中药复方,难以通过缘起于西方的专利制度获得有效保护。三是中草药缺乏知识产权保护,使我国中药出口贸易的高附加值大多流向国外竞争对手。应对这方面的挑战,我们不能再居被动,必须积极主动对中医药这一我国的原创成果进行专门立法保护。目前可以作的至少有三点:一是对于中医医疗中具有核心价值的中药复方进行特殊保护或技术秘密保护;二是对于中草药采用地理标志保护;三是对中草药新品种提供植物新品种保护。这些保护将有利于促进中医药的健康发展。此外,我们还须抓紧研究其他保护方案。由于中医药有廉价便民的优势,积极保护与发扬它,不仅可以对国际上的挑战,对于构建有中国特色的医疗卫生体系和建设社会主义和谐社会也具有重大的社会经济意义。值得一提的是,目前国家中医药管理局开始起草的保护法,自己也"去中国化",定名为"传统医药保护法"而不是"中医药保护法"。国际组织及国际条约称"传统医药",是因为它不能单指某一个国家;而我们自己的部门法也不称"中医药",则是不对的。

"中国民间文学艺术"与"中医药"在我国都是长项,如果我们只是在发达国家推动下对他们的长项(专利、驰名商标等)加强保护,对自己的长项则根本不保护,那么将是一个重大失误。即使传统知识的这两部分不能完全像专利、商标一样受到保护,也应受"一定的"保护。

目前从总体上看,我国在知识产权特别是"自主知识产权"的拥有及利用上,不占优势。这主要是因为发明专利、驰名商标、软件与视听作品等等的版权主要掌握在少数发达国家手中。而要增强我们的地位、至少使我们避免处于过于劣势的地位,我们有两条路可走。

一是力争在国际上降低现有专利、商标、版权的知识产权保护水平，二是力争把中国占优势而国际上还不保护（或者多数国家尚不保护）的有关客体纳入国际知识产权保护的范围，以及提高中国占优势的某些客体的保护水平。走第一条路十分困难。从《伯尔尼公约》的修订过程和 TRIPS 协议的形成历史看，走第一条路几乎不可能。

就第二条路来说，我们应力争把"生物多样化""传统知识"纳入知识产权保护。

现有知识产权制度对生物技术等等高新技术成果的专利、商业秘密等保护，促进了发明创造；现有知识产权制度对计算机软件、文学作品（包含文字作品及视听作品等）的版权保护，促进了工业与文化领域的智力创作。但在保护今天的各种智力创作与创造之"流"时，人们在相当长的时间里忽视了对它们的"源"的知识产权保护，则不能不说是一个缺陷。而传统知识，尤其是民间文学的表达成果，正是这个"源"的重要组成部分。

"传统知识"按世贸组织、世界知识产权组织及国外已有的立法解释，主要包含"民间文学艺术"与"地方传统医药"两大部分。其中"民间文学"部分，已经暗示保护或明文保护的国际条约与外国法很多。如《伯尔尼公约》第 15 条和英国 1988 年《版权法》第169 条，是"暗示"性规定的典型。实际上，世界知识产权组织在给《伯尔尼公约》第 15 条加标题时，已明文加上"民间文学艺术"。

"地方传统医药"的保护，虽然亚、非一些发展中国家早就提出，却是在 1998 年印度学者发现了某些发达国家的医药、化工公司，把印度的传统药品拿去，几乎未加改进就申请了专利这一事实后，在发展中国家引起了更大得关注。发展中国家认为，如同无报酬地拿走民间文学艺术去营利一样，无报酬地拿走地方传统医药去营利，对这种知识来源地创作群体是不公平的。发展中国家的安第斯组织已在其《知识产权共同规范》总则第 3 条中，把"传统知识"明文列为知识产权保护客体。

对"生物多样化"给予知识产权保护，主要是保护基因资源。基因资源与传统知识相似，可能是我国的又一个长项。许多发展中国家以及基因资源较丰富的发达国家（如澳大利亚），已经开始重视这方面的保护。我国仅仅在《种子法》等法律中开始了有限的行政管理。把基因资源作为一种民事权利，特别是作为知识产权来保护，我国做得还远远不够。

传统知识与生物多样化两种受保护客体与世界贸易组织中已经保护的地理标志有许多相似之处。例如，它们的权利主体均不是特定的自然人。同时，传统知识与生物多样化两种受保护客体又与人们熟悉的专利、商标、版权等等的受保护客体有较大不同。所以，有人主张把它们另外作为知识产权的新客体，而不是与其他客体一样并列在一起。不过，必须给予一定的保护，在这一点上，则是需要力争的。"力争"的第一步，就是本国的立法与执法首先把它们保护起来。

这种保护，首先是应当要求使用者尊重权利人的精神权利。例如，要求使用者指出有关传统知识或者生物品种的来源。如果自己创作的新作品或者开发的新技术方案是以有关传统知识或者生物品种作为基础的，必须说明；如果自己推向市场的商品或服务本身就是他人已有的传统医药、民间文学艺术等，就更须说明。近年拿了中国人开发并使用了千百年的中药乃至中成药推入国际市场，却引世人误以为该中成药出自日本、韩国等国者，并不在少数。这对中国的传统知识是极大的不尊重。其次，这种保护必然涉及经济利益，即使用人支付使用费的问题。至于法律应当把付费使用的面覆盖多广，以便既保护了"源"，又不妨碍"流"（即文化、科技的发展），则是一个可以进一步研究的问题。

　　中国人在知识创新方面，并不比任何人差。我们应当积极利用知识产权制度业已形成的高保护，推动国民在高新技术与文化产品领域搞创造与创作这个"流"；同时积极促成新的知识产权制度来保护我们目前尚处优势的传统知识及生物多样化这个"源"。这样，才更有利于加快我们向"知识经济"与和谐社会发展的进程。

二、报刊文章

1. 专利法的实施与专利执法 [*]

专利法的实施，使我国一大批发明创造者多年的创造热情和天才火花一下子喷发出来了。广大发明创造者在中国终于可以通过向社会公布他们的劳动成果，而换来社会对其专有财产权的承认。不论人们是否意识到，"市场经济"实质上已经从专利法的实施迈出了实实在在的一步。同时，专利法实施前我国加入《保护工业产权巴黎公约》的事实，已经说明了这种实施是朝着与国际标准接轨的方向发展的。

随着专利法的实施，依法保护专利权的问题，很快就提到日程上来了。经过努力，专利侵权的纠纷在知识产权领域，至少与商标侵权及著作权侵权相比，数量仍旧是最少的。在专利执法方面，国内外的批评意见也是最少的。乃至在中美知识产权谈判中，美方对中国的专利执法几乎无可挑剔。

这可能说明了在专利法实施前后，主管部门的普法宣传工作做得比其他部门更好，也可能说明专利权人的权利意识更强，还可能

* 编者注：该文发表于《人民日报》1995 年 3 月 27 日第 10 版。

说明专利执法部门（包括法院与专利行政管理机关）执法更有效。当然，也不排除这样的原因：侵犯专利权往往比侵犯他人的商标权（例如假冒）及侵犯他人的版权（例如盗版）更困难些。

联系国际上某些新的条约的要求，我国在专利执法方面尚有需要继续完善的余地。例如，世界贸易组织中的"与贸易有关的知识产权协议"第50条3款，规定了权利人对于"即发侵权"可以采取的措施以及向司法或行政当局申请保护的程序。这在我国专利法及其他有关法中是找不到的。虽然我国目前并不是世界贸易组织的成员，但该协议中通过阻止"即发侵权"而将侵权活动消灭在萌芽状态的规定，是值得我们参考的。又如，我国专利法及其他法规中，也缺少有些国家专利法中有关防止专利权人滥用专利权、影响公平竞争的条款，还有待于今后制定新的规定。

2. 新技术带来新挑战 *

网络上"侵权"（依法有些尚不能称侵权）的纠纷，诸如未经许可的"网络书屋""音乐节目上网"等等使人感到大大高于书刊盗版、录像制品盗版的威胁，在中国当时已经实实在在地出现了。那么，在明年到来之后，我们在知识产权领域应研究哪些热点及难点问题呢？

1. 网络特点与知识产权特点的冲突如何解决

知识产权的特点之一是"专有性"。而网络上应受知识产权保护的信息则多是公开、公知、公用的，很难被权利人控制。

知识产权的特点之一是"地域性"。而网络上知识传输的特点

---

* 编者注：该文发表于《人民日报》1999年8月31日第11版。

则是"无国界性"。

上述第一对矛盾，引出了知识产权领域最新的实体法问题。对此，更多学者乃至国际公约，则主张以进一步强化知识产权保护、强化专有性来解决这一矛盾。在知识经济中，强化知识产权保护的趋势是抵制不了的，发展中国家应及早研究它们的对策。

上述第二对矛盾，引出了知识产权保护中最新的程序法问题，亦即在涉外知识产权纠纷中，如何选择诉讼地及适用法律的问题。对这一问题的研究对策，可能成为21世纪初发展中国家的一个重点。

2. 电子商务中的知识产权保护问题

有人把电子商务分为"直接电子商务"与"间接电子商务"两类。"间接电子商务"即网络上谈判、签合同、订购商品，但商品本身仍需通过有形方式邮寄或送达。"直接电子商务"则是签合同及最终取得商品，均在网络上完成。

网络传输中既已涉及版权产品的无形销售，就必然产生版权保护的新问题。自不待言，而更值得重视的是，它还必将产生（而且已经产生）在网上的商标及其他商业标识保护、商誉保护、商品化形象保护，乃至商业秘密保护等方面诸多与传统保护有所不同或根本不同的问题。如，正当国内并不鲜见的议论在断言"域名决不会被纳入知识产权保护范围"时，域名已实际上成为商誉乃至商号的一部分受到了保护，甚至已经作为无形财产被实际交易着。

3. 生物技术与知识产权保护问题

知识产权新问题并非全部与计算机互联网络有关。生物基因、新生物合成等发明中的知识产权问题，对中国这样的发展中国家将越来越重要。如果在进入21世纪时，中国在生物技术知识产权保护方面的研究还未得到加强的话，那么，我们将很难应付届时发生的纠纷，很难保护创新者的权益及保护与促进我国生物工程的发展。

3. 加强对商业秘密的法律保护 *

1997 年 3 月，中国颁布了新修订的《刑法典》，其中十分引人注目的，就是第三章第七节"侵犯知识产权罪"。这一节，全面加强了中国知识产权保护的力度，使尚未参加世界贸易组织的中国，在以刑法保护知识产权方面，已经完全达到了世贸组织《与贸易有关的知识产权协议》（TRIPS 协议）的要求。

如果细心分析这一节，人们又会看到：该节中对侵犯商标权、专利权、版权的刑事制裁条款，实际均是已有的法律条款。它们不是见诸商标法、专利法等单行法，就已见诸全国人大常委会颁布的并已实施的特别法令。唯有对商业秘密采用刑事保护的第 219 条是修订文本中最新增加的。这就是：凡违反了 1993 年《反不正当竞争法》第十条而侵害他人商业秘密、给商业秘密的权利人造成重大损失的，处三年以下有期徒刑或者拘役，并处或者单处罚金；造成特别严重后果的，处三年以上七年以下有期徒刑，并处罚金。

在 1993 年制定《反不正当竞争法》时，并未考虑对侵害商业秘密者处以刑罚。但自那时之后，从国内几起有重大影响的侵害商业秘密案件的发生及处理中，司法界与立法界均已看到：有些侵害给商业秘密权利人造成上千万元乃至上亿元的经济损失，给掌握有商业秘密从而有极大潜在经济效益的企业造成不稳定。这显然不利于市场经济的发展。1994 年至 1995 年由广东省佛山市中级人民法院处理的著名的"佛陶"商业秘密纠纷案，就是一个典型（该案详细情况参看《中华人民共和国最高法院公告》1995 年第 4 期）。

---

* 编者注：该文发表于《光明日报》2000 年 4 月 11 日。

所以，可以说对商业秘密的刑事保护，是中国技术发展的需要，也是众多企业维护自身利益并求得进一步发展的需要。

中国现有对商业秘密的保护，与 TRIPS 协议是基本符合的，与世界知识产权组织 1996 年底制定的《发展中国家反不正当竞争保护示范法》也是基本符合的。从中国 1979 年原刑法第 127 条首次以刑事条款保护商标权重点放在禁止市场上的商标假冒，发展到 1997 年以刑法保护商业秘密，这一历史过程，与国际上的《保护工业产权巴黎公约》中反不正当竞争条款重点在于禁止假冒，发展到世界贸易组织的 TRIPS 协议将反不正当竞争重点放在保护商业秘密上，也是完全相同的历史发展过程。

加强商业秘密保护对于鼓励技术创新、提高经营管理水平和促进对外开放，都具有非常重要的意义。随着市场竞争的日趋激烈，近年来侵犯商业秘密的现象越来越多，并且出现了"跳槽"带走商业秘密、通过"工业间谍"侵犯商业秘密等典型案例。最近由几家媒体报道的江苏牧羊集团技术秘密被"经济间谍"侵犯案，就是一起手段特殊、后果严重的案件。这说明我国保护商业秘密的任务非常艰巨，意义非常重大。因此，无论执法和司法，都应该充分体现和贯彻立法对商业秘密加强保护的意图，对此类违法犯罪行为要严惩不贷，决不姑息。

4. 三类法律"名不符实"*

我国绝大多数法律，是"名实相符"的。但有很少一部分法律，名称与内容不大相符。这样的法律大致分以下三类：

第一种类型是刚刚颁布的《婚姻法（修正案）》。该法已经颁布

---

* 编者注：该文发表于《检察日报》2001 年 10 月 17 日。

50 余年，而且系由全国人民代表大会颁布，在修正它的常委会上要改名称较困难。但是，在这部法律中有大量条文是规范兄妹、姐弟等等之间的抚养关系，或其他与"婚姻"完全不同的关系。以"婚姻"法冠其名，使人感到不妥当。这一类，属于今后在时机成熟时，仍须更改名称的。例如，可以在进一步研究并充实"家庭"方面条文的基础上，在召开代表大会作较大修订后，更名为"婚姻家庭法"。

第二类是名称欠妥，且已颁布一段时间，但不像《婚姻法》那么长，又并非代表大会颁布的法律。这一类的典型可推《著作权法》。在汉语习惯中，文字作品之外的创作成果，很难称为"著作"，而文字作品在"著作"权法中只占受保护内容的 1/9。该法名称为"著作"权法之不妥，是十分明显的。文字作品与其他一切作品的作者，必须有权控制对其作品的批量复制；而作品传播的前提也是复制。所以，"复制权"对作者是最根本的权利。而对作品的批量复制，来源于印刷出版，即来源于我国的印刷术。"复制"在这个含义上来源于"复版"。所以，"著作权法"名称改为《版权法》，既使其名与实相符，又向国内外（特别是向国人）提示了这种知识产权的中国来源，而且与大多数国家的法律名称（Copyright Law）相一致。因为，"Copy"既是"复制"的意思，也是"复版"的意思。这类法律应当在对其作首次修正时，考虑把名称及时改过来，而不应强调"不影响实质就不改"，"可改可不改就不改"。因为有时形式失当，必然会影响实质。

第三类是尚在起草中的法律。这类法律在颁布前即应反复推敲其名称，以免颁布后使人感到不妥，再来讨论其名称改还是不改。这一类的典型是"物权法"。从法哲学角度看，古罗马时，将法律分为"人法""物法""行为法"（或债法）。19 世纪初法国民法典起草时，起草人意识到法律不可能调整人与物的关系；物的形式下掩盖的仍然是人与人的关系。故当时更改"物法"部分为"财产法"。因为"财产"反映的则是人与人的关系。即使抛开法哲学不谈，《物权法》也存在显然的名实不符。例如：物权法中划分所有人掌握的物时，仍划为"动产"与"不动产"，却不按其逻辑划为"动物"与"不动物"。可见该法起草者在解决实际问题时仍自觉不自觉地回到"财产权"的理论上去。

上述第一类的用语不当或名实不符，是我国立法早期经验不足造成的。而后两类，则主要是不加分析地照搬日本法律用语造成的。"著作权""物权"均是日本法中使用的汉字原文。

我们的法学家或法律起草者，走捷径而直接从日文中把相应汉字搬来（或中国台湾地区先搬去，我们又间接搬来），对加速我国立法有一定益处，但也不应不加分析地大量搬来。因为自我国唐代大量向日本移植汉字之后的千年中，汉字在两国不同经济、文化环境下，有些已有了完全不同的发展方向，我们不加分析地大量搬来，肯定会严重破坏我国语言的纯洁性。除上述提及的法律名称外，还有许多从日本搬来的用语，已经使我国法律用语离大众语言太远了。例如："瑕疵"在我国语言中本来是"小缺陷"的意思。但现在的中国《合同法》等法律中，无论有关标的缺陷有多大，乃至大到整个标的都是假的或完全坏掉的，也称为"有瑕疵"。这一类用语如果大量搬到我国法律中来，对我国语言文字的影响是可悲的。

5. "入世"与立法、司法及法学研究的三个层面问题 *

中国"入世"前后，立法、司法、行政机关乃至许多企业都很忙了一阵，有的还会再忙相当长一段时期。有关机关忙着修改、废止与世贸组织的要求相冲突的法律、法规、规章乃至司法解释等，

---

* 编者注：该文发表于 2002 年 3 月 29 日《人民法院报》。

企业则不断研究着对策。法学研究与"入世"似乎还没有这样直接的关系。不过,"入世"对立法、司法、法学研究(包括立法及司法解释过程中不可缺少的法学研究)的影响的长度及深度,可能将超过上述国家机关与企业。因为法学研究不能停留在了解和解释修改、废止与世贸组织的要求相冲突的法律、法规、规章及司法解释上,这仅仅是第一层面的东西。中国知识产权的几部主要法律都在"入世"前夕作了较大修改,目的也正是解决这第一层面的问题。由于对专利法、著作权法、商标法这三法的修改(以及其他许多法律的修改),大多是因为"入世"谈判中其他成员提出我们的法律与世贸相关条文的明显差距(或者叫"不接轨"之处),以及因为我们自己发现了我们的法律与世贸相关条文的不接轨之处,所以,我认为对应当深入下去的法学研究来说,这些只是第一层面的问题。

"入世"对立法、司法及法学研究提出的第二层面的问题又是什么呢?

有些重大的理论问题如果不解决就会影响到我们的立法和司法实践。大家知道,大陆法系和英美法系这两个法系传统上有不同的理论、不同的法律制度,甚至法律用语也不同,这种差异在历史上一直延续了很久。但是,从20世纪80年代之后,经济的全球化以及知识产权法律制度和其他一些民商事法律制度的趋同化,已经使得英美法系和大陆法系中许多过去不相容的制度逐渐趋于一致。世界贸易组织的各个协议实际上就是这两个具有不同法律传统的法系相互融合而趋于一致的结果。在这种背景下,如果我们的研究仍旧盯在过去的大陆法系,特别是盯在也是从欧洲大陆法系国家舶来的我国台湾地区和日本法律,我们就会自己给自己造成一个误区,甚至停留在20世纪八十年代之前。我们加入WTO可以说给我国带来了一种全新的法律体系,作为立法者和司法者,我们的思想也应该有所更新。

　　这里仅以商业秘密为例作一些说明。大陆法系国家的立法过去把物权和债权分得很清楚，但两者有时是很难分清楚的，有时是可以相互替换的，有时则是会互相转化的。这在大陆法系过去的法学理论中是完全不能接受的，但是现在则已经接受，原因是 TRIPS 协议已经把它们融合起来了。20 世纪 80 年代初，德国一位律师在其著作中将商业秘密定义为不属于知识产权的技术秘密，即把它从知识产权中排除出去了。当时的美国有些州也有类似的看法，认为商业秘密只是合同法或侵权法（也就是大陆法系中的债权法）规范的内容。依据这些法产生的权利只是一种对人权，只对某一个或几个的特定对象有效力，不是对世。换句话说，商业秘密既不是大陆法系理论中的物权，也不是英美法系理论中的财产权，而是一种依合同或侵权行为而产生的债权。但是，世贸组织已经把它作为七项知识产权中的一项放在与贸易有关的知识产权协议里。这就表明，商业秘密已经无可争辩地变成为大陆法系中的权利物权，或者英美法系中的无形财产权，商业秘密权已经成为一种对世权，不再是对人权了。对于两大法系国家来说，商业秘密的权利属性经历了从债权到物权的转变过程。从美国的判例法来看，这种变化是非常清晰的。在 20 世纪 70 年代末以前，美国的法院几乎没有任何争论地认为商业秘密仅仅是对人权，而不是财产权（对世权）。这种认识在法院审理有关杜邦公司诉克里斯托夫的案件时产生了较大的争议。这个案件的判决导致了后来美国的"反不正当竞争法重述"的改变，有关的立法也改变了。这个案件的判决说得很清楚，如果只把商业秘密作为一种因合同产生的权利或者从侵权法产生出的权利来保护，在有的情况下就无法保护。其实，类似这种的法学理论上的突破早就有过。过去我说过服务有时也是财产。当然，我讲的财产不是我国有些民法学者所谓物权与债权之上位概念的财产，而是说它有时候具有物权的性质，能够产生对世权。这个话也不是我杜撰出来的，早在19世纪，英国就有这样的判例。这个判例说的是有一个剧院曾经雇了一个名演员演出，并签了合同，合同约定他在这期间就不能到别的地方演出了，这样该剧院的票就可以卖高价了。但是，另一个剧院用更高的工资把这个演员挖过去了，这个演员同时在两个剧院演出。这时候原来的剧院因票卖不出高价而起诉到法院。法院说，剧院可以依照合同告演员，但是这样的话它就捞不回失去的东西。另一个选择是告后一个剧院的老板，但他们之间没有合同怎么告。法院的解释是，演员提供给剧院的服务在有些情况下是对世权。这个案例出现在英国学者劳森的《财产法》当中，但有的认为这是妨害或侵害债权的案例，倒是最高法院的法官孔祥俊博士翻译该书时讲清楚了，说这时服务已经成为对世权了。这是债权转换成物权的第一个案例第二个才是美国的杜邦公司的那个案例。当然，到了世界贸易组织成立，这个转换过程结束了，虽然在理论上有些人仍然认为商业秘密不是一种对世权，但在实践中，则没有什么可争论的了。

不仅物权和债权可以互相转换，而且物权请求与债权请求也可以相互替换，现在实践中已经习以为常了。只是在一般民法学家看来，民事诉讼中的两种诉求是必须分清楚的，一是主张物权之诉，另一是主张债权之诉。主张物权之诉无需被诉人存在任何过错，而主张债权之诉一般必须有过错。实际上，我国过去的司法实践、司法解释和行政管理里已经打破过这种认识。比如，最高人民法院参照多年前国家科委的有关规章起草的合同法技术合同分则的司法解释里有这样的规定：如果第三人通过合同善意地取得了某人的商业秘密，该第三人有权继续使用，但需要向权利人支付报酬。就是说，以赔偿代替了禁令。这也就是把人家的物权诉求去掉了，而代之以债权之诉，无论他取得的报酬是什么，是不当得利也好，是侵权所得也好，都得给人家。但是，禁令则不同，禁令是与物权之诉相对应的。要保护财产权首先是要求有禁令，而禁令则不管是否有主观过错。善意的第三者一般是没有过错的，没有过错反倒要人家赔偿，让人家承担债权之诉而不是物权之诉，按照民法的逻辑似乎是讲不通的。但实际上我们就是这么做的，也是合理的。这就是物权之诉和债权之诉的相互替换的体现。

讲到世贸组织的知识产权协议，还有一个条款大家应该注意，那就是第 62 条第 5 款。在世贸组织也好，在其他国家也好，知识产权并不全都是投入智力劳动后就自动能依法产生权利。除美国等极少数国家外（美国的专利法实行"发明在先"原则），至少专利权和商标权在大多数国家必须经过行政批准后才产生相应的权利。在 WTO 知识产权协议里，地理标志也要经过行政批准。这种依行政批准或注册而产生的权利就比较特殊，在诉讼中就会产生比较特殊的问题。知识产权侵权诉讼的原告一般说是权利人，被告一般是侵权人或者被指控侵权的人。对于专利、商标或地理标志这些依行政批准或注册而产生效力的知识产权来说（版权是自动产生的权利，产生类似问题的情况比较少），被控侵权的被告在多数情况下并不作自己没有侵权的辩解，而是会主张权利人的权利无效，从而达到认定自己不存在侵权行为的目的。这个时候，侵权之诉就转变成为确权之诉，并与确权之诉交织在一起。

有的知识产权存在一部分模糊区，特别是专利和商标更是如此。无论是行政裁决，还是司法裁决，说权利存在或不存在，或者说侵权或不侵权有时候都可能不为错。这样的话，不同的机关，甚至同一个法院里的不同的审判庭或不同的法官作出的裁决就会大相径庭。知识产权诉讼，或者至少是侵权诉讼中反诉知识产权无效的案件，还是由原审侵权的审判庭一直审下来，不要把它中断或中间交给其他庭来审理为好。虽然专利权和商标权的效力是由行政审批机关确定，但针对这一确权决定的诉讼与一般行政诉讼毕竟不是一个领域的问题。这里也就涉及对 WTO 知识产权协议第 62 条第 5 款的理解问题，即知识产权确权诉讼不同于一般的行政诉讼，不能理解为一般的民告官，他要确定自己的某一项权利。因此，为了保持涉及知识产权侵权和确权两个问题的诉讼的一致性，特别是专利权和商标权涉及原先行政审查机关裁决的问题，应由同一个法庭来审理，以尽量避免出现同一法院不同法庭相互矛盾的裁与判。

与行政庭、民三庭机械分工相联系的又一个问题是：2000 年修正后的《专利法》第 57 条与 2001 年修正后的《商标法》第 53 条都有相同的规定，即侵权认定可由行政机关作裁决；而同样的行政机关却仅仅有权对侵权赔偿额作调解，只有法院才有权确定侵权赔偿额。于是，知识产权侵权纠纷的当事人如果对行政裁决不满，则必须去同一法院的行政庭与民三庭分别起诉——在行政庭请求撤销行政裁决，在民三庭请求赔偿。这样一是对当事人极为不便，二是非常可能出现一庭认定不侵权而另一庭则确定了侵权赔偿额的冲突判决。这对知识产权的有效保护也是极为不利的。

我们对世贸组织协议条文再作进一步研究，可以暴露出我们过去研究成果中的一些有待深入的问题，所以我把这当作第二层面。如果不限于研究世贸组织协议的具体条文，而从宏观上对世贸协议的产生与发展趋势再作一些研究，我们才有可能接触到第三层面。

第三个层面的问题则是：我们的立法、司法与法学研究怎样才能在总体上不落后？

在中国"入世"前后，关于如何转变政府职能、关于如何修改与世贸组织的要求有差距的国内法、关于如何使行政裁决均能受到司法审查，等等，人们关心得较多，报刊上讲得较多，立法与行政机关围绕这些问题采取的相应措施也较多。应当说，这都是对的，都是使"入世"后的中国市场能够在世贸组织要求的法律框架中参加进国际市场的运行所必需的。

作为立法机关，以及为立法机关的法律起草而从事立法研究的人们，恐怕就不能停止在仅仅关注上述第一层面乃至第二层面问题上了。

仅以有形商品贸易为支柱的原"关贸总协定"演化成"世界贸易组织"，最明显的变化就是增加了服务贸易与知识产权保护两根支柱。这种变化的实质究竟是什么？如何在立法方面跟上这种变化？这些更重要的问题，却不是所有应当思考它们的人都在思考。

与中国争取"入世"的进程几乎同步的，是"知识经济""信息网络化"等等越来越被人们提起和关注的问题。这些，与上述国际贸易活动及规范的发展趋势又有什么内在联系，也不是所有应当思考它们的人们都在思考。

这样看来，我们与发展着的世界贸易法律规范之间的差距还有可能拉大。原因是我们对现象已有了足够的重视并采取了相应的措施，对实质却还缺乏思考，更不消说深入研究了。

我们如果认真分析一下，就不难看到：

第一，世贸组织时代与"关贸总协定"时代相比，无体财产的重要性大大提高了；从而规范无体的服务、无形的知识产权的国际规则显得十分重要了。

第二，从两个方面看，可以说"知识产权保护"在今天是世界贸易组织的三根支柱中起最重要作用的。

一方面，在商品贸易与服务贸易两项内容中，实际上也充满了知识产权保护问题。

就商品贸易而言，一切来自合法渠道的商品，都有自身商标的保护问题。商品的包装、装潢设计、促销商品的广告（包括广告画、广告词、广告影视等）都有版权保护问题。销售渠道较畅通的新商品，一般都有专利或商业秘密的含量作支撑。来自非法渠道的商品则大多有假冒商标及盗版等问题。在服务贸易中，服务商标的保护及为提供服务所做广告的版权问题，与商品贸易是相同的。不同的是：在跨境服务中，特别是在计算机网络服务中，一个企业在本国做广告，可能侵害外国企业在外国享有的商标权。因为网络的特点是跨国界传播，商标权的特点却是地域性。版权及专利领域也会出现类似的纠纷，这种特别的侵权纠纷，在有形货物买卖中是不可能出现的。

另一方面，从世界正在向知识经济发展的方向看，知识产权保护的作用也应当是居首位的。

发达国家在 20 世纪末之前的一二百年中，以其传统民事法律中物权法（即有形财产法）与货物买卖合同法为重点。原因是在工业经济中，机器、土地、房产等有形资产的投入起关键作用。20 世纪八九十年代以来，与知识经济的发展相适应，发达国家及一批发展中国家（如新加坡、菲律宾、印度等），在民事立法领域，逐步转变为以知识产权法、电子商务法为重点。这并不是说传统的物权法、合同法不再需要了，而是说重点转移了。原因是在知识经济中，专利发明、商业秘密、不断更新的计算机程序等无形资产在起关键作用。随着生产方式的变动，上层建筑中的立法重点也必然变更。一批尚未走完工业经济进程的发展中国家，已经意识到在当代，仍旧靠"出大力、流大汗"，仍旧把注意力盯在有形资产的积累上，其经济实力将永远赶不上发达国家，必须以无形资产的积累（其中主要指"自主知识产权"的开发）促进有形资产的积累，才有可能赶上发达国家。这也不是说人类可以不再依赖有形财产去生存，只是说有形财产的积累和有形市场的发展，在当代要靠无形财产的积累和无形市场的发展去推动。

美国从 1996 年开始，版权产业中的核心产业（即软件业、影视业等）的产品出口额，已经超过了农业、机器制造业（即飞机制造、汽车制造等）的产品出口额。美国知识产权协会把这当作美国已进入"知识经济"发展时期的重要标志。

我国从 2000 年起，信息产业已经成为第一支柱产业。拿党的十五届五中全会的话来讲，就是必须"以信息化促工业化"。但是，围绕着社会主义市场经济的发展，我们的立法、司法以及相应的法学研究至今依然几乎是把全力放在有形财产与有形市场的规范上，而这与生产力领域的"信息化促工业化"已经不相适应，当然也跟不上世贸组织出现后所展示的发展趋势了。

我感到，这才是我国"入世"后，应当认真思考和深入研究的。

6. 研讨知识产权的新领域 *

一、知识经济的时代与中国优势知识产权客体

21 世纪将是中国逐步完成工业化、进而从工业经济向知识经济转变的时期。党的十五届五中全会提出的"以信息化促工业化"，是促进这一转变尽早完成的正确途径。美国从 1996 年开始，版权产业中的核心产业（即软件业、影视业等等）的产品出口额，已经超

---

* 编者注：该文发表于 2002 年 7 月 28 日《法制日报》。

过了农业、机器制造业（即飞机制造、汽车制造等等）的产品出口额。美国知识产权协会把这当作美国已进入"知识经济"发展时期的重要标志。我国从 2000 年起，信息产业已经成为第一支柱产业。这一方面说明我国确实在向知识经济迈进，另一方面也说明我们的差距还相当大。仅以有形商品贸易为支柱的原"关贸总协定"演化成"世界贸易组织"，最明显的变化就是增加了服务贸易与知识产权保护两根支柱。这种变化的实质表明：第一，世贸组织时代与"关贸总协定"时代相比，无体财产的重要性大大提高了；从而规范无体的服务、无形的知识产权的国际规则显得十分重要了。第二，知识经济与工业经济（及至农业经济）时代相比，知识成果的投入开始取代土地、厂房、机器等有形财产的投入，起到关键作用；从而规范知识成果的知识产权法，开始取代有形财产法，在市场规范中起关键作用。第三，信息网络化的时代与公路、铁路乃至航空网络时代相比，无形市场（网络市场）已经开始在促进有形市场的发展上起关键作用；从而电子商务法将取代货物买卖（保管、租赁等）合同法，起关键作用。这些，并不是说有形财产法、传统合同法等等不再需要了，只是说重点转移了；也不是说人类可以不再依赖有形财产去生存，只是说有形财产的积累和有形市场的发展，在当代要靠无形财产的积累和无形市场的发展去推动。目前，中国在知识产权、特别是"自主知识产权"的拥有及利用上，从总体看不占优势。这主要是因为发明专利、驰名商标、软件与视听作品的版权等等知识产权，大多掌握在少数发达国家手中。而要增强我们的地位、至少使我们避免处于过于劣势的地位，我们有两条路可走。一是力争在国际上降低现有专利、商标、版权的知识产权保护水平，二是争取把中国占优势而国际上还不保护（或者多数国家尚不保护）的有关客体纳入国际知识产权保护的范围，以及提高那些现有知识产权制度仅仅给予弱保护、而中国占优势的某些客体的保护水平。走第一条路十分困难。从 1967 年到 1970 年伯尔尼公约的修订过程看，从世界贸易组织《与贸易有关的知识产权协议》形成的历史看，走第一条路几乎是不可能的。就第二条路来说，至少在三个方面我们可以做必要的争取的工作：（1）强化地理标志的保护。这是提高那些现有知识产权制度仅仅给予弱保护、而中国占优势的客体的保护水平。对此，多哈会议已经列为世界贸易组织下一次多边谈判的议题。（2）把"生物多样化"纳入知识产权保护。（3）把"传统知识"纳入知识产权保护。这是把中国占优势而国际上还不保护（或者多数国家尚不保护）的有关客体纳入国际知识产权保护的范围。对此，多哈会议以及现有的生物多样化国际公约均已在加以考虑。这两点也是我要谈的主要问题。

二、对传统知识——民间文学艺术与地方传统医药的保护

"传统知识"，是在世贸组织成立时，印度等国就提出应在世贸框架中保护的内容。近年世界知识产权组织已召开多次国际会议讨论这一问题，并于 2000 年成立了专门委员会来研究这一问题。世贸组织在 2001 年 11 月的多哈会议的"部长声明"第 18~19 条已列为下一次多边谈判应考虑的议题。发展中国家的安第斯组织，在其 2000 年的《知识产权共同规范》中，已要求该组织成员在国内法中予以保护。"传统知识"按世贸组织、世界知识产权组织及国外已有的立法中的解释，主要包含"民间文学艺术"与"地方传统医药"两大部分。其中"民间文学"部分，已经暗示保护或明文保护的国际条约与外国法很多。如：《伯尔尼公约》第 15 条，英国 1988 年《版权法》第 169 条，是"暗示"性规定的典型。实际上，世界知识

产权组织在给伯尔尼公约第 15 条加标题时,已明文加上"民间文学艺术"。仅 20 世纪 90 年代,在版权法体系中明文规定保护民间文学艺术的至少有:《突尼斯文学艺术产权法》(1994 年)第 1 条,第 7 条;《安哥拉作者权法》(1990 年)第 4 条,第 8 条,第 15 条;《多哥版权、民间文艺与邻接权法》(1991 年)第 6 条,第 66~72 条;《巴拿马版权法》(1994 年)第 2 条,第 8 条。此外,在 20 世纪 90 年代之前,斯里兰卡及法语非洲国家等一大批发展中国家,就已经在知识产权法中开始了对民间艺术的保护。目前,世界上明文以知识产权法保护民间文学艺术的国家已有五十个左右,还有一些国家(如澳大利亚等)已经在判例法中,确认了民间文学艺术的知识产权保护。"地方传统医药"的保护,虽然亚、非一些发展中国家早就提出,却是在 1998 年印度学者发现了某些发达国家的医药、化工公司,把印度的传统药品拿去,几乎未加更多改进,就申请了专利这一事实后,在发展中国家引起更大关注的。发展中国家认为,像无报酬地拿走民间文学艺术去营利一样,无报酬地拿走地方传统医药去营利,也是对这种知识来源地创作群体极不公平的。发展中国家的安第斯组织已在其《知识产权共同规范》总则第 3 条中,把"传统知识"(即包含上述两部分)明文列为知识产权保护客体。印度德里大学知识产权教授、国际知识产权教学与研究促进协会现任主席维尔玛在给我的关于中国起草民法典知识产权篇的复信中,特别指出了希望中国能将传统知识及生物多样化纳入知识产权保护范围。这两方面中国都是强项,如果我们只是在发达国家推动下,对他们的强项(专利、驰名商标等等)加强保护,对自己的强项则根本不保护,那么在国策上将是一个重大失误。即使传统知识的这两部分不能完全像专利、商标一样受到保护,也应受"一定的"保护。我认为中国在这个问题上,与印度等发展中国家的利益是一致的,应在立法中表现出支持对传统知识的保护。更何况国际（乃至国内）市场上，外国公司对中医药提出的挑战，已使我们不可能对这种保护再不闻不问或一拖再拖了。"民间文学"即使只限于"作品"的保护，我国 1990 年颁布《著作权法》曾宣布的"另定"，但至今也未"定"出来。

三、生物多样化的保护与中国知识产权制度的创新

"生物多样化"，是 1999 年世贸组织西雅图会议本来要讨论而未成行的。2001 年多哈会议部长声明第 18~19 条再次列为下一次多边谈判议题。安第斯组织的《知识产权共同规范》总则第 3 条已明文规定为成员国知识产权保护的一项内容。对"生物多样化"给予知识产权保护，主要是保护基因资源。基因资源与传统知识相似，可能是我国的又一个强项。许多发展中国家，以及基因资源较丰富的发达国家（如澳大利亚），已经开始重视这方面的保护。我国仅仅在种子法等法律中开始了有限的行政管理。把基因资源作为一种民事权利，特别是作为知识产权来保护，我国与一些外国相比，还非常不够。传统知识与生物多样化两种受保护客体与世界贸易组织中已经保护的地理标志有许多相似之处。例如，它们的权利主体均不是特定的自然人。同时，传统知识与生物多样化两种受保护客体又与人们熟悉的专利、商标、版权等等的受保护客体有很大不同。所以，有人主张把它们另外作为知识产权的新客体，而不是与其他客体一样并列在一起。不过，必须给予一定的保护，在这一点上，则是需要力争的。"力争"的第一步，就是本国的立法与执法首先把它们保护起来。这种保护，首先是应当要求使用者尊重权利人的精神权利。例如，要求使用者指出有关传统知识或者生物品种的来源。如果自己创作的新作品或者开发的新技术方案是以有关传统知识或者生物品种作为基础的，必须说明；如果自己推向市场的商品或服

务本身就是他人已有的传统医药、民间文学艺术等等，就更须说明。近年拿了中国人开发并使用了千百年的中药乃至中成药推入国际市场、却引世人误以为该中成药出自日本、韩国等国者，并不在少数。这对中国的传统知识是极大的不尊重。2002 年北京一中院受理的"乌苏里船歌"版权纠纷，实质上也首先是原告希望有关民间文学的来源这项精神权利受到尊重。其次，这种保护必然涉及经济利益，即使用人支付使用费的问题。至于法律应当把付费使用的面覆盖多广，以便既保护了"源"，又不妨碍"流"（即文化、科技的发展），则是个可以进一步研究的问题。例如，几年前文化部与国家版权局起草中的《民间文学保护条例》，把付费使用权仅延及复制与翻译，就是一种可行的考虑。

7. 检讨我国信息网络安全立法 *

一、现有的法律法规及管理措施

我国从 20 世纪 90 年代中期至今出台了一大批专门针对信息网络安全的法律、法规及行政规章。属于国家法律一级的，有全国人大常委会 2000 年 12 月通过的"关于维护互联网安全的决定"。属于行政法规的，已有从 1994 年的《计算机信息系统安全保护条例》到 2000 年的《电信条例》等五个法规。属于部门规章与地方性法规的，则已经有上百件。我国法院，也已经受理并审结了一批涉及信息网络安全的民事与刑事案件。此外，我国 1998 年在起草合同法

---

* 编者注：该文发表于 2002 年 1 月 18 日《中国知识产权报》。

的最后阶段，增加了有关网络电子合同的规范内容。我国 1999 年在制定预防未成年人犯罪法中，规定了"任何单位和个人不得利用通讯、计算机网络等方式"提供危害未成年人身心健康的内容与信息。2000 年是我国网络立法最活跃的一年。据不完全统计，专门针对网络的立法，包括最高人民法院的司法解释，达到几十件，超过以往全部网络立法文件的总和，其调整范围涉及网络版权纠纷、互联网中文域名管理、电子广告管理、网上新闻发布、网上信息服务、网站名称注册、网上证券委托、国际联网保密管理等许多方面。过去进行网络立法的部门主要是公安部、信息产业部等少数几个部门，2000 年则快速增加，文化部、教育部、国家工商局、中国证券监督委员会等等，以及一些省、市地方政府均在各自职权范围内颁布了有关网络的立法文件。这些立法及管理活动对推进我国网络健康发展总的讲是有益的。在利用民间组织进行行业自律方面，我国也已经开始。2001 年 5 月，在信息产业部的指导下，我国成立起了"互联网协会"。它将借鉴国外已有经验，结合中国的实际，发挥自己的作用。

二、保障与促进信息网络健康发展立法的不足之处

1. 缺少必要的基本法

已出现多头管理、相互冲突的情况我国规范网络的部门规章及地方性法规很多，这反映出各方面力图促使网络健康发展的积极性，是应该予以肯定的。粗暴露出来的问题也不容忽视：第一，立法层次低。现有的网络立法绝大多数属于管理性的行政规章，而属于国家法律层次上的网络立法只有一件，它又并不具备基本法性质；第二，立法内容"管"的色彩太浓，通过管理促进"积极发展"的一面则显得不够；第三，行政部门多头立法、多头管理，甚至连必须

统一的一些标准，都出现过部门冲突的情况。例如，北京市通信管理局 2000 年 11 月的"通知"中，认定企业仅为自我宣传而设的网站，属于非经营性的"网络内容提供者"，而同样是北京的工商行政管理局在同年颁布的"经营性网站管理办法"中，则又认定凡是企业办的网站，均属经营性的网络内容提供者。这样一来，像"同仁堂药业集团"为同仁堂医药做广告的专设网站，与"搜狐""首都在线"等专门从事在线服务的网站，就没有区别了。依前一行政规章，"同仁堂"属于非经营性；依后一规章，它又属于经营性了。诸如此类的不一致乃至冲突的规章及管理方式还有一些。这样，有时让企业无所适从，妨碍了企业正常使用网络，有时则产生漏洞，使信息网络安全得不到保障。由于网络服务器的经营者必须租用线路才能开通其运作。例如北京的网络服务器均须向北京电信行业管理办公室（信息产业部委托的部门）申请并写明身份、地址、才可能获得线路的租用。因此，对一切网络服务设备，电信部门统统可以确认其所在地及所有人，正如这个部门完全能掌握和管理问他申请了电话号码并安装了电话的用户一样。因此由信息产业主管部门统管，便于技术上的防范措施与法律手段相结合。印度《信息技术法》在行政管理方面的主要内容之一，就是明确规定由中央政府建立"信息技术局"，统一行使网络管理的行政权，避免"政出多头"，以免既妨碍了网络的发展，又不能真正制止影响网络安全的各种活动。印度在其基本法中作出这种统一管理的规定，是考虑得比较周到的。

2. 侵权责任法有缺欠

我国目前尚没有任何法律、法规对网络服务提供者的责任与限制条件同时作出明确规定。因此，在保障网络健康发展的关键点上，还存在空白。有的发达国家在法律中也没有对此作专门规定，那是因为这些国家的"侵权责任法"本身已经十分完善了。而我国，几乎只有《民法通则》第106条一条。而"严格责任""协助侵权""代位侵权"等等传统"侵权责任法"中应当有、同时在信息网络安全方面又尤其显示出重要性的概念，在我国侵权法体系中，一直就不存在。在这种情况下，我们要以法律手段保障网络健康发展，就很难牵到牛鼻子，有可能不得不去抬牛腿，造成事倍功半的结果。网络时代安全问题在我国显得较突出，实际上反映了我国法律体系的不完善。这并不奇怪，我国准备在2010年左右形成有中国特色的社会主义市场经济。作为上层建筑中的法律体系的形成，不可能比市场经济的形成时间早很多，否则就会与经济基础脱节，或制定的法律并不适应社会主义市场经济。不过问题在于：对网络空间作出某些规范，已经摆到我们面前。这时我们的立法及修订法的重点应该放在何处，哪些应当急，哪些可以缓，则是值得探讨的。

3. 缺少大多数发达国家及一大批发展中国家已经制定的有关电子商务的法律

目前，欧盟已有了《电子商务指令》作为应对，日本则有了《电子签名法》及《数字化日本行动纲领》（政策性政府基本文件）、澳大利亚也颁布了《电子交易法》。美国虽然在民商事领域总的讲不针对网络单独立法，但也推出了无强制作用的联邦示范法《统一计算机信息交易法》。许多发展中国家也都在这方面作了积极的准备。相比之下，我国在这一方面的准备工作，尤其在研究有与出台相应的法律法规方面，步子还可以迈得大一点，以与我国的国际贸易大国地位更协调一些。我国合同法中虽然承认网上合同作为"书面合同"的有效性，却没有对数字签名作出规范，更没有对数字签名的认证这一关键问题作出规范，无法保障电子商务的安全，因此不足以促进电子商务的开展。我国网络基础设施已列世界第二，但网上经营的数额在世界上还排不上名次，原因之一是缺乏法律规范，使大量正当的经营者仍感网上经营风险太大，不愿进入网络市场，仍固守在传统市场中。如果我们能够积极改变这种状况，那么在进入世贸组织之后，在高管理效率与低经营成本方面，我们就可能有更多的企业可以与发达国家的企业竞争，与一批在信息技术上新兴的发展中国家的企业竞争，我们在国际市场上的地位就会更加乐观了。

4. 已有的立法中存在缺陷

我国现有刑法中犯罪构成的设计有不合理之处。目前对计算机犯罪的主体仅限定为自然人。但从实践来看，确实存在各种各样的由法人实施的计算机犯罪。又如，刑罚设置也有欠缺。计算机网络犯罪往往造成巨大的经济损失，其中许多犯罪分子本身就是为了牟利，因而对其科以罚金等财产刑是合理的。同时，由于犯罪分子大多对其犯罪方法具有迷恋性，因而对其判处一定的资格刑，如剥夺其长期或短期从事某种与计算机相关的职业、某类与计算机相关的活动的资格，也是合理的。但我国刑法对计算机犯罪的处罚却既没有规定罚金刑，也没有规定资格刑。另外，现有诉讼法中，缺少对"电子证据"的规定。无论上面讲过的欧盟《网络刑事公约》还是印度的《信息技术法》都是把"电子证据"作为一种特殊证据单列，而不像我国现有的三部诉讼法（民诉、刑诉、行政诉讼），只能从"视听资料"中解释出"电子证据"的存在，这样有时显得十分牵强，有时甚至无法解释。这对于保障网络安全十分不利。

5. 以法律手段鼓励网上传播中国的声音在有的方面还显得不够

一方面，网络的跨国界信息传播，增加了西方宣扬其价值观的范围与强度。另一方面，过去在传统的有形文化产品的印刷、出版、发行方面，由于经济实力所限，我们难与发达国家竞争。现在，网络传输大大降低了文化产品传播的成本，这对中国可能倒是一个机遇。从技术上讲，网上的参与成本极低，对穷国、富国基本上是平等的。一个国家（尤其发展中国家）如果能以法律手段鼓励传播本国的声音，则对于防范文化与道德的入侵与保障信息安全，将起到积极的作用。印度鼓励用英语宣传本国的文化，法国一度强调上网内容只用法语而造成点击法国网站用户日减。这正反两方面的情况，都值得我们研究与借鉴。

三、对我国信息网络安全立法的几点建议

1. 将信息网络立法问题作通盘研究、尽早列入国家立法规划

我国目前的立法重点，一直放在有形世界一面。例如，已制定的合同法重在有形货物买卖等合同，起草中的物权法，重在房地产、有形动产等等。而发达国家及一部分发展中国家（如印度、新加坡、韩国）的立法重点，今天正向无形财产及信息网络转移。这并不是说法律对有形世界的规范不重要了，只是说重点转移了。在信息技术迅速发展的今天，在知识经济即将到来之际，印度等国家在立法与整个法律体系的架构或重组上，把对网络无形市场的规范，优先于有形市场、有形财产的规范。他们这种在法制上体现信息化促工业化的做法，是十分值得研究的。首先，在信息网络立法规划上，应考虑尽早制定一部基本法。从形式上讲，它应当是印度模式与韩国模式的结合，就是说，既有原则性规定，又有必要的实体条文，同时，也要结合中国的实际。从内容上讲，它必须以积极发展信息网络化为目的，体现加强管理，以达到趋利避害，为我所用的目的。在正起草着的有关法律中，应注意研究与增加涉及信息网络安全保障的相关内容。第二，在修订现有的有关法律时，也应注意增加涉及信息网络的内容。例如，在修订刑法时，应考虑针对计算机网络犯罪活动，增加法人（单位）犯罪、罚金刑、资格刑等内容。第三，

在网络基本法出台之前，可以先着手制定某些急需的单行法，研究成熟一个，制定一个。例如，可在《电信条例》的基础上，尽快制定"电信法"。再如，"数字签名法""网络服务提供者责任法"等，也应尽早制定，或者包含在"电信法"中，以逐步减少信息网络健康发展的障碍。最后，信息网络的管理，与土地、房屋、动产等等的管理不同。网络的管理是实实在在的"全国一盘棋"，不宜有过多的部门规章及地方性法规，应以国家法律、国务院行政法规为主，仅由主管部门颁布确实必要的行政规章。

2. 加强信息网络"行业自律"方面的立法、鼓励行业自律

这方面的立法有一些特殊性，它主要是鼓励、引导性质的。国外已有了较多实践，我们也已经开始。"行业自律"的重点之一，应是各种学校及文化市场相关的行业。"学校"是教书育人的地方，而网络上的有害信息，又一大部分是针对正在成长的青少年学生传播的。对这种有害信息的传播如果打击、禁止不力，会危害家庭、个人，进而影响社会安全、国家前途。在这方面，许多国家从一开始就非常重视。在积极发展网上教学、利用网络传播有益知识的同时，学校对学生及教员访问不良网站或接触有害信息的约束，也已经是十分必要的了。而一大批学校（尤其是大专院校）本身就有服务器、本身就是"网络服务提供者"。

3. 认真研究国际动向，积极参与保障网络安全的国际合作

研究信息网络立法与管理的国际动向有两个目的。一是使我们在制定相关国内法及实施管理时，可以借鉴国外成功的经验，这也是一种"为我所用"。二是由于网络（主要是国际互联网络）传播信息的特殊性，使得我们在打击跨国计算机网络犯罪，在因网络侵权、网络商务中违约等等跨国民商事纠纷产生时，都需要开展不同程度的国际合作。

4. 鼓励通过网络弘扬中华文化，进行传统教育，开展精神文明建设

韩国在这方面下的功夫很值得借鉴。韩国一向注意抵制外国对其传统文化的负面影响，很注意通过包括网络在内的媒体宣扬其哪怕很少可宣扬的对人类文明的贡献。而我们则不太注重这一方面。"鼓励"弘扬本国文化，一部分是可以通过立法对创作出优秀文化成果以及积极传播这些成果的给予奖励；并对成果的知识产权给予保护。更多的鼓励，则不是通过法律，而是通过道德规范。信息通过网络的跨国传播，信息网络的公开性、兼容性，再一次使法律在它面前显现出不是万能的。国内法很难规范一大部分从境外上载并传播有害信息的行为。技术措施也不能解决其中的全部问题。而要减少这类信息对网络安全带来的负面影响，就还要靠我们有更多正面的、又为人们所喜闻乐见的内容上网，靠我们从社会主义道德方面进行教育。此外，还应注重网络知识的培训。总之，促进与保障信息网络的健康发展，需要将技术措施、法律手段与道德教育结合起来。

8. 我们决不能缺少的一种意识 *
——全面的知识产权保护意识

在修订与完善有关知识产权法及加强执法方面，我们已经做了大量的工作。但在提高人们的知识产权保护意识方面，仍显得有些欠缺。例如，最近我还听说，一所名牌大学的法学教师对学生讲：盗版有助于发展我国的经济，打击盗版是保护了外国产品。这实际

---

* 编者注：该文发表于 2003 年 3 月 21 日《中国产经新闻》。

上反映了一部分人的看法。我认为，恰恰相反：盗版直接妨碍了我国经济的发展。第一，盗版者的非法收入，绝没有上缴国家用来发展经济；而且对这一大笔非法收入是无法去收税的。从这里漏掉的税款，对国家就是个不小的损失。第二，盗版活动的主要受害者是国内企业。仅仅以软件盗版为例，它是我国自己的软件产业发展不起来的直接原因。像微软这样的外国企业，它的视窗软件等行销全球的产品，即使在中国一盘也卖不出去，它仍旧可以靠英文原版产品，以及"韩化""日化"的产品在许多国家及美国本国的市场赚到钱。而我们自己企业开发的"中文之星""五笔汉字"等等软件，如果在中国因为盗版猖獗而没有了市场，它们在国外的市场就非常有限了，这些中国软件企业就非倒闭不可。对音像制品、图书等等的盗版如果不给予有力打击，结果也是一样。因为这些汉字、汉语的文化产品的市场主要在中国。"入世"之后，在国内首当其冲面对知识产权保护挑战的，是国内的产业界、文化市场与商品市场。所以在这些领域中进行知识产权法的普法教育，还有许多工作要做。就加强知识产权意识而言，它不应当是消极的，至少应包括以下几个方面：第一，要尽力避免侵权，这指的是推出新产品之前，要把知识产权问题解决好；产品中含有他人知识产权的，要取得许可。否则，在经营中如果经常被侵权诉讼所缠绕，企业想要做强做大就非常困难。第二，"入世"后，一旦外国企业诉我们侵权，应当懂得我们有哪些抗辩的余地。国内有相当一部分企业的做法正好相反：在推出产品之前，根本不过问是否涉及他人的专利、版权等等，只是蛮干。等到别人一告他侵权，又立刻乱了手脚，不加分析地先自认理亏。首要的是看，产品出口不出口，不出口就不可能侵犯"外国专利"，因为专利是有地域性的。他申请了美国专利，你在中国经营不可能侵犯"美国专利"；他如果在外国只获得了美国专利，你向日本出口也不可能侵犯它。即使他在中国获得了专利，你还要看他们专利保护期是不是届满？因为专利是有"法定时间性"的，像微波炉、汽车安全带，都曾是专利产品，但早已过了保护期，虽然今天不少厂家仍在制售，但已经不可能侵犯原专利权了。即使其专利尚未届满，还要看是否因未交专利年费等原因而使其专利失效了。即使上述抗辩理由都不成立，你还要认真分析你的产品是否全部落入了其专利的"权利要求"中？因为专利不像版权与商标，不存在"部分侵权"。如果你的产品只包含他专利中的部分技术特征而不是全部，那就仍然不能定为侵权。美国的柯达公司被诉侵害他人感光技术专利，抗争了九年，才最后被认定侵权。我们的企业怎么能让别人一告侵权就"不战而降"了呢？此外，如果真正认定对方没有充分理由而告我们侵权，我们还可以在法院对对方提出反诉讼，告对方"以侵权诉讼相威胁"妨害了自己的正常经营。许多发达国家（包括美国）的成文法律中即有条文支持这种诉讼。我国法律中虽然尚无这种规定，但法院至今已经至少受理了一起这种诉讼。第三，无论在国内还是国外，我国的企业及个人已经享有的知识产权，同样可能遭到别人的侵害。要注意依法维护自己的知识产权。提高守法意识或知识产权意识，绝不仅仅针对侵权人而言，而且也是针对我国的知识产权权利人的。千万不可一提起知识产权，就似乎我们统统是弱项；一讲知识产权保护，好像就只是保护了外国的东西；其实，我们首先应当考虑的是我们自己有哪些长项？我们是否保护了我们自己的权利？这方面的保护力度够不够？第四，知识产权保护是重要的，但不是万能的。企业的创新开发与企业发展，除了依靠知识产权法律制度之外，还要依靠合同保护、技术措施保护等等多种保护方式。第五，也是最重要的，要鼓励国人积极开发享有我们自主知识产权的成果。袁隆平在我国还没有颁布《专利法》之前，就已经在美国、澳大利亚申请了杂交水稻育种技术的专利；中石化公司在最近几年，在世界范围就某些化工技术申请了多国的多项专利，初步建立起自己的"市场保护圈"，使外国企业想进入这个圈制售有关化工产品的，都要向中石化取得许可。海尔、联想等驰名商标，也开始突破国界取得国际上的承认。这些，都是较典型的"自主知识产权"成果。只有看到知识产权地位提高的发展趋势，企业才能在总体上不落后

在中国"入世"前后，关于如何转变政府职能、关于如何修改与世贸组织的要求有差距的国内法、关于如何使行政裁决均能受到司法审查等等，人们关心得较多，报刊上讲的也较多，立法与行政机关围绕这些问题采取的相应措施也较多。应当说，这都是对的，都是使"入世"后的中国市场能够在世贸组织要求的法律框架中参加国际市场的运行所必需的。真正有眼光的企业家，恐怕就不能停止在仅仅关注上述问题上了。仅以有形商品贸易为支柱的原"关贸总协定"演化成"世界贸易组织"，最明显的变化就是增加了服务贸易与知识产权保护这两根支柱。这种变化的实质究竟是什么？如何在立法方面跟上这种变化？这些更重要的问题，却不是所有应当思考它们的人都在思考的。与中国争取"入世"的进程几乎同步的，是"知识经济""信息网络化"等等越来越被人们提起和关注的问题。这些，与上述国际贸易活动及规范的发展趋势又有什么内在联系，也不是所有应当思考它们的人们都在思考的。这样看来，我们与发展着的世界贸易法律规范之间的差距还可能拉大。原因是我们对表面现象已有了足够的重视并采取了相应的措施，对实质问题却还缺乏思考，更不消说深入研究了。我们如果认真分析一下，就不难看到：第一，世贸组织时代与"关贸总协定"时代相比，无形财产的重要性大大提高了；从而规范无形的服务、无形的知识产权的国际规则显得十分重要了。第二，如本文前面所述，知识经济与工业经济（及至农

业经济）时代相比，知识成果的投入开始取代土地、厂房、机器等有形财产的投入，起到关键作用；从而规范知识产权成果的知识产权法，开始取代有形财产法，在市场规范中起关键作用。第三，信息网络化的时代与公路、铁路乃至航空网络时代相比，无形市场（网络市场）已经开始在促进有形市场的发展上起关键作用；从而电子商务法将取代货物买卖（保管、租赁等）合同法，起关键作用。这些，并不是说有形财产法、传统合同法等等不再需要了，只是说重点转移了；也不是说人类可以不再依赖有形财产去生存，只是说有形财产的积累和有形市场的发展，在当代要靠无形财产的积累和无形市场的发展去推动。拿我们现在常说的一句话来讲，就是必须"以信息化促进工业化"。

9. 尽快出台个人信息保护法 *

为利于我国企业的国际竞争、开展电子商务、建立社会信息系统，应尽快出台个人信息保护法。

缺少个人信息保护法影响我国企业的国际竞争

近年来，在欧盟、北美开拓市场的我国大型企业集团，经常被当地禁止收集客户信息。

国际市场竞争的必备条件之一就是产品与服务的销售渠道畅通，竞争者总想千方百计地收集尽可能多、尽可能详细的客户信息。在许多知识产权立法与执法健全的国家，一个企业所掌握的客

---

* 编者注：该文发表于 2003 年 8 月 20 日《经济参考报》。

户信息，被视为该企业的"商业秘密"，甚至是击败其他竞争者的王牌。我国企业被上述国家禁止收集客户信息，必将使我国企业在市场竞争中处于不利地位。而这些国家禁止的理由是"中国没有个人信息保护法"。这些国家以这种理由将我国企业与其他国家企业（我们的竞争对手）区别对待的"差别待遇"，并不违反 WTO 的原则。

在没有个人信息保护法的情况下允许企业收集涉及个人（客户）的信息，至少会产生三种不良后果：第一，有可能因缺少收集人"恰当保存"的义务而使信息扩散到社会上，流入犯罪分子手中，给信息被收集人造成威胁；第二，极有可能流入第三方手中，即使其并非犯罪分子，也会给侵害信息被收集人的权益提供了便利（例如，无休止地给信息被收集人发送推销产品的短信息、垃圾广告、电子邮件等）；第三，被收集人不知收集者所收集的信息是否准确，可能造成对被收集人名誉、声誉或信誉的损害（例如，一位从来不沾烟酒者，被错误地作为"瘾君子"列入烟、酒推销企业收集的客户名单）。

缺少个人信息保护法影响电子商务的开展

实际上，在前几年我国讨论"电子商务"立法时，因缺少"个人信息保护法"而产生的障碍就已十分明显。

目前，我国电子商务（尤其是 B2C 电子商务）难以开展的主要原因之一，在于我国尚未建立起个人信用制度。这是许多业内人士的共识。我国曾有媒体报道，一个农民用 64 张信用卡恶意透支几百万元而频频得手。媒体也把这种现象归结为"中国尚未建立健全个人信用记录体系"。要真正建立健全个人信用记录体系，其前提是必须有法律对进入记录的个人信息给予保护，使被记录人有安全感。

这正是个人信息安全与市场乃至社会安全的重要交结点或界面。

缺少个人信息保护法影响有关社会信息系统的建立

此外，要使公民乐于接受、支持乃至协助行政执法部门对网上信息及其他有关信息进行监控（尤其是特殊情况下对个人，如从保护角度出发对未成年人浏览网上信息的情况进行监控），也须有个人信息保护的法律这一前提。否则，公民必然担心监控过程中可能出现的失控。

所以，无论从民商法的角度还是从行政法的角度，信用制度及有限监控制度都与个人信息保护有密切联系。

目前缺少"个人信息保护法"给我国带来的不良影响，还不仅仅体现在市场上。在抗"非典"高峰时期，为有效控制疫情，国内火车站、长途汽车站等设立了填表制度，要求乘客填写详细的姓名、家庭地址、联系电话（或其他联系方式）、身体状况等等。这种表格大都是一式两份，一份交车站，一份留给乘客。据许多报刊报道，许多填表人不情愿地填完之后，均把留给自己的那一份随手扔掉。这说明多数人并没有如实填写相关内容。因为人们知道自己真实的家庭住址、联系方式等是决不能扔在公共场所的。这种基本上流于形式的填表后果，不能完全归咎于乘客"不配合"。在没有个人信息保护制度的情况下，填表人有理由担心自己的真实信息一旦流入犯罪分子或侵权人手中，将给自己带来危险。

此外，我国因没有个人信息保护法而出现的影响社会稳定的后果，已不容忽视。例如，许多"人才招聘中心"将大量前来应聘者填写的详细个人资料，全部当废纸卖掉，其中一些流入犯罪分子手中，引发了一些刑事犯罪案件。这类事已经屡见报端。

早在20世纪70年代前后，发达的市场经济国家的"个人信息保护法"就已经基本健全；欧洲甚至已缔结了与个人信息保护有关的国际公约。这也就是说，这一领域的立法在国际上早已不是空白。在结合我国实际的前提下，我们有成例可供参考、借鉴。

总之，在我国个人信息保护这一立法已刻不容缓。如果我们现在还不重视这一立法，不仅对我国企业在国际市场上的竞争，对我们开展电子商务，而且当我国再发生（如"非典"）重大疫情时对个人信息的收集，乃至对社会的稳定，都将产生不利的影响。

10. 权利冲突与外观设计保护 *

中国的外观设计专利与版权或商标权的所谓"权利冲突"问题，多次在报刊上被讨论。这类被一部分人误认为是"法学前沿"的问题，实际上一百年前已解决，中国至少十多年前也解决过。早在 1986 年，沈阳某啤酒厂正是因为不了解版权与商标权有时可以重叠保护同一客体，而在美国险些吃了大亏。该厂起先请其在美的独家代销人为其在美国行销的产品设计了商标图案及产品包装装潢。后该厂选用了另一独家代销人。考虑该厂及原代销人均未在美申请有关商标的注册，而且沈阳厂自己才是商标使用人（即依美国法的商标合法所有人），故改换代销人后仍旧用原商标、装潢。该原代销人在法院起诉，告沈阳厂侵犯其设计的版权。起诉时要求赔偿 30 万美元。后经院外调解以 3 万美元了事。该案发生中及发生后，国内知识产权学者在诸多场合曾告诫国内厂商，在中国当时虽无版权法的情况下，在外国作生意应切实注意同一客体的双重保护，以免发生侵权。十

---

　　*　编者注：该文发表于 2004 年 7 月 24 日《中国知识产权报》。

多年来，许多企业借鉴了这一经验教训，减少了在国外的侵权纠纷。而今天，"穷竭"新论却告诉人们不存在双重保护问题，一进入工业产权的使用范围，他人的版权就"穷竭"了。这会在对外贸易及国内贸易实践中给我们的企业带来真正的危害，使之重蹈沈阳厂十多年前的覆辙。双重保护的问题比较复杂。首先是原告在诉讼中的选择问题。例如，受普通民法姓名权及版权法精神权利中署名权双重保护的艺术家姓名问题。本来，在双重保护的情况下，权利人作为原告，有权选择依什么法主张什么权利（但不能就同一受保护客体主张双重权利、索取两次赔偿，对此，争议是不大的），依法是可以自己决定的。却有一部分议论坚持认为权利人只能按法学者认定的路子去选择。现在，我们又遇到几乎相同的情况，只不过改换成了商标权与版权对同一客体的重叠保护。不太了解历史的人避开了版权与工业产权重叠保护中的"外观设计"问题。其实，在历史上，问题正是从外观设计（而不是商标）开始的。虽然我国专利法把发明专利、工业品外观设计与实用新型同时放在一部法中并统统称为"专利"，但并不是多数国家都为实用新型专门提供保护。早年缔结的巴黎公约，虽然提到了保护实用新型，但并没有作为该公约的一项最低要求。对工业品外观设计则不然。巴黎公约作为一项最低要求，规定各成员国都必须给予保护。当然，巴黎公约并没有具体要求采用什么样的法律去保护。例如某国采用版权法、而不采用工业产权领域的专门法或专制法去保护，仍旧符合"保护工业产权"巴黎公约的要求。在今天的世界上，大多数国家都保护工业品外观设计。工业品外观设计与"实用艺术品"（即版权法的保护对象），在有些国家被视同一律。工业品外观设计可以说是"工业版权"的第一个保护对象，也是使"工业版权"这种特殊权利出现的第一个推动因素。早在1806年，法国就颁布了工业品外观设计专门法，给它以工业产权的保护。此后不久，法国法院感到，有些美术创作成果如果已经受到 1806 年法的保护，是否还应当受到 1793 年法国版权法的保护，这是个经常遇到的难题。于是法国法官们引入了一个"纯艺术性"概念，打算用它来划分 1806 年法与 1793 年法所保护的不同对象的界线。但后来法官们发现：几乎一切能够付诸工业应用的、受 1806 年法保护的外观设计，都不缺乏"纯艺术性"的一面。后来，他们又试图采用一些其他划分界线的标准。例如他们规定：如果有关的设计当初创作的目的是为工业应用，则不该享有版权保护；如果有关设计仅仅能够以手工制作，则可以享有版权，但如果能以机器制作，则不应当享有版权；如果有关设计的首要特征是"纯艺术性"，第二特征才是"工业应用性"，则可以享有版权，反之则不能享有版权，等等。在将近一百年的时间里，法国法院作了多次尝试，结果发现：无论用什么标准，都无济于事。哪些外观设计只能由工业产权法保护而不能受版权法保护？对这个问题，始终没有获得满意的答案。1902 年，法国在其成文法中公开承认：企图在外观设计的工业产权保护与版权保护之间画一条线，是没有意义的。同年颁布的法国版权法规定：一切工业品外观设计（包括已经受到工业产权法保护的外观设计），均受版权保护。这就是"双重保护"。英国的现行知识产权法（1988 年《版权、外观设计与专利法》侧重走法国 19 世纪的老路，试图减少双重保护的色彩，即不再为外观设计提供版权保护。对于没有按《外观设计注册法》取得"准专利"的外观设计，分立了一项版权之外的"外观设计权"。有可能获这种保护的设计，必须不能是 Common place，即要求一定创作高度。在 1997 年的几个判例中（例如，Ocular Sciences and Parker V. Tidball），显示出英国司法要离开"工业版权"这种双重保护的倾向。但有人估计很快会有更加"新"的案例，使英国意识到它仍旧必须回到法国 1902 年的立场。因为，双重保护在客观上毕竟是存在的。概括起来讲，双重（乃至多重）保护在绝大多数国家知识产权法中，是这样处理的：第一，如果双重乃至多重保护适用于同一个客体，而权利主体不同，则法律或司法实践规定了对不同权利人在行使权利时的一定程度限制（而不是断言一方的权利与另一方相遇就"穷竭"了）。第二，如果双重（或多重）保护中的权利主体是同一个人，则其就同一客体享有双重（或多重）权利。所谓对同一项设计，外观设计专利权与商标权或版权的"冲突"，在我国，在大多数（不是一切）场合，均是明知是他人已享有专有权的图案或商标标识，自己未经许可硬拿了去申请个"外观设计专利"，以对抗在先权利人，或类似的情况。对此，只要严格依我国现有法律处理，并不成其为问题或难题。只是那些恶意侵权之人及（或）其委托的律师们，在为侵权行为辩解时，才离开我国知识产权现行法，乃至离开知识产权的基本原理，制造出所谓"权利冲突""法律冲突"，"在后权"使在先权"穷竭"之类，使国际国内多年前已合理解决过的问题，又重新摆在我们面前。对此，我们只要回到知识产权的基本原理上去，一大部分（不是一切）看上去的疑难问题，也就自然冰释了。

11. 知名品牌终于有了中国制造[*]

今天，在世界 100 个知名品牌中，终于能找到我们中国的一个了，它是"海尔"。这虽然一方面说明中国的驰名商标还太少，另一方面却也说明中国企业在国际市场上跻身驰名商标之林，已经迈出

---

* 编者注：该文发表于 2004 年 9 月 29 日《经济日报》。

了可喜的一步。改革开放之前,中国企业之不以商标为重,十分典型。商品包装上突出装潢、突出商品名称,就是不突出商标,许多商品甚至根本没有商标。那时喝茅台酒的人不少,但有几个人能说出它的商标是什么？这种情况在发达国家很少见。我国企业不重视商标,主要原因之一是当时虽然有"商标法规",但却没有"商标保护",即不把商标作为一种财产（知识产权）来保护。改革开放后中国出现的第一部知识产权单行法是 1982 年的《中华人民共和国商标法》。当时我正在伦敦学习。我把商标法译成英文并附加了以英文撰写的解说,在牛津大学出版的《欧洲知识产权评论》上发表,竟然使那一期出现前所未有的脱销。全世界惊喜地关注着中国改革开放后向知识产权制度迈出的第一步。在那之后,中国又相继颁布了专利法、著作权法、反不正当竞争法等等,知识产权制度逐步走向完善。我在讲商标的重要性时,经常有"学者"反诘:"你到商店里是买商品还是买商标？"他们不了解自己在买名牌商品时实际已经支付了比商品本身成本高出许多的"商标附加值"。这种人不仅作为消费者的"学者"中有,作为生产者的"企业家"中也有,就是那些曾甘愿一辈子为外国人"定牌加工"而永不创自主品牌的"企业家"。他们甚至不理解我国商标法禁止"反向假冒"的规定正是为阻碍外国大企业变相或强制性搞定牌加工,正是为企业创名牌铺路的。现在懂得商标重要性的企业越来越多了。海尔的老总张瑞敏说过,海尔集团所有的财产中,商标是最值钱的。如果仅仅把商标当作一般的"认知标记",而不是当作企业建立市场信誉的标志,当作吸引消费者重复购买的向导,那么这种企业肯定在竞争中站不住、做不大,难以生存。今年 7 月在清华大学遇上了我在国际知识产权协会中的老朋友、美国教授韩德森,他十分赞叹地讲起"海尔"这个品牌在美国家庭中的信誉。中小型冰箱的美国市场几乎一半都被海尔占领了。

同一天我又读到了报上的一则消息：在纽约的一个广场上，海尔集团销售家电产品，竟使美国顾客排起了长队。这在美国已是多年未见过的了。"海尔"可以算是中国企业重视知识产权的代表，它的成长也代表了中国企业的知识产权之路。如果有一大批企业能像"海尔"这样借助知识产权制度开拓市场，而不是总被别人以"知识产权"为棍子追打，那么中国使世界又一次吃惊的程度，必将超过它的第一部知识产权法律出台的当年。

12. 创自己的牌子　做市场的主人 *

国际上认可的"名牌"，我国只有"海尔"一个。在我国颁布了几部知识产权法之后的相当长时间里，许多人对商标的重视程度，远远低于其他知识产权。在理论上，有的人认为商标只有标示性作用，似乎不是什么知识产权。在实践中，有的人认为创名牌，只是高新技术产业的事，初级产品（诸如矿砂、粮食等）的经营根本用不着商标。实际上，一个商标，从权利人选择标识起，就不断有创作性的智力劳动投入。其后商标信誉的不断提高，也主要靠经营者的营销方法，为提高质量及更新产品而投入的技术含量等等，这些都是创作性劳动成果。发达国家的初级产品，几乎无例外地都带有商标在市场上出现。因为他们都明白：在经营着有形货物的同时，自己的无形财产——商标也会不断增值。一旦自己的有形货物全部丧失（例如遇到海损、遇到天灾等不可抗力、遇到金融危机等商业风险），至少自己的商标仍有价值。"可口可乐"公司的老板曾说，一旦本公司在全球的厂房、

---

* 编者注：该文发表于 2004 年 10 月 20 日《上海科技报》。

货物全部失于火灾，自己第二天就能用"可口可乐"这一商标作质押，贷出资金来恢复生产。因为每年"金融世界"都把"可口可乐"的价值评估到数亿美元。我们曾有的理论家告诉人们：如果一个企业倒闭了，它的商标就会一钱不值。实际上，企业倒闭后，商标还相当值钱的例子很多。例如1998年3月，广州照相机厂倒闭，评估公司给该厂的"珠江"商标估了4千元人民币，许多人还认为估高了。而在当月的拍卖会上，这一商标卖出了39.5万元！很明显，企业多年靠智力劳动投入到商标中的信誉，决不会因一时经营失误（或因其他未可预料的事故）企业倒闭而立即完全丧失。可见，提高我国经营者（尤其是大量初级产品的经营者）的商标意识，对发展我国经济是非常重要的。此外，不创自己的牌子，只图省事去仿冒别人的牌子，除了会遭侵权诉讼外，永远只能给别人做宣传，或者给别人打工。

13. 保护知识产权还得加把劲 *

一、知识产权制度对谁有好处

站在加入世贸组织3年后的今天，再回首知识产权保护在中国走过的20多年历程，令人深思，给人启发。1983年，关于是否设置知识产权保护制度，全国范围开展了大争论，争论的焦点是，颁布这个干什么，它对谁有好处？

当时我国只有两项专利：一个是袁隆平的高产杂交水稻育种方法，在美国和澳大利亚申请了专利，一个是首钢的顶吹供氧转炉，

---

* 编者注：该文发表于2004年10月22日《科技日报》。

在德国取得了专利。当时的争论是，保护专利干什么，不是主要保护外国人了吗？争论了一年多，还是认为保护专利不值得的呼声占了上风。

1984年，《专利法》最终出台，这还是得益于邓小平的一句话。我印象中那句话的大意是说，专利建立起来，从眼前看好像对中国不利，但是从长远看，中国必须在世界技术领域的高端层面有自己的一席之地，它能激励中国人创作，中国人也是能创作的。

从十五届四中全会以后，无论是党和国家，只要是讲两会期间政府工作报告，都要讲到知识产权，讲到信息化促进工业化，媒体这些年也都是这么宣传的，"入世"以后，各方面的声音就更多了，产权不像过去那样离我们那么远，而是距离我们更近了。

我们的企业在国外竞争以及国外企业到中国来开拓市场和竞争，都离不开知识产权。温家宝总理曾经讲过一句话：21世纪的竞争实际上就是知识产权的竞争。国家领导人在这个层面上的认识是非常清楚的。

二、知识产权制度扶起民族品牌

知识产权制度不像有些学者宣传的那样，把一切知识都保护起来，让大家用不成，是一种垄断。知识产权制度本质上是一种激励机制，鼓励创新，保护创新。

我的一个工程师朋友在《专利法》出台后，曾对我说，专利法实施以后，一大批企业不能仿别人的先进技术了，这批企业就要倒，然后一批职工下岗了，搞专利法的这批人要负历史责任。去年他见到我以后说的还是这个话，他说已经有了证实，不光一批企业倒了，6C集团来要专利费了，还有其他准备来要专利费的企业。

我不同意这位朋友的看法，被人要钱要得心疼，我们为什么不自己搞呢，当时王选搞高峰电力汉字发生器的时候，很多人劝他说，我们搞的是第一代，不可能越过人家的第二代、第三代，得先引进人家的往前走，他就不听，一下子跳到了第四代，五六年之后，整个华语牌子的市场都是我们国内的。

温州有一个叫"环宇"的家用变压器，发展很快，占领了整个欧洲市场，现在正在忙着进军澳洲市场。可是就在五六年以前，温州有一大批厂子冒欧洲的牌子，当时就有争论——本地工商局管不管。有一大批学者认为，他们冒欧洲的牌子，对发展咱国内经济有好处，在国内把人家掐死不是吃饱了撑的吗？但是温州工商局管了，他们说，当地有一两家要创自己的牌子，如果不管冒牌货，这一两家就起不来，而且也会被逼着去冒牌。像这样的选择，结果就是，知识产权制度把民族牌子扶起来了。不创自己的牌子，只图省事去仿冒别人的牌子，除了会遭侵权诉讼外，永远只能给别人做宣传，或者给别人打工。

三、重视商标的价值

有人认为，激励机制对发明者和发明家有好处，而对商标所有者又有什么激励呢？今年3月，世界知识产权组织的一份宣传品提到，知识产权制度激励企业注重自己的信誉，注重自己的牌子，因为它的信誉都完全反应在它的牌子上。

在我国颁布了几部知识产权法规之后的一段相当长的时间里，许多人对商标的重视程度远远不够。有的人认为创名牌，只是高新技术产业的事，初级产品（诸如矿砂、粮食等）的经营根本用不着商标。实际上，一个商标，从权利人选择标识起，就不断有创造性的智力劳动投入。其后商标信誉的不断提高，也主要靠经营者的营销方法、为提高质量及更新产品而投入的技术含量等等，这些都是创造性劳动成果。发达国家的初级产品，几乎无例外地都带有商标在市场上出现。因为他们都明白：在经营着有形货物的同时，自己的无形财产——商标也会不断增值。一旦自己的有形货物全部丧失，至少自己的商标仍有价值。

例如 1998 年 3 月，广州照相机厂倒闭，评估公司给该厂的"珠江"商标估了 4000 元人民币，许多人还认为估高了。而在当月的拍卖会上，这一商标卖出了 39.5 万元！企业多年靠智力劳动投入到商标中的信誉，决不会因一时经营失误（或因其他未可预料的事故）或企业倒闭而立即完全丧失。可见，提高我国经营者（尤其是大量初级产品的经营者）的商标意识，对发展我国经济是非常重要的。此外，"可口可乐"公司的老板曾说，一旦本公司在全球的厂房、货物全部失于火灾，自己第二天就能用"可口可乐"商标作质押，贷出资金恢复生产。因为每年"金融世界"都把"可口可乐"价值评估到数百亿美元。

四、我国知识产权保护远不到位

中国改革开放 20 多年来，知识产权制度走了一些国家一两百年才走完的路，这个速度，使相当多的人感到"太快了"。加入世贸组织两三年后，外国知识产权人在中国的诉讼（以及"以侵权诉讼相威胁"）开始大大增加，许多学者和企业开始感到了压力，抱怨依照世贸组织要求修改的知识产权法"超过了中国经济发展水平"，要求往回收。

有学者曾撰文指出：中国加入世贸组织，保护水平和世贸组织一样就可以了，为什么要超过世贸组织，文中举出的唯一例子是世贸组织要求各成员国的海关在商品进口阶段发现侵害知识产权的话，就给予扣押，我国的海关条例以及《外贸法》规定，海关在商品进出口阶段，凡是发现侵权的一律扣押，文中说，出口侵权不在协议范围内，你扣押它干什么？

这是一种短视的观点，所有的制度效应其实都是相互联系，相互影响的。假冒商品出国，蚕食本土品牌，是很严重的问题。上海的虎牌清凉油就是由于国内某些厂家的蚕食，在国外基本上倒了。

此外，像王选一类发明家、谷建芬一类音乐家，以及名牌企业（它们始终只占中国企业的少数），则一直认为中国知识产权保护离有效保护他们的权利还存在较大差距。

五、重新给知识产权定位

我国现在处于知识产权制度完善的十字路口。远不到位的保护与尚有缺失的权利限制（广义的，即授权前与后的限制）问题都有待解决。但有一个重点放在何处的问题，也就是"定位"问题。

"定位"是决定"加强知识产权保护"还是退出"已经超高保护"的误区之前必须做的事。否则，"不审势即宽严皆误"，这是古人早就告诫我们的。

"定位"时当然要考虑到知识产权知识的普及状况。江苏省今年4月征求意见的"知识产权战略"草案中，把"5年内让50%的居民懂得什么是知识产权"作为一项任务，实在是符合中国实际的。到有一天中国的多数企业都能够像海尔、华为那样借助知识产权制度开拓市场，而不是总被别人以知识产权大棒追打，给中国的知识产权保护定位就不会像现在这么困难了。

我国的许多文件中多次提到知识产权。把它们归纳起来，包括三层意思：第一，加强知识产权保护；第二，取得一批拥有知识产权的成果；第三，将这样的成果"产业化"（即进入市场）。这三层是缺一不可的。把它们结合起来，即可以看作是我们的知识产权战略。

"保护"法的基本完备，则仅仅迈出了第一步。如果缺少直接鼓励人们用智慧去创成果（而决不能停留在仅用双手去创成果）的法律措施，如果缺少在"智力成果"与"产业化"之间搭起桥来的法律措施，那就很难推动一个国家从"肢体经济"向"头脑经济"发展，要在国际竞争中击败对手（至少不被对手击败），就不容易做到。

我们必须牵动知识产权这个"牛鼻子"，使中国经济这头"牛"跑起来，才能实现民族复兴。

（本文根据郑成思教授在"知识产权保护主题研讨会"上的讲话录音整理而成）

14. 网络著作权保护不容忽视 *

《著作权法》三年以前的修订我觉得主要解决了加入世贸和网络著作权保护两大问题，3 年以后我们又面临一些新的问题，有些原有问题也有新的发展。其中不少与网络著作权保护有关，我觉得这是当前一个不容忽视的问题，因为网上盗版已经从文字发展到软件、音乐、影视等多种形式，情况非常严重。网上盗版者和传统盗版者一样，总是以代表消费者利益，

马耀增　摄

以消费者欢迎盗版为自己辩护，实际上消费者欢迎的是能够更便捷地得到优秀作品，而不是侵权人可以居中非法营利的盗版产品或者

＊　编者注：该文发表于《人民日报》2004 年 11 月 23 日第 14 版，作者：郑成思、马耀增。

服务。我们应该更积极地筹建更多的集体管理组织，鼓励作者通过集体管理组织更便捷地传播自己的优秀作品，使公众受益。

15. 网络盗版与"利益平衡"*

3 年前《著作权法》修正时，主要解决了加入世贸组织与网络著作权保护两大问题。3 年后的今天，我们又面临一些新问题，其中不少与网络著作权保护有关。借口"利益平衡"下的日益猖獗的网络盗版问题，引起法学界广泛关注。

在我国，从《著作权法》修正前夕王蒙等作家的诉案，《著作权法》修正后法学家陈兴良的诉案，到今天仍旧在继续的一些诉案，网上盗版已经从文字作品发展到软件、音乐、影视等多种作品，而且侵权情况大有越演越烈之势。网上著作权的保护，成为目前著作权保护中不可忽略的问题。

其中，"利益平衡"成为许多网络盗版者最新的辩解理由。

许多网络盗版者如今都故意混淆侵权手段与授权方式，公然不经版权人许可，便擅自用他人作品为自己营利，同时还冠冕堂皇地声称：用"最新的获得授权方式"，"已完全解决了版权问题"……一旦有作者站出来维权，侵权人就立即指责作者是"妨害公众获得作品"，是"个人利益极度膨胀"……

作者与公众之间的确有一个利益平衡问题。但这种平衡，只是在作者与公众之间，而不是在作者与侵权人、盗版者之间。

为促进作者与公众利益的平衡，国外目前的确存在作者为网站

---

* 编者注：该文发表于《人民日报》2004 年 11 月 24 日第 15 版。

更便捷地传播作品而放弃权利的合同。但必须声明的是，这里的相关网站均是公益性、非营利的。他们的工作使作者的成果直接与公众见面。而在国内的这些侵权网站，既未经著作权人的许可、不向作者付费，同时又向消费者收费。这样的侵权网站，成了两头"通吃"。偏偏是这种网站，在极力要求作者为其进一步非法营利而放弃权利。

放纵网上盗版，有形市场打击盗版的努力会在一定程度上落空，因为稍聪明点的侵权人都会转移到侵权成本更低的网上；放纵网上盗版，将使我们"繁荣文化创作"的号召落空，将搞垮我们的软件产业以及音像、影视等产业，最终是不利于国家经济的发展、不利于公众获得优秀的文化产品的需求。

为使公众能够通过网络便捷地得到优秀作品，已经有不止一个诚信经营的网站，艰苦地采用"一对一"方式向成千上万作者取得许可，而且做得很成功。尽管盗版者对这种做法嗤之以鼻，但这是对著作权人的尊重。那种在侵权行为被作者抗争后，由侵权人提出的要作者放弃权利的"号召"，不仅荒唐，而且有害。因为，加入世贸组织后的国民待遇原则，将使财力更强的外国网站同样可以利用弃权的中国作品，从而长驱直入中国网络市场。

当然，我们应当积极筹建更多的集体管理组织，鼓励作者通过它们更便捷地传播自己的优秀作品，以使公众受益。但不能鼓励侵权人以其从中非法取利的方式去"传播"别人的作品。目前，像音著协那样的维权组织，以及那些诚信经营的网站，才值得作者信赖。

所以，面对"利益平衡"这一新话题，还是那句话：在讲"利益平衡"这个话题时，切不可混淆了作者与公众之间，作者与侵权人、盗版者之间这两种截然不同的关系，切不可混淆了公益与私利。

16. 创新者成大业 *

今年 7 月国务院总理温家宝在山东考察时说，21 世纪企业的竞争就是知识产权的竞争。为什么讲就是知识产权的竞争呢？最近有几个美国朋友到中国来，说他们家用的小冰箱、空调统统是海尔的，把美国商品、日本商品都挤出了市场。我问他海尔估计占领美国多少市场？他说最少是 40%，有可能是一半。张瑞敏说了一句话，我在全世界的厂房都是无足轻重的，这个品牌是最值钱的。他跟我们有的学者的说法形成鲜明对照。咱们有的学者在 3 个学术杂志上发表文章，说中国老说品牌重要，品牌有什么重要的？你究竟是卖商品还是卖商标？后来我跟这个学者讲，你到商店是买什么？一半钱是买了商标了。要不你脚上穿的那个"耐克"比"双星"好在哪儿？如果它们的质量不相上下，成本不相上下的话，你多花的 200 多块钱甚至 1000 多块钱，买的就是商标。这是第一。第二，是什么东西指引你到商店里去的？是那个"牌子"，你是冲着那个"牌子"去买的。所以，你究竟买的是商品还是商标，这个问题应当很明确。你买了商品也买了商标，但首先买的是个商标，只是你自己看不见。你穿在脚上只觉得是双鞋，那个商标你没法穿，可你是花了钱的。知识产权制度的建立主要是为了鼓励创新。这种激励机制对企业、对品牌究竟是怎么一个含义？激励我去搞创作，创作更多的作品好去拿更多稿费；激励我去搞发明，这都好讲。激励这个企业创品牌，这怎么理解？世界知识产权组织今年 4 月份搞了一个宣传品，虽然是

---

* 编者注：该文发表于 2004 年 11 月 11 日《中国工商报》。

简单的介绍，但讲透了这个道理。它说激励是什么，主要是企业尊重自己的信誉，稳定的信誉是由商标体现出来的。不注重信誉会有什么结果？我给大家举个例子。1986年的时候，上海出了一个"荣华鸡"，要跟肯德基叫阵，说为什么我们中国的土地上都是外国快餐占领市场，我们就是要把它挤下去。1986年正是《著作权法》立法紧锣密鼓的时候，立法小组二十几个人商量好了工作餐就吃"荣华鸡"，吃了不到一个星期，有位老先生就吃出一块臭的来，从此再不敢吃了。结果主持起草的人没办法了，只好回头去买肯德基。现在大家基本上听不到"荣华鸡"这个牌子了，它搞了几年以后就下去了。为什么？它没有恒定的质量。我们讲名牌它并不一定是高质量的，但它必须有稳定的质量。我们国内有很多名牌是被自己的假冒伪劣给挤倒了，就是李白的那句诗"玉山自倒非人推"，不是人家推的，是你自个儿倒的。知识产权制度保护牌子、保护名牌，它激励企业尊重信誉，保持自己产品稳定的质量，是一种激励机制。当然，讲到创新又不仅限于品牌。过去我讲品牌爱举可口可乐的例子。可口可乐也把我们国内不少可乐给挤倒了。它这个牌子每年价值评估都在首位，600亿、700亿，一个劲儿地往上涨，一个重要原因就是它是一种综合的知识产权保护。企业要搞知识产权保护，就要有综合的知识产权战略。可口可乐至少还有一个秘方，和它的品牌互相补充作为保护。我去年10月份在上海讲课时，世界知识产权组织副总干事也去听了，下来后他对我讲，可口可乐还有些东西你可能不太熟悉，除了它的品牌、它的商业秘密以外，它每年都有有效专利100件以上，它不是个空牌子，这样才使它的品牌价值不断上升。云南省有个很穷的县，叫漾濞县。这两个字只有在字典上才能查到，而且没有别的意思。这个县非常穷，公路还有15公里没连上，我到那里是步行去的。可是在这个县里可口可乐也卖起来了，它完全是无孔不入的。咱们很多企业创品牌就懒得往这些地方打，他可能会想，这么穷的地方谁喝可口可乐？其实不是。小孩子就愿意喝。可口可乐打开市场的不仅是它的营销方式，也有创新制度，还有专利和商业秘密。商标的创新体现在什么地方？有的同志以为把商标放到知识产权中是阴差阳错，商标只是个认知标志，就像我们开会指路的牌子，不是知识产权。我说这就错了，那个牌子不能当知识产权保护它。商标则除了认知之外，还有价值，它是创新的成果，是知识产权成果。首先是你选择商标的时候要有创新。加拿大最高法院2000年底的时候有一个判例：一个商标要作为驰名商标保护，法官要看这个商标在选择上有没有独创性。法官为什么这么判决？当时有个卖衣服的，他的商标是 ASO，被别人冒充了，但他还没有来得及注册。他觉得我已经是驰名商标了，虽然没来得及注册，也得保护我。但法官驳回了他的申请，法官认为 ASO 不是独创的，国际标准组织也用 ASO 的缩写，你用它做衣服商标不具有独创性。这就告诉我们在选择商标时，千万不要一窝蜂。有个老总说，创牌子的关键是人无我有，人有我新。蒙牛的老板说过一句话，是引用齐白石的，那就是"学我者生，似我者死，创新者成大业"。因此从选择品牌的第一步起，就需要创新。

17. 利益如何平衡 *

中国"入世"3年后，"利益平衡"成为法学界的一个新话题。在讲这个话题时，切不可混淆了作者与公众之间，作者与侵权人、

＊ 编者注：该文发表于 2004 年 12 月 4 日《中国知识产权报》。

盗版者之间这两种截然不同的关系。作者与公众之间，确有利益平衡问题。而作者与盗版者之间，则是侵权与维权的问题。盗版者在其违法活动被揭露后，都会以各种理由为自己辩解。在今天，最新的辩解途径是混淆侵权手段与授权方式并公然声称"侵权即是获得授权"。我们有必要重新提起利益平衡与制止侵权这些基本问题。有人不经作者许可而复制作者的成果为自己牟利，作者一旦敢于站出来维权，就立即被侵权人指责为"妨害公众获得作品""个人利益极度膨胀"，等等，反倒把自己不经作者许可而复制牟利描述为"最先进的获得授权方式"。不过，只要人们稍微了解了著作权法的常识，人们即会辨明是非黑白，更多地受到侵害的作者也会纷纷起来维权。那时，侵权者就很难再把其混淆黑白的手法当成最后的救命稻草了。我国著作权法修正时，主要解决了"入世"与网络著作权保护两大问题。3 年后的今天，我们又面临一些新问题；有些原有问题也有新的发展。其中不少与网络著作权有关。网上著作权保护本身也有不可忽略的问题。网上盗版已经从文字作品发展到音乐、影视等多种作品。对此若不加注意，有形市场打击盗版的努力会在一定程度上落空，因为稍聪明点的侵权人都会转移到侵权成本更低的网上。从法律修正前夕王蒙等作家的诉案，到今天仍旧在继续的诉案，侵权人已经发展到不经许可用他人作品为自己营利却声称"已完全解决了版权问题"，并把这种欺世行为标榜为"新的获得授权方式"。网上盗版者与传统市场盗版者一样，总是以"消费者欢迎盗版"为自己辩护。这是混淆视听的谬论。消费者欢迎的是能够便捷、低价得到的优秀作品，而不是侵权人居中非法营利（从而必将同时使作者及消费者都不合理付出）的盗版产品或服务。为使公众能够通过网络便捷地得到优秀作品，我国已经有不止一个诚信经营的网站严格按照著作权法，艰苦地采用盗版者嗤之以鼻的"一对一"方式向成千上万作者取得许可，而且做得很成功。公众以及主管部门，应当支持这种至少是尊重著作权、遵行著作权法的做法。那种在侵权行为被抗争后由侵权人提出的要作者放弃权利的"号召"，则不仅荒唐，而且有害。因为，"入世"后的国民待遇原则，将使财力更强的外国网站同样可以利用弃权的中国作品，从而长驱直入中国网络市场。当然，我们应当积极筹建更多的集体管理组织，鼓励作者通过它们更便捷地传播自己的优秀作品，以使公众受益。但任何人都不可能鼓励作者依靠侵权人以其从中非法取利的方式去"传播"别人的作品。作者及公众可以信赖的，只能是音著协那样的维权组织及那些诚信经营的网站。国外目前确实存在作者为网站更便捷地传播作品而放弃权利的合同，但这里的相关网站均是公益性、非营利的。他们的工作使作者的成果直接与公众见面。无论作者还是消费者都决不需要在中间夹一个不经许可、不向作者付费、却向消费者收费（而且是使侵权人非法得利极高的收费）的侵权网站。而在我国，偏偏是这种网站在要求作者为其进一步非法营利而放弃权利。作者们即使再糊涂，至少不会连公益与私利两种不同目的都区分不开，不会连为公之"是"与侵权牟利之"非"都区分不开。有的侵权人声称百分之九十的作者均会支持他们这种侵权活动，不过是把自己的幻想当成事实。同时，我们研究人员在介绍与研究国外便利公众的各种授权方案及案例时，也应注意首先将公益与私利的不同主体及其发出的不同声音区分开，切不可给读者一个"无是无非，混战一场"的印象。此外，"权利限制"制度的完善，也是目前人们关心的一个话题。这一制度的完善，初看似乎仅仅有利于公众，实质上同样有利于作者维权。几年前王蒙等作家的网上维权尚未遇到的新问题，我们今天就可能遇到。当年修法增加了"技术措施"的保护，而对相应的合理使用尚无明文规定。这就可能给侵权人滥用诉权提供了便利。较典型的例子是，侵权网站盗版他人的文字或影视作品后，用技术措施保证自己能够出售阅览卡牟利；而一旦权利人为维权要突破其技术措施去取证，却被侵权网站诉为"侵权"。从这点也可以看到：作者与公众之间，利益在本质上是一致的。只是侵权人在侵权的同时，一般都会打着"代表公众利益"的幌子，并尽力渲染作者与公众之间的所谓"利益冲突"，以便其更多地从中渔利。所以，还是那句话：在讲"利益平衡"这个话题时，切不可混淆了作者与公众之间，作者与侵权人、盗版者之间这两种截然不同的关系。相信我国的行政立法、行政主管机关、司法机关，对此是清楚的。在已经出台及正在起草的司法解释与行政法规中，会逐步地、有效地解决作者与公众之间的平衡问题（而不是作者与侵权人、盗版者之间的所谓"平衡"），鼓励我国更多优秀作品（包括文学、音乐、影视乃至软件作品）的创作与传播，更好地推进我国社会主义文化市场的发展、繁荣与有序。最后，近年在所谓的"经济全球化"中，南北经济发展越来越失去平衡、南北贸易发展也越来越失去平衡，其中知识产权保护在《与贸易有关的知识产权协议》达成时尤其是多哈会议后，在国际上显现的南北失衡更是有目共睹的，例如，专利对医药的保护与发展中国家公共健康之间的失衡，等等。这些，引起许多人对知识产权制度进行反思，是必然的。而我们在这种情况下应当注意的，正如一位从事专利工作多年的学者所说，在探讨利益平衡时"一个重要原则是要充分注意发展是硬道理，尽可能用发展的办法解决前进中的问题，而不大可能退回到过去的大锅饭时代"。在科技领域退回去吃大锅饭，只会使我们永远缺少能与外国企业竞争的核心技术。在文化领域退回去吃大锅饭，只会使我们自己创作的优秀作品越来越少。这种结果并不符合公众的利益。而靠吃作者及吃消费者自肥的侵权者，虽然号召人们回到过去的大锅饭时代，并拟出种种名为"最新"的引导别人去吃大锅饭的方案，但他们自己肯定不会加入被别人吃大锅饭的行列，却依旧扛着"代表公众"的旗，走着他们靠侵权成为大款的路。这是善良的人们不应不加注意和警惕的。

18. 侵权即是获得授权吗[*]
——析网上盗版者非法牟利的新托词

网上盗版者在中外都有；而盗版者以伪君子、伪创新者的嘴脸站出来冠冕堂皇地发表种种新论的现象，则在中国较为突出。

中国加入世贸组织3年后，"利益平衡"成为中国知识产权领域的一个新话题。在讲这个话题时，切不可混淆了作者与公众之间，作者与侵权人、盗版者之间这两种截然不同的关系。作者与公众之间，确有利益平衡问题。而作者与盗版者之间，则是侵权与维权的问题。盗版者在其违法活动被揭露后，都会以各种理由为自己辩解。在今天最新的辩解途径是混淆侵权手段与授权方式并公然声称"侵权即是获得授权"。我们有必要重新提起利益平衡与制止侵权这些基本问题。有人不经作者许可而复制作者的成果为自己牟利，作者一旦敢于站出来维权，就立即被侵权人指责为"妨害公众获得作品"，"个人利益极度膨胀"，等等，反倒把自己不经作者许可而复制牟利描述为"最先进的获得授权方式"。

今天，网上盗版已经从文字作品发展到软件、音乐、影视等多种作品。对此若不加注意，有形市场打击盗版的努力会在一定程度

---

* 编者注：该文发表于《北京日报》2005年2月21日。

上落空，因为稍聪明点的侵权人都会转移到侵权成本更低的网上。放纵网上盗版，将使我们"繁荣文化创作"的号召落空，将搞垮我们的软件产业以及音像、影视等产业，最终不利于国家经济的发展、不利于公众获得优秀文化产品的需求。在我国，从《著作权法》修正前夕王蒙等作家的诉案，《著作权法》修正后法学家陈兴良的诉案，到今天仍旧在继续的诉案，侵权人已经发展到不经许可用他人作品为自己营利却声称"已完全解决了版权问题"，并把这种欺世行为标榜为"最新的获得授权方式"。这种发展趋势，应当引起我们的注意。

网上盗版者与传统市场盗版者一样，总是以"消费者欢迎盗版"为自己辩护。其实，消费者欢迎的是能够便捷、低价得到的优秀作品，而不是侵权人居中非法营利（从而必将同时使作者及消费者都做不合理的额外付出）的盗版产品。为使公众能够通过网络便捷地得到优秀作品，我国已经有不止一个诚信经营的网站严格按照《著作权法》，艰苦地采用盗版者嗤之以鼻的"一对一"方式向成千上万作者取得许可，而且做得很成功。广大作者、公众以及主管部门，理所当然地会支持这种至少是尊重著作权、尊行著作权法的做法。

那种在侵权行为被抗争后由侵权人提出的要作者普遍放弃权利的"号召"，则不仅荒唐，而且有害。因为，加入世贸组织后的国民待遇原则，将使财力更强的外国网站同样可以利用弃权的中国作品，从而长驱直入中国网络市场。当然，我们应当积极筹建更多的集体管理组织，鼓励作者通过它们更便捷地传播自己的优秀作品，以使公众受益。但任何人都不可能鼓励作者依靠侵权人以其从中非法取利的方式去"传播"自己的作品。作者及公众可以信赖的，只能是音著协那样的维权组织及那些诚信经营的网站。

为促进作者与公众利益的平衡，国外目前确实存在作者为网站更便捷地传播作品而放弃权利的合同，但这里的相关网站均是公益性、非营利的。他们的工作使作者的成果直接与公众见面。无论在中国还是在外国，无论作者还是消费者，都决不需要在中间夹一个不经许可、不向作者付费、却向消费者收费（而且是使侵权人非法得利极高的收费）的侵权网站。而在我国，偏偏是这种网站在要求作者为其进一步非法营利而放弃权利。有的侵权人声称百分之九十的作者均会支持他们这种侵权活动，不过是把自己的幻想当成事实。

此外，"权利限制"制度的完善，也是目前人们关心的一个话题。这一制度的完善，初看似仅仅有利于公众，实质上同样有利于作者维权。几年前王蒙等作家的网上维权尚未遇到的新问题，我们今天就可能遇到。当年修法增加了"技术措施"的保护，而对相应的合理使用尚无明文规定。这就可能给侵权人滥用诉权提供了便利。较典型的例子是，侵权网站盗版他人的文字或影视作品后，用技术措施保证自己能够出售阅览卡牟利；而一旦权利人为维权要突破其技术措施去取证，却被侵权网站诉为"侵权"。从这点也可以看到：作者与公众之间，利益在本质上是一致的。只是侵权人在侵权的同时，一般都会打着"代表公众利益"的幌子，并尽力渲染作者与公众之间的所谓"利益冲突"，以便其更多地从中渔利。

近年在所谓的"经济全球化"中，南北经济发展越来越失去平衡、南北贸易发展也越来越失去平衡，其中知识产权保护在《与贸易有关的知识产权协议》达成时尤其是多哈会议后，在国际上显现的南北失衡更是有目共睹，我们在这种情况下应当注意的，正如从事专利工作多年的学者张清奎所说，在探讨利益平衡时"一个重要原则是要充分注意发展是硬道理，尽可能用发展的办法解决前进中的问题，而不大可能退回到过去的大锅饭时代"。在文化领域退回去吃大锅饭，只会使我们自己创作的优秀作品越来越少。这种结果并不符合公众的利益。而靠吃作者及吃消费者自肥的侵权者，虽然号召人们回到过去的大锅饭时代，并拟出种种名为"最新"的引导别人去吃大锅饭的方案，但他们自己肯定不会加入吃大锅饭的行列，却依旧扛着"代表公众"的旗，走着侵权致富的路。敢于站出来维权的作者在侵权人以各种手段打压之下并未屈服，表明了他们并非为私利而是为更多被侵权作者的利益、为繁荣文化创作而斗争。侵权人则无论冠冕堂皇地说些什么，却始终不敢触及自己靠侵权与欺世致富的"发家史"，不敢谈及非法获利与公共利益之间的区别。这是人们很容易注意到的。

无论侵权人怎样辩解、怎样变换手段，他们最终也不可能把黑说成白、把盗版者的"利益"说成是公众利益。

19. 中国知识产权保护现状如何定位 *

中国现在处于知识产权制度完善的十字路口，不到位的保护与尚有缺失的权利限制问题都有待解决，知识产权制度并非仅有利而无弊。

应当说，知识产权的批判研究与对策研究都是不可少的，但有一个重点放在何处的问题。面对中国目前这种侵权严重与权利滥用同样严重的复杂状况，在如何评价我们的知识产权制度这个问题上，中国法院的观点似乎比我们许多学者的观点更为可取。

"定位"是要认清我国知识产权保护现状所处的位置。我们可以与发达国家比，也可以与不发达国家乃至最不发达国家比，看看是高了还是低了。当然比较有可比性的，还是与经济发展相当的发

---

* 编者注：该文发表于 2005 年 2 月 28 日《人民法院报》。

展中国家比。

"定位"是决定"加强知识产权保护"还是退出"已经超高保护"的误区之前必须做的事。

"定位"时当然要考虑到知识产权知识的普及状况。在大多数人对某个法律基本不了解时,该法本身或者该法实施的"过头",往往是与该法本身或者该法实施的远不到位并存的。江苏省在2004年4月征求意见的"知识产权战略"草案中,把"5年内让50%的居民懂得什么是知识产权"作为一项任务,实在是符合中国实际的。到有一天中国的多数企业都能够像海尔、华为那样借助知识产权制度开拓市场,而不是总被别人以知识产权大棒追打,给中国的知识产权保护定位就不会像现在这么困难了。

一

过去,诸如分不清科学发现与实用发明的不同法律地位,不加区分地一概抢先宣传,曾经使我们失去了相当一部分本来应属于我们的专利成果。现在情况多少有些好转。当然,如果自己确信别人不依赖自己就不可能独立搞出同样的发明,那就可以选择以商业秘密的途径保护自己的成果,而无需申请专利。

发达国家在20世纪八九十年代之前的一二百年中,是以其传统民事法律中物权法(即有形财产法)与货物买卖合同法为立法重点的。原因是,在工业经济中,机器、土地、房产等有形资产的投入起关键作用。20世纪八九十年代以来,与知识经济的发展相适应,发达国家及一批发展中国家(如新加坡、菲律宾、印度等),在民事立法领域,逐步转变为以知识产权法、电子商务法为重点。这并不是说人们不再靠有形财产为生,也不是说传统的物权法、合同法不再需要了,而是说重点转移了。原因是,在知识经济中,专利发明、商业秘密、不断更新的计算机程序等无形资产在起关键作用。随着生产方式的变动,上层建筑中的立法重点必然变更。一批尚未走完工业经济进程的发展中国家，已经意识到在当代，仍旧靠"出大力、流大汗"，仍旧把注意力盯在有形资产的积累上，有形资产的积累就永远上不去，其经济实力将永远赶不上发达国家。必须以无形资产的积累（其中主要指"自主知识产权"的开发）促进有形资产的积累，才有可能赶上发达国家。

自 1979 年我国刑法开始保护商标专用权、中外合资企业法开始承认知识产权是财产权以来，20 多年不断的立法与修法，尤其是加入 WTO 前为符合国际条约要求的"大修补"，使中国的知识产权法律体系"基本"完备甚至超高了。这是国内外许多人的评价。

不过，远看 10 年前已立知识产权法典的发达国家法国、两年前已缔结法典式知识产权地区条约的安第斯国家，近看目前已开始实施"知识产权战略"的日本、软件出口总把我们远远甩在后面的印度，然后再着重看一看我们自己执法与司法中对法律的实际需求，我们就有必要在欣然面对"基本"完备的这一体系的同时，默然反思一下中国的知识产权法律体系还缺些什么？

从大的方面讲，我国不同年度的政府工作报告及其他许多政府文件中多次提到知识产权。把它们归纳起来，包括三层意思：第一，加强知识产权保护；第二，取得一批拥有知识产权的成果；第三，将这样的成果"产业化"（即进入市场）。这三层是缺一不可的。把它们结合起来，即可以看作是我们的知识产权战略。"保护"法的基本完备，则仅仅迈出了第一步。如果缺少直接鼓励人们用智慧去创成果（而决不能停留在仅用双手去创成果）的法律措施，如果缺少在"智力成果"与"产业化"之间搭起桥来的法律措施，那就很难推动一个国家从"肢体经济"向"头脑经济"发展，要在国际竞争中击败对手（至少不被对手击败），就不容易做到了。

上述第一层的法律体系是必要的，但如果第二与第三层的法律不健全，在当代会使我们处在劣势的竞争地位，"以信息化带动工业化"的进程，也可能受到阻碍。所以，我感到当前最为迫切的，是认真研究这两层还需要立哪些法。

待到这后面两层的立法也"基本"完备之后，我们再来考虑我国知识产权法中已有的"保护"法（或加上将来补充的"鼓励创新"法与"搭桥"法）是散见于单行法好？还是纳入民法典好，抑或是自行法典化好？对此，不妨用较长时间去讨论。

当然，现在"保护"法（并不是说它们只有"保护"规定，其中显然有"取得""转让"等规范，只是说与"鼓励创新""搭桥"相比，现有法主要是落脚在"保护"上）也有自身应予补上的欠缺。其中多数问题，也可能要用较长时间去讨论。例如，对于我国现有的长项——传统知识及生物多样化——尚无明文保护；对反不正当竞争的附加保护尚残缺不全。此外，本来几个主要法（专利法、商标法、版权法）可以一致的某些细节，还很不一致。例如，专利法中对于仅仅自然人能够搞发明是十分明确的。而著作权法中却让人看到，"法人"居然动起脑子"创作"出作品来了！在专利领域人们都很明白：仅仅承认自然人动脑筋搞发明的能力，不会导致否认法人可以享有发明成果。而著作权立法中则为认定法人在许多场合享有创作成果这一事实，就干脆宣布法人可以用脑子去创作（而不是说法人单位的自然人职工搞创作，然后由法人享有相应成果）。再如，在专利和商标侵权中，被侵权人均是或可得到的实际损失作为赔偿，或可得到侵权人的侵权获得作为赔偿。著作权侵权中则又是另一样：只有在被侵权人的损失难以计算时，才可能进而寻求侵权人的获得作为赔偿。如果被侵权人的损失很好计算——只有两元钱，那就不能再有别的选择了，即使侵权人因侵权获利二百万元。

但这些理论上及实际上的欠缺，均属于补缺之列。实践在发展，

人们的认识也在发展，所以这种补缺，可能是永远没有穷尽的。我
们切不可把立法的重点与补缺相混淆，尤其不能颠倒主次。在整个
民商法领域是如此，在知识产权法领域也是如此。"重点"是要立即
去做的，是不宜花很长时间去讨论的。况且，中国要有自己的创新
成果产业化，对此人们的认识是比较一致的，不像"法人有没有大
脑、能否搞创作"这类问题在认识上差异很大。如果把真正的立法
重点扔在一边，集中力量去补那些永远补不完的缺，历史会告诉我们：
这是重大失误。

二

我国《宪法》的 2004 年修正案，明确了对私有财产的保护，
这在国内外引起了巨大反响。作为私权的知识产权，是私有财产权
的一部分，甚至有人认为，在当代它是私有财产权最重要的一部分。
我们在考虑中国的知识产权战略应当如何制定时，《宪法》2004 年
修正案中关于私有财产的保护和权利限制的内容，更有指导意义。
至少，《著作权法》第 1 条与《专利法》第 14 条，都实实在在地有
了宪法依据。

进入 21 世纪前后，一些国家立足于知识经济、信息社会、可
持续发展等，提出了本国的知识产权战略，尤其是日本 2002 年出台
的《知识产权战略大纲》及 2003 年成立的国家知识产权本部。而
几乎在同时，知识产权制度建立最早的英国发表了《知识产权报告》。
知识产权拥有量最大的美国，则在立法建议方面及司法方面均显示
出了至少专利授予的刹车及商标保护的弱化趋势。面对这种复杂的
国际知识产权发展趋势，我国应当做何选择呢？

改革开放 20 多年来，中国知识产权制度走了一些外国一二百年
才走完的路。这个速度，使相当多的人感到"太快了"。加入世界贸
易组织两三年后，外国知识产权人在中国的诉讼（以及"以侵权诉

讼相威胁")开始大大增加,许多学者和企业开始感到了压力,抱怨依照世界贸易组织要求修改的知识产权法"超过了中国经济发展水平",要求往回收。相当一部分人认为,当前我国知识产权保护已经过度,产生了失衡,提出应当重点打击知识霸权与制止知识产权滥用,而不是保护知识产权。另一方面,像王选一类的发明家、谷建芬一类的音乐家,以及名牌企业(它们始终只占中国企业的少数),则一直认为中国的知识产权保护还距离有效保护他们的权利存在较大差距。

这种认识上的巨大反差,必然使我们在定位时产生困难。如果中国知识产权战略的制定者就在矛盾中把"往前走"和"往回收"这两种思想写入同一篇文章,这篇文章不太可能写好。思科对华为的诉讼、6C 集团向中国企业索取使用费等事实,似乎支持着前一种认识。与地方保护主义结合的商标假冒、盛行的"傍名牌",使国内诚信的名牌企业多数做不大,无法与国际竞争对手抗衡的事实。盗版使大批国内软件企业不得不放弃面对国内市场的自主研发,转而为外国公司的外国市场做加工,以避开国内盗版市场,从国外收回一点劳务费的事实,又像是在支持着后一种认识。

知识产权制度的本质是鼓励创新,不鼓励模仿与复制。这种制度利弊几何,还会长期争论下去。例如,在 20 世纪 80 年代初即不赞成在中国搞专利制度的人,至今仍认为专利制度阻断了企业无数仿制与复制的机会,对我国经济是不利的。不过,"温州制造"不断在国际市场上被"温州创造"所取代,后者成本远低于前者,获得却远高于前者的事实,应当使人们对专利制度的利弊十分清楚了。

知识产权制度绝非无弊端。中国古语"有一利必有一弊",不惟知识产权制度如此。但只要其利大于弊,或通过"趋利避害"可使最终结果利大于弊,就不应否定它。至少,现在如果再让科技、文化领域的创作者们,回到过去的科技和文化成果"大锅饭"的时代,恐怕只有议论者,并无响应者。至于创作者与使用者权利义务的平衡上出现问题,可以通过不断完善"权利限制"去逐步解决。知识产权制度中对我们自己的长项?例如传统知识?保护不够,也可以通过逐步增加相关的受保护客体去解决。

总之,牵动知识产权这个牛鼻子,使中国经济这头牛跑起来,袁隆平、王选等人已经做了,更多的创新者还将去做。我国一批真正能打入国际市场并且站住脚的企业,重工业中的宝钢、家电产业中的海尔、计算机产业中的联想,也正是这样做的。用他们的话来说,就是"以信息化促工业化"。

三

任何私权与公共利益之间,都不仅有"平衡"问题,而且有前者服从后者的问题,不唯知识产权如此。任何私权的所有人与使用人、所有权人与用益权人之间、不同权利之间,则是另外一种"平衡"问题。这两组问题是不应被混淆的。由于作为物权客体的有形物(特定物)不太可能被多人分别独立使用,因此在物权领域不太可能发生把使用人的利益与公共利益混淆的事。而作为知识产权客体的信息(无论是技术方案、作品,还是商标标识),由于可以被多人分别独立使用,在知识产权领域把使用人的利益与公共利益混淆的事就经常发生。现在的多数"知识产权平衡论"均存在这种混淆,而这又是进行知识产权战略研究之前必须搞清楚的基本理论问题。另外,权利滥用现象的存在与否,与权利保护的法律制度水平的高与低,本不是一回事,也无必然联系。这二者也是目前被众多学者混淆起来并大发议论的题目之一。例如,在我国物权法尚未独立成法、物权保护水平不可言高的今天,滥用物权(如加高建筑遮人阳光、路上设卡阻人通行等)现象并不少见。所以,我们有必要在立法中禁止知识产权的滥用，与我们是否有必要宣布我国依 TRIPS 协议提高了的知识产权保护"超高"了，应当退回来，是完全不同的两个问题，只能分别研究、分别作结论。此外，如果谈到批判知识产权权利人利用垄断地位，在专利等许可贸易中滥用权利，而居然不知我国的合同法及相关司法解释等之中，已经有禁止性规定，从"不知"出发，大讲我国知识产权法律制度的"缺失"，则值得商榷。

近年来在所谓的"经济全球化"中，南北经济发展越来越失去平衡、南北贸易发展也越来越失去平衡，其中知识产权保护在《与贸易有关的知识产权协议》达成时，尤其是多哈会议后，在国际上显现的南北失衡更是有目共睹的。例如，专利对医药的保护与发展中国家公共健康之间的失衡，等等。这些问题，引起许多人对知识产权制度进行反思，是必然的。而我们在这种情况下应当注意的，正如一位从事专利工作多年的学者所说，在探讨利益平衡时"一个重要原则是要充分注意发展是硬道理，尽可能用发展的办法解决前进中的问题，而不大可能退回到过去的大锅饭时代。"在科技领域退回去吃大锅饭，只会使我们永远缺少能与外国企业竞争的核心技术。在文化领域退回去吃大锅饭，只会使我们自己创作的优秀作品越来越少。这种结果并不符合公众的利益。而靠吃作者及吃消费者自肥的侵权者，虽然号召人们回到过去的大锅饭时代，并拟出种种名为"最新"的方案引导别人去吃大锅饭，但他们自己肯定不会加入吃大锅饭的行列，却依旧扛着"代表公众"的旗，走着侵权致富的路。敢于站出来维权的作者，在侵权人以各种手段打压之下并未屈服，表明了他们并非为私利而是为更多被侵权作者的利益，为繁荣文化创作而斗争。侵权人则无论冠冕堂皇地说些什么，却始终不敢触及自己靠侵权与欺世的"发家史"，不敢谈及非法获利与公共利益之间的区别。这是人们很容易注意到的。

把仅仅适合发达国家（乃至个别发达国家）的知识产权制度强加给全世界，是发达国家的一贯做法。发展中国家的抗争，从制度总体的层面上，从未奏效过。1967 年《伯尔尼公约》修订的失败，1985 年大多数国家反对以版权保护计算机软件的失败，Trips 协议谈判时，秘鲁与巴西等国建议的失败，都是实例。我们在经济实力尚无法与发达国家抗衡的今天，是接受对我们确有弊端的制度，然后研究如何趋利避害，还是站出来作为发展中国家的领头羊，再度发起一次 1969 年或 1985 年那样的战役，力促国际知识产权制度从 Trips 协议退回来，退到对发展中国家较为公平的制度？也是确定我们的知识产权战略时必须考虑的一个重大问题。

此外，许多人在抱怨我国知识产权保护水平"太高"时，经常提到美国 20 世纪 30 年代、日本 20 世纪六七十年代与我国目前经济发展水平相似，而当时它们的知识产权保护水平则比我们现在低得多。这种对比用以反诘日、美对我国知识产权保护的不合理的指责，是可以的。但如果用来支持它们要求降低我国目前知识产权保护立法的水平，或批评我国不应依照世界贸易组织的要求提高知识产权保护水平，则属于没有历史地看问题。20 世纪 70 年代之前，国际上经济一体化的进程基本没有开始。我们如果在今天坚持按照我们认为合理的水平保护知识产权，而不愿考虑经济一体化的要求以及相应国际条约的要求，那么在一国的小范围内看，这种坚持可能是合理的，而在国际竞争的大环境中看，其唯一的结果只可能是我们在竞争中被淘汰出局。我国达到现在这种备受许多国内学者指责的知识产权保护的法律水平，的确是只有"不畏浮云遮望眼"的身居最高层者才能作出的决断。正如邓小平所说，中国在世界科技的最高端，必须有自己的一席之地。

使知识产权制度有利的一面不断得到发挥，不利的一面不断受到遏制，除了靠立法之外，就主要靠执法了。而在知识产权执法中，法院的作用永远是在首位的。因为对知识产权这种私权，行政执法的作用，在国外、在中国均是逐步让位于司法的。由于中国知识产权法的行文总的讲尚未完全摆脱传统立法"宜粗不宜细"之弊，故法官对法的解释、法官的酌处权，进而中国法官的素质、中国的知识产权司法结构就显得十分重要了。对于偶然的、仅仅因过失的侵权，与反复的、故意的侵权不加区分，同样处理，既是许多人认为中国知识产权保护过度的主要原因，也是许多人认为保护不力的主要原因。解决这个问题既要有更加细化的法律，也要有更合理的司法解释和更高的法官素质。如果大家注意到，面对中国目前这种侵权严重与权利滥用同样严重的复杂状况，在如何评价我们的知识产权制度这个问题上，中国法院的观点似乎比我们许多学者的观点更为可取。

在立法之外的对策方面，国际组织（包括欧盟之类地区性国际组织）的立法及研究结果对我们的影响，外国（美国、日本、印度、俄罗斯等）立法及国家学说对我们的影响，我们均应研究。此外，如果多个外国联手将对我们产生何种影响，我们更应当研究。例如，对于我们发明专利的短项"商业方法专利"，国家专利局固然可以通过把紧专利审批关，为国内企业赢得时间。但那终究不是长远之计。试想，美、日、欧等在传统技术专利方面"标准化"发展，曾给并正给我们的产品出口带来不利，如果美、日（或再加上几个其他发达国家）在商业方法专利上也向"标准化"发展，即如果实施"金融方法专利化、专利标准化、标准许可化"，那么会给我国银行进入国际金融市场带来何种影响，会不会把我们挤出国际金融市场？这就不仅仅是专利局把紧专利审批关能够解决的问题了。在这些方面作出较深入的研究，有助于我们拿出对策，"趋利避害"。

20."数字图书馆"还是数字公司 *

随着数字化互联网络的发展与普及，所谓"数字图书馆"渐渐浮出水面。但究竟何为"数字图书馆"，至今尚无准确定义。不久前终于尘埃落定的"书生公司侵权案"的判决，准确划清了"公益数字图书馆"与"营利数字公司"的界限，可以说为我们如何认识"数字图书馆"作出了理论上的贡献，同时也对司法实践具有重要的指导意义。

书生公司未经授权在其网站上使用他人作品供人阅读，其抗辩理由是，为了社会公益，"数字图书馆"使用已出版的作品是合理使用，不构成侵权。但有"图书馆"之名，是否就有"图书馆"之实？如何界定"数字图书馆"与"数字公司"，这是一个在法律上必须廓清的问题。

揭开"公益"面纱

就传统图书馆来说，公益性是其首要特征，在版权制度上，出于维护社会公益的目的，图书馆享有版权侵权豁免。是否具备"公益性"，是判断数字图书馆能否不经版权人许可，也不必向版权人支付报酬而使用版权人作品的决定性依据。但不可认为，凡是冠以"图书馆"之名的机构均可以擅自使用他人的版权作品，在现实生活中，名、实未必尽然相符。

某些以营利为目的的公司，冠以"数字图书馆"的称号后，未

---

* 编者注：该文发表于 2005 年 7 月 11 日《人民法院报》。

经版权人许可，也未向版权人支付任何报酬，大量使用他人版权作品制作成网络数据库，以向个体读者出售阅览卡或向传统图书馆出售所谓"数字化解决方案"等方式，通过互联网络向社会公众大规模提供有偿浏览、欣赏他人版权作品的服务。事实上，这与其他侵犯版权的行径在本质上并无不同。

如果把书生公司这类所谓"数字图书馆"比作一个水果商，其未经各个果园主人的许可，也未向这些果园主人支付任何费用，就摘取了果园里多种水果，然后制作成果盘——这相当于那些数据库，转手高价卖给个人消费者——这相当于出售阅览卡，或者卖给果盘需求量大的酒店、餐馆等单位——这相当于向传统图书馆出售所谓"数字化解决方案"，显而易见，这个水果商对那些果园主人实施了赤裸裸的掠夺，并且利用这些无偿掠夺来的他人劳动成果，从消费者身上攫取利润，这就是那些营利性公司企图用"数字图书馆"的面纱遮掩起来的真相。

既然这类"数字图书馆"的经营是以营利为目的，不具备图书馆的公益性，那么，它即使自我称之为"图书馆"，也不能享有图书馆的版权侵权豁免。

如何"有限"提供

传统图书馆"有限提供"信息（版权作品）的方式，控制了作品的传播规模，有效避免了对版权的侵害，因而构成其能够合法存在、发展的主要原因之一和必要条件。在特定时间内只允许特定少数人或个别人同时获取同一信息（版权作品）的"有限提供"方式，是图书馆在我国现行版权制度下所应具备的必要特征，"数字图书馆"既然冠以"图书馆"之名，自然也不应有任何例外。反过来说，只有那些能够有效地将信息（版权作品）的传播规模控制到版权法允许的范围内，网络内容提供者才有可能被认定为数字"图书馆"。如果一个网络内容提供者通过互联网络向公众提供他人的版权作品时，未采取"有限提供"的方式，或者说，未能有效控制作品的传播规模，那么这个网络内容提供者复制、传播该作品的行为，就必然构成对他人版权的侵害。进一步看，一个商业化运作的网络内容提供者，以营利为目的将他人版权作品上传到某个网站，通过互联网向公众传播，必然是一种大规模传播，只要未经版权人授权许可，即足以认定其传播行为构成对版权的侵犯。

在书生公司一案中，虽然在诉讼中书生公司意图举证证明其对作品的使用范围、方式进行了必要的限制，如提出同时只能有三人阅览及只能以拷屏的方式下载和保存等，但法院查明，在不同时间、不同地点，不特定的人可以通过下载"书生阅读器"软件登录网站接触书生之家网站上的作品，而且书生公司提供的证据"只能证明在同一场合同一时间不能三人以上阅读，但不能证明其他读者在同一时间不同场合进行阅读"，所以法院认定书生公司的"这些限制并未从实质上降低作品被任意使用的风险，亦未改变其未经著作权人许可而使用他人作品的行为性质"。

认清"成本"神话

网络时代大大拉近了作者与消费者或公众的距离。过去，作者要想把作品奉献给公众，不得不先通过出版社等媒介，而如今网络技术的发达，使得作者如果想要放弃版权把作品奉献给公众，只需把作品直接上载到BBS上即可。如果这时一个网站宣布：任何作者要放弃权利，必须也只能放弃给他，即必须把作品无偿地交给他的网站，然后由他的网站再高价卖给消费者（公众）去使用，否则就"失去了作者与公众利益的平衡"。人们一定会立即识别出这是一个伪君子，乃至一个网络侵权人、网络盗版者。

更形象地说，如果有个小偷，把各家各户的物品偷来叫卖，失主一旦在其叫卖处指认自己的物品，小偷便"归还原物"，而对于未能前去指认的其他人，小偷便宣布他们统统认"偷""放弃权利"了，这个小偷依然是小偷。如果网上盗版者在未经许可也未付费的情况下，把他人的图书、音乐或影视作品"收集"到自己的营利性网站，而后以高价出售其阅读、欣赏等服务，其非法营利行为再"新"，也依旧是个盗版者。

诉讼期间，被告辩解最多的是"取得授权的成本"无法承担。他们在网络时代重复了一个蒸汽机时代之前骑马去取得授权的成本故事。据被告称找一个作者授权要花费 200 元，要找成千上万的作者，须花费数千万元。这让人想起 1980 年关怀教授汇编《经济法文选》时，既未用当时尚不普遍的传真，也不可能用尚不存在的电子信箱，而是以书信方式与 20 余位作者签了授权合同，一共也没有超过 10 元成本。2002 年，一家数字公司遵行著作权法，"一对一"地取得了社科院上千学者的授权，同样没有发生"花费数千万元"的神话。可见，即便从可行性考察，成本负担也绝不能成为所谓不得不"侵权"的理由。

21. 维权实践对法学研究的理论贡献 *

被社会关注了一年多的"中国社会科学院郑成思等 7 专家状告书生数字公司侵权"一案，经海淀法院审理，于 2005 年 6 月 10 日

---

* 编者注：该文发表于 2005 年 9 月 29 日《中国社会科学院院报》。

作出驳回北京书生数字技术有限公司上诉、全面维持原判的终审判决。根据北京市海淀区人民法院于 2004 年 12 月 20 日作出的一审判决，书生公司经营的"书生之家数字图书馆"构成对郑成思等 7 位法律教授信息网络传播权的侵犯，应当停止侵权，公开向作者道歉，赔偿损失，承担全部诉讼费和律师费等。7 份判决书除原告姓名及赔偿额不同外，其他内容均相同。2005 年 7 月，该判决已经得到执行。

书生公司在其经营的所谓"书生之家数字图书馆"网站上，一方面不经许可就将许多作者的作品数字化，另一方面又公开通过网络向用户售卖，并对外宣称已经取得授权。2004 年 3 月，被侵权的 7 位法律教授将其诉诸法院。书生公司为混淆视听，抛出"版权过时"论，无中生有地以"盗版"为由。将原告诉到法院；后该公司又自感理亏，于 2004 年底不声不响地撤诉。在诉讼期间，网上盗版者通过媒体为自己违法活动辩解时讲得最多的，是"取得授权的成本"无法承担，说是找到一位作者需要花费 200 元，找到被他们盗版的成千上万位作者就要花费数千万元。这听起来似乎很吓人。令我想起，1980 年，关怀教授首次汇编《经济法文选》时，既未用当时尚不普遍的传真、也不可能用尚不存在的电子信箱，而是以书信方式分别与 20 余位作者签订了授权合同，总共也没有超过 10 元成本之事。2002 年，时任我院院长的李铁映同志有感于一家数字公司遵行《著作权法》、与作者"一对一"地签订授权书合法经营的做法，带头在授权合同上签字，我院上千学者也随后签字。同样没有发生"花费数千万元"。实际上，盗版者在任何时候都不愿多花 1 元成本，却想攫取千万乃至上亿元的昧心钱。我院有许多学者的成果曾被侵权人书生公司在网络上盗用，而能够起来维权的，却仅有几人。新技术在带来方便和商机的同时，也带来一些法律问题。早在 1999 年就发生过著名作家王蒙与世纪互联通信技术有限公司版权纠纷案。虽然当时法律对网站上载作品没有具体规范，但法院仍然判决网络经营商败诉。至 2000 年版权法修订时，立法者考虑到新技术发展情况，在法律中增加了一项"信息网络传播权"。"即以有线或者无线方式向公众提供作品，使公众可以在其个人选定的时间和地点获得作品的权利"。简言之，法律赋予了作者对其作品是否上网传播的控制权。也就是说，使用他人有版权作品，不经许可，不付报酬，无论传统市场还是网络市场，均属侵犯版权。目前，许多网络公司认识到，诚信和守法是企业生存的前提条件。但也有网络盗版公司公然宣称它要建成一家大型数字图书馆，有关版权问题已经解决，且是作者、出版社"双授权"。然而，从 7 位法律教授诉书生公司版权侵权一案可以看出，所谓"有关版权问题已经解决""双授权"，完全是欺骗。现实中确实有某些以营利为目的的公司，披上"数字图书馆"的面纱后，未经版权人许可、也未向版权人支付任何报酬，却堂而皇之地擅自大量使用他人版权作品制作成网络数据库，以向个体读者出售阅览卡或向传统图书馆出售所谓"数字化解决方案"等多种收费方式，通过互联网络肆无忌惮地向社会公众大规模提供有偿的浏览、欣赏他人版权作品的服务。这些公司正是巧妙地利用了一般公众对版权制度和网络技术了解不够深入的弱点，来掩盖其损人利己侵权者的真实面目。图书馆具有公益性质，是国家、藏书单位、个人接受国家财政拨款或者社会捐赠，专门为社会公众读书、学习、研究提供服务的机构。图书馆的非营利性是说，它不能凭借开办图书馆之机为单位或个人牟利；图书馆的开放性是说，它应向全体公众开放，不设任何限制。随着新技术的发展，有的图书馆开始应用数字化复制技术保护、保管藏书，开始利用网络传播技术在图书馆内部使用藏书。这些都是正常和正当的。但只要叫图书馆，它就要具有公益性、非营利性和开放性。从来并且根本不存在像"书生之家数字图书馆"那样的"数字图书馆"。法院在这一案件的判决中十分清楚地区分了"图书馆"与"数字化信息网络传播商"的不同。网络经营商借助新技术在向社会传播作品的同时，从其广告经营和数字信息服务中获得一定商业回报本来是正常的，但网络经营商必须诚实经营，依法经营。随着数字化互联网络的发展与普及，所谓的"数字图书馆"渐渐浮出水面，但究竟何为"数字图书馆"，至今尚无准确定义。从实践中看，数字图书馆应该是在互联网络的环境中，运用数字技术"搜集、整理、收藏图书资料供人阅览参考的机构"。或者说，数字图书馆是收集、存储各种数字化信息并通过互联网络向社会公众提供这些数字信息的主体，因而可以看作是一种网络内容提供者。在目前的技术条件下，其行为方式是首先收集、存储各种数字化信息，包括将传统形态的信息数字化和直接获取各种数字信息，然后将这些数字化信息上传到某个网站上（特定的网络服务器），供公众访问、获取。在这个过程中，对传统形态的信息进行数字化以及将数字化信息上传到特定的网络服务器上，显然均属于复制行为；而上传到特定网络服务器上的信息可以被公众获取，因此已构成对被上传信息的传播。数字图书馆与传统图书馆的差异仅仅在于技术手段和服务形式的改变，两种图书馆的法律性质和法律地位并无不同。更明确地说，是否具备"公益性"，同样是判断数字图书馆能否不经版权人许可、也不必向版权人支付报酬就使用版权人作品（即判断其能否享有版权侵权豁免）的决定性依据。切不可由于长期以来我国的传统图书馆因具备"公益性"而能够享有版权侵权豁免，就误以为凡是冠以"图书馆"之名的机构均可以擅自使用他人的版权作品。

22. 似我者死：反思傍名牌[*]

近年来，"傍名牌"现象受到了人们的关注。新近出版的《"傍名牌"现象与反思》是作者多年来在跟踪报道"傍名牌"以及调查、研究"傍名牌"发展过程的基础上写成的成果，读后引发了我对"傍名牌"现象的一些思考。

一、"傍名牌"已成为今日国之公害；"傍名牌"也是"舶来品"，它并不是中国企业文化传统的一部分

"傍名牌"现象作为一种社会经济现象，它是我国经济发展到一定水平、竞争日益激烈下的产物，是不法分子借用知名企业的知名商标、字号、特有名称、包装装潢等商誉牟取不正当利益，从而造成市场混淆，侵犯他人知识产权的不正当竞争行为。从法律角度看，"傍名牌"是知识产权权利冲突，是指在同一客体上存在着两个或两个以上形式上合法的知识产权，从而导致不同主体在同一时间、地域行使权力时发生的冲突。

"傍名牌"最常见的形式是商标权和企业名称权的冲突，即把他人的知名商标注册成自己企业的字号，利用不适宜的企业名称进行不正当竞争。"傍名牌"是新型的不正当竞争行为，是假冒现象最新的发展形态。记得北京大学的盛杰民教授说过："傍名牌现象在咱们国家已经成了公害"。我非常同意他的这一看法。其实，"傍名牌"本来并不是中国企业文化传统的一部分，甚至可以说根本不在中国

---

[*] 编者注：该文发表于 2005 年 11 月 21 日《北京日报》，原系《"傍名牌"理解与反思》一书的序言，略有删改。

的文化传统之内。齐白石的名言"学我者生,似我者死",是否定"仿"与"靠"的。这才真正是中国的文化传统。事实上,外国企业抢注我们的"同仁堂""狗不理"等等,是早在国内"傍名牌"已成今日国之公害前许多年的。可以说,无论过去或现在,外国企业始终没有停止过"傍"我们的名牌,这倒很像它们的传统,只是被我们的不争气的一批非诚信企业"舶来"了。

二、我国企业不重视商标的主要原因之一是当时虽然有"商标法规",但却没有"商标保护",即并不把商标作为一种财产(知识产权)来保护

本书的"附录"部分,收入了"'傍名牌'现象与知识产权保护研讨会纪要""'傍名牌'现象相关法律及法规",这些内容对于我们进一步认识"傍名牌"现象提供了法律支持。在我国知识产权制度也是"舶来品",但它的作用却与"傍名牌"正好相反。知识产权制度鼓励创新,激励企业注重和提高自己的信誉,阻止仿、靠、冒、盗。知识产权制度在一个国家里,应当把继续完善它当成矛盾的主要方面,还是把防止过度保护当成矛盾的主要方面,应当以受保护的商业标识、发明创造、各种作品遭仿、靠、冒、盗实际状况而定,要看包括"傍名牌"者在内的侵权人是不是总体上仍旧"理直气壮",维权者是否仍旧举步维艰,要看国内外的关键技术领域、国内外的文化市场上、国内外的名牌之林中,是否已经有了与我们这样一个大国相应的"一席之地",而绝不是看外国人怎么论、怎么说。

改革开放之前,我国企业之不以商标为重,是十分典型的。商品包装上突出装潢、突出商品名称,就是不突出商标。许多商品甚至根本没有商标。那时喝茅台酒的人不少,有几个人能说出茅台酒的商标是什么?这种情况在国外、在发达国家很少见。我认为,我国企业不重视商标,主要原因之一是当时虽然有"商标法规",但却

没有"商标保护",即并不把商标作为一种财产(知识产权)来保护。

改革开放后,我国出现的第一部知识产权单行法是1982年的《中华人民共和国商标法》。那时我正在伦敦学习。我把商标法译成英文并附加了以英文撰写的解说,居然使牛津出版的《欧洲知识产权评论》在那一期出现了前所未有的畅销和脱销。全世界惊喜地关注着中国改革开放后向知识产权制度迈出的第一步。在那之后,我国又相继颁布了专利法、著作权法、反不正当竞争法等等,知识产权制度逐步走向完善。

不了解商标的人,不把商标当成"知识产权";即使勉强认为它是某种财产,也并不认为它是重要财产。我经常在讲商标的重要性时,就有"学者"反诘道:"你到商店里是买商品还是买商标?"他们不了解自己在买名牌商品时实际已经支付了比商品本身成本高出许多的"商标附加值"。这种人如果仅作为消费者的"学者"中有,并不要紧,问题还可以长期讨论下去;而作为生产者的"企业家"中也有,事情就麻烦了,因为他们将甘愿一辈子为外国人"定牌加工"而永不会想到要创自主品牌。他们甚至不理解我国商标法禁止"反向假冒"的规定(即第52条第4款)正是为阻碍外国大企业变相或强制性搞定牌加工,正是为诚信的中国企业闯名牌铺路的。这些企业家自己可能并不去"傍名牌",但他们却是"傍名牌"者能够存在、发展并"理直气壮"的社会基础。

三、企业在不断开发其他受知识产权保护的成果来支撑自己的品牌、扩展自己品牌下的产品过程中,往往要从重视商标开始

当然,现在懂得商标重要性的企业越来越多了。记得二十多年前我在伦敦的一位英国同学说过的:"中国企业都把自主商标真的当成财产时,中国的经济就会称雄世界!"企业诚然还需要不断开发

其他受知识产权保护的成果（诸如专利、商业秘密等等）来支撑自己的品牌、扩展自己品牌下的产品（或服务），但往往要从重视商标开始。如果仅仅把商标当作一般的"认知标记"，而不是当作企业建立市场信誉的标志，当作吸引消费者重复购买的向导，那么这种企业肯定在竞争中站不住、做不大，难于生存。

23. 构建法学研究创新体系之我见 *

构建我国法学研究的创新体系，事实上自党的十一届三中全会以后就已经开始。改革开放之初，许多人评价 1979 年以前的中国是"政法、政法，有政无法"，是改革开放改变了那种状况。邓小平同志高瞻远瞩地指出，只有建立起法律制度，中国发展的强大进程才不因领导人的改变而改变、不因领导人的看法和注意力的改变而改变。党的第二代领导核心下决心要逐步建立起完善的法律制度、以"法治"取代"人治"。当年，我国的立法、司法、行政执法几乎都处于"起始"阶段，"白手起家"。我们不能全盘将汉、唐、明、清等朝代的法律制度搬过来，不能全盘将"民国"的法律制度搬过来，不能将欧陆法系或英美法系的制度全盘搬过来。苏联及东欧国家的法律制度，被多数人认为是失败的，故极少有人打算把它们搬过来。我们也没有必要在许多法律在中外均已有上百年历史的 20 世纪 70 年代末，一切从零做起。正是这种特殊的形势，推动或者说开启了中国法学研究。从改革开放一开始，这种研究就无从守旧，只能创新。1979 年出台的几部法律，正是这种刚刚开始创新研究的成果。它们

* 编者注：该文发表于 2005 年 11 月 29 日《中国社会科学院院报》。

确实存在缺点，如《中外合资经营企业法》仅仅把专利、商标视为"可投入的资本"，却偏偏漏掉了覆盖面会更广的版权。但它们在保护当时的改革开放成果以及促进改革开放方面，发挥出重要的作用。从当年开始的法学研究的创新中，还走出了一批迄今仍旧耕耘在法学研究领域的学者。但这并不是说，今天中国法学研究的创新体系已经构建成功了。还远远没有。构建创新体系是一个过程。这个过程应当是永远向前的，但如果我们不加注意，忽略了某些关键问题，或否定创新的思潮占了上风，并不是没有倒退的可能。而且，走弯路始终难以避免，我们只能希望少走弯路，不绕大弯。在学术领域，不跟不正的学风许多学者能够做到，例如，在照抄中、外（主要指拿了"译文"当"专论"发表）他人科研成果的不正风气中，能够洁身者并不在少数；但在许多人跟着走弯路时，自己坚持前行，就不易了。创新的难处正在于此。在科技领域，当年许多人认为王选在第一代印刷技术的基础上直接跨越到第四代是不可能的，但王选最终做到了。与科技尤其是实用技术领域不同的是，法学研究成果是否属于创新，往往衡量起来不是那么"立竿见影"。多数人或主要的立法、执法机关，可能把"弯路"当成"直道"。这时，能够坚持自己的创新意见就显得难能可贵。当然，也绝不能认为自己坚持的看法都不会出错。"有自信、不自满"，在法学研究的创新中必不可少。中国的法院依照学者的意见，较早在世界上成立了"知识产权审判庭"，并将民事、行政、刑事"三审合一"。这种创新却被数年前中国的"司法改革"改掉了。只有经过最近这几年，国内审判中反映出改掉它的不便，国外如日本、韩国、新加坡、菲律宾，反倒成立了"知识产权审判庭"，向"三审合一"发展，才反衬出当年我们研究人员一直坚持的成立"知识产权审判庭"的正确。这也说明，不脱离中国的实际，又紧紧跟踪国际发展的动向，才能够真正做到坚持创新不动摇。要建立法学研究创新体系,首先,要求有一大批人(不仅有中、老年学者, 还应有他们的学生, 而且主要是后者)不照搬照抄, 不跟风, 有自信, 不自满, 立足于中国、又了解世界;其次,造就这样一批人, 既要有时间, 又要不断完善其他方面的配套制度。所以, 我们说, 在法学研究领域, 创新早已开始, 创新体系的构成尚有很长的路要走。

24. 创新·保护·运用 [*]

知识经济时代,知识产权已成为一个企业、一个城市、一个国家竞争力的重要体现。我国正在积极推进国家知识产权战略的制定,创新、保护和运用是知识产权战略的三大关键词。

创新是知识产权战略的基础。没有创新, 也就没有了知识产权,知识产权战略也就成了无本之木, 无源之水。我国"十一五"规划明确提出: 实施国家中长期科学和技术发展规划, 按照自主创新、重点跨越、支撑发展、引领未来的方针, 加快建设国家创新体系,不断增强企业创新能力, 加强科技与经济、教育的紧密结合, 全面提高科技整体实力和产业技术水平。

保护是知识产权战略的关键。知识产权保护不力, 会使知识产权权利人丧失创新的积极性, 最终导致一个企业乃至一个国家的知识产权整体发展落后。因此, 加强公民知识产权意识, 健全知识产权保护体系, 建立知识产权预警机制, 依法严厉打击侵犯知识产权行为成为知识产权战略的关键。

---

　*　编者注: 该文发表于《人民日报》2006 年 4 月 12 日第 15 版, 作者: 郑成思; 李祖明。

运用是知识产权战略的根本，是归宿。知识经济时代最重要的资产是知识、资讯和高科技的创新与应用。创新是开始，是基础，但创新成果在未产业化之前仅仅具有理论上的经济价值，其投入如果未进行转化甚至就是浪费，因此，知识经济的发展根本上取决于对技术创新成果的传播、管理、保护和转化，即促进技术创新成果的产业化成为知识经济时代各国首先需要解决的重要问题。知识经济时代，发达国家和地区已经注意到知识经济时代国家发展战略的调整，极力促进其创新成果的产业化，收效巨大。

在我国，大多数企业已经对研发等技术创新越来越重视，但企业对技术创新成果的管理、转化、应用等却不关心也不研究，有关政府部门对此并未给予足够的重视，相关学术研究也乏力，很多企业在跨国公司的知识产权战略攻掠下损失惨重却尚未知觉。因此，党的十六大明确提出，要开发自主知识产权的技术成果，要建立和实现由国家对提高全社会技术创新能力和效率的有效调控和推动、扶持与激励为核心的国家创新体系。认识、制订和实施鼓励创新及促进技术创新成果产业化这一发展战略，不仅仅是相关法律的完善问题，还涉及经济、管理等多个领域，需要国家、政府、企业乃至全体公民的参与和努力。

25. 给第二类企业一个什么样的风向标 *

在分析"中国企业为什么不重视研发"时，一位经济学家曾引述民营企业家的如实解释："研发若失败，投资收不回来；即使成功，

---

* 编者注：该文发表于 2006 年 6 月 26 日《检察日报》。

新产品或新技术一投放市场就会被大批侵权人共享了。仿制品、冒牌货价低，我们没法竞争，投资也收不回来。"这段解释生动地反映了经济学家和民营企业家对中国加强知识产权保护的期盼。

我国为数不多的有一定竞争力的企业，在国内外市场上，往往不是被跨国公司的产品打倒，而是被我们自己的知识产权侵权者的冒牌产品打倒。我国文化产业中的少数佼佼者，也主要是因知识产权侵权人得不到更好的发展；我国金山软件的老总在多次会上讲道：1995年之后该公司本来有机会发展到（至少在中国市场）与微软公司平起平坐，但国内的软件盗版活动使其在十多年里与微软的距离越拉越大。

从知识产权角度看问题，可以把我国的企业分为三类。第一类，诸如大企业中的"海尔""华为""海信"，中小企业中的"好孩子"（儿童车生产企业）。这些企业均有重大的自主创新成果，又均在对内、对外的维权纠纷或在被外国企业提起的知识产权诉讼中居于主动地位。此外，诸如"联想"通过购并外企，"你中有我、我中有你"，使"涉外"知识产权纠纷无以立足，进而占据主动地位的。可惜，这一类企业在中国只占少数。

第三类是靠仿、冒、盗经营的"侵权发展型"企业。这类企业并非偶尔或过失侵害他人知识产权，而是靠侵权起家，以侵权求"发展"的。这类企业的绝对数并不少，但总量在中国仍只占少数，不过其负面影响大，又经外方炒作，似乎显得在中国占很大比例罢了。

处于中间的"第二类"占绝大多数。它们多处于"观望"状态，即看国家与地方的主管部门对侵害知识产权是不是进行有效的打击。由于靠侵权（冒牌、盗版、无偿使用专利技术）经营，毕竟比靠自创名牌及努力创新要费时、费力、费钱，也更有风险。所以，国家号召学习第一类企业。不过树立这类企业为榜样固然重要，但如果在宣传表彰第一类企业的同时，却使第三类企业依旧能够顺利经营，那么中间层的大部分第二类企业就会效法"侵权发展型"企业。因为这样毕竟费时、费力、费钱更少，风险也更小。只有实实在在地发挥知识产权重大的正面作用，保护了搞研发的企业利益，才可能使我们讲的"建设创新型国家"的战略目标落到实处。所以，"对侵害（创新者及创新企业的）知识产权进行的打击尚未达到鼓励创新的力度"才可能真正是我们面临的挑战。

因此，不仅政府，特别是各级司法与行政执法机关对知识产权保护的明确态度，是决定中国大多数企业向第一类还是向第三类企业转化的关键，亦即决定中国走向自主创新型经济，还是走向永远跟在别人后面的"仿、冒、盗"型经济的关键。

同时，第一类企业能不能发展，能不能在竞争中不被第三类企业所击垮，中国知识产权执法的力度与执法的结果也十分关键。因为，在侵权风险很低而创新成本很高的情况下，第一类企业是不可能与第三类企业竞争的。

"保护知识产权主要保护了外国人的利益，影响了中国国家利益"，这实际上只是国内那些自己不创新、不创名牌，却专靠侵权营利的非诚信企业（即第三类企业）的借口。只有在理论上认清这种借口的谬误，在实际中有效打击他们的侵权活动，保护诚信企业，才可能真正鼓励诚信企业积极创新，才能使创新成果形成企业的核心竞争力。

所以，我国仍须在教育企业学会应对跨国公司知识产权进攻策略的同时，进一步加强知识产权保护，特别是加强对创新弱势群体与创新企业维权的支持力度，以确保"创新型国家"这一目标的实现。

26. 观望的企业将往何处去？*

从知识产权角度来看，我国的企业可以分为三类。第一类，已走上自主创新的阳光大道；第二类，仍用仿、靠、冒来求得"侵权型发展"；而其余绝大多数的第三类，仍处在"观望"状态。

对知识产权保护的明确态度，是决定正在观望中的中国大多数企业向第一类还是向第二类转化的关键。

我国已明确提出了建设创新型国家的战略目标。要落实它，我们就不能不重视与加强知识产权保护——对创新者，对创新企业，对他们所做出的创新成果。

目前，中国知识产权的立法已经基本完备。联合国世界知识产权组织历任总干事都称"中国知识产权立法是发展中国家的典范"。在司法方面，中国知识产权法庭的法官素质，高于中国法官的平均水平。一些判决的水平也不低于发达国家。中国建立了知识产权制度后，企业自主知识产权（包括自主品牌）的拥有量和竞争力，已超过许多发展中国家和极少数发达国家（如澳大利亚、西班牙）的企业。

从中国保护知识产权的现状来看，对创新者、创新的中小企业保护不力，是目前存在的主要问题。这将妨碍中国创新型经济的发展。

从知识产权角度看问题，可以把我国的企业分为三类。

第一类，诸如大企业中的"海尔""华为""海信"等，中小企业中生产儿童车的"好孩子"等。这些企业均有重大的自主创新成果，

---

* 编者注：该文发表于《人民日报》2006年6月28日第13版。

又均在对内、对外的维权纠纷中或在被外国企业提起的知识产权诉讼中居于主动地位。这一类中，还有诸如"联想"这种通过购并外企，形成"你中有我、我中有你"的企业。这使"涉外"知识产权纠纷无以存在，企业在相关诉讼中占据主动。可惜，这一类企业在中国只占少数。

第二类，是用仿、靠、冒、盗经营的"侵权发展型"企业。这类企业并非偶尔或过失侵害他人知识产权，而是靠侵权起家，以侵权求"发展"。这类企业的绝对数不少，但总量在我国仍只占少数。因其负面影响大，又经外方炒作，从而放大了其实际存在的比例。

其余是第三类,占绝大多数。它们对知识产权保护多处于"观望"状态。

第三类企业在观望什么？主要是看国家与地方的主管部门对侵害知识产权是不是进行有效的打击。和靠冒牌、盗版、无偿使用专利技术等侵权行为来经营相比，靠自创名牌及努力创新要费时、费力、费钱得多，也更有风险。

所以，国家在号召广大企业学习第一类企业的同时，如果放任第二类企业顺利经营，那么大部分第三类企业就会效法"侵权发展型"企业。因为靠侵犯知识产权发展费力小，花费少。

对知识产权保护的明确态度，是决定正在观望中的中国大多数企业向第一类还是向第二类转化的关键。这也是决定中国走向自主创新型经济，还是走向永远跟在别人后面的"仿、冒、盗"型经济的关键。

中国企业为什么不重视研发？一位经济学家曾引述民营企业家的话："研发若失败，投资收不回来；即使成功，新产品或新技术一投放市场就会被仿制、冒牌，保护的成本却很高；冒牌货价低，我们没法竞争，投资也收不回来。"

　　事实上，我国为数不多的有一定竞争力的企业，在国内外市场上，往往不是被跨国公司的产品打倒，而是被我们自己的知识产权侵权者的冒牌产品打倒；我国文化产业中的少数佼佼者，也主要是被我们自己的知识产权侵权人弄得难以发展。我国金山软件的老总曾多次提到，1995年之后该公司本来有机会发展到与微软公司平起平坐，至少在中国市场上；但国内的软件盗版活动，使其在10多年里与微软的距离越拉越大。

　　所以，对侵害知识产权进行的打击，尚未达到鼓励创新的力度，这可能才是我们真正面临的挑战。只有实实在在地将知识产权法律制度落到实处，有效地保护搞研发、搞创新的企业的利益，建设创新性国家的战略目标才可能落到实处。

　　一个国家，应当把继续完善知识产权制度当成矛盾的主要方面，还是把防止过度保护当成矛盾的主要方面，必须以受保护的商业标识、发明创造、各种作品遭仿、靠、冒、盗的实际状况而定；要看知识产权的侵权人是不是总体上仍旧"理直气壮"，维权者是否总体仍旧举步维艰；还要看国内外的关键技术领域、国内外的文化市场、国内外的名牌之林中，是否已经有了与我们这样一个大国相应的"一席之地"，而绝不是看外国人怎么论、怎么说，不管是外国学者还是外国政府。

　　多数发达国家从知识产权的弱保护发展为后来的强保护，都有一个相当长的准备期。但世界贸易组织的产生及中国的加入，却阻断了我们也希望有的同样的"准备期"。从局部看，这对我们不公平；从全局看，则对我们未必是坏事。

治学经验、杂文、学术论著及术语编纂

治学经验

杂　　文

学术论著

术语编纂

一、学术小传、寄语

1. 我的学术小传 *

壹、我是怎样开始学外文的

在已不是闭关锁国的中国，学术研究要有深度和广度，不掌握一门以上外文是难以做到的，知识产权研究尤其如此。而提起我真正学习外文之始，我就常想起 20 多年前的一次出国前的外语口试。

那是 1979 年末的一天。社科院与北京大学一道，在北大法律系的一间教室里，对刚刚通过了法学所出国外语笔试的几位研究人员进行外语口试。主考官是北京大学从美国请来的一位法学博士。这是我生平第一次面对面与外国人用英语交谈。那位美国人对我的英语水平基本是满意的。可以看出：我通过了面试。但临离开考场时，美国人坚持要我回答一个与考试无关的问题：他不明白为什么我的口语中充满了美国只是在一百多年前才较流行的表达方式，说得更直接些——马克·吐温小说中的表达方式。

---

* 编者注：这一篇自述性质的散文,曾于 1998 年第 10 期《人物》杂志发表,后来被《新华文摘》(1999 年第 2 期)、《中华英才》等多个刊物转载。

他的问题把我带回了又一个 10 年之前。

在黑龙江木兰县农场一年多的"再教育"即将结束的 1969 年,"文化大革命"仍看不到结束的迹象。我不知道我会被再分配到哪里去。但有一点是肯定的,"靠人治、不靠法治"在当时已是不可更改的最高指示,我不可能从事与北京政法学院(后来的中国政法大学)教给我的专业有关的任何工作,我可能要另谋出路。

1970 年 3 月,我被分配到了鸡西市一家石墨矿。在那里,实际仍是"再教育"的继续。井上井下的采矿"会战",没完没了的"大批判"会,生活的内容与节奏,与在农场并无大区别。但有一天,矿里技术科交给我一份车床说明书。这几乎改变了我后半生的路。

那是一份附在从英国进口的车床上的说明书。当时中国从国外进口设备非常有限,因而单位使用起来也格外小心。英文的说明书如不译成中文,是不允许投入使用的。在矿上的几个大学生中,只有我的英文还拿得起来,于是任务交给了我。

在吃力地翻译说明书的过程中,我萌发出今后做文字翻译工作的念头。这至少比"打顶"、采石、推矿车等对于瘦弱的我更胜任些。我当时的英文水平非常有限,希望通过自学提高英语水平。我写信求助于在北京的一位我父亲多年前在西南联大的同事。他的英文极好,家中的英文书很多。我请他借我一本有助于通过自学练习英文翻译的书,讲好了一年之后一定还给他。

于是,一本英文的《汤姆·索亚历险记》邮来了。在"文革"中,鲁迅是极少数不在"打倒"之列的文学家之一,而他又是十分推崇马克·吐温的。使用马克·吐温的小说,至少不会有"封资修"之嫌。我的这位长辈考虑得还是非常周到的。在那个只许读四本小红书的年代,手头有了这么一本英文小说,那心情绝不是现在的年轻人可以体会得到的。从收到这本书起,每天在我床头的小油灯,就没有在半夜一点之前熄灭过。矿上虽然有电,但在十几个人一屋的集体宿舍里，不可能让唯一的一盏电灯亮个通夜。

一个多月里读完了这本小说。想起来迟早是要归还人家的，不由产生一种若有所失的感觉——虽然它本来不属于我。有一天，我想：何不把这本书抄下来，字迹抄得工整些，我不是就可以留下一本属于我的《汤姆·索亚历险记》了吗？于是我开始抄写。

待我抄写起来之后，才认识到对这本书仅仅读一读，或是读几遍，外文能力并不会有显著提高，也不见得能理解小说作者在书中表达的思想。真正动手抄写一遍，就大不一样了。我发现有许多非常生动的句子、许多非常富有哲理的句子、许多经常会用到的习惯用语，这些都是我必须背诵下来的。我把这些抄在一个单独的小笔记本上。这个小本子能在我的衣兜中装下。我随时带着它。在"大批判"会之类的会上，在"早请示、晚汇报"（"文革"中的一种"表忠心"的例行程序）时，我则抽空背诵着《汤姆·索亚历险记》中的句子。这样，不知不觉地，我掌握的英文词汇量大大增加了。

半年后，整本书誊抄完毕，床头摞起了近一尺高的稿纸。我想，当年马克·吐温交付出版社的手稿，大概也有这么一厚摞。

在该书邮还给父亲的同事后不久，我又想，应当把这本书翻译成中文，给予我一同在矿山锻炼的大学生们也读读，因为这真是一本好书。于是我又着手从手抄英文本译成手写中文本。这项"工作"又进行了半年。在即将完工时，过去对外国文学孤陋寡闻的我，才从鸡西煤矿学校一位图书管理员那里知道：《汤姆·索亚历险记》早在50年代就有了中译本。而且，他本人从60年代中期的"扫四旧"中偷偷藏起过一本该书的中译本。在我们成为朋友之后，他毫不吝惜地把它送给了我。

这样一来，我有了机会对比一下我的"译本"与曾经由出版社认可的译本之间的差别，找出我对哪些英文原理理解错了或理解得不完全对。我感到通过这一对比，我的英文水平又真正地增高了一大截。这对我提高英文水平是必不可少的。相反，如果早些知道了已有中译本，我再译就肯定没有那么大干劲了。

当然，在经历了每天"大会战"的体力劳动及各种"批判会"的嘈杂之后，长期的熬夜，也并非无所失。视力下降了，身体垮了。经常地，我坐在油灯下抄写、翻译之时，我想着将来人们学外语时，可能不再这么费力，没有必要放着电灯不用而非点油灯不可。同时我也常想：如果我能有整天的时间来自学英文，我还会这么用心吗？如果我能自己买到一本《汤姆·索亚历险记》而不必去誊抄一整本书，我还能把英语提高到这个水平吗？我不知道。

靠着这样学下来的英文，我后来顺利地为矿上翻译了进口汽车说明书、进口压力机说明书等。靠着这样打下来的英文基础，我在社科院通过了所、院两级英文考试，在当时的高教部通过了全国英文统考，并于 1981 年，作为改革开放后第一位法学领域的留学生到英国的伦敦经济学院法律系学习。同年，我在《欧洲知识产权评论》用英文发表了我的第一篇论文；1987 年，在 Sweet and Maxwell 出版社出版了我的第一部英文专著。

现在，我在国际学术刊物上的英文论文已发表了数十篇，英文专著也已出版了五部。在英国留学期间，我用节省下的生活费买下了马克·吐温全集，其中自然也包括那本《汤姆·索亚历险记》。但多年前的那本手抄本的一部分、那本摘录"绝妙好辞"的笔记本、那本图书管理员送我的中译本，仍旧留在身边。这倒不是为了"怀旧"，只是让它们督促我不再偷懒。我希望自己当年坚持学习的精神，能够一直保持到老。我常对自己的学生说："我没有天赋，也不是天才，我下的是死劲。"这不是自谦，而是实话。在我留学回国后，听到有同事抱怨没有机会上外语院校的"强化班"或"培训班"，因此出国考试总是通不过，我也常对他们说起自己从未上过一天外语"强化班"或"培训班"，完全是靠自学。这也不是自吹，而是实话。

最后需补充的一点是：当年面试我的美国博士听我回答说的是以马克·吐温的小说作自学教材后，称赞之余，又告诫我："现代语言多少有了些变化，你还得以同样的劲头补修现代英语。"我确实照他的忠告做了。我后来发表的英文论著，虽然不可能完全摆脱马克·吐温行文风格的影响，但显然使用的已不再是马克·吐温时代的语言了。

贰、我怎么研究起知识产权来了

在我的书架上有一本很旧的书，红色书皮上已布满了白色的褶皱，但它旧而不破，是被很小心地保存着的。20多年前，正是它"偶然"地把我从国际法领域带进知识产权法领域。

1979年4月，"文革"之后我刚刚"归队"，经历了农场、矿山、教员、政工干部等工作岗位后，回到了法学研究岗位，进入中国社科院法学所，被安排到国际法室。刚刚对外开放的中国，与联合国世界知识产权组织建立起初步联系。中国去该组织开会的代表团，带回来一本《有关国家商标法概要》，当时它是该组织的最新出版物之一。我国正考虑要制定《商标法》。为借鉴外国的已有条文，当时的商业部、贸促会、政法学院、外贸学院等单位，想组织人把这本书译成中文。

这本大16开240页的书中，布满了密密麻麻的英文，首先就给人以"工作量太大"的感觉。"商标"是什么东西？不就是商品包装上贴的纸签吗？"商标法"与国际法、民法、刑法等等比起来，显得太窄，地位太低。这又使人感到"犯不上为它花那么大的力气"。所以，几个月找不到人愿意翻译它，是不奇怪的。那时"知识产权"对绝大多数中国人还很陌生，远不像90年代以来的中美知识产权谈判及中国"复关"及"入世"谈判把它炒得这样的"火"。

后来一位领导要求我来试译一下，是否愿意最后接下全部任务，可以试过之后再说。我历来属于"好说话"的一类人，很少轻易地顶撞领导。但我知道这是一部许多人不愿接的书，我自己的英文水平及精力如何，自己并没有把握。而对于可能卷入这样"窄"的学科中去，当时心里是不愿意的。只是抱着"服从领导"和"试试看"的心情，硬着头皮接下来了。

在译前几个目录的法条时，真有点急得"灵魂出壳"了。当时正值三伏天，面对一大堆自己根本不熟悉的术语——在已有的国际法、民法及刑法的中文里，完全找不到它们的对应语。"把它仍下干别的"，曾是第一个掠过我脑子里的念头。确实太难了。有时一句话困扰了我一夜，也未想出合适的译法。

在我请教几乎与我同龄的商标专家王正发及作为学长的国际法专家姚壮时，他们都讲了几乎同样的话："有些术语，中文中原没有，你可以大胆译——当然要慎重、要确切——译出之后，就'从无到有'了，今后人们就可能随你的用法。""找不到中文的对应术语，说明你的工作是开拓性的。"同龄人及学长们的话，无疑给了我很大的鼓励，使我几度浮起的半途而废的念头被最终打消了。

在半年多的时间里，我请教过几十位国际法、刑法、民法领域的专家，请王正发先生全文校改过其中一个国家的商标法的整篇译文。这半年里，我几乎是"全神贯注"地投入了这本书的翻译。在三十多岁的年龄，原有的近视镜又增加了五十度。我的孩子出生于1979年8月中旬，这个日子是不易被忘却的，因为当时正是初译"要劲"时候，孩子出生后，是我的小妹妹来电话告诉我去医院的。电话打到所里，我还在过道间壁的小"屋"里，白天点着灯苦苦地译着那本书。在医院里，孩子的妈妈脸上的不满意的神情，至今还清清楚楚地留在我记忆中。她并无一句怨言，其实这更糟。因为她埋怨几句也就到头了；留下空白让我去自责却是无尽的，直到今天。

　　不过那本书终于译完了。近百万字的译文，得到了 60 元还是 80 元"翻译费"，我已经记不清了。但记得在那之后，我再动手翻译《专利法》一书时，已经不感到十分费力。1980 年，我顺利地通过了所、院及国家三级英文考试，获得了去英国留学的资格，成为 1949 年后我国派往英国的第一名法学领域留学生，就是说，在专业上，在外文上，经过那半年的翻译，都有了很大的进展。也正是从那时起，我对"知识产权"产生了浓厚的兴趣。知识产权法与传统民法的联系与区别、知识产权国际保护在国际法中的地位、知识产权中"依刑法而产生的民事权利"、知识产权在中国改革开放中将起到的不容忽视的作用，等等，这些问题几乎都是在当初的半年翻译活动中闪现在脑海中的。当然，对它们的深入研究，则是其后二十多年中的事了。

　　在后来这 20 多年中，我先后写出了中、英文专著 30 余部，其中有的被联合国作为专家培训的必读书，有的获中国社科院学术作品奖，有的获光明日报"光明杯"学术奖，有的成为全国高校统编教材，有的在中国台湾用繁体字再度出版。这些专著中的不少术语，已被今天国家的立法及许多人的著述广泛使用。而它们均源于那本红皮的世界知识产权组织商标法概要的第一个中译本。有的译法可能是我自己确定的，有的可能是与王正发、姚壮等专家商议后共同确定的，还有些则可能是这几位专家确定、我认为正确而采用的。

　　1982 年在英国学习时，有一次，我不知怎么想起了：如果不译这本书，我不可能把英文提高到能通过三级考试的水平，也不可能选择知识产权这个专业方向，因此应该在手头留有这样一本书作纪念，也好经常打消自己稍起的"偷懒"念头。我虽然自信是勤奋的，但未必不想偷懒，尤其在感到劳累时。当初如果回绝了领导派下的任务，如果干到一半就放弃了，也不会招来什么很坏的后果，自己倒可以轻松轻松，不过也就不会有后来的留学机会了。

于是我写信给世界知识产权组织出版部，要求买一本《有关国家商标法概要》，因为在 1980 年初翻译完成后，该书的原本已交还中国贸促会。出版部的负责人显然没有我们今天许多人那种"经济头脑"，他复信说书中的有些法条已经变更，故该组织准备出新版，而且该书要 400 瑞士法郎，劝我不必花这笔冤枉钱。不过我仍旧邮购了一本，连邮费花了我当时两个月的生活费。从伦敦的邮局收到该书时，我的心情是很激动的。我终于有了一本属于我自己的，我曾为译它而花费了那么大精力的商标法概要了。

回国后，这本书一直在我书架上。有时我也用到它，特别是遇到知识产权法条或国际公约条文的翻译障碍时，想起该书曾出现过相同或类似的句子、条文或术语。但这样的使用机会毕竟很少。更多的使用，是让它作为一个时时推着自己往前走的动力，使我经常想起当初因何选择了知识产权这个研究方向，回忆起当初困难的条件。既然当初都挺过来了，现在更不应当有什么不可克服的困难。

叁、我第一次用英文写论文

1981 年，作为中国改革开放后第一个公派去英国学习法律的研究生，我选择了伦敦经济学院研究生院。国内著名社会学家费孝通、著名法学家李浩培，均曾于 30 年代在该校学习。刚刚进入 80 年代，该校柯尼什教授出版了当时在发达国家最有影响的知识产权教科书《专利、商标、版权与有关权》。这便是我选择该校的两个主要原因。

从学长们过去的介绍中，我只知该校校风较好，对学生的要求是严格的，有时甚至是严厉的。我感到知识产权课的主讲人柯尼什（同时也是我的指导老师）正是这种严格与严厉的化身。

他对自己的教科书很满意，经常讲课讲到高兴时，就举起他的书，叮嘱同学们务必读懂某页的某一段，那是他自认为极精彩的论述。凡是有同学问及当代哪一本知识产权教科书最好的，他总会毫不犹豫地回答："My book"。每当有人对他的论述提异议时，在我的印象里，他总是毫不客气的拉下脸来把人家驳回去。在最初一段时间里，我对他的印象并不太好，感到他不过是在西方常能见到的"自大狂"中的一个。而中国人，至少在当时，还是更崇尚谦虚的。

是一次偶然的课堂提问，根本改变了我先前的印象。在他曾叮嘱我们应读的一段论述中，我读后发现他的论述与他所引证的案例完全对不上路。我不知是自己英文理解力太差，还是专业水平过低。不过，为了弄清问题，我在一次有二百多人听大课的场合找到了提问的机会，就提了出来。他听后先是一愣，仿佛没听懂我问什么。我头上的汗一下子出来了。准备好要被他轻易地驳回去，或用莎士比亚的语言说一句我未必能完全听懂的话——正像他经常驳回其他同学的异议那样。不过我想象中的事没有发生。柯尼什接下去问：在哪一页上？并解释说他自己的书太厚，不可能记清所有内容各自所在的页码。当找到我的问题所在之处后，他低头盯着细看了一两分钟，抬起头来竟是一副抱歉的脸色。他说该案例的出处引错了，对不起我和其他读者，下一版出书时一定改过来。这真是我未料及的结果！不过一下课，立即有同学来指责我这是"出风头"，而且出得不高明。因为谁都知道柯尼什在国际知识产权界是公认权威，一个小研究生要当众挑人家的错，只能显出自己不知天高地厚。但平心而论，我真没有想过要挑谁的错，只是想解决我阅读中不解的问题。我想可能使导师难堪了，却又无法解释。只能一切听其自然。

几天后，柯尼什找我去他的办公室，约我给他任编委的联邦德国马普学会 IIC 杂志写一篇中国版权制度现状及发展的论文。我刚一听几乎手足无措。我并不担心自己的研究水平，但确实认为自己的英文水平根本不能胜任。"我连英国的电视片都不能完全听懂呢。"我半天才想出这么一句有点文不对题的话。"不要紧，要知道书面文字与口头语言可能是完全不同的两回事。你可能直到毕业回国，口语还是不能百分之百跟上；但我相信你现在就能完成这篇论文。""这可能是惩罚我？"脑子里确曾闪过这种念头。不过转瞬即逝了。因为柯尼什是个直性人，不会拐弯抹角——即使打算惩罚谁。

我于是开始了留学期间最艰苦的一段历程。首先我得学会打字——是不会的，而我又绝不可能把手写稿交给导师。学打字并不太难，前后花了三天。然后是论文初稿。国内材料是备好了来的，国外材料还得收集，有些涉及英国之外的论著中的问题，还得与德国的Dietz博士、联合国知识产权组织的Bogsch博士等通信（当时尚没有Fax，更不消说E-mail了），然后是动手写。不论怎么说，三个月之后，两万多字的打印稿交到了导师手中。

由于柯尼什把这篇论文来回改了六遍（也就是说，要我重新写了六遍）。我有了更多机会与他面对面交谈，并因此逐渐成了无所不谈的朋友。在论文之外，我们经常从当时举世关注的香港问题，谈到当时英国与阿根廷开战的马尔维纳斯群岛，又谈到新加坡的李光耀，等等。只是到了这时，我才把当初我提出那个书中差错的问题向他做了解释。没想到他完全不记得当时在课堂上是否使他难堪了，但提出的那个错，他实实在在地在自己用的那本书上作了记号，以便再版时更正。于是我问，是不是因为我是他指导的学生，他就特别宽容一些。他讲并不全是，而是多数对其教科书提出的异议，十足反映出提问者并没认真看他的书，就出来"Challenge"。而他对自己的立论是有信心的，因为它是经过了认真研究才写出的。他说，切不要把自信与狂妄混为一谈。人要想作出点事业，首先要有自信。

如果不论什么不负责任的异议都接受过来，那就搞不成学问了。但又不能认为自己无可挑剔，否则就不会再往前走了。那就真的是狂妄了，就会在竞争中被甩下来。谈到这里他重复地说了几遍："Don't think you are nothing；Don't think you are everything"。我觉得很像中国话中的"有自信、不自满"。

他认为我当初在课堂上提出的问题，是书中实际存在的差错，他自己没有发现，被我发现了（其实我只是看不懂、拿不准，并未认定那是个差错），他自然应感到高兴，因为至少在下一版自己的书中又可以少一个错，向完美又进了一步。

我还问及，在我的论文中，我把"出版社"表述为"Press"，而未像英文通常表述的那样（Publishing House），导师为何只在第一遍修改时把它改了过来？因为在重写时，我又忽略了导师的这一点更正，二稿仍旧用了Press。导师在第二遍修改时却不再改，依它原样一直留到了定稿中。柯尼什回答："那是为了增强你对自己英文的自信心。开始要你用英文写论文时，就发现你信心不足，对自己的英文水平估计低了。"他认为，我的这一用语虽不太合适，但以英文为母语的读者能够明白其含义，属于可改可不改的内容。凡这种类型的用语，他均不再改，只是非改不可的才改，以免改得我对自己越来越没有信心。

这篇论文发表在了IIC1984年第2期上。论文发表后的一年多里，我接到了许多表示祝贺的来信，其中有联合国的、美国的、德国的、澳大利亚的知识产权界的名人。直到今天，仍时时见到外国人论述中国版权制度的论著援引它。它是我被国际知识产权界认可的第一篇文章。

在那之后的十多年里，我又以英文出版了五部独著与合著，并在国外学术刊物发表论文数十篇，此外以中文出版了三十部专著。

相比之下，那第一篇论文显得很"初步"。不过它确是使我建立起自信的第一步。

同时，柯尼什承认自己作品中会有差错，并欢迎刚刚起步的研究生挑错的这段历史，也给了我很大的影响。我每出版一书，均会有许多议论、来信、文章乃至专著涉及它。其中不乏"挑差错"者。从我的第一部中文专著出版起，就有根本没有看懂而轻率"异议"者，有的议者甚至有"专家"的头衔。但这些"异议"并未动摇过我沿认定的方向继续研究并出成果的信心。对能够认真阅读它并挑出差错者，我均会去信表示感谢；如果再版时真正按人家的指正去更正了，则要在前言中加以说明。在我的书的认真读者中，有我的同事，也有我的学生，有在北京国家机关工作的公务员，也有在外地的研究生。像《WTO 与知识产权》《版权法》等书，都因为吸收了读者的指正，而为再版增添了色彩。更改后的书中，又被挑出差错的，也不是没有（如《版权法》），它们还会在今后再一次被更正。这样，我感到自己的作品会越来越受欢迎，而不是相反。此外，无论出版社还是杂志社的责任编辑，在审阅我的稿件时，可改可不改的地方被改了，我一般并不去抗争，因为这属于"模糊区"（照导师的做法，我不去改他人作品的"模糊区"，以利树其自信心；但不禁止他人改我的"模糊区"，以减少与人的摩擦）。属于非改不可的差错被改了，我一定要致谢。属于编辑未看懂，不应改而被改了的，则坚决要求复原，没有"谈判"的余地。

我感到，任何人的作品中，多少不一，均会包含有可能被"挑剔"的这三部分。至于有人自诩从小就没有人可以更改其作品的一个字，细读其作品，反倒发现其差错连篇。我感到其失于自信过度，走向自满与狂妄，就再难前进了。

我留学时的第一篇被国际上认可的论文，是由于我给一位非常自信的权威挑了错才产生的。在我写这第一篇论文时，这位权威所说的"Don't think you are nothing；Don't think you are everything"，一直伴我走过了这二十年的学术生涯，而且还会继续伴我走下去。

2. 我与《知识产权论》*

在中国加入世界知识产权组织的前一年，该组织送给我国的一本知识产权法条汇集，把我引上了知识产权研究之路。那还是改革开放刚刚开始的 1979 年，我当时只是隐隐约约地感到在我国的现代化进程中，智力成果的财产权问题，将是法律中的一个相当重要的问题，把研究重点放在这上面，对国家是会有用的。

在从事这方面研究近 20 年后的 20 世纪 90 年代末，我已经用中、英文在国内外出版了三十余部研究专著，如《版权法》《中国智力产权》等等。其中也不乏在国内或在社科院内的获奖之作。但我仍旧感到有一些对国内学界以及对国际上的同仁应当讲清的、与实践密切相关的理论问题，在自己已有的专著中，尚缺既系统、又广泛，既有抽象理论、又有形象说明的一部论著。这就是《知识产权论》这部将历史发展、理论与案例分析融为一体的专著的写作动因。

写这样一部书诚然需要"用志不分"——坐得住。但仅仅坐在屋子里又肯定写不出来。书中有相当部分是与外国学界争论，乃至辩论的结果。例如，韩、日等国均有学者认为印刷术并非中国发明，但他们拿出自己的所谓"印刷术发明史料"时，却难以拿出与印刷

---

* 编者注：该文原载《中国社会科学院院报》2002 年 7 月 11 日。

术的应用同时产生的版权保护史，因此最终无法确认印刷术是由他们的祖先发明的。我在这部书中则做到了。我的相应论述，后来被美国学者盖勒在其发行全球的《国际版权法》一书中引用。又如，关于财产法、信息保护与知识产权关系的论述，是在日内瓦、萨尔斯堡、柏斯等地的国际会议上，与诸多国家的学者们多次讨论的产物。书中的相应论述，在该书首版的 1998 年，就两次在国际会议上被英、美学者引用。书中关于侵害知识产权的过错责任与无过错责任的论述，关于"商品化权"的论述，则是与国内的法官、行政执法者们研究具体案例的产物。书中的这些论述不仅在国内诸多学术刊物上引起了长时间的讨论，而且是被国内知识产权界在论文、论著中引述极多的部分。书中关于知识产权价值评估的论述，则被国内许多评估公司作为教材。有一位读者对该书的评价是："极少有书名称'××论'的书，又这么有实用性的"。我对他说："至少在知识产权领域，缺少实用性的任何一种'论'，都不过是空论或谬论"。

这本书 1998 年出版后，一再重印而一再售罄；2001 年再出第二版①后，仍是如此。这是读者一直认为它还有用的证明。

但这部书并不是没有明显缺陷的。例如，在网络上的知识产权保护的特殊问题已显现的 90 年代末，书中对此论述则太少，太一般化。其原因主要是我对网络知识的缺乏。在这方面，我的两位博士生已经走在了我的前面。我必须真心诚意地向他们学点东西，请他们来"导"我了。否则，在 21 世纪的今天，我就肯定不只要落在他们俩后面，而且还会落在一大批年轻人后面——这又是我不太甘心的。看来，现在不能不以老病之躯，再作一搏。

---

① 编者注：该书已于 2003 年末出第 3 版。

3. 盼年轻人后来居上 *

随着我国《著作权法》的正式颁布实施，随着国际间知识产权关系的日益密切，我国知识产权的研究以及知识产权法的实施越来越引起人们的关注，广大海外中国留学生也非常关心国内的知识产权立法问题。我愿就自己这些年来的研究与实践，跟留学生朋友们交流一些情况。

我曾于 1981~1983 年在英国深造两年，以后又多次到美国、日本、德国、澳大利亚等国进行学术交流与访问。这些年，我先后参与了我国《著作权》《计算机软件保护条例》的起草工作，参加了我国《商标法》《专利法》的修订工作，并作为法律顾问参加了中日技术转让标准合同谈判以及中美知识产权谈判；我还撰写、出版了《知识产权法通论》《版权法》等 10 余部中文专著，《中国智力产权》《中国 1990 年版权法》等多部英文专著，并在中外学术刊物上发表了 50 余篇学术论文。

知识产权与知识产权立法是科技发达、工业发达、经济发展的产物，是国际经济关系不可或缺的东西，在我国则是 1978 年改革开放后提出的新问题。中国作为发展中国家，知识产权的理论研究与知识产权的立法实施起步晚，但进展很快。自 1982 年以来，我国先后颁行了《商标法》《专利法》《著作权法》以及《计算机软件保护条例》等法律法规，并参加或即将尽快参加《保护工业产权巴

---

* 编者注，此文出自留学生丛书编委会编《寄语留学青年》，中国友谊出版公司 1992 年版，第 270 页。

黎公约》和国际版权公约组织。由此可见，我国在知识产权保护方面的步伐已经相当快了。

然而，较之知识产权的立法而言，我国知识产权的理论研究却显得有些跟不上。虽然国内有些高等院校还专门成立了知识产权研究中心，但整体研究水平却还不高。由于知识面窄，信息不灵通，国内许多研究人员还热衷于国际版权界早已定论的东西的"争鸣与探讨"，而实际运用中能充分利用有关知识产权法规为国家利益服务的人就更少，这些都与我们改革开放之大国的形象很不相称。中国现在之所以非常缺乏高水平的知识产权研究与实践人员，关键还是年轻人留不下来，有些人出国以后迟迟不回来，而为数不多的研究人员虽然走不了，却缺乏广博的知识，其中最主要的是自然科学知识甚少和外语水平不高。

我曾经带过几名知识产权法方面的研究生，先后都出去了，杳无音讯。我真不明白这些年轻人的出国目的与出国手段。有位年轻人让我给他写推荐信去国外研究知识产权问题，出去后就不再联系了。后来他突然给我来信，索要我出版的知识产权方面的新著，说是要研究，这简直令我啼笑皆非。

这些年我经常有机会到国外去进行学术交流与讲学，有时也能碰见一些留学生，其中有许多人不了解国内现在的科研水平，要么眼高手低认为自己回来无用武之地，要么自以为自己学的是"高精尖"而实际上国内的水平比他还要高。我以为，年轻人在国外学习要使自己成为"专家"，但更要成为"博家"，否则，对研究像知识产权这种交叉科学就会捉襟见肘。

人类已经步入90年代，正在走向世纪之交。世界经济竞争，综合国力的竞争，越来越表现为科学技术的竞争。知识产权的协调和分享已成为国际经济关系的主要内容之一，知识产权国际一体化

的节奏和趋势正在加快。我国十年规划和"八五"计划把充分发挥
专利制度的作用，保护知识产权作为发展科学技术的一项重要措施。
中国要建立比较完备的知识产权体系，为建立国际知识产权新秩序，
而作出自己的努力，正急待一批年轻有为，知识渊博的知识产权专
家后来居上。可以说，年轻人现在回到国内致力于中国知识产权的
研究与实践，是千载难逢的好时机。

4. 对 1999 级研究生讲的几句话 *

　　每当学生要我讲讲自己怎么做学问，我就十分惶恐，因为能说
出的太少。以中文出过 30 本书，以外文出过 5 本书，只能说明肯吃苦、
肯干，却未必说明干得好。我又没有任何"名言"。心中的名言多是
古人的。只好勉为其难讲几句。

　　的确，我的成就并无任何惊人之处，原因大概是本非天才。我
只知道下死力去做，"不偷懒、不灰心"。其实就靠这六个字，才庶
几不被甩在最后面。这是我向来对自己的学生所说的，也是今天对
同学们所说的。

　　如果还要再说几句，那就不是我本人版权保护范围内的名言了。
我爱好中国古典文学。古典文学的修养不仅有助于表述（虽然我从
来不用半文不白的文字写作），而且其中的哲理在多年中还一直促进
着我的学习与研究。

　　"不矜小胜，不恤小败"。这是一位雪夜取蔡州的古代名将的话。

---

　　* 编者注：这是郑成思教授应中国社科院研究生院法学系 1999 级博士生自办的报纸《燕京法律学园》创刊号所约，写下的几句话。

"金家香巷千轮鸣，扬雄秋室无俗声"，则是其同代一位诗人的名句。学者于今天能恪守之，在各方面心理就比较平衡，学问也才做得下去。

"用志不分，乃凝于神"，是一位古代哲学家的名句。学习与研究，其实与练气功一样，想要炉火纯青，不"入境"是不可能的。一边听着音乐或看着电视一边写作，可能只有天才能写出好东西。我绝对不行，也不信。

最后一点，是我自己在学习摄影与洗相时的体会，不再是古人的了（我相信当时若古代摄影技术已经发达，也肯定会有相应的名句留下来）。正像见了好的景色，只拍摄、不定影，结果只能是浮光掠影，亦即好"景"不长。学习中有了一得之见，应立即写下来，切不可偷懒；否则有些思想的火花只闪一次、永不再来。定下影后经推敲又觉不好，还可以弃之不用；未定影而回想觉得很好，可能再难重现。

大家考上了研究生，其他人都会很羡慕。我也从心里羡慕同学们。我自己什么学位都没有。其中有"生不逢时"的因素。大学毕业时适逢"文革"，故无学士学位。留英时教育部还不提供学位申请费，故无硕士学位。在 LES（费孝通、李浩培等学长也曾求学于兹）研究生院毕业，只拿到一个 Diploma。待到法学可报考国内博士之时，已力不从心，甚至可以说是"垂垂老矣"，故无博士学位。

从 1986 年自己招收研究生开始，学生就一直在推着我往前走。师生之间，学习总是互相的。上面讲的几句话，同学们如认为还有点用，则取之；认为无用，则置之。愿同学们把进入研究生的学习作为新的起点，今后不断产生有价值的成果。

5. 物我两相忘 *

郑成思 卷

纵然湘江已入夏
犹是春风第一枝
——为长沙电视 政法频道
WTO 与 法制论坛题

郑成思 2001. 5. 27.

一个生活中糊涂的人
一名特别严谨的学者
一位知识产权领域里的著名专家

---

　　* 编者注: 该文出自李步云、江平主编《WTO 与中国法制建设》,中国方正出版社 2001 年版,
第 248 页。

人物篇

郑成思：物我两相忘

很难想象这就是郑成思教授的家：比寻常百姓更加平常，比普通人家更加杂乱，看不到像样的家用电器，找不出像样的家庭摆设。北京大学教授，中国社会科学院知识产权中心主任，国际版权协会理事，世界知识产权组织仲裁员，国际知识产权教学与研究促进协会执行委员郑成思，就住在这里。

荣斌：您虽然是一个很严谨的学者，但是我注意到您的房子里头，尤其是您的书桌，什么都挺乱的。

郑成思：这些书不乱，因为这个书怎么摆，有我的一套方法，你比如，我拿什么书，我自己可以拿出来，你要整整齐齐的，非常好的放在一起，可能要找我那本书就非常费劲，所以我就把我平时要看的，你像这个国外的case，也就是案例，我经常要查的，就放在这个很好找的地方，你像这个国际公约，这些是经常要查的。像这些不经常查的，或者是作为小说来看的，就放在顶上，这里有我的一套规律，在别人看起来乱，乱中它是有序的。

"乱中有序"，是郑教授的生活习惯，我们也许只有见怪不怪了；不过，郑教授不允许妻子整理房间，有时甚至不允许家人和他说话，却让人不可思议。

郑成思：我写文章前对家人说，8小时之内不许和我说话，有时她（妻子）觉得有必要和我说话，打断一下我的思路，我就很生气。

郑教授还闹过一个笑话：他结婚后，蜜月还没度完，竟然不认识自己的新婚妻子了。

郑成思：结婚一周后，我当时在写一篇文章，整个脑子都在这里，我在街上走时，考虑的也是这篇文章，我没有想到我在街上走时会碰到她（妻子），所以她叫我"成思"时，我感到很奇怪，一般都是叫全名，她叫的这么亲热，这是谁呀，我就顺口说了一句，你是谁呀，当时就把她气哭了。

郑教授就是这样沉浸在自己的学习和课题研究中。凭借这份执着，这份狠劲，他经常进入"物我两忘"的境界。正因为这样，1967年从北京政法学院毕业的郑成思，1980年顺利通过英文考试，1981年，成为中国改革开放后第一位公派去英国学习法律的研究生，后来逐步成为国际知识产权领域的权威人物。迄今为止，他一共出版英文或中文的学术专著36部，发表学术论文100多篇。

面对中国"入世"，郑教授认为："狼来了"对我们是威胁，我觉得不错，但同时也是机遇，"入世"后，政府部门应该从过去的纯管理性逐步变为管理加服务性，对于无形财产，大家都还比较陌生，但是我总觉得知识含量越来越高，所以知识产权在国际国内的地位会越来越重要。

6. 学习趣谈 *

　　幼时没有用心学汉语，只是到了高中之后，在周围学习热情极高的优秀同学及严师的双重促压之下，有了危机感，方才开始努力。所以，我用心学汉语与用心学英语，以及对二者兴趣的不断增长，几乎是同步的。于是在学习中，我发觉这两种语言文字虽然看上去差异很大，却又存在着许多相同或相似之处，乃至共通之处。我在英译汉时，基本上是以古汉语语法去理解英语语法（尤其涉及

---

* 编者注：该文出自宫本欣主编《法学家茶座·第6辑》，山东人民出版社2004年版，第52页。

动名词之处），而一般不会译错。我认为这两种语法有许多共性。但我毕竟不是语言学家，故从来未曾总结过，只是讲出这种感受，供已经比较了解汉语、又正在学习英语的学生参考。我想，你在学习中一旦品出其中味来，一定会感到无穷的乐趣。学习外语如同学习其他知识一样，如果始终感到是苦不是乐，那可就离半途而废不远了。

英语单词的相当一部分，我是按汉语的形声、形意、会意、象形、指事、假借等方法去记的。例如，"苦力"这个英文单词，显然百分之百是从汉语借过去的。随着中国越来越受重视，中文在世界上地位越来越高，这类负面含义的被"假借"出去的词会渐少，而正面的肯定会更多。有朝一日，英语国家的人们说"Ni-Hao"可能会像我们这里的年轻人今天说"白白"一样普遍了。

当你把手往桌子上一拍，会听见"啪"的一声响。这正是英文中"手"的发音，它难道不是个典型的象声词吗？而当你又开五指把手举起来时，你分明看到了一张棕榈叶子。英文中"棕榈"正是与"手"为同一单词。这里既有会意，又有象形。好好想一想，英语与汉语就开始走近了。

在读马克·吐温的书时，有一则吐温（克莱明斯）先生开出的英文"字谜"，使我至今难忘。这个谜语是吐温提出来要他的女儿去猜的。有一日，吐温的姐姐穿了一身灰衣服在吃东西，于是他指着姐姐对女儿说："这副样子就是一个英文单词的谜面，请你说出谜底。"他的女儿也很聪明，想了想，喃喃自语道："In Grey She Eat（s）……（身着灰装的她在吃东西）——Ingratiate！"谜底出来了。当然，前面这句话与谜底之间并无任何相通的含义，仅仅是与谜底的发音完全相同。不过这就够了。中国类似的谜语很多。"寄回家书半字空"的谜底为"白芷"，而不是"白纸"，即是一例。

　　将近四分之一世纪之前，伦敦的一位英国教授与我聊天时，也曾给我出了一道题（也可以算是一个谜语吧），使我感到中、英文之间，不仅有字、词、语法相似之处，记得国内山海关前一庙宇中有一幅对联，其上联是："海水朝朝朝朝朝朝朝落"（注意，共计七个"朝"字，其中"潮"与"朝"相通），把它读通，即是"海水潮，朝朝潮，朝潮，朝落"。那位英国教授要我读通的难题是："When Tom had had Smith had had had had had had made Smith rank first."（注意：在 Smith 与 made 之间，有 6 个 had。）在这句话中，如果加几个引号及逗号加对了，意思就明白了，难题也即获得了答案。我当年可是费了半天劲才答对的，所以也不想让读者不费脑筋就得到答案。故就此住笔，留给读者一点遗憾和更多兴趣。可以通过《茶座》把你的答案告诉我。

　　总之，学习是苦的，想要毫不费力地每一锄头都锄出金娃娃，最终只能是自欺欺人；但同时学习中又是充满乐趣的。愿我们大家都能在苦中寻乐，以求不断进步。

7. 读书、学习与研究 *

　　如果要我讲讲自己怎么做学问，我会十分惶恐，因为能说出的太少。以中文出过 30 多本书，以外文出过 5 本书，只能说明自己尚能吃苦、肯干，却未必说明干得好。20 世纪 80 年代末获"全国劳模"称号，90 年代初被国际知识产权学术组织选为执行委员，只是勤勉加机会。我本非天才，只知道下死力去做，"不偷懒、不灰心"，其

---

　　*　编者注：该文出自中国社会科学院老专家协会编《学问人生：中国社会科学院名家谈（下）》，高等教育出版社 2007 年版，第 432 页。

实就靠这六个字，才不被甩在最后面。当然，"出成果"必须对社会有用，经院式的成果可能只有孤芳自赏的价值。因此，在知识产权领域要出有用的成果，就首先要把研究与立法、司法实际与国际经济交往实际,乃至企业运作实际密切结合。在此,我想主要讲讲读书、学习与研究的感悟。

实际我读书很杂，绝不可作为"范式"。例如，我喜爱《李贺诗集》。古人云"贺诗巧"，所评极是。背诵李贺诗犹如观看一位想象力很强的画家作画，能启发读者的创作思维。"大江翻澜神曳烟"一类句子，是我自幼就印在脑子里的。又如，"Adventures of Tom Sawyer""Personal recollections of Joan of Arc"我也很喜欢。这两部书均系马克·吐温所作，前者还是我自学英文的教科书。在所有读过的书中，读这两本书时我下的功夫最大，现在无论以中文还是英文写文章著书时，许多行文风格及习惯竟来自这两部英文小说。在自己写书或论文之前，我更是把能找到的相关著述尽量读到，以免把别人的陈糠当作自己的新谷，或走别人已经走过的弯路。去年对入学博士生讲话时，一位学生立即表示了不同意我要求他们也读太多书的建议。所以再应邀谈起，就较谨慎了。人们可以有不同的爱好，无需划同一律。我只是从小就很崇拜高尔基，读过他的许多译作。印象最深的是他童年读书的精神，经常在我耳边响起的是他的一句话："读书吧，那是最愉快的事！"我读书多而杂，确实未必是好事，尤其未必应当以此向研究生"推广"。我只是把读书作为一种乐趣。

其实，我幼时没有用心学习，只是到了高中之后，在周围学习热情极高的优秀同学及严师的双重促压之下有了危机感，方才开始努力。所以，我用心学汉语与用心学英语，以及对二者兴趣的不断增长，几乎是同步的。在学习中，我发觉这两种语言文字虽然看上去差异很大，却又存在着许多相同或相似之处，乃至共通之处。我在英译汉时，基本上是以古汉语语法去理解英语语法（尤其涉及动名词之处），而一般不会译错。我认为这两种语法有许多共性。但我毕竟不是语言学家，故从来未曾总结过，只是讲出这种感受，供已经比较了解汉语，又正在学习英语的学生参考。我想，你在学习中一旦品出其中味来，一定会感到无穷的乐趣。学习外语如同学习其他知识一样，如果始终感到是苦不是乐、那可就离半途而废不远了。

对英语单词的相当一部分我是按汉语的形声、形意、会意、象形、指事、假借等方法去记忆。例如，"苦力"这个英文单词，显然百分之百是从汉语借过去的。随着中国越来越受重视，中文在世界上地位越来越高，这类负面含义的被"假借"出去的词会渐少，而正面的肯定会更多。有朝一日，英语国家的人们说"Ni-Hao！"可能会像我们这里的年轻人今天说"白白"一样普遍了。当你把手往桌子上一拍，会听见"啪"的一声响。这正是英文中"手"的发音 PALM，它难道不是个典型的象声词吗？而当你又开五指把手举起来时，你分明看到了一张棕榈叶子。英文中"棕榈"正是与"手"为同一单词。这里既有会意，又有象形。好好想一想，英语与汉语就开始走近了。有一则马克·吐温（克莱明斯）先生开出的英文"字谜"，使我至今难忘。这个谜语是马克·吐温提出来要他的女儿去猜的。有一日，马克·吐温的姐姐穿了一身灰衣服在吃东西，于是他指着姐姐对女儿说："这副样子就是一个英文单词的谜面，请你说出谜底。"他的女儿也很聪明，想了想，喃喃自语道："In Grey She Eat（s）……"（身着灰装的她在吃东西）——"Ingratiate！"谜底出来了。当然，前面这句话与谜底之间并无任何相通的含义，仅仅是与谜底的发音完全相同。不过这就够了。中国类似的谜语很多。"寄回家书半字空"的谜底为"白芷"，而不是"白纸"，即是一例。总之，学习是苦的，想要毫不费力地每一锄头都锄出金娃娃，最终只能是自欺欺人；但同时学习中又是充满乐趣的。愿我们大家都能在苦中寻乐，以求不断进步。

　　在英国留学时，我的老师柯尼什承认自己作品中会有差错，并欢迎刚刚起步的研究生挑错的这段历史，也给了我很大的影响。我每出版一书，均会有许多议论、来信、文章乃至专著涉及它。其中不乏"挑差错"者。从我的第一部中文专著出版起，就有"异议"者。但这些"异议"并未动摇过我沿认定的方向继续研究并出成果的信心。对能够认真阅读它并挑出差错者，我均会去信表示感谢；如果再版时真正按人家的指正去更正了，则要在前言中加以说明。在我的书的认真读者中，有我的同事，也有我的学生，有在北京国家机关工作的公务员，也有在外地的研究生。像《WTO 与知识产权》《版权法》等书，都因为吸收了读者的指正，而为再版增添了色彩。更改后的书中又被挑出差错的，也不是没有，如《版权法》，它们还会在今后再一次被更正。这样，我感到自己的作品会越来越受欢迎，而不是相反。此外，无论出版社还是杂志社的责任编辑，在审阅我的稿件时，可改可不改的地方被改了，我一般并不去抗争，因为这属于"模糊区"（照导师的做法，我不去改他人作品的"模糊区"，以利树其自信心；但不禁止他人改我的"模糊区"，以减少与人的摩擦）。属于非改不可的差错被改了，我一定要致谢。属于编辑未看懂，不应改而被改了的，则坚决要求复原，没有"谈判"的余地。我感到，任何人的作品中，多少不一，均会包含有可能被"挑剔"的这三部分。就是说，在搞研究与出成果的过程中，我们应当"有自信、不自满"。

　　此外，我爱好中国古典文学。古典文学的修养不仅有助于表述，而且其中的哲理在多年里一直促进着我的学习与研究。"不矜小胜，不恤小败"，这是一位雪夜取蔡州的唐代名将的话。"金家香巷千轮鸣，扬雄秋室无俗声"，则是其同代一位诗人的名句。学者于今天能恪守之，在各方面心理就比较平衡，学问也才做得下去。"用志不分，乃凝于神"，是一位古代哲学家的名句。学习与研究，其实与练气功一样，想要炉火纯青，不"入境"是不可能的。一边听着音乐或看着电视一边写作，可能只有天才能写出好东西。我绝对不行，也不信。还有一点，是我自己在学习摄影与洗相时的体会。正像见了好的景色，只拍摄、不定影，结果只能是浮光掠影，亦即好"景"不长。学习中有了一得之见，应立即写下来，切不可偷懒；否则有些思想的火花只闪一次、永不再来。定下影后经推敲又觉不好，还可以弃之不用；未定影而回想觉得很好，可能再难重现。

"学无止境"，是又一句我所喜爱的名言。在可能的情况下，拓宽知识面应当是至死不休的，否则难免成为"井蛙"。列宁曾要求年轻人"以人类全部知识丰富自己的头脑"；英国法官丹宁对法学者也提出过类似的要求；历代武林高手中"博采众长"者方才成"家"。这些，其实都是一个意思。即使在自己专门钻研的窄领域，也只有将有关中外名篇尽量多看，方能避免重复劳动，避免走弯路。同时，要非常注意尊重他人的知识产权。切不可图省事抄袭别人，在自己历史上留下不良记录。这些又都要以"不偷懒"为前提。说到底只是"不偷懒、不灰心、有自信、不自满"几个字而已。这又是多数人都可以做到的。

8. 在法学系 2003 级研究生开学典礼上的讲话 *

九九级研究生入学时，夏勇所长就曾要我说几句。那时说了几句。现在要说，只怕主要还是那么几句。

如果要我讲讲自己怎么做学问，我会十分惶恐，因为能说出的

---

* 　编者注：该文为郑成思教授作为导师代表在中国社会科学院研究生院法学系 2003 级研究生开学典礼上发表的讲话稿。

太少。以中文出过三十几本书，以外文出过五本书，只能说明肯吃苦、肯干，却未必说明干得好。我又没有任何"名言"，心中的名言多是古人的。80年代末获全国劳模称号，90年代初被国际知识产权学术组织选为执行委员，只是勤勉加机会。

的确，我本非天才，只知道下死力去做，"不偷懒、不灰心"，其实就靠这六个字，才庶几不被甩在最后面。这是我向来对自己的学生所说的，也是今天对同学们所说的。

如果还要再说几句，那就不是我本人版权保护范围内的名言了。我爱好中国古典文学。古典文学的修养不仅有助于表述（虽然我从来不用半文不白的文字写作），而且其中的哲理在多年里一直促进着我的学习与研究。

"不矜小胜，不恤小败"，这是一位雪夜取蔡州的古代名将的话。"金家香巷千轮鸣，扬雄秋室无俗声"，则是其同代一位诗人的名句。学者于今天能刻恪守之，在各方面心理就比较平衡。学问也才做得下去。

"用志不分，乃凝于神"，是一位古代哲学家的名句。学习与研究，其实与练气功一样，想要炉火纯青，不"入境"是不可能的。一边听着音乐或看着电视一边写作，可能只有天才能写出好东西。我绝对不行，也不信。

最后一点，是我自己在学习摄影与洗相时的体会，不再是古人的了（我相信古时若摄影技术已发达，也肯定会有相应的名句留下来）。正像见了好的景色，只拍摄、不定影，结果只能是浮光掠影，亦即好"景"不长。学习中有了一得之见，应立即写下来，切不可偷懒；否则有些思想的火花只闪一次、永不再来。定下影后经推敲又觉不好，还可以弃之不用；未定影而回想觉得很好，可能再难重现。

大家考上了研究生，其他人都会羡慕。我也从心里羡慕同学们。

我自己什么学位都没有。其中有"生不逢时"的因素。大学毕业时适逢"文革",故无学士学位。留英时教育部还不提供学位申请费,故无硕士学位。在 LES(费孝通、李浩培等学长也曾求学于兹)研究生院毕业,只拿到一个 Diploma。待到我国可报考国内博士之时,已力不从心,甚至可以说是"垂垂老矣,"故无博士学位。

在博士生学习期间,在可能的情况下,还须进一步拓宽知识面,以免成为"井蛙博士"。列宁曾要求年轻人"以人类全部知识丰富自己的头脑";英国法官丹宁对法学者也提出过类似的要求;历代武林高手中,"博采众长"者,方才成"家"。这些,其实都是一个意思。即使在自己专门钻研的窄领域,也只有将有关中外名篇尽量多看,方能避免重复劳动,避免走弯路。同时,要非常注意尊重他人的知识产权。切不可图省事抄袭别人,在自己历史上留下不良记录。这些又都要以"不偷懒"为前提。

从 1986 年自己招收研究生开始,学生就一直在推着我往前走。师生之间,学习总是互相的。上面讲的几句话,同学们如认为还有点用,则取之;认为无用,则置之。愿同学们把进入研究生的学习作为新的起点,今后不断产生有价值的成果,在国际上能取得一席之地,也就是我们常说的"为国争光"。

二、杂文、书信及其他

1. 谈谈律师的知识面 *

1981 年，当我还属于"年轻人"行列中的一员时，正在伦敦经济学院学习。学生们在上课之余，经常到学院旁边的高等法院及上诉法院去旁听。我记得，凡遇上诉法院的丹宁法官（Lord Denning）作为主审法官的庭，总是被旁听者挤得水泄不通。这不仅因为这位多年前曾是执业律师的法官出版过不少畅销的专著，也不仅因为他早在 1947 年就在一则判例中以衡平法原则部分修正了民商法领域"禁止翻供"的原则而一举成名，而且在于他在几乎每次审判中，都能提出一些耐人寻味的问题，对双方律师（Barristor）的辩论作出一些富有哲理的评论。枯燥的法律条文从他口中出来，居然变得那么有活力，那么发人深思。法学院的学生们对他是非常佩服的。

有一次，有学生（当然是法学院的学生）问起丹宁：怎样才能成为一名好律师？

那答案事先在许多学生头脑中琢磨着：他可能回答说："公正""懂法""掌握案例""尽心为自己的客户服务"，等等。但丹宁当时的

* 编者注：该文原载《中国律师报》1996 年 11 月 20 日第 1 版。

回答几乎出乎所有学生所料，他说："要成为一名好律师，必须使自己的学识面尽可能地广，要尽可能多学一些东西，多掌握一些知识。"由于时间久远了，我难以复述原话，但其答案的主要内容是记得的。

作为第一个从社会主义国家公派到英国去学法律的学生，我听说这个答案后曾大吃一惊。因为，我感到自己在资本主义国家里居然听到了与马克思主义的导师著述中极其相似的话。而我第一次读到导师的有关著述时，出乎预料的程度也是极其相似的。

时间再倒回去 20 年，当我还处于"青少年"的过渡时期，即高中一年级时，列宁的《共青团的任务》一文曾列在语文课中。那篇文章是苏联十月革命后不久发表的。当时苏联处在内战中。外有十几个西方国家的封锁，内有饥荒、战乱。我依照在许多电影（如《列宁在十月》《列宁在 1918》《难忘的 1919》等）留给我的列宁的印象，心想列宁讲"共青团的任务"一定是"拿起枪去战胜敌人"一类话。而我读到的却是："只有用全部人类智慧的财富武装自己的头脑，你们才可能成为共产主义者。"

当然，马克思主义导师与英国法官，是不可同日而语的。不过要求人们在掌握知识方面，有"学无止境"的精神，做到"山不厌高，水不厌深"，总归都是对的。

知识，诚然包括法律、法学知识，更包括法律、法学之外的更广的知识。律师如果把知识面仅限于法律、法学范围，那就太窄了，那就不可能成为一名好律师。我想起在一次法庭辩论中，当被控为抄袭者的被告指责原告自己的作品中也"逐字抄袭了"明代某作品时，原告律师居然无言以对。而旁听席上一名学生则自语道："原告的作品上全都是现代白话，怎么可能逐字抄自明代的文言文呢？"我感到这位律师的常识尚不及那个学生，因此在辩论中失了利。

当然，具有法律外的知识，又涉足法律中的问题，也难免出差错。例如，电影《秋菊打官司》本是一部优秀作品，据报刊上说导演为拍好这部涉法影片，还请教过不少法律专家。但在影片结尾时，当法院发现案件中出了刑事因素，不是否决公安机关的行政处理决定，而是直接派出法警把当事人刑事拘留了。这就不免使法学界的人感到有悖刑事诉讼法，认为是该作品的一个败笔或"蛇尾"。

我想，在我国律师业初起，律师仍处于"奇缺"状况时，可能还看不出律师掌握的知识面对其工作的影响。但随着律师事业的发展，竞争的逐渐激烈，律师层次的划分将会越来越清楚。而划分层次的客观标准之一，正是"知识面"。

在"信息时代"的今天，不掌握尽量广的知识，难以成为一名真正优秀的律师。只有当律师用自己广博的知识把"灰色的"（死的）法律在自己口中或笔下变为"绿色的"（活的），他（她）才迈向了"炉火纯青"。

掌握人类全部智力成果，是任何人永远也做不到的。但作为一种努力方向，这个要求应当说是对的，尤其对法律工作者、对律师。

2. 一泓海水杯中泻 *

我第一次给学报写稿，是她刚刚进入第 24 期时。我感到高兴的是：在该期上首次相识的李尚英教授（他的文章也登在同一期上），现在已是该刊独挑大梁的老编辑了。当时学报的名称还叫作《学习与思考》。那已是 20 世纪 80 年代初的事了。1984 年，中国专利法刚刚颁布，我写了一篇议论该法的文章。后来，我是先在《光明日报》的《文摘报》上读到自己文章的摘要，而后才读到学报本身的。我

---

* 编者注：这是应邀为中国社科院研究生院学报第一百期写的纪念短文，原载该学报 1997 年第 4 期。

原先还不知道学报这样受社会的重视、被转摘得这样快。从那以后，我开始成为学报的经常性读者与撰稿人。

《学习与思考》更名为《学报》之后，其优点与特点仍延续下来。她鼓励人们去"学习"、去"思考"。我认为这在抄袭（不论抄外国的还是抄中国的）等不良行为已在学界不属罕见的今天，提倡学习与思考实在是非常必要的。当然，我对学报原名的这种"题解"，可能不过是"郢书燕说"。

学报能广录各家之言，力求博大精深，是值得称道的。虽然真正做到并非易事。但从学报的不断成长，可以看出：主编及编辑们一直在努力去做。许多读者，可以从学报读到中国社会科学界的思想、意见乃至动向。这与学报编辑们的学识与工作是分不开的。如果把自己不同意的观点均拒之门外，把自己暂时还不懂的议论均说成是错的，学报就不可能办成今天这样了。所以，我想到用李贺的一句诗来贺学报的一百期庆典。那就是本文的标题。

世界发展到今天，从而，社会科学的研究发展到今天，给学报的编者们也将带来新的压力。至少，由于取代旧信息的新信息可能在数小时之内被广大研究人员从国际网络环境中的终端读到，这就将要求大部分编辑人员不要被认真利用网络的研究人员甩得太远。又由于网络上的中文信息比例尚微，外文（尤其是英文）的阅读能力也会成为对编辑人员的一项基本要求。当代的社会科学研究者只具备了计算机与外语知识是远远不够的，或可以说只是初步的。但"初步"也可以认为是"第一步"。就是说，不具备计算机与外语知识，在社会科学的多数学科的研究中要想有所成就，在今天其可能性是极小的。

在市场经济中，学报永远是一块清贫的土地。但也总会有人愿意在这里耕耘。"金家香巷千轮鸣，扬雄秋室无俗声。"知识分子中作后一种选择者并不在小数。学报现在与将来的编辑们就是其中的一部分。

祝学报办得更好。

3. 家住钱塘东复东*

《商标法》经 2001 年二次修正，在增加驰名商标保护的规定、增加地理标志保护的规定、增加禁止"反向假冒"、制止"即发侵权"等方面，进一步走向现代化，并与有关国际条约的要求相一致。2002 年在二次修正基础上出台的《商标法实施条例》，又弥补了修正案中缺少"权利限制"的不足，明确了申请进程中的商标可转让等细节，使我国商标法律制度更趋完善。加上到 2002 年末为止出台的几次司法解释，应当说我国商标保护制度已取得了空前的进步。

相比之下，《商标法》领域的理论研究（至少与专利及版权两个领域相比），则仍旧处于比较落后的状态。商标权（或商标专有权）与商标专用权的这一最基本的区别始终没有弄清，一直阻碍着我国《商标法》基本概念的变化。商标注册的作用与性质是什么，不少人至今仍茫然不知。乃至"获奖"论文中，竟有称商标注册不是确认商标所有权，而是确认占有或准占有。这类问题，在专利及版权领域虽然也存在，但不及商标领域这么多。我国商标制度的进步已经是空前的，却并不是完美的。

立法若要再向前走，要"臻于郅治"，需要首先在理论上有所突破，改变研究滞后的现状。要有一大批（而不是目前的少数）从事商标立法、司法、管理及代理实践的人，投入商标理论研究并推出相应的成果。具体讲，我感到我国商标制度至少还在以下一些方

---

　　* 编者注：该文首次发表于《中国工商报》2003 年 3 月 13 日第 3 版，"家住钱塘东复东"是唐朝李贺的一句诗，其意是离目的地还很远很远。

面有待进一步改进:

第一,2001 年修改《商标法》,增加了对"地理标志"的注册保护。这本来是一件好事,保护到了我国企业在知识产权领域为数不多的长项。但由于 2001 年明文确立这项保护之前,我国的质检部门也已开始了类似的登记程度,并从另一角度着手保护。新《商标法》实施后,一批企业就面临国家工商总局与国家质检总局对同一受保护客体的两种登记程序与要求。其结果虽有可能使相关企业受双重保护,但在更多的场合则是加重了企业的申请、待审批等负担,在两个行政单位对某一问题认识不一致时,企业则无所适从。这一问题,应尽早由国务院予以协调,以便使更多企业积极利用起知识产权保护下的这一长项。

第二,2001 年《商标法》修改后,将商标"确权"的最终权力交给了法院。一是符合了世贸组织的要求;二是使我国行政裁决进一步受到司法监督。不过,我感到,商标评审委员会所作的大部分"确权"裁决,实质上属于对商标权人与"异议"人(或撤销注册请求人)之间的纠纷所作的"公断",即类似法院一审的判决,而不是一般的行政诉讼法中可诉的"具体行政行为"。当事人不服商标评审委员会的裁决,再诉到法院时,依旧是商标权人关心自己的商标注册能否保证,撤销请求人关心对方的商标注册能否被撤销等,并没有人把商标评审委员会真正当成诉讼的对象。法律却断然决定了在法院诉讼中,商标评审委员会与原先的一方当事人共同成为"当事人",比商标评审委员会与注册的撤留关系更密切的原另一方当事人,却成了"第三方"。这样显得既不符合事实,又极为不妥。故建议将商标评审委员会从法院诉讼中摘出,或将它作为"第三方",以便在商标评审委员会程序中对诉的双方,在法院程序中仍延续下来,使这类案件在法院依旧属于民事诉讼案,而不是行政诉讼案。这样更加符合事实,也更符合当事人的利益。这需要在再次修改《商标法》时,以法律条文加以明确。

第三,《商标法》第 41 条,将"恶意注册"不受 5 年限制的特权仅仅给"驰名商标所有人",是不妥的。根据立法原意,不论注册人是否恶意,商标所有人 5 年后均无异议或撤销请求权,原是对未注册商标所有人的一项限制,亦即对第 31 条后半句所涉之人的限制。但第 31 条前半部分涉及"在先权"的权利人如果也受这一限制,就极端不公平了。设想某人以明显的恶意使用他人肖像注册商标,难道 5 年之后该肖像权(即在先权)人来维护自己肖像权的请求权都不存在了?所以,第 41 条第 2 款应改为:"对恶意注册的、驰名商标所有人及其他在先权利的所有人不受 5 年时间限制"。诸如此类的遗漏,在 2001 年商标法修正案中还有一些,均应考虑在再次修改《商标法》时一并研究。

4. 怒族兄弟的环保意识 *

早在九届全国人大一次会议期间,我认识了同是云南团全国人大代表的曲路同志。老曲与我是同一代人,又都是云南人,性格也与我相近——内向、话不多但说话又较直,喜静不喜闹,所以,我们就很快熟悉了并成为朋友。

成为朋友之后,我才发现老曲其实是很健谈的。他经常绘声绘色地讲起他们怒族人在山林中猎熊、猎岩羊的经历。那真是既有趣、又紧张,同时也很艰苦。怒族男人个个都是好猎手,无论用弓还是

---

* 编者注:该文出自杨祖龙主编《不负人民的重托》,民族出版社 2003 年版,第 23 页。

用弩，大多数都能百发百中。有时打猎不顺利，要一直在山林中逗留多日，要睡在湿地上，啃着冷干粮。但打到猎物后的喜悦，则是更加难以言状的。

我常常听得入神，想象着深山老林中的奇景，想象着遇到黑熊时的紧张……

有一次会上，老曲送给我两件纪念品。一件是一张怒族的大弩，另一件是怒江大峡谷的画册。那张弩很好玩，是木制的（原先我以为只有藤或竹可以制弩）。我使尽全身力气试了几次，根本拉不开它。而老曲似乎毫不费力就拉了一个"满月"。我这才发现这位个头不大的老同志居然这么有力气。我们一边摆弄着这弩，老曲一边对我讲起近些年随着科学普及、法制教育，怒族人民的环保意识不断增强。现在，包括像他这样的老猎手，都不再上山捕杀野生动物了，同时加强了山区的育林护林，给野生动物们保留一个和谐的天地。这样一来，怒族人的狩猎工具就只有另作他用，有的进了博物馆，有的作为纪念品赠送友人。

说话间，老曲展开了送给我的画册。那一幅幅彩照里，有优美的山林、有高耸的岩峰、有壮观的波涛与峡谷，真让我大饱眼福。这比原先听老曲讲述时自己想象中的怒江山水要开阔得多，也美丽得多。我边看边想，这真不亚于已经举世闻名的尼加拉瓜大峡谷。只是因为没有宣传开，少为世人所知而已。中国能留下这么大一片旅游宝地，如果日后能够让世人共享它的壮丽风光，那我们的怒族兄弟们真是"功不可没"！

后来，我听来京开会的香港知识产权署署长谢肃方先生说起使世界上旅游者们很感兴趣的香港古代武器博物馆，突然觉得老曲这张弩仅仅挂在我的书房里，它的作用尚未充分发挥，如果能让世人者看到怒族人的环保意识，进而看到中国还有这样一些野生动物的乐园，不是更好吗？于是，我把怒族人从过去靠打猎为生到今天让弓箭成为纪念品、观赏品的历史讲给谢先生听。他听了也很受感动，欣然答应了我托他把老曲的弩转交香港博物馆的请求。

现在，这张弩（连同老曲的夫人过去用岩羊皮做成的箭囊与数支箭）已经挂在香港博物馆，向各国的旅游者们昭示着由怒旅反映出的中国人民的环保意识。

最近，一位美国的知识产权界教授，因为与我共同带一位博士生而见面。他在中国期间，去了广州、上海，后来来到北京。我在与他交谈时，拿出了老曲送我的怒江大峡谷画册。他的眼睛立即睁圆了，马上叫来他的夫人一同看，一边看一边不住地叫嚷着："This is China，this is China！"（这才是中国啊！）他夫人向我解释道，他们转了几个地方，感到中国发展得真快，与美国的一些城市已经不相上下了。但是在为中国感到高兴的同时，他们也有担心：中国在飞速发展的进程中，会不会把大自然原先赋予人类的东西全部"牺牲"掉？看了怒江今天的照片，他们放心了，也更加为中国感到高兴了。临走时，他们夫妇坚持要我把这本画册送给他们。他们说："一定要在有生之年亲自去一趟这令人神往的地方。"

现在，老曲送给我的两件纪念品都不在我身边了。九届全国人大最后一次会议已经开完，我们再见面的机会可能很少了。不过，我并不为这两件珍贵纪念品离开了我而感到失落，因为它们都在发挥着更大的作用。我手头还有我与老曲两人在九届全国人大期间的合影作为纪念。而且，我相信我与老曲还会再见面的。因为那一对美国夫妇走后，我也下定了与他们相同的决心："一定要在有生之年亲自去一趟这令人神往的地方"，一定要亲自向怒族兄弟表达我们的谢意——感谢他们为我国的环保作出的贡献。

5. 给马杰的信 *

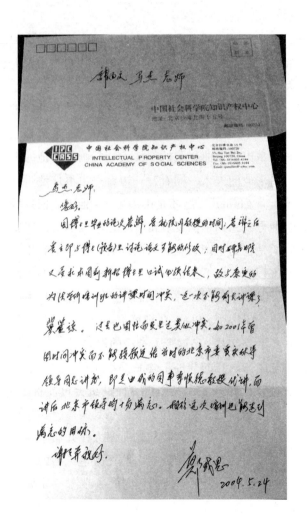

---

6. 给安青虎的回信[*]

 中国社会科学院知识产权中心
INTELLECTUAL PROPERTY CENTER
CHINA ACADEMY OF SOCIAL SCIENCES

北京沙滩北街15号
邮政编码:100720
15, Sha Tan Bei Jie,
Beijing 100720, China
Tel: (86-10)6405 4144
Fax: (86-10)6405 4144
Email: ipctc(edu).edu. com

安局长:

您好!

文章刊入已也英呼给我,谢谢您.

文章很好,也很有意义。希望您的多项发表,我们相信一定能引起国人（不仅是知识产权）的兴趣和注意,总是很有价值的发现。

只有一处文字上的小改建议,供您参考。末页（二）可否改成"中国至迟在1927年9月便有了给主体商标以法律保护的案例。"因为"保护主体商标的实际案例"可能会被理解为该主体商标所有人……实行收和来禁止他人非法使用的情况,而这还须进一步的探寻。

非常高兴您能在历史及学术问题上认真探索。

祝您有更多成果献给中国读者。

敬礼 郑成思

2004年7月12日

* 编者注：该资料来自安青虎著《驰名商标和中国的驰名商标保护制度》，商务印书馆 2009
年版。

7. 关于《民法基本理论若干问题》一书的推荐信 *

中国社会科学院知识产权中心
INTELLECTUAL PROPERTY CENTER
CHINA ACADEMY OF SOCIAL SCIENCES

北京沙滩北街 15 号
邮政编码:100720
15,Sha Tan Bei Jie,
Beijing 100720, Chin
Tel: (86-10)6405 41
Fax: (86-10)6405 41
Email: iptstudics@ sohu

李春林同志,并请转人民出版社:

我向贵社诚恳推荐华东政法学院李锡鹤教授的专著
《民法基本理论若干问题》。这是一部国内少有的、在民法学方面
有真知灼见而非人云亦云的优秀作品。国内所谓"主流"民法学,
大部抄自日本,极少创见,甚至文字也直接取自日文词句
或名词,把在学者半文不白语言,貌似高深,实为不品。这在国内
法学界众多研究生中早有评论。而我所听到的某大学研究生对
李锡鹤已发文章的看法是:"分入'主流',却有主见;文有'体',论
树'派'。"这是较客观地对其著述的反映。我读他现在这部
书稿,确有耳目一新的感觉(与读现有大部分民法学书相比)。

贵社若能出版该书,将对中国民法理论的深入研究,以至于
对民法教学的创新改革有极大推动作用。

谨希在审该其稿时予以重视。

读书稿读者之一 郑成思 2006.4.20

---

* 编者注:该资料提供者为姚洪军。

8. 郑成思推荐书目*
——10 本研究知识产权的参考书

1.《专利法教程》 汤宗舜著

本书系统、全面，概念清楚。

2.《商标实例101》 王正发著

本书寓商标法理论于案例讲析中，生动而深刻，对研究人员和工商企业管理人员都极有参考价值。

3.《中华人民共和国著作权法讲话》 沈仁干等著

该书实际是对著作权法的行政解释。其中许多内容后来均列入实施条例，是了解著作权法的入门书。

4.《中华人民共和国著作权法知识问答》 全国人大法工委民法室编

这是立法机关工作部门对著作权法进行法理解释的专著，是一本理解著作权法内容的好书。

5.《著作权法概要》 河山 肖水著

著作权法立法参加人对著作权中许多问题（包括有争议的问题）的阐述，有独到见解。

6.《著作权法入门和著作权纠纷事例分析》 肖峋 江流著

著作权法立法参加人将讲解与案例相结合，对著作权法的全面阐述，是一本著作权法入门好书。

---

* 编者注：该文出自黄秀文主编《智者阅读 中外名报名刊名家的推荐书目》，华东师范大学出版社 2002 年版，第 221 页。

7.《专利法墓础》 彼得·罗森堡著

以美国立法与司法为主线,对专利法原理、专利与版权、商标权的关系及专利国际保护作了全面论述。该书 1975 年版的一部分,曾被译成中文。

8.《版权——原理、法律与实践》 波尔·哥得斯坦著

全面分析了迄今为止在版权领域争论较多的大部分问题,深刻而清晰。该书仅有英文本。

9.《著作权法逐条释义》 肖雄淋著

以讲析中国台湾著作权法为主线,阐述了版权基本原理,是一部了解台湾地区版权制度的有价值的参考书。

10.《商标法新论》 何连国著

在讲解中国台湾商标法的基础上,对国际商标保护作了较多论述。

题 记

郑成思为中国社会科学院研究员、北京大学兼职教授,此书目刊于《中国图书评论》1992 年第 2 期"名家推荐"栏。

三、学术作品目录 [*]

1. 译 著

《专利法基础》，对外贸易出版社 1982 年版。

《关贸总协定与世界贸易组织中的知识产权协议》，学习出版社 1994 年版。

2. 专 著

《知识产权法若干问题》，甘肃人民出版社 1985 年版。

《工业产权国际公约概论》，北京大学出版社 1985 年版（中国台湾 1991 年以繁体字再版）。

《信息、新型技术与知识产权》，中国人民大学出版社 1986 年版。

《知识产权法通论》，法律出版社 1986 年版（1990 年 10 月重印，1991 年 10 月获"光明杯"全国优秀社科图书二等奖）。

《版权国际公约概论》，中国展望出版社 1986 年版。

---

① 　编者注：此目录原载于《郑成思文选》法律出版社 2003 年 10 月第一版第 483–492 页。

《国际技术转让法通论》，中国展望出版社 1987 年版。

《计算机、软件与数据的法律保护》，法律出版社 1987 年版（台湾水牛出版社 1992 年以繁体字再版）。

《知识产权法》，四川人民出版社 1988 年版（台湾水牛出版社 1992 年以繁体字再版）。

《版权法》，中国人民大学出版社 1990 年版（1990 年 11 月及 1995 年 2 月重印，1997 年再版）。

《知识产权与技术转让法教学大纲》，法律出版社 1990 年版。

《著名版权案例评析》，专利文献出版社 1990 年版。

《版权公约、版权保护与版权贸易》，中国人民大学出版社 1992 年版（1993 年 1 月重印）。

《知识产权法教材》（主编），法律出版社 1993 年版。

《关贸总协定中的知识产权详解》，北京出版社 1994 年版。

"Chinese Intellectual Property and Transfer of Technology Law"［英］，Sweet and Maxwell 出版公司 1987 年版（获中国社会科学院 1993 优秀学术作品一等奖）。

"Copyright Law in China"，与澳大利亚 Pendleton 教授合著,［澳］CCH 出版公司 1991 年版。

《涉外经济合同实务》合著，法律出版社 1989 年版。

《香港特别行政区基本法导论》合著,中央党校出版社 1990 年版。

《版权国际惯例》，贵州人民出版社 1994 年版。

《知识产权案例评析》法律出版社 1994 年版。

"Chinese Foreign Economic Law"（与芮沐等合著，我担任版权法部分的撰写），［美］International Law Institute1993 年版。

《知识产权与国际关系》（主编），北京出版社 1995 年版。

《知识产权与国际贸易》，人民出版社 1995 年版。

《知识产权保护实务全书》（主编），言实出版社 1995 年版。

《世贸组织与贸易有关的知识产权协议》，中国人民大学出版社 1996 年版。

《知识产权与国际关系》（主编），北京出版社 1996 年版。

《版权法》（第 2 版），中国人民大学出版社 1997 年版。

《知识产权法》（"九五"法学教材），法律出版社 1997 年版（2003 年 1 月再版）。

"IPR Enforcement in China-Commentary on Leading Cases", Sweetand Maxwell。

"Famous and Well-Known Marks"（负责写"中国"一章），Butterworths。

《知识产权论》，法律出版社 1998 年版（获中国社会科学院 2000 优秀学术作品一等奖）。

《中国知识产权法的理论与实践》，成文堂〔日〕1998 年版。

《知识产权论》（第 2 版），法律出版社 2001 年版。

《中国知识产权法——评注、判例、法规》（中、英文），澳大利亚 CCH 与中国法律出版社 2001 年版。

3. 论　文

《关于我国商标立法的几个问题》，《法学动态》1980 年第 4 期。

《试论我国建立专利制度的必要性》，《法学研究》1980 年第 6 期，该文被收入 1981 年关怀编《经济法文选》。

《知识产权法及其在美国的特殊情况》，《国际贸易问题》1981 年第 1 期。

《从 Know-How 的一种译法说起》，《国际贸易问题》1981 年第 4 期。

《版权法中英文术语的含义》,《国外出版动态》1981 年第 11 期。

《英国修订版权法的绿皮书》,《国外出版动态》1981 年第 16 期。

《谈谈英国版权法》,《法学研究》1982 年第 1 期。

《专利与技术秘密》,《发明与专利》1982 年第 3 期。

《英国保护秘密权利的立法》,《发明与专利》1982 年第 4 期。

《地域性与共同体专利公约》,《发明与专利》1982 年第 5 期。

《国际贸易中的合同法》,《国际贸易》1982 年第 10 期。

"Trademark Law–The First Law in the Chinese Intellectual Property",（英国牛津）EIPR1980 年第 10 期。

《版权法与商品的自由流通》,《国外出版动态》1982 年第 6 期。

《英国商标法与我国商标立法》,《法学动态》1982 年第 6 期。

《专利许可证与许可合同》,《发明与专利》1983 年第 1 期。

《巧合、抄袭与版权法》,《版权法资料》1983 年第 3 期。

《关于〈出口贸易〉一书中的商标问题》,《国际贸易问题》1983 年第 2 期。

《保护工业产权巴黎公约中的几个问题》,《法学研究》1983 年第 3 期。

《对英美商法中"禁止翻供"原则的补充》,《法学研究》1983 年第 4 期。

《知识产权合同的特有条款》,《国际贸易》1983 年第 5 期。

《专利侵权的刑事制裁问题》,《专利与发明》1983 年第 5 期。

《英国的专利申请程序》,《专利与发明》1983 年第 6 期。

《西方版权法动态及其说明的问题》,《版权法资料》1983 年第 8 期。

《专利诉讼由谁受理为宜》,《中国专利》1984 年第 1 期。

《专利申请过程中的"关键日"》,《中国专利》1984 年第 2 期。

《技术引进与专利的地域性》,《法学杂志》1984 年第 3 期。

"The Future Chinese Copyright System and ist Context",(德·马普学会)IIC1984 年第 2 期。

《第一部跨国版权法》,《版权法资料》1984 年第 2 期。

《我国专利法的特点》,《学习与思考》(光明日报《文摘报》1985 年 3 月 2 日转摘),1984 年第 6 期。

《外观设计国际保护问题》,《中国专利》1984 年第 7 期。

《从实用新型的类型说起》,《中国专利》1984 年第 8 期。

《国际知识产权制度与我国知识产权法》,《中国法学》1984 年第 5 期。

《美国专利法中的几个特殊概念》,《国外法学》1984 年第 6 期。

"The Chinese Patent Law of 1984",(英国牛津)EIPR,1984 年第 7 期。

《新技术革命与电缆电视的法律问题》,《版权法资料》1984 年第 8 期。

《关于保护计算机作品的联合国两组织建议》,《版权法资料》1984 年第 12 期。

《计算机软件的法律保护问题》,(未定稿)(中国专利局《专利工作调研》1985 年第 1 期曾全文转载),1984 年第 20 期。

《新技术革命对专利法的影响》,《中国专利》1985 年第 2 期。

《专利的有限性与国际贸易》,《国际贸易问题》1985 年第 3 期。

《专利保护中的权利限制》,《中国专利》1985 年第 6 期。

《建立全面版权保护制度刍议》,(未定稿)1985 年第 10 期。

《巴黎公约原则下的工业产权国际公约》,《中国专利》1985 年第 8 期。

《从侯德榜的“专利权”说起》,《中国专利》1985 年第 9 期。

《专利侵权诉讼与司法救济》,《中国专利》1955 年第 11 期。

《专利侵权诉讼的几个特殊问题》,《中国专利》1986 年第 1 期。

《试论国际贸易法中的英国合同法术语》,《国际贸易问题》1986 年第 2 期。

《Know-How 概论》,《中国法学》1986 年第 3 期。

《专利侵权行为的认定》,《中国专利》1986 年第 3 期。

《论我国的全面版权立法》,《法学研究》1986 年第 6 期。

《工业产权、版权与边缘保护法》,(未定稿)(该文曾被河北《经济与法律》1987.4 转载)1986 年第 19 期。

《简析人们对商标法的几点意见》,《工业产权》1987 年第 2 期。

《"信息社会"与数据保护法》,(未定稿),1987 年第 8 期。

《试论计算机软件保护及其发展趋向》(香港),《中国专利与商标》(该文曾于 1988 年被美国苹果公司重印)1987 年第 1 期。

《中外的印刷出版与版权概念的沿革》(香港),《中国专利与商标》1987 年第 4 期至 1988 年第 1 期。

"The Altamatives:Patent,Utility Model or Design Registration",(英国牛津)EIPR,1987 年第 4 期。

《信息产权与版权法》(社科院、中宣部、中央党校庆祝党的十一届三中全会十周年理论研究会论文),获入选论文奖,1989 年 2 月 11 日《经济日报》转摘;1989《中国国际法年刊》转摘。(该文曾被英国牛津 EIPR 杂志于 1989.7 全文译成英文后载转),1988 年版。

《知识产权与信息产权》,《工业产权》1988 年第 3 期。

《关于中国专利法修订的几个问题》(香港),《中国专利与商标》(该文曾被世界知识产权组织主办的《亚太知识产权》杂志全文转载),1988 年第 4 期。

《海峡两岸版权贸易中的法律问题》,《台湾法律研究》1989 年版。

《作品、著作物与版权》,《工业产权》1989 年第 1 期。

《工业版权与工业版权法》,《法学研究》1989 年第 1 期。

《作者权、著作权与版权》,(未定稿),1989 年第 4 期。

《许可证浅论》,《引进与咨询》1989 年第 3 期。

《版权法颁布前的一项重要工作》(香港),《中国专利与商标》1989 年第 3 期。

《著作权与版权在中外都是同义语》,《法制日报》(该文曾被《版权参考资料》1990.4 转载)1990 年版。

《有关作者精神权利的几个理论问题》,《中国法学》1990 年第 3 期。

《论版权转让》,《工业产权》1990 年第 3 期。

"Copyright in China, in ancient time, today and in future",(德国国际版权学会)Year-book1990 年版。

《版权的继承与因执法而转移》(香港),《中国专利与商标》1990 年第 4 期至 1991 年第 1 期。

"Infringement: The Quan Jui-de drama unfolds"［英］,Copyright World,1990 年第 1-2 期。

"The Last Emperor: A Key case and the new copyright law"［英］,Copyright World,1990 年第 11-12 期。

The First Court Case on Copyright: The Film "Hospital Ward No.16.",(英国牛津)EIPR,1990 年第 6 期。

《Idea 与 Expression——专利与版权的不同点与交叉点》,《中国专利报》(该文曾获中国首届专利论文奖),1990 年第 6 期。

《美术作品版权的特殊问题》,《美术》1991 年第 3 期。

《著作权法实施前应明确的若干问题》,《著作权》1991 年第 1 期。

《知识产权与知识产权法》,《科技导报》1991 年第 2 期。

《中国知识产权法与国际标准》,《国际贸易》1991 年第 10 期。

《版权国际公约与我国有关法律》,《法学研究》1991 年第 5 期。

《知识产权法的归类问题》,《知识产权》1991 年第 6 期。

《"内容""形式"与版权保护范围》,《中国法学》1991 年第 6 期。

"A Response to U. S Government Criticisms of the Chinese Copyright Law",与澳大利亚 Pendleton 教授合著,(英国牛津)EIPR,1991 年第 7 期。

"The Chinese Copyright Law–Opportunities for Foreign Investors",(与澳大利亚 Pendleton 教授合著),[英]Copyright World,1991 年第 7–8 期。

《我国参加版权公约之后的几个问题》,《著作权》1992 年第 1 期。

《参加版权公约与对"外国作品"的保护》,《社会科学管理》(该文章被《电子知识产权》1992.3 转载),1992 年第 3 期。

《涉外侵犯版权诉讼的几个具体问题》,《著作权》1992 年第 3 期。

《版权法与国际法》,《著作权》1992 年第 4 期。

《两个主要版权公约与版权国际保护》,《国际贸易》1992 年第 5 期。

《版权国际保护与中国国内法》,《国际贸易》(该文曾获 1993 年首届"安子文学术奖"),1992 年第 8 期。

《Trips 中有关工业产权的规定与我国有关法律》,《国际贸易》1992 年第 11 期。

《对知识产权涉外保护的几点建议》,《知识产权参考》1992 年第 1 期。

《有关我国著作权法的若干问题》,《科技导报》1992 年第 9 期。

"Chinese Copyright System and Three Relevant Conventions"[英],

Copyright Word1992 年第 12–1993 年第 1 期。

《计算机软件在中国的特殊地位评析》(香港)，《中国专利与商标》1992 年第 1 期。

《伯尔尼公约与我国著作权法中的精神权利》(香港)，《中国专利与商标》1992 年第 4 期。

《重叠保护与权利冲突》，《中国专利报》1992 年第 7 期。

《广播节目表的版权问题》，《新闻出版报》1992 年第 8 期。

《知识产权中的 "禁止不正当竞争"》，《著作权》1993 年第 1 期。

《不同的案例，相同的原理》，《著作权》1993 年第 2 期。

《知识产权若干问题辨析》，《中国社会科学院研究生院学报》1993 年第 2 期。

《一个有深远影响的美国判例》，《法律科学》1993 年第 2 期。

《从版权公约成员国的现状谈起》，《知识产权》1993 年第 1 期。

《关贸总协定与知识产权》，《中国法学》(1993 广西国际经贸探索杂志所载是全文 ;《中国法学》载时有较多删节 ; 该文节写本在《人民日报》某刊登载后，曾被《中国工商管理研究》1993.5 等杂志《关贸总协定与知识产权》[机械工业出版社] 等书转载)，1993 年第 3 期。

《反不正当竞争——国际法与国内法》，《国际贸易》(论文同时由我译成英文在 Interade 1993.7 发表)，1993 年第 7 期。

《国际版权条约与中国的实施规定》(香港)，《中国专利与商标》(发表时所署笔名为 "李应")，1993 年第 1 期。

"The 1992 Amendment of the Chinese Patent Law"，(英国牛津) EIPR1993 年第 1 期。

《台湾的 "关系条例" 与大陆作者在台的版权问题》，《法学研究》1993 年第 4 期。

《欧洲共同体知识产权法的统一进程》,《国际贸易》1993 年第 10 期。

《中国知识产权法——特点、优点与缺点》,《社科院研究生院学报》1994 年第 1 期。

《北美自由贸易协定与该地区知识产权法》,《国际贸易》1994 年第 5 期。

"The Implementation of the Chinese Copyright Law", Copyright World 1994 年第 6 期。

《Trips 与中国的知识产权研究》（香港）,《中国专利与商标》1994 年第 6 期。

《驰名商标保护的若干问题》,《知识产权》1995 年第 3 期。

《版权的有限期转让与作者授权》,《著作权》1995 年第 3 期。

《论 Trips 的最后条款》,《著作权》1995 年第 4 期。

"The Protection of Computer Programs under the Chinese Copyright Law" 1995.（7）. EIPR。

"The Software Protection and Software Licensing in China", Journal of CHinese and Comparative Law（HK）1995.12.

《"模糊区"与知识产权的侵权认定》,《中国法学》1995 年第 2 期。

《临摹、独创性与版权保护》,《法学研究》1996 年第 2 期。

《商标中的创作性与"反向假冒"》,《知识产权》1996 年第 5 期。

《知识产权若干问题再析》,《中国法学》1996 年第 6 期。

《关于民间文学的保护与中国立法》,《中国专利与商标》1996 年第 3 期。

《再论中国古代的版权保护》,《中国专利与商标》1996 年第

4 期。

《知识产权的利用—转让与评估》,《电子知识产权》1997 年第 8-12 期,1998 年第 1-4 期。

《两个新的国际版权条约评介》,《外国法译评》1994 年第 4 期。

Trips and Intellectual Property Protection in China 1997（5）, EIPR.

Understanding the Protection of Neighbouring Rights in China, Copyright World,1997.4.《侵害知识产权的无过错责任》,《中国法学》1998 年第 1 期。

《浅议〈反不正当竞争法〉与〈商标法〉的交叉与重叠》,《知识产权》1998 年第 4 期。

《商标执法十五年及需要研究的新问题》,《知识产权》1998 年第 11 期。

《知识产权、财产权与物权》,《中国专利与商标》1998 年第 2-3 期。

《简论知识产权的评估》,《中国社科院研究生院学报》1998 年第 3 期。

《两个新版权条约的初探》,《著作权》1999 年第 1 期。

《合同法与知识产权法的相互影响》,《中国专利与商标》1999 年第 3 期。

《对现代合同法认识的三次升级》,《国际贸易》1999 年第 5 期。

《20 世纪知识产权法学研究回顾》,《知识产权》1999 年第 5 期。

《民法、民诉法与知识产权研究》,《中国工商管理研究》1999 年第 11 期。

《WTO 与知识产权法研究》,《中国法学》2000 年第 3 期。

《Trips 关于知识产权的特殊规定与中国法律修正》,《电子知识产权》2000 年第 4 期。

《中国知识产权法与 Trips 的差距》,《电子知识产权》2000 年第 3 期。

《知识经济与网络法》,《中国法律》2000 年第 4 期。

《中国侵权法的进步与误区》,《人民司法》2000 年第 4 期。

《中国知识产权制度》,《中国人大》(系为常委讲课摘要), 2001 年第 4 期。

《中国在线服务提供者的法律责任与限制》,《中国法律》(香港、中英文),2001 年第 4 期。

《运用法律手段保障信息网络健康发展》,《为中央政治局法制讲座课题》2001 年第 7 期。

《民法典知识产权篇第一章逐条论述》,《环球法律评论》2002 年第 3 期。

《从 "入世" 角度看中国两部知识产权法的修改》,《知识产权研究》(第 12 卷),2002 年第 3 期。

《信用制度与个人数据保护法》,《人民司法》2002 年第 3 期。

《传统知识与两类知识产权的保护》,《知识产权文丛》(第 9 卷),2002 年第 4 期。

Looking into the Revision of the Trademank and Copyright Laws from the Perpective of China's Accession to the WTO2002 (6), EIPR.

四、术语编纂

1. 版权法名词术语的西文中译及简要释义 *

（1）编纂的缘起

本编内容之所以并非本书的"附录"而构成与其他三编并列的一编，之所以在修订版中不仅保留下来，而且进行了扩充，原因有三：

第一，它不是简单的英汉（或西汉）版权术语释义。在我认为需要给明确的汉语相应译法的这四百余个名词术语中，进行了"释义"的占三分之二。其中有的释义已超出了"简要"的范围。例如，对"抵免"（Credit）、对"最高提成费"（Maximum Royalties）等的释义。在释义中表达了作者的学术见解。同仁们可以对个别见解持不同看法。但它们毕竟是"一家之言"。这种"汉译"及"释义"，绝不是目前"抄、编辞典"、"用辞典编辞典"的不正之风中出现的西文汉译汇集可以同日而语的。

第二，我之所以认为其中许多名词术语必须明确译出并加讲解，是因为在我长期的知识产权法研究中，发现我国有些法规或法规性

---

　　* 编者注：该部分来源于郑成思著《版权法（修订本）》，第四编，中国人民大学出版社 1997 年出版。

质的行政文件以及有些权威性著述，乃至有些报刊的报道，在并未真正弄懂一些重要外文术语的情况下，就把外文"移植"过来了。其中有些汉译文完全把原意弄拧了，或至少是误解了。而这类词汇又非常重要，是不应误解的。例如，"Audiovisual Works"，在不少法规、文件中称之为"录音与录像"。但该术语在大多数国家及联合国的有关公约中，实指电影一类的"视听作品"。再如"Equitable Right"，有的版权著述居然译为"股票权"，真是风马牛不相及了！这一类是必须加以澄清和纠正的。

第三，不少读者希望在他们阅读或从事外文资料研究时，一旦遇到无处查找的疑难词汇，可以较容易地在这本书内找到。这就需要把有关疑难词汇的释义相对集中地放在一处。例如，"Manufacturing Clause"（印制条款）已经成为历史。在阅读外文资料的读者中，80年代后期进入版权领域的人，在现有中、外法条及国际条约中，均难找到它是什么意思。而诸如 Quasi-Copyright（准版权），则又是随 1996 年 3 月之后个别地区性条约生效而出现的新术语，也难查找它们是什么意思。把这些名词术语收入并加讲解，对广大涉足版权的读者是有益的，也是一些读者口头或书面来信中希望我做的。我总要尽我所能不使认真的读者们失望。

（2）西文中译及简要释义

AAA—American Arbitration Association　美国仲裁协会

该协会从 1983 年开始，大量受理专利侵权的纠纷。在版权领域，目前尚主要受理版权合同纠纷。

AAAL—American Academy of Art and Letters　美国艺术和文学学会

Abandonment of Copyright　放弃版权

一般仅指对经济权利的放弃。许多国家版权法专门规定了精神权利不可转让，不可放弃。但有少数国家（如北欧一些国家）版权

法允许部分放弃精神权利。我国 1990 年著作权法对"放弃"未作
任何明文规定。

Aboriginal Art　土著艺术

应属"民间文学艺术"中的一种。诸如澳大利亚的土著及新西
兰毛利人的艺术，美洲印第安人的艺术，等等。

Abridgement　缩写本（简写本）

属于原作的演绎作品之一。以原作为蓝本缩写后产生的作品。
原作品的版权人有权许可或禁止其他人缩写其作品，这属于"演绎
权"中的一项。作品的缩写本可享有完整的版权。根据伯尔尼公约
规定，如作品原作不是在公约成员国首次出版，但其缩写本是在公
约成员国首次出版，则该缩写本可享受公约保护。

Absolute Novelty　绝对新颖性

这本来是专利法领域的术语。版权保护只要求独创性（也称初
创性），不要求新颖性。但在版权的侵权诉讼或确权诉讼中，如果作
品的作者能证明其作品具有绝对新颖性，则自然证明了该作品是独
创的，享有版权的。因此，美国版权学家哥德斯坦认为"绝对新颖性"
术语已不限于在专利法领域使用了。

Accidental Use　偶然使用

许多国家的版权法或作者权法把它列入"合理使用"范围。例如，
在拍摄电视节目时，背景中不可避免地拍上了享有版权的美术作品，
即属于"偶然使用"。

Account of Profit　利润数额

在认定侵犯版权后，计算对被侵权人的赔偿额，有些国家允
许被侵权人选择下列三种赔偿额中的一种：①侵权人因侵权而获利
润数额；②自己因被侵权造成的实际损失额；③法定赔偿额。我国
知识产权法中均无第 3 项规定。因此，一般只可能有前两种选择。
1986 年，最高人民法院对江西省高级人民法院的一项批复中，确认

过在商标侵权案中可选择上述①②项赔偿额中的一种。

Action in Personam　对人诉讼

即追究人的侵权责任或违约责任的诉讼，也称"债权诉讼"。

Action in Rem　对物诉讼

即要求恢复对某个受保护客体所有权的诉讼，也称"物权诉讼"。一般讲，专利、商标权、版权领域的诉讼，均属于"物权诉讼"；而 Know-How 领域的诉讼，往往属于"债权诉讼"。在计算机软件的保护方面，用户软件的许可人诉被许可人泄露其源程序，美国将其归于"债权诉讼"。

Adaptor　改编者（改编人）

Adaptation of a Program　程序的改编、改写

Adaptation of a Work　作品的改编

Air　（在音乐作品中指）旋律

许多国家的版权司法中，把它与 Melody 等同。音乐作品的主旋律一般是享有版权的。

Air Recording　对广播信号录音

这是与磁带对磁带的转录（或磁带对唱片胶盘的转录）相对而言的。它指的是直接将广播节目录制下来。如果这种录制不是为个人使用，又不属于法定许可范围，则将构成侵犯版权（或侵犯邻接权）。

ALAI—International Literary and Artistic Association　国际文学艺术协会

它是国际版权保护的民间组织之一。

ALECSO—Arab League Educational, Cultural and Scientific Organization　阿拉伯教育、文化、科学组织

Aleatoric Musical Works　随意性音乐

联合国教科文组织与世界知识产权组织 1987 年 5 月曾在一份文件中指出：这种作品是指作曲人为表演者留有增删余地的音乐作

品。就是说，表演者在演唱或演奏这类作品时，可以根据情况改动原乐谱，而不必完全按照作曲人的原作去表演。

Altai Case　阿尔太判例

美国第二巡回法院 1992 年判决的一起软件诉讼案，其中提出了认定与否定侵犯版权的三步法——抽象法、过滤法与对比法，对"反向工程"有很大影响。

Atari Case　阿塔利判例

美国 1992 年的又一起有影响的软件判例，它与 Altai，Sega 判例一道，构成版权软件保护的新起点。

Alternation of Works　作品的修改

经修改的作品，一般不形成新作，即不构成演绎作品，因此，也不产生新的版权。这种修改与上面讲的"作品的改编"不同。例如，将小说改为电影剧本，可称"作品的改编"；将北京人民艺术剧院的剧本拿到中国青年艺术剧院上演，为适合后者的表演方式而将剧本作某些改动，则只能视为"作品的修改"。只有在修改量很大，发生了质变，即增加了修改者的创作性劳动成果时，才构成"改编"。

Alternative Unit　代用单元

这是计算机软件许可合同用语。在计算机软件许可证中，一般许可人只允许被许可人将软件在特定机器（即"单元"）上运行。但如果特定单元处于维修期间或因其他偶然事故不能使用，则可使用"代用单元"。

Ann——Annales dela propriété industrielle, antistique etlittéraire
文学艺术与工业产权年刊（法文）

Ancillary Rights　附属权利

不同国家对版权领域的"附属权利"究竟指的是什么，看法不完全相同。例如，有的国家版权法中不保护邻接权，即认为邻接权是附属权利；有的国家版权法不保护追续权，即认为追续权是附属权利；

还有的国家版权法不保护公共借阅权,又认为公共借阅权是附属权利。

Anonymous Works　匿名作品

《保护文学艺术作品伯尔尼公约》在第 15 条中提出了"匿名作品"的概念及对作品中权利行使的方式。

Anthology　选集

Anthology Right　出选集权

这属于版权经济权利中"汇编权"(亦即我国著作权法中所指的"编辑权")项下的一种权利。

AOJP—Australian Official Journal of Patents, Trademarks and Designs　澳大利亚官方专利商标外观设计杂志

外观设计在澳大利亚可受版权保护。

Appellate Court　上诉法院

这个词组与"Trial Court"相对应。后者指直接受理一审案件的法院;前者指那些仅仅受理上诉、复审等案件,不直接受理初审的法院。

Apprenticeship　受雇佣状态

在这种状态下创作的作品,西方国家一般确认为"职务作品"或"雇佣作品"。英国 1956 年版权法提出了这一概念,并对这种状态下产生的作品的版权归属作了详细规定。

Architecture Works　建筑艺术作品

这种作品包括具有独创性的建筑物本身。我国 1990 年著作权法并未将这类作品列为受保护客体,但 1991 年的实施条例中列入了这类作品。

Application Program　应用程序

计算机软件术语,是与系统程序相对应的。

Applied Art　实用艺术

实用艺术作品即"Works of Applied Art"。《保护文学艺术作品

伯尔尼公约》允许其成员国不以版权法，而以其他法对这种客体加以保护。我国 1990 年著作权法中没有列入这一客体。

Arrangement　编排

在《保护文学艺术作品伯尔尼公约》以及许多国家的版权法中，这个术语仅仅指对音乐作品的改编。

Artistic Work　艺术作品

在有些国家的版权法中，艺术作品与美术作品（Works of Fine Art）相同；在另一些国家，艺术作品除美术作品外，还包含外观设计或实用艺术作品。

ASCAP—American Society of Composers，Authors and Publishers　美国作曲家、作家、出版商协会

ASCII—American Standard Code for Information Interchange　美国信息交流标准守则

Assignment　（所有权）转让

这个词与"Transfer"，在我国均译为"转让"。实际上，Transfer 包括所有权转让与使用许可两项内容；而 Assignment 才专指所有权的转让。

ATRIP—International Association for the Advancement of Teaching and Research in Intellectual Property　国际知识产权教学与研究促进协会

1983 年由世界知识产权组织与德国马克斯·普兰克学会发起成立，其成员是各国从事知识产权教学与研究的教授，也有律师、法官，等等。WIPO 总干事、副总干事，德国的 A.Dietz，美国的 Goldstein 等，均是该会会员。

Audiovisual Works　视听作品

也称为"音像作品"。在多数国家的版权法中，它与"音像制

品"不同,它指的是电影作品之类的原作,而不包含录音、录像制品。但近年已有一些国家把音像作品与制品视同一律。

Authorship　作者身份;作品之创作人的地位

Right of Authorship 一般指"署名权",也有人译为"确认'作者身份'权",因为从古罗马开始,人们即把作者与作品看作父子关系。

Barganing Position　谈判地位

指合同谈判中处于优势或劣势的状态。

BASCA—British Academy of Songwriters Composers and Authors　英国歌词作家、作曲家与作者协会

Beneficiary of Protection　受保护人

也可译为"保护受益人"或"版权人"。

Bequest by Will of Copyright　通过遗嘱遗赠版权

Berne Convention　伯尔尼公约

在版权领域即指《保护文学艺术作品伯尔尼公约》。

Best Evidence　主证据

也称为 Primary Evidence,是与 Secondary Evidence 相对应的。它指的是能使一个案子得以作出判决的最有力的证据。

Blanket Licensing　一揽子许可证贸易

这是版权转让活动中"集体许可证合同"的一种。

Block Printing　雕版印刷

非拼音文字(如汉字)作品的广泛传播,是随雕版印刷技术的发展而发展起来的。

Bana Fides　善意

在版权领域有时与 Innocent 含义相近。只是 Innocent 多与侵权活动联系;Bana Fides 多与版权转让等其他活动联系。

Box Top Licence　盒顶许可证

与 Tear Open Licence（启封许可证）相同，是发达国家（主要是美国）销售软件包时附在商品中的一种合同。

Book Club　图书俱乐部

西方国家出版商销售图书的渠道之一。购书者如果加入了某个图书俱乐部，每年就必须在一定范围内购买一定量的书，但所购的书均可打折扣。

British Copyright Council　英国版权委员会

这是一个向英国版权人提供法律咨询、样本合同（示范合同），以及协助版权人维护版权的民间组织。

Broadcast Receiving Licence　收听（收看）广播电视节目许可证

在一些发达国家，家庭收看电视的前提条件之一，是向政府缴纳收看费，并取得收看许可证；未取得许可证而收看者，如被发现将处以罚款。

Brussels Convention　布鲁塞尔公约

在版权领域，它指的是《关于播送由人造卫星传播的载有节目的信号公约》，也称《卫星公约》。

Bull. Cr. Soc.—Bulletin of the Copyright Society of the USA　美国版权协会公报

Burlesque　以滑稽形式模仿他人作品的创作

这是一个法文词，相当于英文中的 Parody。

Case Law　判例法

其含义与"普通法"（Common Law）相近。"判例法国家"，传统上指英联邦国家及美国。这些国家的已有判例，法院在判案时可以如引用成文法一样引为法律依据。

Cable T.V. 电缆电视

这是 20 世纪 70 年代后发展起来的电视。多数发达国家已将电缆电视传播列为版权使用方式之一。我国 1991 年著作权法实施条例对此也作了相应的规定。

CCC—Copyright Clearance Center 版权使用费结算中心

美国民间征收版税的主要组织之一。

CD-ROM—Compact Disk Read only Memory 高密度只读光盘

Centralized Licensing 中心许可证贸易

"集体许可证合同"的一种。

Characterizations 特点

在版权领域，这个词指的是作品的特点、特色。在大多数国家，"特点"本身不享有版权。英国于 20 世纪 80 年代初修订版权法时，修订委员会曾提议应在法律中对作品的特点给予保护。但修订后的版权法并未明文作出这种规定。

Choreographic Works 舞蹈作品

它指的是那些以书面形式或其他物质形式表达出的舞蹈动作设计。

Cinematographic Works 电影作品

伯尔尼公约采用的是这一术语。多数英语国家版权法也采用这一术语。但美国版权法使用 "Motion Picture"。也有少数国家使用 "Film"。

Circumvent 解除（技术保护）

在软件及其他信息作品的版权保护方面，欧、美发达国家从 20 世纪 80 年代起，就将解密（Decode）等破坏（解释）软件等等的技术保护，作为侵权行为之一，虽然解密者本人未必同时进行复制。在 WIPO 的 1996 年版权条约中，已明确把未经许可而解除他人数字产品（包括软件）所附加的技术保护，视为侵犯版权。

CISAC—International Confederation of Authors' and Composers' Society　作家与作曲家国际联合会

这是个法文缩略语；该联合会的总部设在巴黎。

CITI—International Confederation of Protessional and Intellectual Workers　职业智力成果创作者国际联合会

这是个法文缩略语；该联合会总部设在法国。

CLA—Copyright Licensing Agency　版权许可证贸易代理公司

Claim　权利要求

在版权领域，Claimer 指在一定地域里主张自己权利的人。在专利领域，它指"权利要求书"。

Coin-Operated Machines　投币式电唱机

也称为 Juke Boxes。这种电唱机使用音乐作品而产生的版权问题，一直是许多发达国家不断讨论和设法解决的版权法难题之一。

Collections　汇编作品

一般指同一个作者的不同作品的汇编（如"选集"、"全集"）。

Collective Administration of Copyright　版权的集体管理

这种管理主要指集体许可证贸易。在多数国家，这种管理是民间组织的任务。在有的国家，由国家机关（如版权局）主管这项工作。

Collective Licensing　集体许可证贸易

Collective Agreement　集体合同

Collecting Society　版税（版权使用费）征收协会

Colorized Motion Pictures　着色电影

20 世纪 80 年代中后期，美国有些电影制片厂为三四十年代一些有名的黑白电影着色。1987 年，美国版权局将着色电影确认为黑白影片的"演绎作品"，可享有新的版权。如果说 30 年代的《飘》，到 80 年代已将丧失版权，着色后则可再享有 50 年保护期。对这种"作品"的新版权，在国际上有争论。

Commissioned Works　委托作品

在有些国家，"委托作品"与"职务作品"（或"雇佣作品"）属于同一类作品。我国著作权法是将它与职务作品分别作出规定的。

Common Law Copyright　普通法版权

它指的是不依据成文法，而依据判例法享有的版权。原先这种版权在英美法系国家很普遍。英国自 1911 年后，不再承认这种版权。美国则至今仍承认这种版权。诸如成文法不保护的口头作品、法律条文、政府文件等，均可能在美国享有"普通法版权"。

Compatible　可兼容的

在计算机领域，提到"兼容机"，指不同型号计算机均可运行同样软件。在提倡发展兼容机时，应注意可能侵犯软件版权的后果。

Compilation Works　汇编作品

在我国著作权法中称之为"编辑作品"。应注意到：我国著作权法中所说的"编辑"，已不同于我国传统出版单位使用的"编辑部""编辑人员"中的"编辑"，后者在英文中是"edition""edit"。

Compulsory Licence　强制许可

《保护文学艺术作品伯尔尼公约》与《世界版权公约》仅允许发展中国家对作品的复制权与翻译权采用强制许可。我国 1990 年著作权法中的法定许可的适用范围则比这要宽一些。

Computer Bureaux　计算机服务公司

发达国家中为用户提供数据及提供数据处理服务的公司。仅仅提供数据的公司，也称为 Database Bureaux，即数据库服务公司。

Communication of Works　作品的传播

版权领域一般把使用作品均称为"作品的传播"。例如，出版、广播、表演等，均系作品的传播。

Conditions and Warranties　主要条款与从属条款

这是合同法术语，在各种版权合同中也经常使用。一般讲，违反了主要条款，必然构成违约；违反了从属条款，则不一定构成违约。

Conflicting Publication　冲突出版

指的是同一个作者在向不同出版社投的不同书稿中，使用完全相同的素材。西方大出版公司的格式合同中，往往要求作者承担义务，不使"冲突出版"的情况发生。

Conflicting Rights　冲突权利

指两个或两个以上的独立权利人分别就同一权利自认为所有人。

CONIN—National Information and Automation Council　国家信息与自动化委员会

该文原系葡萄牙文的缩略语。该委员会是巴西的官方组织，曾在计算机软件保护方面有自己的独立见解。

Consideration　对价

合同术语之一，在版权合同中也经常使用。

Construction of Contract　对合同的解释

Contribution Fee　稿酬

Contributory Infringement　共同侵权

Control Program　控制程序

计算机软件的一种，也称"系统程序"，即 Syatem Program。

CONTU—Commission on New Technological Use of Copyright Works　版权作品的新技术使用委员会

美国国会设置的一个机构，专门研究新技术对版权法的影响。

Convention Court　公约法院

依照一定国际公约而成立的具有跨国管辖权的机构。它不一定是传统意义上的"法院"。例如，欧洲经济共同体的"欧洲法院"属于公约法院，法语非洲国家知识产权组织的"雅温德总部"也被视为公约法院。

Conversion　非法占有他人财产

在英联邦国家版权法中，这个词可能还有下列含义：（1）非法占有侵权复制品；（2）对非法占有侵权复制品提起的诉讼；（3）将非法复制品移交被侵权人的司法救济。

Convertible Foreign Exchange　可兑换的外汇

即指国际上的硬通货，如，美元、英镑、日元等。《伯尔尼公约》与《世界版权公约》在允许采用强制许可时，都要求被许可一方向版权人支付"可兑换的外汇"。

Copy　复制

有时也译作"复制本"、"副本"、"拷贝"。最早被日本人译为"版"。现在其含义已大大超过"版"的范围。

Copyright　版权

严格讲，应译为"复制权"。我国的"著作权"译成英文时，也译为 Copyright。虽然也称为"世界第一部版权法"的《安娜法》产生于 1709 年，但 Copyright 这个词只是在 18 世纪中叶前后才出现的。

Copyright Notice　版权标记

在《世界版权公约》中，它指的是"©"；在罗马公约中，它指"℗"；在一些国家的半导体芯片法中，它指"Ⓜ"。

Copyrightability　可享有版权性

在大多数国家，它指独创性（原创性）；在有些国家，除此之外，它还包括已登记或已固定等等。

Country of Origin　来源国

在版权领域，它主要指作品的首次出版国。除此之外的含义，在伯尔尼公约第 5 条中有详细规定。

CPR—Canadian Patent Report　加拿大专利判例集

这种判例集中实际也经常登载版权、商标权的判例。

CPU—Central Processing Unit　中心处理机

Created　创作的

如果作品是创作的，即说明该作品具有独创性，可享有版权。我国 1990 年著作权法第 3 条即要求受保护的作品应是创作的，亦即非复制的。由于 1991 年世界知识产权组织发表的该法的英译本没有将"创作的"一词译出，曾使一些外国人对我国作品的可享有版权性发生重大误解。

Credit　抵免

这是《避免对版税收入重复征税多边公约》以及许多国家间双边税收条约使用的一种减免税收方式。它是与"豁免"（Exemption）方式相对而言的。在版权领域的税收公约中，提出了豁免与抵免两种方式供成员国选择。其中，税收豁免又分三种方式：①普通豁免；②累进豁免；③保留应纳所得豁免。税收抵免也分三种方式：①普通抵免；②全抵免；③相应抵免。此外，该公约还提供了"饶让抵免"方式。现有的该公约译本，将抵免译为"扣除"，"饶让抵免"译为"免税扣除"，均不是国际税法中应当采用的术语。

Critical Date　关键日

关键日在版权领域，依据情况不同而有不同含义。例如，我国 1990 年著作权法要求外国作品首先在中国出版方享有版权。在这里，"首次出版日"就成为这些作品的关键日。由于在大多数情况下，版权产生于作品创作完成之日。因此，"完成之日"即成为关键日。

Cross Medium Adaptation　（剧种）移植

剧种移植应视为一种改编活动，应受版权人控制。

Crown Copyright　皇家版权

也可译为"国家版权"或"政府版权"，是英国及一些英联邦国家的版权法用语。

Crown Use　皇家使用

也可译为"国家使用"，即某些英联邦国家对版权的"征用"。

Current Event　时事

根据《伯尔尼公约》，成员国可将纯时事报道排除在版权保护之外。我国 1990 年著作权法中即有类似规定。

Custom Software　用户软件

也译为"专用软件"。在许多发达国家，它除了受版权法保护之外，还受商业秘密法保护。

Customized Software　定作软件

Data　数据

在某些国家的版权法中，计算机储存的数据本身也是一种受保护客体。

Database　数据库

Database Bureaux　数据库服务公司

详见 Computer Bureaux 词条。

DBS—Direct Broadcast Satellite　直接广播卫星

Defamation　诽谤

有些国家的版权法不保护作者的精神权利，但诽谤法与其他法则保护精神权利。

Degree　亲等

有些国家版权法明文规定：只有三等亲之内亲属有权继承版权；三等亲之内如果无人，则版权归国家所有，或进入公有领域。

Delivery-up（of Copy）　交送（样书）

有些国家作为一种制度，要求新出版的书均须向国家主管部门或指定图书馆交送样书，否则，即丧失版权，或在诉讼中不能证明自己为版权人。

Deposit（of Copy） 交存（样书）

Deposit of Security 交存诉讼保证金

Derivative Works 演绎作品

经翻译、改编等而产生的作品，均系演绎作品。

Design 外观设计

这种设计可能是平面的，也可能是立体的。《伯尔尼公约》第 2 条中的 Designs and Models，目前大都译为"设计与模型"。它们实际上指的是"平面的与立体的设计"。这几个词只在西班牙文本中含义比较明确。

Detention 非法保留他人财产

它与上文提到的 Convertion 有近似之处，不过它仅指暂时保留，Convertion 则指长期占有。Detention 也另有下列几种含义：①在诉讼中，指因他人非法保留自己的财产而引起的诉讼；②在司法救济中，指对侵权物的暂时扣押；③在刑法中，指拘留。

Diffusion 传播

在版权法中，它一般指的是有线广播。

Direct Communication 直接传播

在版权领域，它指表演、展览等使作品直接与观众见面的传播方式。与它相对的是"间接传播"，即 Indirect Communication，它是指出版、录制等，将作品改换载体后再使公众得到的传播方式。

Direct Infringement 直接侵权

与其相对的是："间接侵权"，即 Indirect Infringement；"共同侵权"，即 Contributory Infringement；"二次侵权"，即 Secondary Infringement；"授权侵权"，即 Authorized Infringement 或 Vicarious Infringement。

Directory　姓名地址簿

它是否应享有版权，不同国家有不同回答；甚至在同一个国家，也可能有不同答案。这是版权领域目前还有争议的问题之一。

Display　展示

有的国家把它与"表演"等同，展示权与表演权同属一种权利；另有些国家则把二者分开，分别属于两项权利。

Distribution　发行

在版权法中，它除了指作品复制本的发行外，还可能指广播节目的传播。在不承认"权利穷竭"原则的国家，发行权中包含出售权和出租权；在承认该原则的国家，发行权中一般不包含出租权。在20世纪90年代后，随着国际计算机互联网络的发展，这一术语还在继续扩充着新的含义。

Divalgaltion　发表

作者精神权利中的"发表权"，在版权法中经常表述为"the Right of Divalgation"（如西班牙1986年版权法）。它指的是作者对于其作品是否公之于世的决定权。也有些国家的版权法把发表权表述为："the Right to Make（a Work）Public"。

Domicile　（有户籍）住所

它与Residence（可指暂时的，也可指长期的居所）有差别。这二者是许多知识产权国际公约的国民待遇的条件。

Downtime　故障（发生到排除的）时间

在计算机软件许可合同中，有时要按软件运行时间收费。在这种情况下应排除故障时间，否则对被许可人将不公平。

DPA—Data Protection Act　数据保护法

Drawing　绘画

也有人译为"素描"。这是指不着颜料的线条画。与之相对的是 Painting，指油画、水彩画一类着色画。

Droit　权利

法文，它与英文的 Right，德文的 Recht 含义相同。

Droit de Divulgation　发表权

法文，与之相对应的英文是 Right of Making Public。

Droit de L'oeuvre　保护（作品）完整性权

法文，与之相对应的英文是 Right of Integrity。

Droit de Paternite　确认（作者）身份权

法文，与之相对应的英文是 Right of Paternity。

Droit de Retraction　收回权

法文，即作品发表后，因观点改变或其他原因而从传播领域将作品收回的权利。与之相对应的英文是 Right of Retraction。

Droit de Suite　追续权

法文，与之相对应的英文是 Right of Pursuit。注意不要把这个词误读为"延续"权。

Droit Voisins　邻接权

法文，与之相对应的英文是 Neighbouring Rights。

Dumb Show　哑剧

它与 Pantomimic Work 含义相近。多数国家的版权法都明文指出哑剧享有版权保护。

Duration of Copyright　版权保护期

Duration of Failure　故障持续期

计算机软件合同用语，它与 Downtime 含义相近。

EBU—European Broadcast Union　欧洲广播联盟

这是一个以西欧、北欧国家为成员的地区性保护广播组织权的国际组织。

Economic Rights　经济权利

在版权法中，它是与作者精神权利相对的权利，也有的国家称之为"物质权利"（即"Material Rights"）我国 1990 年著作权法称之为"财产权"（即"Property Rights"）。

Educational Use　教学使用

教学使用如果作为"合理使用"的一项内容，一般仅包括对复制权的使用。在有些国家还包括对有线广播的广播权的使用。我国 1990 年著作权法在第 22 条第 6 款对此作出了具体规定。

Effluxion of Time　（许可证合同）正常履行完毕

EIPR—European Intellectual Property Review　欧洲知识产权杂志

这是一份由英国牛津 ES C/S and M 公司出版的月刊，有较大影响。该杂志 1996 年后迁址伦敦。

Electronic Data Processing Rights　数据的电子处理权

这属于新技术发展而产生的现代版权项目之一。它指的是将文字或图画、图表作品数据化后，储入计算机的权利，以及借助计算机对原作进行复制（重现）、翻译或改编的权利。

Employee Authors　雇员作者

也可称为"雇佣作者"，即 Employed Authors，或"工资作者"，即 Salaried Authors。

End-User　最终使用人

对一般作品来讲，版权人的专有权不应延及最终使用人，而是在销售中一次用尽，即"权利穷竭"原则。但有些国家的版权法，不实施这条原则。在计算机软件许可合同中，经常出现对"最终使用人"的规定，指在计算机上使用合同中的软件之人，而不是分销人、软件占有人之类。

Enforcement Costs　为使合同得以履行的费用

这个术语一般指一方违约时，另一方为使合同继续履行而付出的诉讼费。

Engraving　雕刻

这是版权法保护的客体之一，一般列在美术作品项下。

Entire Agreement　合同完整性

这个术语的意思是：如果不经一方同意，另一方不得修改合同。它在许可证合同中经常是一个独立条款。

Ephemeral Recording Right　临时录制权

这指的是广播组织为播送其节目的目的，有权录制享有版权的作品，但录制品不能长期保存。

EPROM—Erasable Programable Read-Only Memory　可涂抹、可编程序的只读存储器

它属于固件（Firmware）的一种。

Escrow　第三方保存合同

在版权领域，这个词多指：在计算机软件的许可人与被许可人达不成是否提交源程序的协议时，共同找某个第三方代为保存源程序。这种合同中将规定：一旦某些事件发生（例如，许可人死亡、解散、破产等），第三方应把源程序提交被许可人。

Estoppel　禁止翻供原则

这是普通法中的极重要的一条原则。它指的是当事人对于自己已经承认过的事实，不得在日后推翻。但应注意两点：①这条原则不适用于当事人原主张或承认的理论；②这条原则应受到衡平法中其他原则（如形势变迁）的限制，它并不是绝对的。

Exclusion　当事人不可为之事

这是许可证合同中的术语。也有的许可证合同中用该术语表示"免责条款"。

Exclusive Licence　独占许可证

许可证的一种。这种许可证排斥包括权利人在内的任何人使用

被许可人正使用的权利。例如，根据我国 1990 年著作权法的规定，图书出版者与版权人签订的许可证合同，一般均为 10 年独占许可合同。这 10 年中，版权人及其他出版者均无权出版同一部作品。

Exclusivity 专有性

在许可证合同中，它指的是授权的专有程度，即该许可证是独占性的，还是非独占性的。

Exemption 免责

许可证合同用语。免责指的是在合同规定的特殊情况下，免除合同某一方原应负的责任。应注意免责条款与不可抗力条款在许可证中的不同。前者一般不使合同中止，后者则往往导致合同中止。

Exemption Method 豁免法

版权使用费国际税收领域术语，详见 Credit 词条。

Exhaustion of Right 专利穷竭

即专有权一次用尽，不能再行使的意思。我国 1984 年专利法第 62 条，及许多国家的版权法，对此均有规定。

Ex Parte 单方

Expiration 完结

在许可证合同中，指合同履行完毕；在版权、专利权等保护期方面，则指保护期届满。

Exploitation of a Work 对作品的使用

在版权领域，它指的是以复制、翻译等方式使用作品，而不指阅读、欣赏作品。我国 1990 年著作权法第 10 条第 5 项讲的"使用"，即 Exploitation。

Fair Dealing 合理使用

即不构成侵权，又无须得到许可的使用。

Fair Use 合理使用

Fair Practice　合理使用的行为

FAST—Federation Against Software Theft　反盗用软件协会

1984年由英国计算机协会发起成立的民间组织。该组织不仅过问未经许可复制享有专有权的软件，也过问未经许可使用这种软件。

Feist Case　美国最高法院于1991年判决的一起电话号码簿版权纠纷案

在该判例中，该法院认为受版权保护的作品应有创造性（Creativity）。

Filing Fee　登记费

版权登记、软件登记或图书交存登记时向行政管理机关缴纳的费，即登记费中的一种。

Film　胶卷

多数国家在版权法中提到电影时，不用这个词；但少数国家仍使用这个词。

Fine Arts　美术作品

详见 Artistic Work 词条。

Firmware　固件

固化软件的一种。也有人译为"半软件"。

First Instance Court　初审法院

与之相应的法文是：Tribunal de Grande Instance；与之相应的日文是："大审法院"。

First Publication　首次出版

这是依照许多国家的版权法及两个版权国际公约获得"作品国籍"的前提。

FIT—International Federation of Translators　国际翻译家联盟

Five-Year Privilege　五年特权

伯尔尼公约 1971 年文本术语。它指的是公约原有成员国有权在 5 年之内不批准公约 1971 年文本的行政条款。但不批准该文本实体条款的年限可在 5 年以上。

Fixation Requirement　固定要求

有些国家要求作品须以某种物质形式固定下来，方享有版权。这些国家的版权法不保护口头作品。

Folklore　民间文学

广义的民间文学既包括形成的作品（但难以确认作者创作的部分），又包括未形成作品的民间风格、民俗、民间仪式等部分，后一部分又被称为 Traditional Air。

Forum non Convenience　法院所在地不当

与之相应的英文是：The Place of Court is not Convenient。在中国未参加版权国际公约前，如果一个日本人在中国侵犯了某版权人的权利，该人到日本法院起诉，从国际私法角度看，即属"法院所在地不当"。

Franchising　特许

特许经营与一般许可不同：它包括商标权、版权、商誉的多种无形产权的转让。

Free Copies　样书

这不是指向行政机关交存的样书，而仅指出版社免费赠送作者的样书。在英文中它也被称作 Gift Copies 或 Presentation Copies。

Free Movement of Goods　商品的自由流通

这既是大多数国家"禁止不公平竞争法"的立法前提，又是该法的立法目的。但版权人在其行使权利时妨碍了商品自由流通，不应被视为违法。

Free Use　无偿使用

少数国家把它与合理使用等同；多数国家认为无偿使用可能合理，也可能不合理。也有些国家认为：该术语应按字面解释为"自由使用"，即对已处于公有领域的作品的使用，它与合理使用无关。

Frustration　落空

在许可证中，指合同落空，如因不可抗力而使合同不可能继续履行等。

FSR—Fleet Street Patent Law Reports　舰队街专利法判例集

英国出版的知识产权判例集之一，其中也收入英联邦国家及欧洲经济共同体的版权纠纷判例。

Future Copyright　未来版权

这指的是尚未开始或尚未完成创作的作品，在将来可能享有的版权。许多国家的版权法规定：未来版权不可转让。

Geneva Convention　日内瓦公约

在版权领域，这指的是《世界版权公约》，该公约是在日内瓦缔结的。

Geographical Criterion　地点标准

亦即"作品国籍"标准。在两个版权国际公约中，它均指作品的首次出版地。

Ghostwriter　代笔人

这种人创作的作品，仅指完全由他人代笔而未动笔者署名的情况。如果某人口述，另一人记录并整理，则不属于"代笔人"。

GII—Global Information Infrastructure　全球信息基础设施

它指的是美国政府于1993年提出的"信息高速公路"计划。该计划的实施将对版权国际保护产生重大影响。

Government Copyright　政府版权

美国版权法中的术语。它与英国版权法中的"皇家版权"相似。美国政府文件虽不享有版权，但不妨碍美国政府通过他人转让、赠与等形式享有对非政府文件作品的版权。

Grace Period　宽限期

Grands Droits　广义表演权

它是与狭义表演权（Petits Droits）相对应的一个法文术语。这二者也被译作"大权利"与"小权利"。前者指一切音乐作品的表演权；后者指除去"音乐—戏剧"作品中的音乐之外的音乐作品的表演权。

Graphic Works　版刻作品

Gratuitous Contract　单方受惠合同

英美法系合同的要件之一是"对价"，所以单方受惠合同不受法律保护。大陆法系许多国家则承认单方受惠合同。

Gravare　凹版印刷术

GRUR—Gewerblicher Reehts — schutz und Urheberrect　工业产权与版权杂志

德国马克斯·普兰克学会出版的知识产权学术刊物。

Hardware　硬件

High Court　高等法院

应注意澳大利亚法院名称与其他国家的差异。在澳大利亚，各州的 Süpreme Coürt 应译为"高等法院"，而"High Court"则应译为"最高法院"。澳大利亚的上诉法院也极特别地称"Full Court"，而不叫作"Appeal Court"。

H-Sat.—Heavy Satellite　直播卫星

它是型号较老的直播卫星，后被 L-Sat. 所代替。

IAA—International Association of Art　国际艺术协会

IBA—Independent Broadcasting Authority　独立广播局

英国与 BBC 并列的另一家广播组织。

ICA—International Councilon Archives　国际档案协会

ICIC—International Copyright Information Center　国际版权情报中心

这是联合国教科文组织设立的一个资料中心。

IFA—International Federation of Actors　国际演员联盟

IIC—International Industrial Property and Copyright　《国际工业产权与版权杂志》

德国马克斯·普兰克学会出版的英文双月刊。

Illustration　插图解说

在版权领域，这个词是"说明"的意思，它可能是说明文字作品的插图，也可能是说明绘画作品的文字解说。伯尔尼公约第 2 条（1）款中，被有的中译本译为"示意图"的，实际上就是这个词。

Imminent Infringement　即发侵权

这指的是按照某个活动的发展，必然会构成侵权，但尚未构成侵权的情况。

Improvisation　即席作品

指的是尚未以物质形式固定下来的口头作品。

Inchoate Right　初期权利

Indemnify　赔偿

Independence of Parties　当事人的独立性

在许可证合同中，它指合同双方当事人并不因合同订立而产生类似合资企业、母子公司之类的依存关系。

Indirect Communication　间接传播

见 Direct Communication 词条。

Indirect Infringement　间接侵权

Individual Use　个人使用

这在多数国家都列为合理使用的一项。应当注意：有人认为"个人使用"与"私人使用"（Private Use）是一回事，但多数国家都把这二者分开。私人使用只在专门限定的范围内才属于合理使用，如"私人研究"等等。

Industrial Copyright　工业版权

指的是外观设计、芯片设计、计算机软件等边缘性客体享有的版权。它是工业产权法与版权法的近缘，而不是重叠。

Ing.-Cons.—Revue de Droit Intellectual-L'Ingenieur-Conseil
《知识产权工程人员杂志》

这是一份在比利时出版的杂志，主要内容之一是有关计算机软件的法律问题。

Injunction　禁令

一般指法院向侵权人（或被控告为侵权之人）下的停止其活动的命令。

Innocent Purchaser　善意买主

这是许多国家芯片保护法中的术语，指的是虽经营侵权产品，但其购入时确实不知是侵权产品。

Insolvency of Either Party　任何一方破产时的处理方法

这是许可证合同必备的条款之一，其中规定若在合同履行中一方破产，则应作何种善后处理，从而不使另一方蒙受过重损失。

Integrated Circuit Chips　集成电路芯片

这在多数国家均属专门的工业版权法保护的客体。

Integrity Right　保护作品完整性权

Interface　接口、接面

计算机软件的一种，对它的版权保护一直是个有争论的问题。

INTERGU—Internationale Gesellschaft Für Urheberrecht　国际版权学会

该会设在德国，故用德文表达。该会在四十多个国家有会员，与之相应的英文是 International Copyright Society。也有些中译本将其译为"国际版权协会"。

International Pen　国际笔会

它在许多国家设有分会，是国际上代表作者谈判集体许可证合同的组织之一。

INTA—International Trademark Association　国际商标协会

在 1992 年前，该协会曾仅是美国的一个协会（USTA）。由于国际商标保护的需要，也由于原协会经常被人误认为与 USTR（美国贸易代表处）相同，后改组为国际性民间组织。

ISETU—International Secretariat for Arts，Mass Media and Entertainment Trade Union　国际艺术、宣传媒介及娱乐大会秘书处

IUA—International Union of Architects　国际建筑师协会

由于建筑艺术作品在许多国家享有版权，该协会经常过问这类保护问题。

JIIC—Japanese Information Industry Committee　日本信息产业委员会

日本主管计算机软件、数据等产业的官方组织。

Joint Author　共同作者

亦即我国 1990 年著作权法中所说的"合作作者"。

Junior Party　劣势一方

一般指诉讼中地位不利的一方。与它相对的是 Senior Party，即"优势一方"。

Layout Design　电路设计图

在芯片保护法中，它指芯片上的掩膜作品，与 Mask Work 含义

相同。

Leased Reprint Rights　租版重印权

这是出版社"版式权"项下的一项权利，指出版社出租纸型或其他印刷版面材料给别的出版社出书的权利。当然，出版社在行使这项权利时，不能损害作者的权利。

LFS—Licensing Executive Society　许可证贸易协会

这是一个国际民间组织，我国已于 1986 年 4 月参加。

Liability without Fault　无过错责任

这是指在认定侵权时，即使行为人在给他人权利造成损害时，既非明知，又无过失，仍被认定为侵权。与之相对应的是"过错责任"（Liability with Fault）。大多数国家的版权法均分别不同情况，规定了直接侵权的无过错责任原则与间接侵权的过错责任原则。

Literary Work　文字作品

也有时可译作"文学作品"。

Licensing　许可证贸易活动

Life of Agreement　合同期

Limitation of Copyright　版权限制

这指的是合理使用、法定许可、强制许可等对版权的限制。另外，Restriction of Copyright 在英国、澳大利亚等国版权法中也表示版权限制。但这后一词组在《伯尔尼公约》中，则指一国对另一保护水平低的国家或非公约成员国版权保护上的保留。

Look and Feel　"观感"

美国 20 世纪 80 年代判例确认的判断软件侵权的原则之一。它已被美国 1996 年 Lotus 案例所否定。

Making Public　发表

在版权领域，"发表"与"出版"有重大不同。发表可以采用口头方式；出版则必须以物质固定形式，并达到一定数量。在国际公约中，"发表"不是关键行为，"出版"则往往成为关键行为。绝大多数承认发表权的国家，均把"发表"与"出版"以明显不同的两个术语区分开。我国 1990 年著作权法未作这种区分。

Magazine　杂志

杂志在版权保护中的地位，不同国家可能有不同规定。有的国家把它作为"集合作品"对待，有的作为"合作作品"对待，有的则作为"双重版权作品"对待。

Magill Case　欧洲法院于 20 世纪 90 年代处理的最有名的一起版权与反不正当竞争的案例

它涉及欧共体（即今日"欧盟"）成员国国内版权法与欧共体的"罗马条约"之间的关系如何处理的问题。具体讲，是一起电视节目时间表的版权纠纷案例。

Manufacturing Clause　印制条款

这是美国版权法在很长时间里的一个特殊条款。在美国加入《世界版权公约》前，该条款规定只给在美国或加拿大印制的文字作品以版权保护；美国加入该公约后，则规定美国作者的作品必须在美国或加拿大印制方享有版权保护。1986 年，该条款被废除。

Mask Work　掩膜作品

见 Layout Design 词条。

Maximum Royalties　最高使用费

在版权许可合同中，也可译为"最高版税"。如果版权许可合同中规定：某作品成书后无论销量多高，向作者支付的版税额将不超过某个数目，则该数目即"最高版税"。在一般情况下，如果出版一方要求在合同中规定最高版税，作者一方将要求同时规定：不论作品成书后销量如何少，版税不能低于某个数目，亦即规定"最低版税"（Mini mum Royalties）。

Machanical Copyright Protection Society　录制版权保护协会

Mechanical Right　录制权

这个术语仅仅指音乐作品的作者享有的录制权，而不包括以其他"机械"方式复制作品的专有权。

Menu　菜单

在计算机软件领域，它指的是"选择单"，但目前一般均直译为"菜单"，版权界与计算机界对这种译法均能理解，反倒是按意思译为"选择单"不太常见了。

Merchandising Right　商品化权利

这主要指真实的或虚构的人物或动物形象，在贸易活动中产生的一种"类版权"或"准版权"。有些文章也把这种权利表达为"形象公开权"（Right of Publicity）。

Microcode　微码

指的是固化在 Firmware 上的计算机程序。它是否应列入版权保护客体，曾是 20 世纪 80 年代初国际上讨论的一个问题。

Microfilm　缩微胶卷

在近现代技术发展起来后，"缩微机"成为版权复制权下的一项，即：将文字、绘画等书面作品缩微的权利。

Mino Author　第二作者

即次要作者的意思。国际上多年版权保护的实践，已不再笼统地规定什么是"合作作者"，而是把合作作者按贡献大小分为多类。"第二作者"即其中一类。许多作品的第二作者虽然与主要作者一道署名，但版权仅属于主要作者。

Mino Translator　第二译者

也称为"次要译者"。

Modification　修饰

在版权领域,这是指尚达不到"修改""改编"程序的润色加工,经修饰的作品不产生新的版权。

Moral Rights　精神权利

这是《伯尔尼公约》及多数承认作者精神权利国家的用语。我国 1990 年著作权法中使用的是"人身权"(Personal Rights)。

Mutilation　删改、篡改

这个词多在消极意义上使用;而 Modification 多在积极意义上使用。

Movable type Printing　活字印刷

NAFTA—North American Free Trade Agreement　北美自由贸易协定

由美国、加拿大、墨西哥在 1993 年缔结的协定,其中包含在某些原则上统一该三国版权制度的条款。

National Treatment　国民待遇

这是两个主要版权国际公约中的首要原则。

Needle Time　唱针时间

在音乐作品的使用许可证合同中常见到这个术语。它指的是被许可人录制有关作品(或广播有关作品)的全部时间。

Neighbouring Rights　邻接权

一般包括表演者权、录制者权与广播组织权。

Net of Tax　纳税后净收入额

这往往被许可证合同作为应支付的使用费计算底数。

Net Selling Price　净销售额

版权许可证一般按实际销售额计算使用费,只有工业产权许可证才按净销售额计算使用费。

Newspaper Rights   报刊使用权

它指的是将某部作品在报刊上转载或摘登的权利。报刊使用权的英文表达方式还有 Shot Periodical Rights、Single Issue Rights 等。

NII—National Information Infrastructure   国家信息基础设施

它指的是美国的国内"信息高速公路"计划，该计划的实施将对版权制度有重大影响。

NIR—Nordiskt Immateriellt Rattskydd 《北欧知识产权杂志》

其英文名称是：Nordic Review of Intellectual Property。

Nom de Plume   笔名

NORDSAT—Nordic Direct Satellite system   北欧直播卫星系统

OAPI—African Intellectual Property Organisation   非洲知识产权组织

这是个法文缩略语。该组织由法语非洲国家组成。该组织有一套具有跨国效力的知识产权法，包括版权法。

Object   客体

它是与"subject"（主体）相对应的。在《牛津法律辞典》中，德、日民法学者的大量著述中，以及美国学者如 P.Geller 的著述中，均早已指出：物权的客体为物，知识产权的客体为智力成果，其中版权的客体为作品。

Object Code   目标码

它指计算机可读的语言构成的程序。

OCIC—International Catholic Organisation for the Cinema and Audiovisuals   国际天主教电影与视听组织

OEM—Original Equipment Manufacture   计算机原厂商

Off-Print   抽印本

西方国家出版的杂志出版后，撰稿人可得一两本免费样册，此外还可得到仅含自己文章的复制本，即"抽印本"。

Offer　要约

也有的译为"发价"，即提出缔结合同的要求。如果另一方承诺，同意缔结，则合同可能成立。要约方被叫作 Offeror，被要约方，即承诺人被叫作 Offeree。

Offeree　承诺人

Offeror　要约人

Official Texts　正式文本

许多国家版权法规定：对法律、条约的正式文本（包括正式译本），不予版权保护；但这些国家均承认非正式文本（如转述）以及正式文本的非正式译本，都享有版权。

OIR—International Radio Organisation　国际无线电组织

OIRT—International Radio and T.V.Organisation　国际无线电与电视组织

On-Line Transaction　网络贸易

也可直译为"联机交易"，它指的是在网络环境下或"信息高速公路"中，通过计算机联网而对享有版权的作品进行"先发行、后复制"的出售方式。它是改变传统版权保护的一个重要因素。

On-Line Service Provider　在线服务提供者

也可译为"网络经营商"，是国际网络环境下于 20 世纪 90 年代新出现的类似"出版者"的版权领域主体。

Oral Work　口头作品

Original Copy　作品原件

作为文字作品，它一般指手稿。

Option Clauses　选择权条款

发达国家出版合同中常见的条款。其中可能规定作者如今后出书，应首先选择原出版社为合同谈判人。

Originality　独创性

也有人译作"初创性"或"原创性"。

Originating Organisation　来源组织

在版权领域的卫星公约中，它指的是播出有关节目的广播组织，以示区别于 Distributor（转播组织）。

P—Phonogram　录音制品邻接权保留标记

Package Software　软件包

一般指批量上市的标准软件。

Painting　着色画

详见 Drawing。

Pantomimic Work　哑剧作品

Parody　滑稽模仿

一些国家把滑稽模仿他人的已有作品，视为合理使用。

Parallel Import　平行进口

这是与"权利穷竭"原则相联系的一个术语。承认"权利穷竭"原则只具有地域性的国家，认为平行进口属于侵权行为。

Passing-off　假冒

这是个普通法中的专门术语，不同于我们日常说的"假冒商标"中的假冒。它仅指假冒他人商品，但并不指假冒他人商标。

Paternity Right　确认作者身份权

有时也可译作"指明出处权"，系精神权利的一项。

Paying Audience　付钱入场的观（听）众

多数国家的版权法均规定："面向这类观（听）众的表演，不能列为'合理使用'"。

Paying Public Domain　为进入公有领域作品付费

近年有些国家在版权法中规定：虽然某些作品的保护期已过（或

原先本不受保护），使用时仍须向版权管理机关（或作者权利保障组织）支付使用费。

Performer　表演者

多数国家只承认表演作品的演员为享有邻接权的表演者。我国1991年著作权法实施条例也作出了这种规定。

Performing Right Tribunal　表演权裁判庭

一些英联邦国家依版权法设立的、专门裁定作品的表演权许可证纠纷的准司法组织。英国已在 1988 年后将这种组织扩大为全面的"版权裁判庭"。

Permanent Requirement　固定要求

这个术语与 Fixing Requirement 相近，但比后者更严格。英国一判例曾判一位戏剧演员独创性的脸谱虽已固定，但不是长久固定，因而不享有版权。

Personal Criterion　人身标准

亦即"作者国籍"标准。

Personal Data　个人数据

数据保护法术语，指有关自然人身份、财产状况、身体健康状况的数据。

Personal Right　人身权

在版权法领域使用，相当于"精神权利"。

Personal Use　个人使用

与 Individual Use 相同，属于"合理使用"。

Petits Droits　狭义表演权

详见 Grands Droits 词条。

Phonogram　录音制品

在美国版权法中，称之为 Phonorecord，是一个意思。

Piracy　　盗印、盗录

在版权领域，凡未经许可，也不支付报酬的复制行为，均被称为 Piracy。

Pirate Broadcasting　　未经许可的广播

即指未经许可在广播中使用他人作品，或转播其他广播组织的节目。

Piratical Edition　　盗印版

Plagiarism　　抄袭

绝大多数国家的版权法不使用这一术语。因为抄袭一般不仅包括照搬他人的表达形式，而且包括照搬他人创作思想或理论；思想与理论一般不受版权法保护。我国 1990 年著作权法不仅使用了"抄袭"一词，而且使用了主要指照搬他人思想的"剽窃"一词。

PLR—Public Lending Right　　公共借阅权

一些发达国家授予作者的一种特殊权利。即按公共图书馆中一部书被借阅的次数而获得"使用费"的权利。

Posthumous Publication　　去世后出版

指的是作者死后方出版其作品的情况。

Power of Attorney　　权力转移证书

它一般指当事人签发的给其律师或其他代理人的委托书。

Pre-Existing Work　　已有作品

也可译为"原作"，一般是与"演绎作品"相对应时使用的。

Presentation Copies　　样书

详见 Free Copies 词条。

Primary Works　　原始作品

这是与衍生作品（Secondary Works）相对而言的。许多人把一般文学作品、音乐作品等视为原始作品，把电影作品、广播作品等视为衍生作品。

Private Use　私人使用

详见 Individual Use。

Producer of Motion Picture　电影制片人

许多国家为方便行使电影版权，依法把电影版权的大部分授予制片人。我国 1990 年著作权法也是这样规定的。

Programme-Carrying-Signal　载节目信号

PROM　可编程序只读存储器　这是固件中的一种。

PROMS　可编程序只读存储器芯片

Pseudonymous Works　假名作品

多数国家的版权法把假名作品与匿名作品划为一类，而与笔名作品区分开。因为笔名作品的作者一般是明确的，假名作品则往往找不到作者。

Public Domain　公有领域

处于公有领域的作品有两种：一种是原先即无版权可言；另一种是已过版权保护期。

Publication　出版

也有时译为"出版物"。有些国家对"出版"与"发表"不加区分，但大多数国家认为这二者有本质不同。

Published Editions of Works　已出版的作品版式

在英、德版权法中，这种客体均享有版权或邻接权。在我国 1991 年著作权法实施条例中，它也享有邻接权。

Published Works　已出版的作品

《伯尔尼公约》对这种作品作了严格的解释，《世界版权公约》也沿用了这种解释。

Purchaser in Good Faith　善意买主

详见 Innocent Purchaser 词条。

Qualified Person　合格人

在版权领域，指有资格受版权法保护的人。

Quasi-Copyright　准版权

这是欧共体自 20 世纪 90 年代初开始制定数据库保护统一法时产生的术语。它主要指那些依传统版权理论，因为不具备独创性而不能受保护，但是却有"投入"（Investment）又应给予一定保护的"作品"，如在编排上不具独创性的某些汇编作品。

Quasi-Judicial　准司法的

可处理版权侵权纠纷、合同纠纷的行政管理机关以及仲裁机关之类，均属于准司法机关。

Radiophonic Work　广播作品

这个词组指的是无线电广播作品，如广播剧之类；它不指电视作品。

Radio-Play　广播剧

Re-broadcasting　重播

也可译为"再次广播"。在许多国家的广播权许可合同中，均会写明是否授权广播组织重播某作品，因为一般地授予的广播权中，可能不包含重播权。

Recitation Right　朗诵权

在有些国家的版权法中，把它列为一项单独权利；有些国家则把它包含在表演权中。我国 1991 年著作权法实施条例即把它归入表演权中。

Recourse　追索权

也译为"求偿权"，其含义与 Droit de Suit 相近。

Reduced to Writing　以书面形式体现

Reduced to Material Form　以物质形式固定

Register　注册处

也可译为"登记主管人"。传统实行版权登记制的美国，至今这个词仍表示"版权局长"。

Remake Right　重编权

这是改编权项下的一种，指的是以同一种方式重新改编原作的权利。

Remedy　司法救济

在《伯尔尼公约》中，它与 Redress 含义相同。

Removal from Register　撤销注册

Remuneration　稿酬

有时也用来指其他版权使用费。

Repentance Right　收回权

与 Droit de Rétraction 含义相同。

Reproduction　复制

有些国家的版权法认为它与 Copy 含义相同；另有些国家则认为它仅指非接触性复制，而 Copy 则指接触性复制。我国 1990 年著作权法中所说的复制，包含接触性与非接触性两种。

Resale Royalty Right　追续权

也可译为"重售版税权"。它的含义与 Droit de Suite 相同。

Rescission　撤销

在许可证中，指合同的撤销。

Residence　住所

详见 Domicile 词条。

Restriction of Copyright　版权限制

详见 Limitation of Copyright 词条。

Reverse Engineering 反向工程

即研究某产品构造后，返回其原设计的构想。在多数国家的芯片保护法中，把这种活动视为"合理使用"。美国在 1992 年的 Altai，Sega 等案例中，也已把反向工程视为合理使用。

Reversion of Copyright 自然返还版权

许多国家的版权法规定：即使原始版权人将版权所有权转让给他人，该版权在一定期限后也应自然返还原始版权人（或其继承人）。这种规定主要目的在于防止卖绝版权。

RIDA—Revue Internationale du Droit d'Auteur 《国际作者权杂志》

这是一本在法国出版的版权杂志。

Right of Publicity 形象公开权

准版权的一种。详见 Merchandising 词条。

ROM-Read Only Memory 只读存储器

固件中的一种，可将计算机程序固化其上，但不能更改上面的数据、文字。

Rome Convention 《罗马公约》

在版权领域指的是《保护表演者、录制者及广播组织公约》。

Royalty 使用费

在版权领域即指"版税"。

SACEM—Society of Authors，Composers and Music Publishers 作家、作曲家与音乐出版商协会

Satellite Convention 《卫星公约》

在版权领域指《关于播送由人造卫星传播载有节目信号公约》。

Screen Credit 因发行电影拷贝而支付的版税

Sculpture 雕塑

Secondary Use 二次使用

例如，将文学作品印刷出版，为首次使用；将已出版的书拿到

电台广播，即为二次使用。

Secondary Infringement　二次侵权

Secondary Works　二次作品

也翻译为"衍生作品"。详见 Primary Works 词条。

Sega Case　塞加判例

美国 1992 年的一起否定"威兰"判例的版权判例，也指 1994 年美国联邦法院判决网络经营人对侵犯版权要负"无过错责任"的又一起著名案例。

Senior Party　优势一方

详见 Junior Party 词条。

Shadow Zones　盲区

这是指因高山、高层建筑等影响而收不到节目信号或收到的信号不清晰的地区。

Shot Periodical Rights　报刊使用权

详见 Newspaper Rights。

Showing in Exhibition　展出

Severability of Contract　合同的可分性

这指的是当一部分合同条款无效时，不影响其他合同条款继续有效。

Shrink—Wrap Licence　启封许可证

详见 Box Top Licence。

Simultaneous Publication　同时出版

按照多数国家的惯例及《伯尔尼公约》与《世界版权公约》的规定，在 30 天内先后在两个或两个以上的国家出版某作品，应当视为同时出版。我国 1991 年著作权法实施条例也作出了同样规定。

Single Issue Rights　报刊使用权

详见 Newspaper Rights。

Software　软件

在版权领域，多指计算机软件。

Soundtracks　胶片声带

这指的是电影胶片两侧的声槽。许多国家的版权法专门规定：将作品录在声带中，不能与录在录制品（如唱片）中等同。

Source　出处

在版权领域，指所引用的原文的作者、出版者及作品名称（或报、刊名称）。在版税国际税收公约中，它指收入的来源。

Source Code　源码

计算机软件术语。

Sparing Credit　饶让抵免

详见 Credit 词条。

Special Industrial Copyright　特别工业版权

指一些国家中外观设计、半导体布图、计算机软件的专有权。

Special Unit　专用单元

这是与 Alternative Unit（代用单元）相对而言的。

State of Source of Copyright Royalty　版税来源国

Stationers'Company　出版商公司

英国中世纪后期享有出版独占权的机构。

Statute of Anne　《安娜法》

在版权领域，这指的是 1709 年英国颁布的第一部版权法。

Statutory Licence　法定许可

这是对版权进行限制的一种制度。在我国 1990 年著作权法第四章中，有关于法定许可的规定。

Strict Liability　严格责任

在大多数国家，严格责任与"无过错责任"（Liability without Fault）是同义语。在英国等少数国家，这二者稍有不同。

Substantial Taking　实质性照搬

在版权法领域即指抄袭。

Sui Generis Law　特别法（专门法）

在版权领域，它指的是不与版权法合一或不归入版权法的有关法。例如，当前各国的芯片法，过去巴西、韩国曾制定的、独立于版权法之外的计算机软件保护法，均系"特别法"。

Sui Generis Right　特别权（专门权）

在版权领域，它指不属于版权（及广义版权中的邻接权）但又与版权有密切联系的一些专有权。例如，各国芯片法中的集成电路布图设计专有权，欧盟保护无独创性数据库的专有权，等等，均系"特别权"。

Supporting Material　支持材料

在计算机软件领域多指程序之外的辅助材料，诸如文档、说明书等。

Synchronization Right　同步录音权

Tear Open Licence　启封许可证

详见 Box Top Licence 词条。

Ten—year Régime　十年保留制

这在《伯尔尼公约》中，指的是允许成员国只给外国作品的翻译权以 10 年保护期。

Term　保护期、合同期

Things in Action　无形准动产

包括版权在内的无形产权在英美法系财产法中往往称"无形准动产"。

Title　标题

作品的标题是否享有版权，在不同国家可能有不同规定。我国对此未作规定。

Topographies　掩膜设计

与 Layout Design 相同。

Traditional Air　民间文学

详见 Folklore 词条。

Transitional Provisions　过渡条款

Translation　翻译

多指书面翻译。

Trib. gr. inst　初审法院

详见 First Instance Court 词条。

Trips　与贸易有关的知识产权

原是"关贸总协定"乌拉圭回合谈判所加的内容，现在是《世界贸易组织协定》的一个部分，也是下列英文的缩略语：Trade-Related Aspects of Intellectual Property Rights。

Type Face　字型

UCC—Universal Copyright Convention　《世界版权公约》

UFITA—Archivs für Urheber-,Film-,Funk-und The aterrecht 作品、电影、广播、戏剧版权档案馆

这是联邦德国设立的一个版权档案馆。

UNESCO—United Nations Educational Scientific and Cultural Organisation　联合国教科文组织

《世界版权公约》的管理机关。

University Copyright　大学版权

在英国版权法中，曾经把某些名大学（如牛津、剑桥）的某些作品的版权，作为特殊版权来对待，如在保护期上适当延长等。

Up Leg　发出的广播信号

它多指广播组织为通过卫星传播节目而发向卫星的信号；如果信号从卫星发回地面，一般称为 Down Leg（"发回信号"）。

USTR—United States Trade Representative　美国贸易代表（处）
直属美国总统的机构之一，其职能包括与外国政府进行知识产权谈判。

USPQ—United States Patent Quarterly 《美国专利季刊》
该刊物广泛刊登美国知识产权（包括版权）判例。

VAAP　全苏联版权代理公司

Valuation of Intellectual Property　知识产权价值的评估

VARS—Visual Artists Rights Society　美术作者权协会

VDU—Visual Display Unit　（计算机）终端显示器

Voluntary Compulsory Licence　自愿强制许可证
也称"当然许可"，即作者表示自己的作品他人可不经专门许可而使用，但要付钱。如作者声明不允许使用的作品，则不得使用。我国 1990 年著作权法在第四章规定了这种制度。

Waiver　放弃权利

WCC—World Crafts Council　世界工艺协会

Will　遗嘱
在版权领域与 Bequest 相同。

WIPO—World Intellectual Property Organisation　世界知识产权组织
联合国下设的一个机构。《伯尔尼公约》即由该组织管理。

Whitford Committee　威特福得委员会
英国为修订 1956 年版权法而成立的专门委员会。

Works of Fact　事实作品
它指的是地图、写生画、历史书等一些反映事实的作品；与之相对的是"艺术作品"，如非写生画、小说之类。

Works in Morse Code　密码作品
文学作品中的一种，可以享有版权。

Works of Writing   文字作品

Works of Written   文字作品

Works in Shorthand Notion   速记字码作品

文学作品的一种，其中一部分可享有版权。

WTO—World Trade Organization   世界贸易组织

于 1994 年作为"关贸总协定"乌拉圭回合的谈判结果而成立；1995 年 1 月开始运转，同年年底全面接替原"关贸总协定"的职能。

Xerographic Right   静电复印权

在一些发达国家中，静电复印也须经版权人许可，即使为个人使用而复印，也须符合一定条件（例如，有关书籍已脱销两年以上）。我国 1990 年著作权法不禁止任何为个人使用的复印活动。

X-Rated Works   黄色作品

有的国家版权法（如哥伦比亚）或版权局管理实践（如美国版权局）认为黄色作品不应享有版权。我国 1990 年著作权法中也有类似规定。

Yewens Case   伊文判例

英国 1880 年关于雇佣作品的著名判例。

Zacchini Case   扎奇尼判例

美国 1977 年州法维护表演者权的著名判例

2. 国际技术转让有关的外文名词、术语汉译及解释 *

在国际技术转让的法律领域及实际贸易活动中，有一些名词、术语已经具有了固定的含义。如果按日常用语去理解或使用，就会

---

* 编者注：该部分来源于郑成思《国际技术转让法通论》，附录二，中国展望出版社 1987 年版。

发生差错。另有一些缩略语，比较费解。在这里选择了其中的一部分，译出中文或作一些必要的解释，供读者参考。其中有些较容易理解的，或本书中已作过详细解释的，即只译出汉文；较费解而书中又未涉及的，则在译出后再作进一步的解释。有些术语仅在极有限的场合才能作某种解释，在译成汉文之前，加以说明。如："Modification（计算机软件许可证中）修改差错条款"，括号中即为说明。

AAA—American Arbitration Association：美国仲裁协会（美国全国性民间组织）

该协会于1983年发布《专利仲裁规则》，规定了该协会受理专利争端仲裁的程序。此外，对于其他合同（包括 Know-How 合同等）争端，只要当事人协商同意交该协会，也将受理。

Absolute Novelty：（专利法中）绝对新颖性

它也被称为"全面新颖性"（Universal Novelty）。一般讲，世界范围内如果没有公开出版物上出现过的技术或实践中实施过的技术或以其他方式公开过的技术与某个发明相同，则该发明即具备了绝对新颖性。

它又是与"相对新颖性"（Relative Novelty）或"局部新颖性"（Local Novelty）比较而言的。这后一种新颖性只要求在一国范围内没有已公开过的相同技术与某个发明冲突。

如果在"公开出版物"方面以世界范围为准，在"以实施或其他方式公开"方面仅以一国范围为准，则称为"混合新颖性"（Mixed Novelty）。

我国《专利法》第二十几条中所说的新颖性，即混合新颖性。

Abstract：（专利法中）专利说明书的摘要

具体例子可参看本书附录一中的欧洲专利申请案。

A·C·—（1）Appeal Case 上几诉法院判例

—（2）Appeal Court 上诉法院

Acquisition of Technology：技术引进

这个词组既可以指一国之内企业间的技术引进，也可以指跨国的技术引进。

ADASOP—Association of Database and Software Publishers： 数据库与软件出版商协会（美国民间组织）。

该组织 1982 年成立，总会设在华盛顿，在各州均有分会。

Addressee:（英国专利法中）被送达人

英国专利局审查某些专利中请案时，要听取特定技术领域的专家的意见，故需将有关申请案的文件，送达有关专家，该专家即被称为 Addressee。

Administrative Procedure：在行政部门提出的诉讼

"行政诉讼"分为两种。一种是 Administrative Litigation，它指的是"在法院对行政部门的诉讼"，亦即《中国大百科全书》（法学卷）所讲的行政诉讼。另一种是 Administrative Procedure，即"由行政部门受理的诉讼"或"在行政部门提出的诉讼"。这后一种诉讼又称为"半司法"（Quasi-Justice）诉讼。由我国专利局及各省、各部专利管理机关处理的专利侵权纠纷，就属于这种诉讼。

Advance:（许可证合同中）预付金

AIPPI：国际保护工业产权协会（法文缩略语）

该会总部设在法国。1983 年该会设立了中国分会。1985 年 10 月该会第一次在我国召开第三十三届例会。

All E. R. —All English Law Reports：英国判例全集

英国非官方判例集，自 1936 年开始由布特沃斯（Butterworths）出版公司出版，每周出刊一次。

Alternative Unit：选用单元（也称"代用单元"，详见后面的 Special Unit 词条）

Adaptation：（版权法中）演绎、改编

AISCC—Arbitration Institute of the Stockholm Chamber of Commerce：斯德哥尔摩商会仲裁院

Amendment：（1）（专利法中）专利法申请修正案；（2）（许可证合同中）合同（或合同条款）的更改。

Amount：（许可证合同中）金额

Ant-Cartel Law：反卡特尔法

亦即联邦德国等国对"反垄断法"的统称

Anticipation：（专利法中）占先

在否定一项专利申请案中的发明的新颖性时，专利局的审查员或提异议的第三方，都会引证一些与该发明相同的、已公开的"现有技术"，正是由于这类技术已占了先，故后申请专利的发明可能被驳回。

Anticipatory Breach of Contract：预期违约

Appellation of Origin：（商标法中）产地名称

Application Program：（计算机软件中）应用程序

Apply to the Customs：报关

指货物或其他物品从一国进入另一国的关境之前，向该国海关申报有关物品的程序。

Arrears：未付清的欠款

ASCAP-American Society of Composers, Authors and Publishers：美国作曲家、作家及出版商协会

该协会系美国保护版权的民间组织之一。其主要作用是：向利用版权中的表演权的人发放"一揽子许可证"（Blanket Licensing）。

Assignment and Transfer：转让与转移

Associated Mark：（商标法中）联合商标

把两个以上各自独立的商标用在同一商品上，叫联合商标。作为联合商标取得注册后，只要其中一个商标在商业活动中未间断使用，就不能以"不使用"为理由撤销整个联合商标的注册。南斯拉夫、墨西哥等国商标法均规定：涉外经营企业的产品如果使用外方的商标，必须同本企业商标组成联合商标使用。

联合商标的外文容易同另外两种商标相混淆：（1）Collective Mark，集体商标，它指的是两个以上各自独立的企业共有某个商标；（2）Combined Mark，组合商标，它指的是商标图形由文字、色彩、图案等几种内容构成。

Audit：查账

Base Price：基价

Bargaining Position：（许可证合同中）谈判地位

一般指合同谈判的某一方处于优势或劣势的情况。

Berne Convetion：伯尔尼公约

一般即指《保护文学艺术作品伯尔尼公约》，因其 1886 年在瑞士首都伯尔尼缔结。

Best Endeavours Clauses：（许可证合同中）充分发挥效能条款

一般指供方要求受方承担义务，最充分地发挥所提供的技术在生产中的作用。如果按产品销售额提取技术使用费的话，充分发挥效能的结果将使供方取得较多的使用费。

Bid：招标

技术转让的受方也经常采用招标形式。但"招标公司"一般不用这个词，倒是用"投标"（Tender）一词，因为是招对方来投标（Call for Tender）。

我国于 1984 年底成立的中国技术进口总公司"国际招标公司"即译为"Internationa/ Tendering Company"。

B/E—Bill of Exchange：汇票

B/L—Bill of Lading：提单

BMI—Broadcast Music Incorporated：广播音乐公司

美国民间版权组织之一，其作用与 ASCAP 相似。

B/P—Bill of Parcels：发货单

Block Exemption Regulations for Patent Licences：《专利许可证垄断责任免除条例》

欧洲经济共同体的统一法之一。在 1984 年之前，它一直是个"草案"；1984 年 7 月已为正式条例，并于 1985 年 1 月生效，生效后的名称是《专利（与 Know-How）许可证条例》。

Buy-back：产品返销

补偿贸易采用的形式之一。

C·A·—Court of Appeal：上诉法院（与 A·C 相同）

CCC—Copyright Clearance Center：版权（使用费）结算中心

美国民间的版税征收机构之一。

CCPA—Court of Customs and Patent Appeals：关税与专利上诉法院

美国联邦法院中专门受理专利上诉等案件的法院。它已于 1984 年被撤销，原先由它受理的案件，现由巡回上诉法院受理。

Ceiling Price：（许可证合同中）最高限价

Ch.—Chancery Division Law Reports：（英国判例集）高等法院民事判例

该判例的汇集，由英国律师协会（hnns of Court）的联合委员会出版。

536 | 郑成思 治学卷
知识产权文集

Claim：（1）（专利法中）权项请求；（2）（一般诉讼法中）司法救济请求

C.L.R. 一 Commonwealth Law Reports：英联邦判例集

COCOM—Co-Ordinating Committee Controlling East-West Trade：东西方贸易统筹委员会

该会设在巴黎，故又称"巴黎统筹委员会"。

Collecting Society：（版税）征收协会

在许多西方国家，均有一些依照版权法的规定设立的这类协会。上面提到的美国的 CCC，以及联邦德国的 GEMA 等，均属于这类协会。

Collective Agreement：集体合同

由专有权所有人的协会（如版权协会、音乐家协会等）与专有权的使用人签订的"一揽子合同"，称为"集体合同"。

Collective Mark：见上文 Associated Marks 词条

Combined Mark：见上文 Associated Marks 词条

Commissioned Invention：委托发明

Commissioner of Patents and Trade marks：（美国）专利商标局长

Compensation Trade：补偿贸易

Comptroller of Patents：（英国）专利局长

Compulsory Licence：强制许可证

Concurrent Use：（商标法中）同时使用

在靠使用商标（而不靠注册）获得商标专有权的国家，往往存在不同商标权所有人在不同区域使用同一个商标的情况；在靠注册获得商标专用权的国家，取得注册的商标权人，不能排斥未注册的"在先使用人"（Prior User）在原地域内继续使用，这两者也使用着同一个商标。这些都称为"同时使用"。

Conditions and Warranties：（合同法中）主要条款与从属条款

Warranty 本身虽作"担保"解释，但如果与 Condition 放在一起，就成为英美法系合同法中的另一个专门述语。

英国 1893 年的《货物买卖法》，第一次以成文法将合同条款分为两类：

（1）较重要的合同条款，它们是合同成立的主要条件，违背这类条款中的任何一条，都构成"基本违约"（Fundamental Breach），都将导致合同的中止或一方对另一方的违约赔偿。这类条款即 Conditions。

（2）较次要的合同条款，它们是合同得以成立的附属条件，违背了它们之中的一条，往往可以使合同继续履行，一般也不发生索赔问题。

例如，在一般情况下，合同中的支付金额及支付时间均系 Condition，而支付方式（信汇、现汇，等等）则系 Warranty。

Confidence（Cnfidential Intormatisn）：（许可证合同中）秘密（秘密信息）

Conflicting Right：冲突权利

如果两人同时声称对某一项知识产权享有独立的所有权，这项权利即为一项"冲突权利"。

Consideraton：（合同法中）对价

Consortia：合作

这个词在国际贸易中一般指合作生产、合作研究一类的"合作"。

Construction of a Contract Clause：（合同法中）对合同条款的解释

在英美法系国家，合同的当事双方对合同条款发生争端而要由法院（或仲裁庭）解释该条款时，多使用 Construction（或

Construct），而不用 Explanation 等词。

Contrat de bienfaisance：（法文）单方受惠合同

系指不需要"对价"即能够成立的合同。仅仅大陆系国家才承认这种合同的效力。

Contribution Fee，Remuneration，Royalty：（版权法中）稿酬，使用费，版税

这三个词有时都译为汉文的"使用费"或"版税"。但应了解三者之间的区别。第一个词大都是作品首次发表时由出版者按出版合同一次支付给作者的报酬。第二个词往往是已发表的作品被"二次利用"时，使用者向作者支付的报酬。（但有时也用来指"稿酬"）。第三个词与专利许可证合同中的"提成费"相近，一般指按照作品出售册数的一定比例支付给作者的报酬。

Contributory Infringer：共同侵权人

这个词组的含义与 Joint Tortfeasors 相似，即指帮助他人侵权之人，或向侵权人提供侵权活动物品之人，等等。有些国家的知识产权法明文规定了要追究这种人的连带责任；也有些国家对此未作明文规定。

Control Program：控制程序

系电子计算机的系统软件的核心，它与"应用程序"是相对应的。

Convention Court：公约法院

从知识产权的国际保护方面讲，它指的是按照一定的国际公约的规定，对某些成员国的某种知识产权行使司法管辖的法院。例如，按照《欧洲专利公约》的规定，"欧洲法院"及联邦德国最高法院均对该公约成员国境内发生的某些专利诉讼案有管辖权，这些法院即属于公约法院。公约法院不一定都是司法机关，它有时也指按照某个公约的规定，对某些诉讼有管辖权的知识产权管理机关，如"欧洲专利局",非洲知识产权组织的"雅温得总部",等等。英国 1977 年《专利法》第 130 条,给"公约法院"下了具体定义,可供参考。

Convertible Foreign Exchange:可兑换的外汇

指那些可不受限制地兑换成主要国际货币的外汇,亦即人们常说的"硬通货",诸如美元、英镑等。

Conversion:(1)(一般侵权法中)非法侵占他人产权;(2)(英国版权法中)A. 非法占有侵权复制品;B. 对非法占有侵权复制品者提起的诉讼;C. 将侵权人的侵权复制品移交被侵权人作为赔偿的司法救济方式。

Cost:(许可证合同中)技术成本费或服务成本费

Cross-Licence:交叉许可证

即以专利技术(或其他知识产权,或 Know-How)相互提供、相互交换的许可证。

Counter Offer:再要约

它指的是在贸易活动中对于对方的要约或发价(offer)不予明确承诺,但也未回绝,而是自己又向对方就同一项交易提出新的条件。在国际贸易(包括技术转让)中,对于一份要约文件来讲,什么样的答复构成"承诺",什么样的答复构成"再要约",经常成为合同双方当事人发生争执的问题。

CPU—Central Processing Unit:(计算机中)中心处理机

Critical Date:(知识产权法中)关键日

各种知识产权的产生(即进入专有领域)或保护期届满(即进入公有领域),都有一个具体日子。这个日子即称为"关键日"。关键日可能按照不同国家的法律而有所不同。例如,在大多数国家,一部作品的创作完成之日也就是它开始享有版权之日;而在智利、阿根廷等国,作品出版并在版权局登记之日,才是它开始享有版权之日。

Crown Use：皇家使用

英国国家征用专利、版权等专有权利，称为"皇家使用"。

Custom Software：（计算机中）专用软件

即专为某个（某些）用户解决特殊问题而设计的软件，亦即非"标准化"软件。它是与"通用软件"（Package Software，也译为"软件包"）相对应的，后者也叫作"标准化"软件。

Customized Software：（计算机中）定作软件

标准化程度介于专用软件与通用软件之间的软件。

Declaration of Non-infringement：非侵权声明

Decreasing Royalties：递减提成费

Defensive Mark：防护商标

该商标在一些商品上注册的目的，不是为在这些商品上使用，而是为阻止其他人就同一商标取得注册专有权。许多国家的驰名商标均作为防护商标取得注册。我国商标制度不提供这种注册。

Deferred Payment：延期付款

Degree：（继承法中）亲等

商标权、专利权及版权继承问题，都有亲等的限制。关于亲等的解释，可参看《法国民法典》第三章第一节。简单讲，亲等即通过血缘的"代"数来确定的亲属关系的远近。相距一代称为一等亲；但旁系血亲间的亲等在按代计算时，应自亲属一方数至共同的上一辈，然后再往下类数。例如：父子之间为一等亲，兄弟之间（须先数到父辈、再加一等亲）为二等亲，伯、叔、舅、侄、甥（须先数到祖父辈、再加一等亲）为三等亲，堂、表兄弟则为四等亲，等等。

Deposit of Security：（民事诉讼法中）诉讼保证金的交存

民事诉讼中，诉方如要求法院对被诉方的活动下达禁令或要求扣押被诉方的财物时，法院往往要求诉方交存保证金，目的是一旦诉方败诉，可赔偿被诉方因中止活动或财物被扣造成的损失。注意不要把交付保证金与"诉讼保全"相混淆。后者指的是法院为使日后的判决能够执行而采取的某些临时预防措施。

Deposit：（1）（知识产权申请活动中）注册、备案

在法国、西班牙等国商标法中，商标"注册"不使用 Register 一词，而用 Deposit。

（2）（知识产权转让活动中）登记备案

例如技术转让合同的"登记"，在许多国家的法律中即使用 Deposits。

Design：外观设计

Designated State：（国际专利申请中）指定国

《专利合作条约》《欧洲专利公约》《班吉协定》《商标注册条约》等条约中，指的是知识产权的申请人希望自己的产权能够在哪些国家受到保护。

Detention：（1）（侵权法中）非法保留他人的财物或产权

它与 Conversion 之不同在于：Conversion 指长期据有侵权物，Detention 只是暂时据有。

（2）（诉讼法中）因他人非法保留自己的财物或产权而提起的诉讼

（3）（司法救济中）司法机关对于被控为侵权品实行的暂时扣押

（4）（刑法中）拘留

Diffusion：传播

在现代技术采用广播电缆为用户播送节目之后，"传播"与"广播"（Broadcast）在版权法中，界线日趋分明。简言之，可以说传播指的是一切有线广播。

Diligence：（美国专利法中）发明人付出的劳动

Disclosure Fee：（许可证合同中）技术秘密的披露费

这个词组也常被译为"公开费"，但不太确切。因为它仅仅指供方把技术向特定的受方作有限的透露，而不是向公众公开。

Distinctiveness：（商标法中）识别性

一般国家的商标法，都要求注册商标必须具有识别性，即足以把一个企业的产品与其他企业的同类产品区分开。在进行实质性审查的国家（如印度、新西兰、英国等），对识别性的要求十分详细。例如英国商标法要求；无字商标必须足以表明商品来源，方具有识别性；包含文字的商标必须具有独创性，不得直接提示商品的性质、质量，不得使用本国常用的姓名，不得使用常见的地理名称。

Divisional Patent：分为数案的专利

将一套系统的技术，分为各自独立的申请案申请专利，至少有两个益处：第一，可以多获得几项专利，在许可证贸易中即可多收一些使用费；第二，分开的独立技术中，可保留下一两项不申请专利，可作为 Know-How，这样既不影响其他几项独立技术取得专利的可能性，又可以对整个系统技术起到"附加保护"的作用。

Domicile，Residence：有户籍的住所，无户籍的居所

在知识产权法中，这两个词对于产权申请人的资格往往很重要。多数国家（及巴黎公约）认为，申请人只要有居所，即应作为申请国国民同等对待。

Double Patent：不同人分别就同一发明获得专利

这是各国专利法都不允许出现的情况。

一旦出现这种情况，专利局会要求各方经协商成为同一项专利的共有人；如果达不成协议，专利局将保留其中一人的专利，而撤销其他人的专利。

Down Payment：（许可证合同中）定金

Droit de Suit：（版权法中）版税追续权

Effluxion of Time：（许可证合同中）合同正常履行完毕

ElPR—European Intellectual Property Review：《欧洲知识产权》杂志

在英国牛津，由"欧洲研究会"（ESC）出版的学术性杂志，月刊。

End-User：（计算机软件许可证中）最终使用人

最终使用人是与其他同软件所有人签订许可证合同的人相对应的。例如，软件分销人也必须同软件所有人签合同，但他们显然不直接使用有关软件。

Enforcement Costs：（许可证合同中）强制履约费用

它指的是一方当事人不履约，另一方为迫使其履约（如诉讼、提交仲裁）而支付的费用（如律师费、诉讼费等）。在许可证合同中，一般规定这种费用将由不履约的一方承担。

Entire Agreement（或 Entirity of the Agreement）：（许可证合同中）合同的完整性

它一般作为一个条款写在许可证中，规定一方当事人不经另一方同意，不能修改合同。

EPC—European Patent Convention：《欧洲专利公约》

Equity：（1）股权

如 Equity Involvement—股权式合营，指的是成立某个大公司的子公司，或成立合资经营企业。

（2）衡平法

英美法系国家作为对普通法的补充的法律。

ESARIPO—Industrial Property Organization for English Speaking

Africa：英语非洲工业产权组织

Escrow：（计算机软件合同中）保存软件的分合同

在计算机软件许可证贸易中，有时在软件所有人（供方）与软件使用人（受方）的主合同之外，还订立了供方将有关软件（主要是源代码程序）交由第三方保存的分合同，以保证主合同顺利履行，这种分合同即称为 Escrow。承担义务保存软件的第三方，称为 Escrow Agency。

Exclusion：（许可证合同中）当事人不可为之事

但在有的合同中，也用来指"免责条款"。

Exclusivity：专有性

常出现在各种许可证合同中。例如，专利许可证的供方授予受方的使用权是独占性的还是非独占性的，是部分独占还是全部独占，都属于所授权利的"专有性"。

Exemption：（合同法中）免责

Exhaustion of Right：（知识产权法中）专有权的穷竭

ex officio License：（法文）国家征用许可证

ex Parte：（拉丁文）单方面

在知识产权法中，未经第三方利害关系人提出异议或诉讼，由管理机关或司法机关主动进行的审查或审理，即为"单方面"审查或审理。所谓"单方面"，也指的是并非发生在当事人之间，而发生在行政机关（司法机关）与权利人之间的活动。如果因第三方提出诉讼而由行政或司法机关进行的审查或审理，则为当事人之间发生的案件，亦即"双方"的，而不是"单方面"的；"双方"（拉丁文 inter Parte）是与"单方面"相对应的。

Expiration：（许可证合同中）合同履行完毕

它是与 Termination（合同因故中止）相对应的。

Fair Dealing，Free Use：合理使用与自由使用

在有些情况下使用他人的知识产权，可以不经权利人允许，这叫作合理使用。合理使用者有时必须向权利人支付使用费。既不经权利人允许，也不向权利人支付使用费而使用其知识产权，叫作自由使用。自由使用不一定都是合理的。

Fair Market Price：（许可证合同中）合理市场价格

它是许可证谈判中，双方（主要是受方）用来衡量许可证使用费或供方附带提供的有形货物价格是否公平的一个尺度。

Feasible Study：可行性研究

在引进某项技术之前，受方一般应对于将要引进的技术对自己是否适用，是否有益，能否促进自己产品的销售等等进行技术性研究，这叫作可行性研究。审查技术引进合同的机关，也会首先审查相应的可行性研究报告。

Feed-Back，Grant-Back：（许可证合同中）反馈与返授

前一词组指技术受方在引进的技术的基础上研究出的新成果，以许可证方式提供给原供方，可能是有偿提供，也可能是无偿提供。后一词组指受方将上述研究成果无偿转让给原供方。

Filing Fee：（1）（专利法中）专利申请费；

（2）（商标法中）商标注册申请费；

（3）（实行版权登记制国家的版权法中）版权登记费。

Firmware：（计算机中）固件

它是介乎硬件（Hardware）与软件（Software）之间的计算机部件，亦即可以起到程序作用的某些器件。例如 PROM Chip（可编程序的只读存储器）、EPROM Chip（可涂抹、可编程序的只读存储器），都是固件。

Floor Price：（许可证合同中）最低限价

Formal Requirements：（知识产权法中）形式要求

在审查专利申请或商标注册申请时，对于申请文件是否合乎格式、是否齐备、申请人是否交付了规定的费用等提出的要求，叫作形式要求。它是与"实质要求"（如专利的"三性"、商标的"识别性"）相对应的。

Forum non convenience：（拉丁文）法院所在地不当

与这个拉丁文词组相应的英文是：The Place of Court is not Convenient。

按照许多国家的国际私法或冲突法原则，在被告认为（解决纠纷的）法院（或仲裁庭）所在地不当时，可以提出充分证据，并要求变更受理有关诉讼案的法院（或仲裁庭）。这个原则不适用于双方当事人事先已经协议确定在某地解决纠纷的情况。例如，技术转让合同双方原在"仲裁条款"中确定在中国国际贸易促进会仲裁，被告（在这种情况下称为"被提请仲裁一方"）即无权要求更改仲裁地。

Franchising, Licensing：特许与许可

不少汉译文章或专著不注意区分特许与许可。实际这二者差别很大。"许可"指一般的许可证贸易，这比较好理解。特许则是与供方的商标权、商号权、商誉及版权等等的转让相关联的特殊许可形式。被特许的受方可以使用供方大部分或全部知识产权乃至一部分有形财产，形同供方的子公司，只是受方自担一切经济风险这一点与子公司不同。

Free Movement of Goods：商品的自由流通

与知识产权法相联系，在一国之内，要保证商品的自由流通，就必须使专利权或版权在一定情况下"穷竭"，而不能任权利人无限制地行使权利；在地区性国际组织（如欧洲经济共同体）中，就要

使专利权或版权发生"国际穷竭"。

Frustration：（合同法中）落空

FSR—Fleet Street Patent Law Reports：舰队街专利法判例集

英国法律协会（Law Society）出版的判例集之一。它收集的判例很广，不限于英国法院判例，是研究专利司法的重要资料。舰队街是英国高等法院东侧的一条街道。

Future Copyright，Prospective Owner：未来版权与未来的版权所有人

许多国家的职务作品或委托作品创作之前或创作完成之前，即可以确定未来的版权及其所有人，并可以发放"未来版权许可证"。这种惯例现在已沿用到计算机软件许可证贸易中。

GATT—General Agreement on Tariffs and Trade：《关税与贸易总协定》

1947 年，由美国建议，23 个国家缔结的一项国际协定，目前（指著作撰写之时，编者注）已有近 90 个国家参加。该协定的主要活动有：在国际贸易中拟订和实施非歧视性原则，谴责国际间贸易的数量限制，允许政府在关税方面进行干预，谴责"特别优惠制度"，主持多边关税谈判，解决国际贸易争端，等等。

Generic Term：（商标法中）通用名称

多数国家的商标法规定：如果某种文字商标在销售活动中变成了有关商品的通用名称，则商标所有人即丧失对该商标的专用权。例如，在美国，"盘尼西林""赛璐珞""保温瓶"等，曾经是青霉素、塑料、保温瓶等商品的商标，后来它们成为通用名称后，即被禁止继续作为商标使用。

Gold Clause：黄金条款

黄金条款有四种不同含义：

（1）黄金货币条款。即在贸易合同条款中要求付款一方，以黄金或金币支付。

（2）金价条款。要求贸易合同的付款一方以有关货币在支付时与黄金的比价确定最后付款额。过去的贸易合同或技术转让合同中如果出现"黄金条款"这个术语，大都是这种含义。但20世纪七十年代后黄金价格开始大幅度波动，合同的付款已很难以黄金的比价为准了。故现在的技术转让合同中已很少见到这种条款。

（3）用金的重量对合同中规定使用的通货单位作重复说明的条款。

（4）买卖黄金或买卖金币的合同条款。

Grace Period：宽限期

Gratuitous Contract：单方受惠合同

相当于上面介绍过的法文中的 Contrat de bienfaisanceo。

Gross Selling Price：毛销售额

与"净销售额"相对应的销售额。

Heir 与 Successor：法定继承人与遗嘱继承人

ICC—International Chamber of Commerce：国际商会

ICIC—International Copyright Information Centre：（联合国教科文组织）国际版权情报中心

IIC—International Industrial Property and Copyright Law:《国际工业产权与版权法》杂志

联邦德国马克斯—普兰克学会专利分会编辑出版的学术性双月刊，以英、德两种文字出版。

Imminent Infringement：即将发生的侵权

Inchoate Rights:（知识产权法中）初期权利

例如，一项专利申请案尚未被批准，但其申请日已被确定，即可以作为一种产权加以利用，这时申请案中的权利，即称为初期权利。待到申请案被批准，初期权利就变成了"成熟权利"（Matured Right）。

Indemnify：赔偿

在英美合同法中，这个词经常指的是合同的一方当事人为另一方的责任而向第三方进行的赔偿。例如技术受方使用供方的制造方法，制出的产品对某个用户在使用中造成人身伤害时，受方对该用户所作的赔偿。至于当事人双方之间的赔偿，则常用 damage 或 Compensation 等词。

Independence of Parties：（许可证合同中）双方当事人各自的独立性

这个词组指的是双方当事人并不因合同成立而构成合资、合伙、母子公司等等互相依存的关系。

Indirect Infringer：间接侵权人

间接侵权人主要指下列三种人：

（1）无行为能力的人侵权时，其法定代理人系间接侵权人；

（2）雇员为完成本职工作而侵权时，其雇主系间接侵权人；

（3）受托人为完成委托给他的工作而侵权时，委托人系间接侵权人。

由此可见，间接侵权人与上面介绍过的共同侵权人不同。各国的知识产权法都会追究间接侵权人的责任；但只有一部分国家的知识产权法追究共同侵权人的责任。

Initial Down Payment：（许可证合同中）入门费

Injunction，Mandamus：强制执行令与强制执行令

两个词都只能译为"强制执行令"。但前者指的是司法机关对民事诉讼的当事人下达的强制执行令；后者则指上级法院对下级法

院或对行政机关下达的强制执行令。

Insolvency of Either Party：合同法中任何一方当事人破产时的处理办法

它经常是许可证合同的条款之一。

Installments：（许可证合同中）摊付

即指使用费的分期摊付，而不是一次总付。

Installation：（计算机软件许可证中）（1）安装、使用软件的场所；（2）安装计算机；（3）计算站。

International Application：（1）（《专利合作条约》中）国际专利申请案；（2）（《马德里协定》或《商标注册条约》中）国际商标注册申请案；（3）（《欧洲专利公约》或《班吉协定》中）地区性跨国申请案。

Inventive Step：（专利法中）发明高度

亦即"技术先进性""非显而易见性"，或与现有技术之间的"本质区别"。

JIIC—Japanese Information Industry Committee：日本工业信息委员会

日本主管计算机软件产业及其他信息产业的政府机构。

Joint Authorship：（版权法中）共同作者的身份

Joint Venture：（泛指）合资经营企业

Junior Party：（诉讼法或知识产权法中）劣势一方

在实行申请在先的制度时，"劣势一方"也可意译为"后申请一方"。与它相对应的是 Senior Party，即优势一方或先申请一方。

Jurisdictio In Personam：（拉丁文）属人管辖权

按照国际私法的一般原则，外国法院在对人的诉讼活动方面行使跨国管辖，一般都要有下列三个前提之一：

（1）被告本人系作出判决的法院所在国的国民；

（2）被告在法院作出判决时，正在法院所在国居住或停留；

（3）被告自愿服从有关法院的管辖，被告自愿出庭，或被告在反诉中也选择该法院为受理法院。

这就是所谓"属人管辖权"。

Jurisdictio in rem：（拉丁文）属物管辖权

按照国际私法的一般原则，任何法院在对物的诉讼方面行使跨国管辖时，只能对于法院所在地之内的物（不论是动产还是不动产）享有管辖权。"属人管辖权"与"属物管辖权"原则，在那些各省或州有立法权的国家（如加拿大、美国）州、省法院处理跨州、跨省民事案件时，也同样适用。

Key Money：（许可证合同中）顶金、周旋费

Kuala Lumper Regional Anbitration Centre：吉隆坡地区仲裁中心

1980年成立的、旨在受理亚洲–太平洋地区的国际贸易合同（包括许可证合同）纠纷仲裁的机构。

Know-How：技术秘密

L/C—Letter of Credit：信用证

信用证分为许多种，如：Confirmed L/C 指"经过确认的"信用证；Irrevocable L/C 指"不可撤销的"信用证；Revocable L/C 指"可撤销的"信用证，等等。

LES—Licensing Executives Society：许可证贸易协会

该会系国际性民间组织，1964年在美国成立，在许多国家设有分会，现已有20多个会员国。我国已于1986年4月加入该协会。

Lex：（拉丁文）法、法律

Lex causae：诉讼原因产生地法

在国际技术转让合同（或其他国际贸易合同）中，如果双方当

事人事先未选择合同的适用法，那么解决该合同争端的法院或仲裁庭将依照诉讼案的不同情况而推定合同应适用哪国法律。由这些不同情况推定的各种适用法，往往用拉丁文表示。Lex causae 就是一例。以下十几个拉丁文词组大都是如此。

Lex fori：审理地法

Lex conveniens：最适用法

Lex conventionalis：（当事双方协议选择的）适用法

Lex domicilii：人之户籍地法

Lex patriae：人之国籍国法

这个词组与 Lex ligeantiae 含义相同。

Lex rei sitae：物之所在地法

这个词组与 Lex situs 含义相同。

Lex validitatis：行为（或交易活动）生效地法

Lex loci actus：行为地法

Lex loci contractus：合同成立地法

Lex loci disgraziae：汇票拒收地法

Lex loci delicti commissi：侵权行为地法

Lex loci solutionis：债务偿还地法

Licence：许可证

美国的英文往往写作"License"英国习惯是作为动词"许可"使用时，才写作 License。

Licensing：许可证贸易

Licence of Right：（专利法中）当然许可证

为鼓励专利权人实施其专利技术，许多国家的专利法允许专利权人发表声明：任何人均可在支付使用费的前提一下自行实施其专利技术。这种声明即为"当然许可证"。《共同体专利公约》第 44 条，英国《专利法》第 46 条,《班吉协定》附件一第 54 条,都是关于当然许可证的条款。

Life of an Agreement:合同期

这个词组相当于 Term of a Contract。

Line Heading:料头标记

它是纺织品商业标记之一,不能作为商标使用。

Luxembourg Convention:卢森堡公约

在知识产权国际保护领域,这个公约即《共同体专利公约》的别名。

Mandamus:强制执行令

详见上文 Injunction 词条。

Maximum Royalties:(许可证合同中)最高提成费

Mets and Bounds of Patent Property:专利产权的有效范围

Minimum Royalties:(许可证合同中)最低提成费

Miscellaneous:其他

在许可证合同中,以这个词为标题的条款,表示已有的诸条款中均不包含的其他内容。也有人将它译为"杂项"。

Mistake:(合同法中)误解

英美合同法中,可以把"合同因误解而成立"作为主要理由,判某个合同无效。因误解而使合同成立的情况有二种:

(1)共同误解,即双方当事人对同一基本事实发生误解而使合同成立;

(2)互相误解,即当事人一方误解了另一方,另一方同样误解了对方,而使合同成立;

(3)单方误解,即仅仅一方误解了另一方,而使合同成立。

英美合同法中还有另一术语 Misrepresentation,意为"虚伪陈述"。有些汉语论著把它与"误解"相混淆了。虚伪陈述指的是由于一方当事人有意欺骗另一方，而使合同成立。

Modification：（计算机软件许可证中）修改差错，修改差错条款

这个术语指的是供方向用户提供软件后，有义务（应用户的要求）对程序中出现的差错进行修改。供方对软件的改进，一般使用 Enhancement 一词。

Mosaicing：（英国专利法中）拼图式审查法

英文中的 Mosaic 一般只作名词用，以动词出现而变为动名词的场合极罕见。英国专利法中使用这个术语，指的是审查员在审查专利申请案的"三性"时，对于是否具有"新颖性"，不能把两个以上的现有技术方案共同与申请案中的发明相对照；而审查技术先进性时则可以这样对照。这样对照审查的方法，即称为 Mosaicing。

Most-Favored Licence Clause：最惠许可证条款

即供方授予受方不低于任何其他被许可人的条件。如果在许可证中订立了这样的条款，受方即为"最惠被许可人"。

M/T—Mail Transfer：信汇

Munich Convention：慕尼黑公约

即《欧洲专利公约》的别名，因该公约 1973 年在慕尼黑缔结。

National Treatment：国民待遇

Negative Statement：（专利法中）非侵权声明

这个词组的含义与 Non-infringement Statement 相同。

Net of Tax：（许可证合同中）纳税后净额

它是计算净销售额时使用的术语。有时写作"Free of Tax"，在许可证中，不能译作"免税"，而应译作"不包含应纳税款在内"（的净销售额）。

Net Selling Price：净销售额

OAPI—African Intellectual Property Organization：非洲知识产权组织

OECD—（1）Organization for Economic Co-operation and Development：经济合作与发展组织（2）Organization for European Co-operation and Development：欧洲合作与发展组织

OEM—Original Equipment Manufacture：（计算机软件许可证中）计算机原制造厂商

Offer：（合同法中）要约，报价，发盘

Offeree：（合同法中）承诺人

Offeror：（合同法中）要约人

Old Patent：旧专利

旧专利并不指已过保护期的专利，而指在一部修订（或重新制定）的新专利法生效后，按照旧专利法批准而仍未过期的专利。因 20 世纪七十年代后，各国修订专利法日趋频繁，故"旧专利"也就越来越多。多数国家在新专利法中通过"过渡条款"专门规定对旧专利如何处理。

Origin：（商标法中）制造厂商。（版权法中）作品的来源国

Original Work：（版权法中）原作

这个词组表示某个作品不是译作，不是改编或编辑作品，更不是抄袭。

Originality：（版权法中）独创性

这是作品（包括计算机软件）取得版权保护的主要条件。有的人曾把它译为"首创性"，这虽然从语言上讲得通，但从版权法上看则是误译。版权保护并不要求它的客体是首创的，只要求是独创（非复制、非抄袭）的。这是版权与专利的主要区别之一。

Package Software：通用软件

也叫作"软件包"。

Paralled Patents：平行专利

即一个人就同一发明在不同国家获得的专利。

Pacta sunt servante：（拉丁文）信守合同

这个词组与英文 "Contract is to be kept" 含义相同。

Partially Exclusive Licence：部分独占许可证

Passing-off：（1）（商标法中）假冒他人商品；注意：在英美普通法中使用这个术语时，仅仅指"假冒他人商品"，而不指"假冒他人商标"；

（2）（版权法中）以他人名义发表自己的作品（如果以自己名义发表他人作品，则称为 Plagiarism）。

Patent Office Boart of Appeal：（美国）专利局申诉委员会

Patent Portfolio：（许可证合同中）专利综合标的

它指的是供方所提供的专利技术，以及为实施该技术所必需的 Know-How 及其他技术与技术服务。

Peripheral Claim：（专利法中）周界式权项请求

按照不同国家的专利法，撰写专利申请案中的权项请求，有两种写法，一种是把申请人希望得到保护的内容写得尽量细，等于划出一道明显的周界，界内的技术将属于申请人专有。按这种写法写成的请求即周界式权项请求。与它相对应的，是"概念式权项请求"（Concept Claim），即仅仅大致陈述一下权项范围，给人一个概念，而不作过细的陈述。美国、苏联、加拿大等国，要求权项请求写成周界式；西欧（及北欧）、日本则要求写成概念式。

Petty Patent：小专利

某些国家（澳大利亚、法国等）保护实用新型的扩大形式。

Pioneer Invention：（专利法中）原型发明

即基本发明，与它相对应的是"改良发明"（Improving Invention）。例如，铅印机在历史上是一项基本发明，在它的基础上，后来发展起来的胶印机，则是改良发明；现代出现的静电复印机，并不是在传统印刷技术的基础上发展的，则又是基本发明了。

Pith and Marrow Infringement：（专利法中）不折不扣的侵权

英美专利诉讼中，把侵权制品分为两类，一类是一切部件、细节都与专利权人的制品一样，称为"不折不扣的侵权"品；另一类则是仿制专利产品的主要部分，称为"实质性侵权"品（"实质侵权"的英文是 Substantial Infringement）。

PLR—Public Lending Right：（版权法中）公共借阅权

西方国家七十年代后出现的、作者就其作品在公共图书馆被借阅而收取版税的权利。

Pool：（专利法中）垄断（专利实施权）

Power of Attorney：授权证书

也称为"权力转移证书"，即诉讼人或知识产权申请人向其律师或代理人签发的、授权后者代理自己起诉或办理申请事宜的文件。

Pre-Feasibility Study：初步可行性研究

Prior User：（知识产权法中）在先使用人

某些发明在获得专利前，某些商标在取得注册前，权利人之外的人已经在使用它们，这种人即在先使用人。一般说来，权利人在获得专利或商标注册后，无权阻止在先使用人在原有范围内继续使用。

Priority Right：优先权

Product in Hand：产品到手

交钥匙合同的一种类型。

Proferen：（英美合同法中）依照免责条款可获免责的一方当事人

这个词在一般汉英词典中均找不到，但在英美的合同法判例中经常使用。

Proprietary Rights：专有权

在专利许可证合同中，这个词组指的是专利之外的专有技术，主要指 Know-How。

Protest：（许可证合同中）拒付款

Public Domain：（知识产权法中）公有领域

Public Policy：公共秩序

Q. B.-Queen's Bench：（英国高等法院中的）王座法庭

它是授理民事诉讼的机构。如果男性英王（而不是女王）在位，则改称 King's Bench。

Qualified Person：（知识产权法中）合格人

按一国的知识产权法（或跨国知识产权公约），有权获得专利或获得版权或获得商标权的人，均称为"合格人"。

Recipient：（许可证合同中）受方

它相当于 Licensee 或 Acquiring Party

Reduction to Practice：（美国专利法中）实现发明构思

Reference Material：（专利审查中）引证资料

审查新颖性时所引证的现有技术，称为"引证资料"。

Register：（商标法中）注册簿

Registrar：（商标法中）注册受理处，注册受理人

Registered User：（商标法中）注册使用人

英国及大多数英联邦国家（及其他个别国家）的商标法要求：注册商标许可证的被许可人，只有在商标局登记，被批准为"注册使用人"之后，才有权使用有关商标。目前，提出这项要求的国家（及地区）有：澳大利亚、巴哈马、巴林、孟加拉国、巴巴多斯、百慕大、文莱、加拿大、塞浦路斯、加纳、圭亚那、香港 [①]、印度、爱尔兰、以色列、牙买加、肯尼亚、马拉维、马来西亚、新西兰、尼日利亚、巴基斯坦、

---

① 编者注：当时香港还未回归，原文如此。

纳米比亚、斯里兰卡、苏丹、斯威士兰、坦桑尼亚（桑给巴尔地区除外）、特立尼达和多巴哥、乌干达、英国、赞比亚、津巴布韦。

Relative Novelty：相对新颖性

详见上文 Absolute Novelty.

Remedy：（民事诉讼法中）司法救济

Removal from Register：（商标法中）撤销注册

Re-Packaging：（商标法中）再包装

商标权人无权过问的行为之一。即其他人分销大宗商品时，自行在商品的"再包装"物上使用有关商标，不构成侵犯商标权。

Rescission：（合同法中）撤回合同

Restraint of Trade：贸易限制

指的是限制性贸易做法，或合同中的限制性贸易条款。

Right in rem：对物权

它是与"对人权"（Right in personam）相对应的。例如，Know-How，即属于一种对物权，因为权利人只能约束某个或某些通过合同得到 Know-How 的人；Patent 则属于一种对人权，因为权利人可以约束一切人（禁止一切人未经许可而使用）。

Rome Convention：（版权法中）保护邻接权的《罗马公约》

Rome Treaty：（欧洲经济共同体）《罗马条约》

Royalty-Free：（许可证合同中）免收使用费

RPC—Reports of Patents Cases：专利判例集

英国自 1884 年出版至今的判例集。

Satellites Convention：（版权法中）《卫星公约》

其全称是《卫星传载有节目信号公约》，1974 年缔结于布鲁塞尔。

Screen Credit：（版权法中）因发行电影作品而支付的版税

Search：（专利法中）检索

Second Meaning：（商标法中）第二含义

有些国家的商标法，不允许以地名等名称作为商标取得注册。但如果某种商品在使用某个地名作商标的过程中，获得了信誉，使人一见到这个名称，不是把它同某地联系起来，而是把它同有关商品联系起来，则这个商标即获得了"第二含义"，可以破例取得注册。

Secondary Use：（版权法中）二次使用

如果作品被印刷出版算是第一次使用，则拿已出版的作品到电台广播，即属于"二次使用"。

Secret Use：（专利法中）秘密使用

一项发明如果在申请专利前被公开使用，则一般会丧失新颖性，而在申请前秘密使用，一般不丧失新颖性。

Senior Party：优势一方

详见上文 Junior Party。

Severability of Contract：（许可证合同中）合同的可分性

它主要指合同中的一部分标的失效后，不影响有关其他标的。例如专利到期，不影响 Know-How 的使用费。

Semi-Turn-Key Contract：半交钥匙合同

也称为"半统包合同"。

Separability：（许可证合同中）可分性

与上文 Severability of Contract 含义相同。

Show-How：技术示范

尤指秘密技术的操作示范。

Single Means Claim：（专利法中）单一方法请求

申请人仅就一项制造方法的发明提出的权项请求。

Sole Licence：独家许可证

Sole Understanding Clause：（许可证合同中）单独协议条款

在这种条款中一般规定：本合同的履行，不受任何其他（已订或将订的）合同影响。

Source：（商标法中）产地

Special Industrial Copyright：特别工业产权

新技术的发展，使有些受知识产权法保护的对象成为"边缘保护对象"，它们即适于受专利或商标法保护，又适于受版权法保护。这种对象享有的专有权即称为特别工业版权。英国的外观设计、美国的半导体芯片电路设计，都属于这种受保护对象。

Special Unit：（计算机软件许可证中）专用单元，专用计算机

它指软件的供方允许受方在上面使用特定软件的特定型号计算机。与它相对应的是"代用单元"（Alternative Unit），即在专用单元维修期间，可以代替它使用有关软件的代用计算机。

State of Art：（专利法中）现有技术

泛指在某项发明提交申请专利时，已经公开的一切原有技术。

Strasbourg Convention：（欧洲经济共同体）《斯特拉斯堡公约》

西欧国家试图统一专利实休法的公约，缔结于 1963 年，（1980年生效）。

Sub-Licence：从属许可证

也译为"分售许可证"。

Subservient Patent：从属专利

即在其他专利的基础上发展出的新专利，它的实施要受其他专利的限制。作为其发展基础的原专利，称为"主导专利"（Dominant Patent。例如，电子二极管曾获得的专利；其后发明的电子三极管获得的专利，即为二极管专利的从属专利。

Substantial Taking：（版权法中）实质性照搬

在软件设计中，如果照搬其他人的现有程序及说明书的主要内容而构成自己的软件，也称为实质性照搬。这种照搬出的软件的所有人，无权发放许可证，或出售其软件，否则就构成侵犯版权。

Supplier：（许可证合同中）供方

它相当于 Licensor 或 Suppling Party。

Synergistic Effect：（专利法中）增效作用

在原有专利发明上发展起来的新发明，必须具有增效作用，才可能获得专利。

Technical Information：技术情报，技术信息

Technical Assistance：技术协助

Technical Service：技术服务

Tender：投标

Term：（1）（合同）有效期；（2）（专利）保护期。

Things In Action：（财产法中）准动产

它的含义与 Chose in Action 相同。大多数无形财产都属于准动产。Action 是诉讼的意思，意即只有在诉讼中才能体现出的财产。

Tie-in：（许可证合同中）搭买

Tie-out：（许可证合同中）搭卖

Tie-up：（许可证合同中）期后控制

它指的是在专利有效期过后，供方仍要求受方支付使用费，或许可证合同履行期满后，限制受方使用有关技术的自由，等等。

Trade Secret：商业秘密

目前在许多国家与 Know-How 作同样解释。

Transfer：转移

Transitional Provision：过渡条款

　　在许可证合同中，指处理合同生效前（或届满后）有关事宜的条款。例如，合同到期，受方不复享有某些产品的销售权，尚未销完的存货作何处理，即订在这种条款中。本书附录一中的联邦德国技术转让合同式样第 24 条，即是一例。

　　在国际公约中，某一公约中与原有公约的关系，或修订文本与原有文本的关系，也订入该公约的过渡条款。例如《保护工业产权巴黎公约》第 30 条，就是这样的条款。

　　Transmission:（财产法中）法院判决的转移财产

　　这个词多用于法院在民事诉讼中将一方财产判给另一方的情况。英国 1938 年《商标法》第 68 条中有一个这样的例子。

　　Tribunal:（仲裁）庭

　　在英美成文法中，法院（court）与仲裁庭区分得较明确。Patent Court 应译为"专利法院"，Industrial Tribunal 则只能译为"工业仲裁庭"。这类的机构还有 Performing Right Tribunal（表演权仲裁庭），Copyright Royalty Tribunal（版税仲裁庭）等等。

　　UCC—（1）Universal Copyright Convention:《世界版权公约》

　　　　—（2）Uniform Commercial Code:（美国）《统一商法典》

　　UNCTAD—United Nations Congress of Trade and Development:联合国贸易与发展大会（简称贸发会）。

　　该大会正在（指此术语撰写之时，编者注）拟定国际技术转让的统一法，即 UNCTAD Code of Conduct on the Transfer of Technology。

　　另有一个简称贸法会（即联合国贸易法委员会）的组织，容易与贸发会相混淆。贸法会的英文缩略语是 UNCITRAL。

　　UNDP—United Nations Development Programme:联合国开发计划署

　　UNIDO—United Nations Industrial Development Organization:

联合国工业发展组织

Uniqueness of Claim：（专利法中）请求的一致性

专利申请案中的权项请求，只能开列专利说明书中所披露的技术内容，不能开列为加披露的内容，叫作"请求的一致性"。

Universal Novelty：（专利法中）全面新颖性

详见上文 Absolute Novelty。

Unobviousness：（专利法中）非显而易见性

专利审质审查中要求达到的"三性"之一，亦即技术先进性。

UPOV—Union for the Protection of New Varieties of Plants：保护植物新品种联盟

即由《保护植物新品种国际公约》的参加国组成的联盟。该联盟的行政事务现由世界知识产权组织代管。

USPQ—United States Patent Quarterly：美国专利季刊

Utility Model：实用新型

Utility Patent：（美国专利法中）实用专利

美国专利法把专利分为实用专利（即发明专利）、植物专利、外观设计专利。注意不要把它同实用新型相混淆。美国至今不保护实用新型。

VAT—Value Added Tax：增值税

VDU—Visual Display Unit ：（计算机中）终端显示器

Venue Rule：（美国专利法中）处罚规则

Waiver Clause：（许可证合同中）权利不放弃条款

在合同中申明，不因一方未追究另一方（或第三方）的违约或侵权行为，而推定该方自动放弃了某种权利。本书附录一之一的美国许可证合同第 16 条即是一例。

Whereas Clause：鉴于条款

许可证合同（或其他贸易合同）中,带有前言性质的陈述式条款。

学术索引

331, 332, 333, 334, 336, 337, 338,
339, 341, 342, 344, 348, 351, 352,
354, 356, 358, 359, 368, 369, 370,
374, 375, 376, 377, 378, 380, 381,
389, 390, 393, 396, 398, 400, 401,
402, 404, 406, 416, 417, 418, 421,
424, 434, 435, 442, 444, 459, 461,
469, 470, 471, 472, 473, 474, 475,
476, 477, 479, 480, 481, 484, 485,
486, 488, 493, 497, 504, 507, 529,
531, 532, 533, 535, 536, 538, 539,
540, 541, 542, 543, 544, 545, 546,
547, 548, 550, 552, 553, 554, 555,
556, 557, 558, 559, 560, 561, 562,
563, 564

《专利法》II, III, iv, 002, 004, 005, 007,
013, 015, 018, 020, 022, 023, 024,
047, 051, 065, 083, 099, 101, 107,
116, 134, 135, 147, 162, 180, 204,
207, 209, 221, 225, 247, 248, 249,
267, 268, 269, 273, 278, 299, 303,
304, 305, 306, 309, 313, 319, 326,
328, 331, 336, 341, 342, 344, 348,
351, 352, 369, 375, 376, 378, 381,
400, 401, 416, 434, 442, 459, 469,
470, 471, 475, 476, 485, 504, 507,
531, 532, 533, 536, 539, 542, 545,
547, 550, 552, 553, 554, 555, 556,
557, 558, 560, 561, 562, 563, 564